"十一五"国家重点图书出版规划项目

农业法教程

◆ 主编　黄河

◆◆ 副主编　李永宁　王志彬　李军波

◆ 撰稿人

（以撰写章节先后为序）

黄　河　李永宁　王继恒

王兆平　李军波　王志彬

吴胜利　郑艳馨

中国政法大学出版社

2011·北京

黄　河　男,陕西富平人,第十、十一届全国人大代表,陕西省高级人民法院副院长,政协西安市委员会副主席,西北政法大学教授、硕士研究生导师,兼任中国法学会经济法学研究会常务理事、中国法学会环境资源法学研究会常务理事、陕西省法学会经济法学研究会会长、陕西省法学会房地产法研究会会长,欧洲农业法委员会中国个人联络会员。先后在《中国土地科学》、《中国法学》、《法律科学》等刊物上发表"试论农民集体土地所有权的本质、内容及实现形式"、"论我国农业补贴法律制度的构建"等论文六十多篇,出版《经济法学》(副主编,普通高等教育"十一五"国家级规划教材)、《房地产法》(个人编著、普通高等教育"十一五"国家级规划教材)、《农业法视野中的土地承包经营权流转法制保障研究》(合著)等教材和专著十余部,主持"修改与完善《农业法》若干问题研究"等国家及省部级课题五项。

出版说明

"十一五"国家重点图书出版规划项目是由国家新闻出版总署组织出版的国家级重点图书。列入该规划项目的各类选题,是经严格审查选定的,代表了当今中国图书出版的最高水平。

中国政法大学出版社作为国家百佳出版社,有幸入选承担规划项目中系列法学教材的出版,这是一项光荣而艰巨的时代任务。

本系列教材的出版,凝结了众多知名法学家多年来的理论研究成果,全面系统地反映了现今法学教学研究的最高水准。它以法学"基本概念、基本原理、基本知识"为主要内容,既注重本学科领域的基础理论和发展动态,又注重理论联系实际满足读者对象的多层次需要;既追求教材的理论深度与学术价值,又追求教材在体系、风格、逻辑上的一致性;它以灵活多样的体例形式阐释教材内容,既加强法学教材的多样化发展,又加强教材对读者学习方法与兴趣的正确引导。它的出版也是中国政法大学出版社多年来对法学教材深入研究与探索的职业体现。

中国政法大学出版社长期以来始终以法学教材的品质建设为首任,我们坚信"十一五"国家重点图书出版规划项目的出版,定能以其独具特色的高文化含量与创新性意识成为权威法学教材品牌。

中国政法大学出版社

编写说明

  农业法是国家干预、支持和保护农业经济的重要手段，也是人们从事农业经济活动的行为准则。为了建立更为稳定、科学的中国农业法学理论体系，更好、更准确的诠释农业法，丰富和完善我国农业法的内容，我们组织编写了这本《农业法教程》。本教材以邓小平同志的建设有中国特色社会主义理论为指导，依据我国《农业法》和国家适时提出的"工业反哺农业"、"城市支援农村"、"多予少取"等农业政策，吸收了国内外农业法学的最新研究成果，全面、系统的阐释了农业法的基本概念、基本知识和基本理论，力求达到概念简明、准确，知识要点全面，基本理论完整，能充分反映农业法学的最新研究成果。

  本教材由西北政法大学、西北农林科技大学、西安建筑科技大学的部分教师以及武汉大学、中南大学的部分博士研究生共同撰写。

  各章节具体分工如下（以撰写的章节先后为序）：

黄　河　第一章

李永宁　第二章

王继恒　第三章第一节、第十章

王兆平　第三章第二节、第六章

李军波　第四章、第五章、第七章

王志彬　第八章、第九章、第十七章

吴胜利　第十一章、第十二章、第十五章、第十六章

郑艳馨　第十三章、第十四章

  本教材在编写过程中，参考了近年来农业法学理论研究的新成果以及诸多农业法（农业经济法）教材，在此特致最真诚的谢意。由于作者水平有限，书中的误漏在所难免，敬请批评指正。

黄　河

2010 年 8 月

目　录

第一章
农业法概述

第一节 农业法的定义和调整对象

一、农业和农业法的定义

（一）农业的定义

"农业"一词，因不同学科的研究对象和研究目的不同，内涵不一样。农业经济学上认为农业是人们利用太阳能，依靠生物的生长发育来获得产品的生产部门。农业可以区分为狭义的农业和广义的农业。前者指种植业，后者指农、林、牧、副、渔五业，即大农业。[1] 也有人认为，传统的和狭义的农业是指植物栽培业和动物饲养业，现代的和广义的农业除种植业和畜牧业外，还包括为农业提供机器、化肥及农药等生产资料、农产品加工、销售和和服务的部门（农业科技开发、市场支持和咨询服务等）。[2]

在农业法或农业经济法学界，有的学者认为，农业是指培育动植物以取得产品的社会生产部门；狭义的农业是指种植业或仅指农作物栽培，又称"小农业"；广义的农业，则包括种植业、林业、畜牧业、渔业和副业，又称为"大农业"。随着现代农业的发展，广义的农业还包括为农业产前、产中、产后各个环节提供生产资料、技术和服务的部门。[3] 另有学者认为，农业是利用生物生长发育过程来获取动植物产品的社会生产部门。[4]

各国的农业法律对农业的界定也有所不同。韩国1999年《农业农村基本法》第3条规定，农业是指农作物生产业、畜产业、林业及与此有关的产业，是指总统令规定的产业。我国1993年施行的《农业法》第2条规定："本法所称农业，

---

[1] 参见全国十三所综合性大学《中国农业经济学》编写组编：《中国农业经济学》，辽宁人民出版社1984年版，第1页。

[2] 参见焦必方主编：《农村和农业经济学》，上海世纪出版集团、上海人民出版社、格致出版社2009年版，第4～5页。

[3] 参见沈雯辉主编：《农业经济法教材》，法律出版社1987年版，第1页；卞新民、张文方主编：《农业法》，中国农业出版社2005年版，第1页。

[4] 参见王伟等：《农业经济法学》，安徽人民出版社2005年版，第1页。

是指种植业、林业、畜牧业和渔业。"2002 年修订的《农业法》第 2 条第 1 款规定："本法所称农业，是指种植业、林业、畜牧业和渔业等产业，包括与其直接相关的产前、产中、产后服务。"

农业和农村是密切联系但又有本质区别的两个概念。农村是与城市相对而言的地域概念，是以农业为主要产业，以农业生产者为主要人口的生产和生活聚集程度较低的地域，而农业则是相对于工业、服务业而言的一个产业。因此，在理论上应把农业与农村界定清楚。从各国立法例看，对农业与农村可以单独立法，也可以在同一法律文件中涉及农业和农村的基本内容，如韩国现行农业基本法的名称为《农业农村基本法》（1999 年），内容涉及农业生产、农产品流通、农业科技以及农村地区开发、农村产业振兴等；我国 1993 年的《农业法》主要规定了农业方面的相关内容，而 2002 年修订的《农业法》不仅规范了农业经济活动，而且对农民（第九章农民权益保护）、农村（第十章农村经济发展）的基本问题也作了相应规定。因此，严格地说，我国现行的农业基本法应当称之为《农业、农民、农村基本法》。

我们认为，随着社会经济的发展，"农业"一词的含义是不断扩大的。不同国家社会经济发展程度不同，对农业的认识就不同，农业的含义也不一样。同一个国家在不同的时期，对农业都赋有不同的含义，但农业与农村是两个密切联系，但却有着本质区别的概念，既无法相互替代，也无法相互兼容。就我国现阶段而言，我们赞同现行《农业法》第 2 条对"农业"一词的含义及范围的界定，即是指种植、林业、畜牧业和渔业等产业，包括与其直接相关的产前、产中、产后服务。这一含义不仅概括了农业的本质属性和范围，而且反映了农业的发展趋势。随着传统农业向现代农业的转变，农业与相关产业部门相互依赖的程度不断加深，农业生产同产前部门（农用生产资料的供应）和产后部门（农产品的加工、贮存和销售）以及科技、咨询服务、涉农知识产权的保护等依存关系日益紧密，这些产前、产中、产后的环节已经成为影响和制约农业发展的主要因素，因此，我们应从整体上理解并掌握农业的含义。

（二）农业法[1]的定义

何谓农业法？我国法学理论界在不同时期有着不同的认识。在改革开放初

---

[1] 在我国农业法学的创立和发展过程中，先后出现过两个对这一部门法学的指称，即"农业经济法（学）"和"农业法（学）"。前者出现在上世纪 80 年代农业法学初创时期，现在仍旧被一些学者所沿用，后者则出现在 1993 年我国农业基本法颁行之后，现在则被大多数学者使用。我们认为，这两种指称在本质上并无区别，而是附带着明显的时代痕迹，因此，本书将它们做同一性理解，认为它们是可以相互指代的相同概念。

期，有学者认为，农业经济法是众多法律中的一个部门法，是调整农业经济关系的法律规范的总称，其具体的调整对象随农业经济的发展状况不同而有所不同。[1] 有的学者把农业法称之为农村经济法，认为农村经济法是调整农村经济活动中，由于国民经济计划所产生的经济关系的法律规范的总称。[2] 社会主义市场经济体制建立之后，有的学者认为农业法应该有狭义和广义之分，狭义的农业法是指一个具体的法律文件名称，广义的农业法则是指调整或干预农业经济运行及其相关活动的社会关系的法律规范的总称。[3] 有的学者认为，农业经济法是调整国家干预农业经济运行及其相关社会关系的法律规范的总称。[4] 还有学者认为，农业经济法是指调整人们在农业和农村经济活动中所发生的特定农业和农村经济关系的法律规范的总称。[5] 另有学者认为，农业法有广义和狭义两种不同的概念，狭义的农业法是指国家立法机关通过立法程序制定和颁布的，对农业经济和农村社会的目标、原则和基本制度等根本性、全局性的内容进行规定的规范性文件，狭义农业法其实就是农业经济法；广义农业法是调整人们在农业经济活动过程中所发生的特定农业经济关系以及与此紧密相关的农业生态关系和农村社会关系的法律规范的总称；广义农业法包括农业经济法、农业生态法和农村社会法。[6]

上述诸种观点，尽管对农业法定义的表述不同，但是，他们都有一些共同的认识：①农业、农村中的一些特定社会关系需要专门法律进行调整；②农业法调整的特定农业、农村的社会关系在农业、农村经济发展的不同阶段是不同的；③农业法调整对象的范围不能仅局限在农业产业方面，还应包括与之相关的其他社会、经济关系。

我们认为，农业法是调整国家在干预和支持保护农业经济过程中所发生的各种社会关系的法律规范的总称。这一概念反映了农业法的基本属性，揭示了农业法的调整范围，凸显了农业法的特殊性：

第一，农业法的含义突出了国家干预与国家支持、保护农业经济活动的基本属性。农业不仅是国民经济的基础，而且是社会安定、国家自立的基础。农业生产是人类生存和繁衍必不可缺的条件。各国历来都重视运用法律手段调整农业经

---

〔1〕　参见沈雯辉主编：《农业经济法教程》，法律出版社 1987 年版，第 6 页。

〔2〕　参见姜建民等：《农村经济法概论》，青海人民出版社 1988 年版，第 1 页。

〔3〕　参见卞新民、张文方主编：《农业法》，中国农业出版社 2005 年版，第 11 页。

〔4〕　参见韩松：《农业经济法教程》，法律出版社 1998 年版，第 10 页。

〔5〕　参见王伟等：《农业经济法学》，安徽人民出版社 2005 年版，第 13 页。

〔6〕　参见李昌麒、吴越主编：《农业法教程》，法律出版社 2007 年版，第 8 页。

济关系，规范农业经济活动，同时农业和其他产业相比有其特殊性，它不仅是经济再生产和自然再生产相互交织的产业，而且是一个具有天然弱质性的产业。马克思在《资本论》中指出："经济的再生产过程，不管它的特殊的社会性质如何，在这个部门（农业）内，总是同一个自然再生产过程交织在一起。"[1] 农业生产过程对自然规律、自然环境和自然因素依赖性很强，因此，农业是一个特殊的产业，国家对农业生产活动及经济关系进行规范时不仅要适度干预，而且要支持、保护。这里所说的"干预"一词包括介入、协调、调控、管理等含义，它主要解决的是"市场失灵"问题，是市场经济下政府对一切经济活动都必须采取的手段；而支持和保护则是基于农业产业自身的特殊性。农业不仅为社会成员提供必需的食物，而且提供良好的生态环境，因此，它是一个兼具经济性和公益性的基础产业。

第二，农业法的定义揭示了农业法调整对象的范围。首先，农业法调整的是农业经济关系，而不是其他经济关系；其次，农业法不是调整所有的农业经济关系，而是调整因国家干预和支持、保护农业所形成的经济关系。

第三，农业法的定义体现了农业法具有综合性的形式特征。农业法的形式是由农业法的内容所决定的，由于农业法所调整的农业经济关系具有多样性，所以，它不可能由一个或者几个法律规范组成，而是由许许多多不同形式的法律法规以及规范性文件构成的一个制度体系。

二、农业法的调整对象

（一）观点概述

如何确定农业法的调整对象，我国法学理论界有着不同认识，概括起来主要有以下几种观点：

1. 农业法的调整对象是指以农业为主体的农村经济领域中的经济管理和经济活动关系，具体包括：①国家对农业和农村经济在领导、组织和管理方面的关系；②在国家计划指导下，社会经济组织与农业经济组织之间、社会经济组织、农业经济组织与农户、公民之间在农业经济领域中发生的关系。[2]

2. 农业法的调整对象是指国家对农业领域干预过程中产生的各类经济关系，具体包括农业经济宏观调控关系和农业经济管理关系两种。前者又包含农业产业结构的宏观调控关系、农业投入宏观调控关系、农业生产资料与农产品的比价宏观调控关系、农产品流通宏观调控关系等；后者则包含农业生产经营体制管理关

---

〔1〕《马克思恩格斯全集》第24卷，人民出版社1972年版，第398~399页。
〔2〕 参见沈雯辉主编：《农业经济法教程》，法律出版社1987年版，第7~8页。

系、农业生产管理关系、农产品流通管理关系、农业投入管理关系、农业科技与农业教育管理关系、农业资源管理与农业环境保护关系等。[1]

3. 农业经济法的调整对象是特定农业和农村经济关系，主要包括以下三类：①农业和农村经济民事关系，即平等主体的公民之间、法人之间、其他组织之间、公民和法人以及其他组织之间在农业和农村经济活动中形成的财产关系；②农业和农村经济行政关系，即农业行政主体在依法行使农业行政职权时，与相对主体在农业和农村经济活动中发生的各种社会关系；③农业和农村经济管理关系，即国家经济管理机关在实施国家管理农业经济职权时发生的与农业生产经营等组织和农民在管理、组织中产生的纵向方面的社会关系。[2]

4. 农业法的调整对象是特定的农业经济关系和与农业经济关系紧密联系的农业社会关系，它包括农业经济的宏观调控和管制关系、民事关系、经济行政关系、农村劳动关系、农村社会关系、农业环境保护关系等。[3]

（二）本书的观点

我们认为，农业法的调整对象是国家在干预、支持和保护农业经济过程中所发生的各种经济关系，包括国家在干预农业经济过程中所发生的经济关系和国家在支持、保护农业经济过程中所发生的经济关系。

之所以做出这样的界定，是因为随着传统农业向现代农业的发展，农业产业化愈来愈成为农业发展的必然趋势。农业产业化要求农业向生产专业化、产品市场化、管理企业化、服务社会化等方向发展。在市场经济条件下，农业生产经营活动主要依市场机制进行调节，在市场调节过程中经常出现"市场失灵"现象，而市场失灵是市场本身所不能解决的，因此必须由国家进行干预，从而产生了国家干预农业经济关系，这是农业作为一个产业，在市场经济条件下所必然要发生的一种关系。同时农业又是一个具有公益性的产业，并且受自然因素影响很大，因此在其发展过程中，必然需要国家的支持和保护，从而又产生了国家支持、保护农业的关系。

具体而言，国家干预农业经济关系主要包含以下关系类型：

1. 国家因干预农业生产的各种行为而在特定主体间发生的社会经济关系。这类关系主要包括：国家因确认基本的农业生产经营体制而在国家、农民集体和农民（农户）之间产生的利益归属和划定关系；国家因促进、鼓励发展新型农

---

〔1〕　参见韩松：《农业经济法教程》，法律出版社 1998 年版，第3—6页。

〔2〕　参见王伟等：《农业经济法学》，安徽人民出版社 2005 年版，第 15～16 页。

〔3〕　参见李昌麒、吴越主编：《农业法教程》，法律出版社 2007 年版，第 9 页。

业生产经营体制而在政府、农业生产经营企业、农民集体和农民（农户）之间产生的管理关系、组织关系和经济关系，如政府在促进、引导农民组织各类专业合作经济组织中发生的组织关系，政府在鼓励农业产业化经营过程中，因引导、支持农业企业与农户订立农产品订购合同，而在农户与农业企业之间形成的经济关系，在政府与农业企业和农户之间形成的指导和监督管理关系；国家因对种子、农药、兽药、饲料和饲料添加剂、肥料、农业机械等农业生产资料的生产、经营和使用进行管理，在政府特定机关与农业生产资料生产者、经营者和使用者之间发生的管理关系等。

2. 国家因干预农产品流通的各种行为而在特定主体间发生的社会经济关系。这类关系主要包括：国家因对关系国计民生的重要农产品购销进行调控，在各级政府之间、政府与担负收购任务的粮食企业之间发生的管理、规划关系和经济关系；国家在组建或支持组建农产品批发市场过程中，发生的规划、组织关系；国家因维护农产品批发市场秩序，在特定政府机关与农产品经营者之间发生的管理关系；国家因鼓励、支持发展多种形式的农产品流通组织和活动等促进行为，在政府与农民（农户）、农民专业合作组织之间发生的指导关系和经济关系等。

3. 国家支持、保护农业的关系，是指国家因扶持、保护农业生产经营的各种行为而在特定主体之间发生的社会经济关系。这类关系主要包括：国家投资农业生产经营过程中，在权力机关与政府之间、各级政府相互之间以及政府与投资项目建设主体、农民集体组织、农民（农户）之间发生的投资项目规划、管理关系和财政资金运作等经济关系；国家发放农业补贴过程中，在权力机关与政府之间、各级政府相互之间以及政府与从事特定生产、经营行为的农民集体组织、农民专业合作组织、农民（农户）及其他社会主体之间发生的财政资金转移支付等经济关系和管理关系；农业科技推广过程中，在政府与科研机构、科技推广机构之间发生的体系规划、组织关系和经费保障等关系，在科技推广机构与农民集体组织、农民（农户）之间发生的指导关系和科技服务等关系。

第二节　农业法的调整方式

一、农业法调整方式的含义和特征

农业法的调整方式是指农业法律规范确认的国家干预农业生产经营和农产品流通以及扶持、保护农业生产的具体方式。农业法的调整方式有三个主要特点：

（1）它是农业法律规范所确认的调整方式，即它的发生必须要有农业法律规范上明确的或原则性的规定。

（2）它是始终以国家为一方主体的调整方式。

（3）它是作用于农业生产、农产品流通和农业扶持、保护等环节和领域的调整方式。

二、农业法调整方式的基本类型

从我国相关的农业法律规范分析，农业法的调整方式主要有四种类型：

（一）强制型调整方式

强制型调整方式是指以国家公权力机关为调整主体，以"命令—服从"为调整内容的调整方式。在这种调整方式中，作为命令主体的国家机关有权要求特定或者不特定的服从主体必须为或不为一定行为，服从主体必须服从，若不服从，将导致相应的公法责任。

在农业法中，强制型调整方式的作用领域主要有：①在农业生产经营过程中，对种子、肥料、饲料、机械等农业生产资料质量标准的制订和执行；对农业生产资料生产、经营资格和能力的许可；对农业生产过程中投入品安全的监督和管理等。②在农产品流通领域中，对农产品质量和安全标准的制订和执行；对农产品批发市场秩序的监督和管理等。③在农业扶持和保护领域中，对财政资金拨付和运作的监督管理；对特定建设项目的招标、采购和验收等管理。

（二）指导型调整方式

指导型调整方式是指国家公权力机关以建议、劝告、协商、信息公布、示范等非强制的方式，促使特定相对人采取符合农业产业政策目标的生产经营行为的调整方式。特定国家机关采用指导型调整方式，既可以有法律规范的明确授权，也可以仅依法律的基本原则和特定国家机关的职权（责）范围进行调整。

指导型调整方式的典型特征就是它的非强制性，这主要包含两层含义：①指导型调整方式以建议、劝告、协商等为具体表现形式，其调整效果的实现需要相对人的自愿配合；②相对人既可以遵从指导机关的指导，也可以不遵从指导机关的指导，相对人若不遵从不会导致任何法律责任。

指导型调整方式在农业法中主要有以下几类表现形式：①建议、劝告和协商，主要适用于农业生产结构调整、农地合并及相应权利置换等领域。②示范，主要适用于农业科技推广领域，如先进农业技术和良种的示范推广和示范种植。③信息提供，主要适用于农产品流通和农业科技推广领域，如特定农产品市场价格及其预期走势的信息公布，先进农业机械和良种供应信息的发布。

（三）规划型调整方式

规划型调整方式是指特定公权力机关以编制、发布和执行规划、计划的方式，引导农业生产经营者从事特定生产经营行为的调整方式。

农业生产经营规划、计划是国家对农业生产经营进行宏观调控的重要工具，它的编制、执行和发布一般都要有相关农业法律规范的明确授权，而且相关农业法律规范一般都会将特定农业生产经营规划、计划编制时应考虑的主要因素、应达到的主要目标和应采取的主要措施予以原则性规定，农业生产经营规划、计划的内容就是对法律原则性规定的具体化。

特定农业生产经营规划、计划的编制、执行和发布，并不会在特定公权力主体和农业生产经营者之间产生直接的法律关系，也不会为农业生产经营者设定具体的权利和义务，但这并不意味着农业生产经营规划、计划的编制、执行和发布不会对农业生产经营产生任何作用力，相反，其对农业生产经营的影响是重大的，主要表现在：

（1）特定农业生产经营规划、计划的依法编制、执行和发布可以为相关公权力机关设定框架式的任务和目标，明晰一定阶段的工作重点。

（2）特定农业生产经营规划、计划的依法编制、执行和发布，可以使农业生产经营者了解一定阶段内国家对农业生产经营的态度，即国家支持、鼓励什么样的农业生产经营，限制什么样的农业生产经营，禁止什么样的农业生产经营，从而为农业生产经营者在一定时期内安排生产经营活动提供具体的预期。这就需要保证特定农业生产经营规划、计划的相对稳定性和前后规划、计划目标和措施的连贯性，以保障农业生产经营者的信赖利益。

在现行农业法中，规划型调整方式主要表现在以下几个方面：①农业发展规划的制定和发布，《农业法》第15条第1款规定"县级以上人民政府根据国民经济和社会发展的中长期规划、农业和农村经济发展的基本目标和农业资源区划，制定农业发展规划"。②农产品市场发展规划的制订和发布，《农业法》第27条第1款规定"国家逐步建立统一、开放、竞争有序的农产品市场体系，制定农产品批发市场发展规划"。③农产品加工业和食品工业发展规划的制订和发布，《农业法》第29第1款规定"……县级以上人民政府应当制定农产品加工业和食品工业发展规划，引导农产品加工企业形成合理的区域布局和规模结构，扶持农民专业合作经济组织和乡镇企业从事农产品加工综合开发利用"。④农业科技、教育发展规划的制订和公布，《农业法》第48条第1款规定"国务院和省级人民政府应当制定农业科技、农业教育发展规划，发展农业科技、教育事业"。

（四）财政援助型调整方式

财政援助型调整方式是指国家以财政资金转移支付的方式，扶持、促进、引导农业产经营者从事符合农业产业政策目标的行为的调整方式。

在农业法中，财政援助型调整方式主要有两种表现形式：

1. 直接财政投资，即国家将财政资金依法定方式和额度直接投向农业生产的产前、产中、产后阶段，并由此形成有利于增加农业生产经营能力的各种有体或无体财产的财政援助方式，如国家财政向农田水利基本建设、商品粮生产基地、农产品市场及信息服务体系、农业科技研究和推广等领域的投资等。在这种调整方式中，国家是直接的投资主体，因投资而形成的有形或无形的财产属于国有资产。随着市场机制在农业生产经营中配置资源能力的进一步加强，直接投资的援助方式适用的范围将会越来越小，仅限于具有重大正外部性和关系国计民生等项目的投资建设。

2. 财政补贴，这又可以分为两类：①直接补贴，即国家将财政资金依法定标准和程序直接发放给符合法定条件的农业生产经营者的财政援助方式。根据补贴具体发放程序和时间的不同，直接补贴分为事前给付式补贴和事后报账式补贴两种。前者是指在农业生产经营者从事特定生产经营行为之前，依法定标准给付财政补贴，如粮食直接补贴、农资综合直接补贴、良种补贴、退耕还林（草）补贴等；后者是指特定主体在从事特定农业生产经营行为并达到法定要求后，国家依据行为人实际花费金额全额或按法定比例给付财政补贴，如农业机械购置补贴、农民职业培训补贴等。②间接补贴，主要包括租税减免和政策性贷款贴息两种。这种补贴在外观上并不表现为财政资金从国库向农业生产经营者的直接支付，而表现为农业生产经营者法定或约定义务的免除或减轻，但其实质上仍旧是国家财政资金的转移支付，德国学者将其与直接补贴相对，称之为国库"亏损性补贴"。

第三节　农业政策与农业法律渊源

一、农业政策

（一）农业政策的定义与特征

农业政策是指了为实现与农业生产经营及农村发展相关的政治、经济和社会目标，由执政党或政府依特定的程序制订并发布的，包含着政策目标和政策措施的规范性文件。

农业政策具有以下特点：

（1）农业政策的制订和发布主体是执政党或政府，政府既包括中央和地方各级政府，也包括各级政府的涉农机关。

（2）农业政策的制订和发布是为了实现与农业生产、经营及农村社会发展相关的政治、经济和社会目的。政治目的主要是指土地改革，使耕者有其田；经济目的包括对关系国计民生的重要农民品的控制，提高农业生产效率、农业产生化等；社会目的包括提高农民收入水平、建立健全农村社会保障制度，以维护农村的安定团结等。

（3）农业政策制订、发布和修改的程序一般比较简易。

（4）农业政策具有明显的时效性。农业政策不像法律那样有很强的稳定性，它一般只涉及特定时期内农业生产、经营和农村社会发展的目标和任务。

（5）农业政策的基本内容由政策目标和政策措施组成。政策目标是政策制订主体欲在特定时期内实现的任务，一般比较原则，只规定大致的实现程度，但也有一些农业政策会规定具体的数量指标，如《中华人民共和国发展国民经济的第一个五年计划（1953～1957）》中关于农业部分的政策目标，就明确规定了主要农作物的增产数量和1957年农作物的具体播种面积等；政策措施是政策制订主体为实现政策目标而设定的行为方式，它一般是一些框架式的措施体系，只规定欲采取的行为类型和作用方式的着力点。

（6）农业政策是规范性文件，它虽然不能像法律那样直接产生特定的法律关系，设定具体的权利和义务，但它对政策内容所涉及的所有主体的行为都有实际的拘束力和宏观的指导作用。

（二）农业政策的分类

农业政策从其内容构成分析，可分为综合性农业政策和专项性农业政策。前者内容涉及特定时期农业生产经营各个方面的目标、任务和框架性措施，如中共中央国务院于2005年12月31日发布的《中共中央国务院关于推进社会主义新农村建设的若干意见》；后者内容仅涉及特定时期农业生产经营的一个或几个方面的目标、任务和措施体系，如国家发展和改革委员会于2006年10月30日发布的《国家发改委关于加强农村基本设施建设扎实推进社会主义新农村建设的意见》、国务院于2006年8月28日发布的《国务院关于深化改革加强基层农业技术推广体系建设的意见》等。

农业政策从其制订主体和其在政权体系中的科层结构分析，可以分为上位农业政策和下位农业政策。前者是指在政权科层结构中位于上位的主体制订、发布的农业政策；后者是指在政权科层结构中位于下位的主体制订、发布的农业政策。下位农业政策一般是对上位农业政策目标、任务和措施体系的进一步具体化或地方化，因此，其内容不得与上位政策相违背。当然，这种分类也是相对的，除了在政权科层结构中位于两极的主体以外，其他主体制定和发布的农业政策相对于其上位主体来说，为下位农业政策，而相对于其下位主体来说，则又为上位农业政策。

（三）农业政策与农业法律的联系

在农业法的研究和学习中之所以要关注农业政策，主要是因为农业政策与农业法律之间有着相辅相成的密切联系，这种密切联系具体体现为：

1. 综合性农业政策中规定的一些原则性和框架式的目标、任务和措施体系，通常会通过特定农业法律规范的制定和实施来实现。实现方式一般是将政策目标在农业法律规范中"复述"成为法律原则，将政策措施通过"权利（力）—义务（职责）"的方式"转化"成为法律规则，此时，综合性农业政策即成为农业法律规范的重要来源。

2. 某些农业法律中原则性规定的进一步具体化，需要制定特定的农业政策，一般是一些下位的具有可操作性的农业政策。通过这些政策的推行，检验相关法律规定的实效性。

3. 在某些基本法律中明确规定，在法无明文规定时，适用相关政策，如《民法通则》第6条规定"民事活动必须遵守法律，法律没有规定的，应当遵守国家政策"，这同样适用于农业法。

二、农业法的渊源

农业法的渊源是指农业法的具体表现形式，亦即由有权机关依法律规定或职权制定、颁行的，具有法律拘束力和位阶层次的各种规范性法律文件。依各规范性法律文件的位阶层次和规制范围划分，农业法的法律渊源有以下几种：

（一）宪法中关于农业生产经营的规定

《宪法》第8条第1款、第9、10、17条分别就农业基本生产经营体制、农民集体所有权范围、集体经济组织管理体制等问题，作了原则性规定。这是农业法中的最高效力的法律渊源，一切农业法律规范的制定都不得与之相抵触，否则无效。在农业法理论上，我们可以将其称之为"农业宪法"。

（二）农业法律

农业法律是指由全国人民代表大会或其常务委员会制定、发布的规制农业生产经营活动的各类法律规范。在农业法理论上，农业法律因其规制范围的不同可分为农业基本法和农业普通法。农业基本法是指《农业法》，它是全面规制农业产业发展的基础性法律，在农业法律体系中处于核心地位。农业普通法是指依据农业基本法，对农业生产、经营的某一环节或领域进行专门规制的法律规范的总称，主要包括：《农村土地承包法》、《农产品质量安全法》、《农民专业合作社法》、《农业技术推广法》、《种子法》、《动物防疫法》、《草原法》、《渔业法》、

《进出境动植物检疫法》、《畜牧法》以及《农业机械化促进法》等。

（三）农业行政法规

农业行政法规是指由国务院依法定授权和程序制定、发布的具体规制农业生产、经营某一方面的条例、实施细则等规范性法律文件，主要包括《基本农田保护条例》、《农药管理条例》、《兽药管理条例》、《种畜禽管理条例》、《渔业法实施细则》、《水生野生动物保护实施条例》、《农业转基因生物安全管理条例》、《植物检疫条例》、《植物新品种保护条例》等。

（四）农业部门规章

农业部门规章是指由国务院各涉农部门依法定职权和程序制定发布的规制农业内各业生产、经营和管理活动的办法、规定、规则、要求等规范性法律文件，这是农业法中最多、涉及面最广、内容也最为庞杂的法律渊源。

根据现有的规章内容，可以按规制范围将其大致划分为以下几类：①农业综合类：如《农业部立法工作规定》、《农业行政许可听证程序规定》等；②种植业管理类：如《农作物种子检验管理办法（试行）》、《农作物种子生产经营许可证管理办法》、《蚕种管理办法》、《肥料登记资料要求》等；③畜牧兽医管理类：如《兽药注册办法》、《草种管理办法》、《动物检疫管理办法》、《优良种畜登记规则》、《草畜平衡管理办法》、《兽用安钠咖管理规定》等；④渔业管理类：如《渔业捕捞许可管理规定》、《渔业行政处罚规定》、《长江渔业资源管理规定》、《远洋渔业管理规定》、《水产苗种管理办法》等；⑤农机管理类：如《联合收割机及驾驶人安全监理规定》、《拖拉机登记规定》、《农业机械质量调查办法》、《农业机械维修管理规定》等；⑥农垦管理类：如《农业部国营农场农机管理暂行细则》；⑦农业科技、教育类：如《农业植物新品种权代理规定》、《"绿色证书"制度管理办法》等；⑧农产品市场管理类：如《水产品批发市场管理办法》、《农产品包装和标志管理办法》等；⑨农业基本建设管理类：如《农业基本建设项目管理办法》、《农业基本建设项目招标投标管理规定》等。

（五）农业地方性法规及其他规范性法律文件

农业地方性法规是指由省、自治区、直辖市的人民代表大会及其常务委员会，省、自治区、直辖市人民政府所在地的市、经济特区所在地的市和经国务院批准的较大的市的人民代表大会及其常务委员会，根据本行政区域内的农业生产经营具体情况，在不同农业宪法、农业法律、农业行政法规抵触的前提下，制定发布的规范性法律文件。如《辽宁省农业投资条例》、《太原市农业投资条例》、《湖南省农业综合开发条例》等。

除了农业地方性法规外，还有由各级人民政府及其所属涉农部门颁布的其他农业规范性法律文件，如《东港市农业产业化重点龙头企业管理办法》等。

第四节　农业法的基本原则

一、保障粮食安全原则

保障粮食安全原则是指国家相关农业立法、执法和农业司法，都必须有利于保障国家主要农产品的自给自足。这一农业法基本原则主要是对国家的要求，而且主要体现为对国家立法及执法行为的要求，具体包括保障粮食生产能力、粮食供应能力和国家对粮食必要的控制三项内容。保障粮食生产能力是指国家必须通过相关法律规范的制定、执行和相应项目、计划的实施，保障和提高主要农产品的生产能力和生产水平，《农业法》第31条第1款规定"国家采取措施保护和提高粮食综合生产能力，稳步提高粮食生产水平，保障粮食安全"。保障粮食供应能力是指国家必须通过相关法律、规划的制定和实施，采取各种措施保障主要农产品进入市场流通的数量和质量，并稳定农产品供应价格。保障国家对粮食必要的控制是指国家必须制定相关法律规范，并通过规范的执行和实施，保障国家控制有一定数量和种类的主要农产品，以用于重大自然灾害、突发事件发生时的应急供应和平衡主要农产品的市场价格。《农业法》第33条规定了对主要农产品实行保护价收购制度的原则性内容，第34条规定的"粮食安全预警制度"和"国家粮食储备制度"、第35条规定的粮食风险基金制度等，也都是这一原则的具体内容。

鉴于粮食一直都是关系国计民生的最重要的战略物资，保障粮食安全原则应当是农业法基本原则中处于长期稳定性地位的原则。

二、国家扶持、促进农业生产经营原则

国家扶持、促进农业生产经营原则是指基于特定的农业产业政策目标，国家采取各类倾斜式保护的手段和方法，提高农业产业比较利益，促进农业生产发展。这一农业法基本原则涉及对农业立法、执法和司法的全面要求，具体内容包括：

1. 国家立法机关必须制定以保护和促进农业生产经营为内容的各项农业专门性法律规范。《农业法》第六章专章规定了国家对农业支持保护的基本内容，涉及财政投入、税收、价格、信贷贴息等扶持措施，农业社会化服务、农业金融、政策性农业保险、防灾、抗灾和灾害救济与扶持等制度内容，这为其他农业专项性法律、法规和规章的制定指明了范围。同时，立法机关还应根据社会经济

发展情况，废除或修改原有法律、法规、规章中与国家扶持、促进农业生产经营原则和理念不符的规定，第十届全国人民代表大会常务委员会于 2005 年 12 月 29 日通过的《全国人民代表大会常务委员会关于废止 < 中华人民共和国农业税条例 > 的决定》就是贯彻这一原则的体现。

2. 国家行政机关为具体实施农业法律规范内容所设计、推行的计划、项目和措施必须体现国家倾斜式保护农业生产经营的理念。

3. 国家司法机关在处理与农业生产经营有关的法律纠纷时，在法无明文规定时必须以倾斜式保护农业的理念为其利益衡量和自由裁量的标准。

国家扶持、促进农业生产经营原则是经济发展到一定水平，国家基于农业发展的需要才确定的农业法基本原则，它是特定时期国家农业产业政策的具体体现。

三、稳定农业基本生产经营体制原则

稳定农业基本生产经营体制原则是指国家在农业立法、执法和司法等活动中，都要体现以家庭承包经营为基础、统分结合的双层经营体制，确认和保护双层经营体制中各主体权利的原则。以家庭承包经营为基础，统分结合的双层经营体制是我国农民在农村经济体制改革过程中，逐渐探索并经实践验证适合中国国情的生产经营体制。它能够充分容纳各种发展水平的农业生产经营方式，是现阶段农民集体土地所有权最有效的实现形式，《农业法》第 5 条第 2 款规定"国家长期稳定农村以家庭承包经营为基础、统分结合的双层经营体制……"

稳定农业基本生产经营体制这一农业法基本原则的主要内容有：①国家必须以法律明确界定农业基本生产经营体制中各主体所享有的权利内容、界线和相互作用时应当遵循的法律规则和发生冲突时所应遵循的基本准则（即集体土地所有权和土地承包经营权何者优先）。②相关国家机关必须以发证、登记等法定公示方式确认农业基本生产经营体制中各主体所享有的权利，对社会产生公信力。③司法机关在涉农纠纷的裁处中，以法律判决的形式认可并保护为法律所确认的农业基本生产经营体制中各主体权利的内容和效力。

由于农业基本生产经营体制涉及农业生产经营者最基本的权利，是开展农业生产经营必备的法律前提，因此，稳定农业基本生产经营体制原则应当作为农业法基本原则中的长期稳定性原则加以贯彻。

第 二 章

我国农业法的产生和发展

学习农业法的产生和发展，主要是为了研究农业立法在社会经济历史的长河中发展变化的规律。农业法的产生和发展有广义和狭义之分。广义的农业法的产生和发展，是指农业立法和农业法理论的产生和发展；狭义的农业法的产生和发展则是指农业立法的产生和发展，包括不同时期农业法律法规的内容和立法重点。以下仅阐释狭义的农业法的产生和发展。

农业法，如果作为调整农业经济关系的法律规范来理解，可以说，从法一产生就出现了，并且是当时立法的重点。因为农业是人类社会最古老的产业部门，作为农业生产资料的土地和农产品是当时人们的主要财富，因而，国家加强对农业经济的管理，规范这些财产关系就成了法的首要任务。虽然法从一开始就包含调整农业经济关系的法律规范，但从学术意义上讲，这时期调整农业经济关系的法律规范并未形成部门法意义上的农业法，仅仅是散见于"诸法合一"法律体系中的农业法律规范。部门法意义上的农业法产生于20世纪30年代，其标志是美国的罗斯福"新政"中所颁行的《农业调整法》，其目的在于用政府鼓励的办法促进农业生产，稳定农产品价格。

第一节　我国古代的农业立法

从历代涉及农业生产与经营的立法规范来看，我国古代农业立法的主要内容可以概括为以下几个方面：土地制度、农产品税收制度、农业生产和管理制度、农产品交易制度、自然资源和生态保护制度等。下面仅就农业生产和管理制度、农产品交易制度及自然资源和生态保护制度作一简要介绍。

一、夏商时期的农业立法

夏商时代，手工业从农业和畜牧业中分离出来，商品交易较为频繁。禹和稷一起教民播作，发展农业生产，并允许以其多余的产品交易其没有的产品。相传夏禹重视对自然资源和生态的保护，发布了所谓的"禹禁"，规定：春三月，不准砍伐山林，以保护草木生长；夏三月，不准去江河湖泊里下网，以保护鱼鳖的生长。"禹禁"是目前所知的我国历史上最早的保护自然资源和生态平衡的法令。

二、西周时期的农业立法

西周时期，国家十分重视对农业生产和自然资源的管理，《国语·周语上》记载：天子在春耕之时亲自耕种农田，以示对农业之重视。《逸周书·文传》记载：不到规定时间，不准砍伐山林，以保证草木的生长。在市场管理和农产品贸易方面，西周设有专门的"市官"，专司市场管理，这些"市官"有掌管市场物价的，有掌管买卖契约的，也有处理伪劣欺诈的。西周对上市交易的农产品也作出一定的要求，《礼记·五制》中规定：五谷不时、果实未熟不能交易，木不中伐不能上市交易，禽兽鱼鳖不中杀，不能上市交易。

三、秦代的农业立法

秦朝为了加强对农业生产的管理、规范农业生产，专门针对农田耕作、种子的质量和数量、劳力和农时、奖励农耕及防止水土流失等作出了比较系统的规定，集中体现在在《田律》、《包律》、《厩苑律》等之中。①在农田耕作管理方面，《田律》规定：每逢降雨，官吏应立即报告雨量大小、受雨面积；凡遇旱灾、涝灾、虫灾等自然灾害，按规定的时间报告受灾面积、受灾程度以利上级掌握实情。②在种子管理方面，《仓律》规定：各县种子入仓保管时，以一万石为一堆，中间要隔离，仓门由县令或县丞与仓库和乡里的主管共同封存，出仓、入仓、保管、检验等都应按规定的手续办理；《仓律》还规定了每亩农地种子的播种量，如稻、麻每亩用种三分之二斗，谷、麦每亩用种一斗，大豆每亩用斗半等。③在劳力的使用方面，秦律规定：一户农家不得同时征调两个以上的劳动力服其他杂役，违反者按律制裁。④在畜牧业管理方面，《厩苑律》和《牛羊律》规定：每年定期对牛的饲养情况进行检查评比，成绩优异者受奖，成绩差者受罚；秦律还对牲畜的繁殖率和死亡率作了规定，如成年母牛，十头牛六头无子，成年母羊，十头羊四头无子，有关人员就要受罚。⑤奖励农耕、惩治惰农。秦朝沿用了秦国时的一些法令，如"耕织致粟帛多者，复其身"、"民有余粮，使民以粟出官爵"、小农"不田作"就要被降为奴隶等。⑥在自然资源管理方面，《田律》规定：早春二月，不准砍伐树木，不准堵塞水道影响万物生长；不到夏天，不准捕捉幼兽、幼鸟或猎取鸟卵，不准毒杀鱼鳖或设置陷阱捕捉鸟兽。

四、汉代的农业立法

汉代十分重视农业生产，在加强农业立法的同时，还实行了"困商"（经济干预）、"辱商"（政治制裁）等诸多"抑商扬农"的政策。具体表现为：①把"劝课农桑"作为各级官吏的主要职责。皇帝亲耕，皇后亲桑，《汉书补注》中记载，诏曰："夫农天下之本也，其开藉田，朕亲率耕，以给宗庙粢盛"、"朕亲率天下农耕以供粢盛，皇后亲桑以奉祭服，其具礼仪。"[1]景帝诏曰："农，天下之本也，黄金珠玉，饥不可食，寒不可衣……"[2]。设置专门的机构和官吏是汉朝劝农的主要措施，"大司农部丞十三人，人部一州，劝农桑"[3]。此外，汉代还对不重农事、妨害农作的官员进行调查和惩处，诏曰："其令郡国务劝农桑，益种树，可得衣食物。吏发民若取庸采黄金珠玉者，坐臧为盗。二千石听者，与同罪"[4]。②推行精耕细作。整治农田，选择良种按规划播种，注意防虫、除草，重视灌溉，种植豆类作物以改进土壤质量。③重视农田水利基本建设。汉代在利用已有的水渠及水利工程外，还新建了一些水利工程，如井渠（公元前119年前后）、六辅渠（公元前111年）、白渠（公元前95年）等，同时重视利用黄河、渭河、汾河等进行灌溉。[5]此外，汉代还对农业生产投入、农业耕种方法与技术、农产品加工等都做了较详细的立法。可以说，汉代不仅确立了中国几千年来传统农业生产的基本格局，而且也初步建立了比较完善的中国古代农业法律规范体系，对后世的影响极大。

五、唐代的农业立法

唐代在农牧管理方面的立法主要表现为：①实行均田制。唐代法律根据社会成员的身份（良人、贱民）、职业（如将良人分为士、农、工、商四类）、年龄、身体状况、在家庭中的地位等因素，分别授予其不同数量的田地。所授予的田地被分为"永业田"和"口份田"两种，前者可以买卖、继承，后者则按人口分配，人存地在，人灭则收回土地，严禁土地转让。②明确各级官吏在农业生产管理中的职责，如依法授民以田地、及时上报灾荒情况及农业生产情况，还规定了官有牲畜的检选、饲养和疾病防治相关制度。③开征茶税。唐德宗建中3年，朝廷下令开征茶税，从此以后，茶税就一直是唐朝的重要税种。

六、清代的农业立法

清代在农业方面的立法比较全面，主要制度内容可以概括为：①鼓励垦田，重视对农作物种植的管理和引导。清代曾多次颁行垦田法，明确规定了垦田人的认垦资格、资金扶持、宽缓课征相关税费、官吏劝垦与招垦的办法等内容。《钦定大清会典事例·劝课农桑》规定：禁止田地无故荒芜，应课种桑麻之类而不种植者，按律处罚；各省应将适于种植五谷之地视为宝，勤加垦治，严禁适于耕种

---

[1]　许倬云：《汉代农业》，广西大学出版社2005年版，第159页。

[2]　许倬云：《汉代农业》，广西大学出版社2005年版，第162页。

[3]　许倬云：《汉代农业》，广西大学出版社2005年版，第171页。

[4]　许倬云：《汉代农业》，广西大学出版社2005年版，第171页。

[5]　参见许倬云：《汉代农业》，广西大学出版社2005年版，第四部分农业资源。

蔬谷之地种植烟草。②严禁毁伐林木。《大清律例》规定：凡弃毁人器物及毁伐树木稼穑者，计赃准盗窃论。③重视各项农业生产要素的保护。如实行严格的耕地保护制度，禁止屠宰耕牛，还设置了水利工程的维护和修治制度。④实行"摊丁入亩"的税收制度，即将丁税摊入田赋之中，取消了征税中人丁、地亩的双重计征这一弊端，免除了无地农民的人头税负担。

从中国古代农业立法的简要内容中，我们不难看出：①促进和保障农业生产是各个朝代都设定的基本国策，劝课农桑是各级官吏的基本职责。②重视农业资源及农业生态环境的保护是各朝代农业立法的主要内容。③资金支持、减轻税负、行政管理等多种手段的综合运用是各朝代实现农业立法目的及内容的基本方式。

第二节　新民主主义革命时期的农业立法

新民主主义革命时期的农业立法与中国历史上各类剥削阶级的农业立法有着本质上的区别，它反映了工农大众的根本利益及意志，实现了农业发展与农民利益保障的结合。然而，这一时期的农业立法还是建立在私有制占主导地位的经济基础之上的，因此，又与建国之后尤其是合作化实现之后土地公有制基础上的农业立法在性质上有所差异，所欲实现的目的及任务也不尽相同。

总体来看，这一时期的农业立法主要以土地改革为其中心内容，主要目的在于通过促进农业生产，改善农民生活，同时保障对革命战争的基本供给。

一、土地改革立法

1927年，中共中央"八七会议"正式推出了土地改革的基本方针，确定了新民主主义土地立法的基本方向。此后，各根据地人民民主政权在不同的时期，因应战争及人民群众之需求，纷纷制定了相应的土地改革立法，比较著名的有由成立不久的工农民主革命政权于1928年制定的《井冈山土地法》、1929年制定的《兴国土地法》和1931年制定的《中华苏维埃土地法》。在《中华苏维埃土地法》中，明确规定了没收土地的对象、分配土地的群体及具体的土地分配方法、土地所有权的归属等。

抗日战争时期，许多革命根据地都颁行有专门的土地立法，如1939年的《陕甘宁边区土地条例》、1942年的《陕甘宁边区土地租佃条例》、1943年的《陕甘宁边区土地典当纠纷处理原则》、1938年的《晋察冀边区减租减息条例》等。

1947 年制定的《中国土地法大纲》明确规定，废除封建性及半封建性剥削的土地制度，实行耕者有其田的制度；具体的办法是：将没收的地主和富农的土地，按人口平均、无偿地分配给无地和少地的农民。至此，一个崭新的土地制度正式在中国大地上确立并被普遍推行开来，为建国后土地改革法的制定和实施奠定了制度基础并积累了宝贵的实践经验。

从客观的角度分析，我们认为，这一时期所建立并推行的各项土地改革法律制度，在中国土地制度史乃至人类土地制度史上，都是开创性的。它从根本上断绝了几千年来人剥削人的制度根基，彻底、充分、普遍地实现了基本生存和生产资料的公平配置，在我国农业法制史上具有里程碑式的意义。

二、农业生产方面的立法

各根据地的人民民主政权在农业生产互助、鼓励垦荒和春耕等方面制定了大量的规范，典型的如 1933 年中央执行委员会颁布的《劳动互助社组织纲领》、1938 年晋察冀边区行政委员会颁布的《垦荒单行条例》、1941 年晋西北行政署颁布的《春耕条例》等。

特别值得一提的是，1942 年，毛泽东主席在陕甘宁边区高级干部会议上做了《经济问题和财政问题的报告》，其中提出了以鼓励垦荒、发给低息贷款和奖励农业生产为重点的农业发展基本政策，这成为指导抗日战争、解放战争时期各根据地农业立法的基本指导思想。

第三节　新中国农业立法

一、1949 年至 1958 年：农业立法初成体系阶段

这一阶段农业立法主要涉及土地改革、农业合作化、粮食购销体制、农业税制等方面，初步形成了规制范围比较全面的农业立法体系。规范的内容主要是因应新政权及新的社会、经济秩序的建立，而对执政党相关意识形态和政策、理念的法律化，其中许多的立法涉及农业生产经济体制及国家对农业生产经营的管理与干预体制等基础性农业法制的建立。农业立法的主要表现形式为法律、行政法规。

在土地改革方面，中央政府为保证在新的解放区开展大规模的土地改革运动并巩固原来根据地土地改革的成果，于 1950 年颁布《土地改革法》及《城市郊区土地改革条例》等，这些法律法规主要规定了以下几方面内容：①没收地主的土地、耕畜、农具和多余的粮食、在农村的房屋，征收祠堂、庙宇、寺院、教

堂、学校和团体在农村的土地，除收归国有的外，其余的全部分配给贫苦农民；②城市郊区没收和征收来的土地一律归国家所有，分配给农民耕种使用，由农民向国家缴纳农业税；③国家因建设需要收回农民耕种的土地或征收私人土地时，应给予耕种农民适当安置，并对其在土地上的生产投资和损失予以公平合理的补偿，或以相等的国有土地调换之；④对分得国有土地的农民发给国有土地使用证，对农业土地私人所有者发给土地所有权证，确认农民的土地使用权和所有权。这些法律法规的颁布和实行，废除了地主阶级封建剥削的土地所有权，确立了农民个人土地所有权和国家土地所有权。

在农业合作化方面，全国人大及其常委会分别于1955年和1956年颁布了《农业生产合作社示范章程》和《高级农业生产合作社示范章程》，对于初级农业生产合作社和高级农业生产合作社的性质、目的、社员资格及入社程序、土地及主要生产资料的产权、生产经营、组织结构、财务管理和收入分配等作了详细规定，确立了农民集体土地所有权和合作制的农业生产经营体制。

在粮食购销体制方面，政务院于1953年发布《粮食市场管理暂行办法》，禁止私营粮商和粮食企业私自经营粮食、自购原料、自销成品，城市公共用粮一律由国家粮食部门计划供应，粮食交易必须在国家设立的粮食市场进行，禁止场外交易；国务院于1955年发布《农村粮食统购统销暂行办法》，规定分别核定每户农民的粮食产量和用粮标准，国家对于余粮户核定粮食交售任务进行统购，对缺粮户核定粮食供应量进行统销，对自足户不进行统购统销，余粮户完成粮食交售任务后有权自由处分其剩余粮食；国务院于1956年发布《农业生产合作社粮食统购统销规定》，将粮食统购统销制度适用于农业生产初级和高级社。通过这些规定，国家建立了在城乡统一适用的粮食的统购统销体制。

在农业税制方面，中央政府于1950年颁布了《新解放区农业税暂行条例》，1952年颁布《受灾农户农业税减免办法》。1958年，全国人大常委会颁布了《农业税条例》，正式确立了在新中国实行了近五十年的农业税制，按法律规定，农业税实行比例税制，按评定的农民特定农作物的常年产量计税，以征收粮食为主。

这一时期还颁行了涉及农业其他领域的法律法规，主要有1952年颁布的《国营农场建场程序暂行办法》、1955年颁布的《关于城乡划分标准的规定》和《全国木材送货暂行办法》、1956年颁布的《国营机械农（牧）场短期贷款暂行办法》、1957年颁布的《水土保持暂行纲要》和《国内植物检疫试行办法》等。

二、1958年至1979年：农业立法的查漏补缺阶段

这一阶段我国进入国民经济恢复和发展期，全国进行了许多大规模的农业生产建设项目，但相关立法却并不多，主要集中在关于国营农场的经营和管理方面，立法的表现形式多是部门规章。

1978 年，财政部、国家农垦总局发布《国营农场财务管理试行办法》，规定国营农场应当实行全面的经济核算，并就财务计划、固定资产和流转资金管理、各项基金管理、成本利润管理等作了规定；1979 年国家农垦部颁布《国营农场工作条例（试行）》，对国营农场的性质和任务、管理体制和基本制度、开荒建场、经营方针、农业机械的使用管理、科研与教育、经营管理、分配制度、职工福利等作了全面规定，明确规定国营农场是全民所有制企业，国营农场职工是国家职工，享有与其他国有企业职工相同的待遇。

这一时期还颁布了涉农的其他规范，如 1963 年的《森林保护条例》、1964 年的《水产资源繁殖保护条例（草案）》和《示范繁殖农场工作暂行条例（草案）》等。

从这一阶段的农业立法的内容可以看出，1958 年后，配合国家计划经济体制的建立，以土地集体所有、农业合作化生产、农产品统购统销等为基础制度内容的农业立法体系建立并长期运行。仅从制度层面而言，这些农业立法无论是在与计划经济体制的配合等宏观层面上，还是在制度内部各种规范体系相互作用的微观层面上，都发挥了重大作用，因此，直到 1979 年政治背景和经济体制变动前期，新中国对第一阶段的相关农业立法并未做过较大的修改，而是着眼于国营农场、环境保护等以前尚未顾及或根据实际的发展需要及时规制的相关领域的立法。

三、1979 年至 1993 年：农业立法尝试重大转型阶段

这一时期的农业立法主要是适应改革开放和社会主义市场经济发展的需要，对农业生产经营领域以及农村经济、社会发展领域的许多方面进行立法规制，目的在于以立法形式保证和促进农业和农村经济在新形势下持续稳定的发展。这一时期农业立法的层级明显提高，主要是法律和行政法规，立法的内容涉及对农业内各业、土地、主要农业生产资料、农业环境保护及检验检疫制度等的规制。

这一时期农业内各业立法的主要内容是确定了各业基本的生产经营体制和相应的权属。全国人大常委会于 1984 年通过并公布了《森林法》，对森林资源的权属、森林经营管理、森林保护、植树造林、森林采伐等方面做了基本规定，该法确定了森林、林木和林地的国家所有权和集体所有权，明确了个人对林木的所有权和对林地的使用权，并明确保护承包造林的集体和个人依法享有的林木所有权和其他权益。全国人大常委会于 1985 年通过并颁布了《草原法》，明确了草原属于国家和集体所有，个人可以在国家和集体所有的草原上设定使用权。全国人大

常委会于 1986 年通过并颁布了《渔业法》，对养殖业、捕捞业、渔业资源的繁殖和保护等作了基本规定，该法规定县级以上人民政府有权将规划用于养殖业的全民所有水面、滩涂确定给全民所有制单位和集体所有制单位从事养殖，法律确认使用权；全民所有制单位使用的水面、滩涂，集体所有的水面、滩涂和集体所有制单位使用的全民所有的水面、滩涂可以由集体和个人承包从事养殖；法律保护水面、滩涂的所有权和使用权。

这一时期的土地立法主要是 1986 年由全国人大常委会通过并于 1988 年修改的《土地管理法》，对土地的所有权和使用权、土地的利用和保护、国家建设用地、乡镇建设用地等进行了基本规定，该法规定我国实行社会主义的土地公有制，城市市区土地属于国家所有，农村和城市郊区的土地除法律规定属于国家外，属于集体所有，国有土地可依法确定给单位使用，国有土地和集体土地可依法确定给个人使用，国有土地实行有偿使用制度，土地使用权可依法转让。

这一时期关于农业生产资料的立法主要限于种子和兽药两类。国务院分别于 1987 年和 1989 年制定和颁布了《兽药管理条例》和《种子管理条例》，前者对兽药生产和经营企业的管理、兽医医疗单位的药剂管理、新兽药审批和兽药进口管理、兽药商标和广告管理等内容进行了较系统的规定；后者对种质资源管理、种子选育与审定、种子生产和经营、种子检验检疫和种子储备等作了全面规定。

这一时期关于农业环境保护的法律主要是《水污染防治法》(1984 年)、《野生动物保护法》(1988 年) 和《水法》(1988 年)。

关于检验检疫方面的立法主要是全国人大常委会 1991 年制定并颁布的《进出境动植物检疫法》，该法主要规定了进出境动植物检疫的原则、管理体制、检疫职权，进境检疫，出境检疫，过境检疫，携带、邮寄物检疫，运输工具检疫等内容；行政法规主要是国务院于 1983 年制定并发布、1992 年修改的《植物检疫条例》，该法规对植物检疫管理体制、植物检疫对象、疫区和保护区的划定及消灭措施、植物及植物产品调运的检疫、植物检疫证书、产地检疫、对从国外引进种子苗木的检疫、疫情调查和消灭措施、疫情发布及法律责任等都做了基础性规定。

四、1993 年至 2002 年：农业立法步入"基本法"时代

1993 年《农业法》的制定和颁布在中国农业立法史上具有重要的里程碑式的意义。这是中国第一部农业基本法，标志着新中国农业立法正式进入"基本法"时代，农业立法从此在理论上摆脱了仅仅是不同时期执政党和国家农业、农村及农民政策的直接法律反映这一"政策转换器"的角色，而成为具有自己独立的、稳定的和基本的法律原则、法律目的、基础性制度类型以及制度体系的真

正法律部门，因为所有的这些内容都无一例外地体现在了农业基本法中，并且只有体现在农业基本法中，这些内容才会具有独立性、稳定性及基本性等制度特色，今后所有农业具体立法都将是对《农业法》中这些独立性、稳定性和基本性规范内容的直接或间接的细化，实际上，下面将要涉及的作为这一时期主要农业立法代表的《农业技术推广法》及其他立法其实都是《农业法》相关内容的具体化，这也是我们将这一时期命名为"农业立法'基本法'时代"的主要原因。

《农业法》的内容主要是对中国农村和农业经济体制改革以来一系列经实践检验的立法和政策内容的总结和提升，同时以当时国家对农业发展的基本理念和前景展望为依据，作了一些先进性的规定，在立法定位、体系和规范内容的具体设计上则主要借鉴了韩国和日本的农业基本法及法国的《农业指导法》。[1] 1993年7月2日由第八届全国人大常委会第二次会议审议通过的《农业法》共分9章66条，规范内容包括：①总则。规定了制定本法的目的；规定了国家发展农业的基本目标：努力发展农村社会主义市场经济，进一步解放和发展农村的生产力，开发、利用农村劳动力、土地和各种资源，增加农产品的有效供给，满足人民生活和社会经济发展的需要，在发展生产的基础上增加农业劳动者的收入，提高其生活水平，建设共同富裕的、文明的新农村，逐步实现农业现代化；明确了农业和农业生产经营组织的法定含义，采用包含种植业、林业、畜牧业和渔业在内的广义农业（大农业）的概念；规定了土地所有权和使用权的基础性规范和农业生产经营管理体制。②农业生产经营体制，较全面地规定了集体土地所有权的范围、内容和行使主体，家庭联产承包责任制下农民土地承包经营权的产生、内容及相应义务，集体组织的社会化服务功能，农民及农业生产经营组织的权益保障等。③农业生产，主要规定了关于国家扶持和鼓励农业生产的各项措施及相应职权的原则性规范。④农产品流通，主要规定了国务院及其授权的省级人民政府对关系国计民生的主要农产品的委托收购制度和保护收购制度，重要农产品的分级储备调节制度，国家鼓励农产品流通行为及流通市场建立的基础性规范等。⑤农业投入，主要规定了各级财政保障对农业投入及财政使用范围的原则性规范。⑥农业科技与农业教育，主要规定了国家扶持和鼓励各类主体参与农业科研及技术推广的原则性规范。⑦农业资源与农业环境保护。⑧法律责任。⑨附则。

1993年《农业技术推广法》的制定和颁布也是这一阶段农业立法的主要内

---

〔1〕　参见原农业部部长刘中一在1993年2月15日第七届全国人民代表大会常务委员会第三十次会议上做的关于《中华人民共和国农业基本法（草案）》的说明。

容，该法从农业技术推广的基本原则、农业技术推广体系、农业技术的推广与应用、农业技术推广的保障措施等方面作了较全面的原则性规定，通过该法，确立了政府扶持与市场引导相结合、有偿与无偿服务相结合、国家农业技术推广机构与其他社会主体相结合的农业技术推广体制。

这一阶段，涉及农业生产经营的一些新领域的法律和行政法规不断出现，主要包括1993年《水生野生动物保护实施条例》，1994年《基本农田保护条例》、《气象条例》、《种畜禽管理条例》，1996年《野生植物保护条例》，1997年《动物防疫法》、《农药管理条例》、《植物新品种管理条例》，1999年《气象法》、《海洋环境保护法》，2001年《农业转基因生物安全管理条例》等。

这一时期，原先相关领域农业立法的内容适应新的情况也进行了完善，但完善的程度却不尽相同。一些农业内的各业立法进行了局部修改：《渔业法》（2000年第一次修改）和《森林法》（1998年修改）针对新情况和实践中的新问题进行了修改，但并未从根本上改变原先确定的各业基本生产经营体制及相关权属设置；粮食购销领域的立法进行了根本性修改，1998年国务院发布《粮食收购条例》对建国初期的粮食统购统销立法体制进行了根本改造，该行政法规规定，国家为掌握必要的商品粮源，实行粮食定购制度，农民完成国家粮食定购任务并留足自用和自储粮食后出售的余粮，由国有粮食企业敞开收购；农业生产资料领域的立法提高了立法层次、补充了新的内容，全国人大常委会于2000年制定并颁布《种子法》，该法是对原1989年《种子管理条例》的替代，在规范内容上吸收了原条例的许多规定并增加了新的内容，该法现在是农业生产经营资料立法领域层级最高的法律文件。

五、2002年至今：农业立法实现"华丽转身"

进入新时期，国家对农业、农村和农民的基本政策和理念均发生了重大转变，包括农业基本法在内的农业立法迅速因应了这种转变在立法理念、原则和制度构建等方面均实现了重大转变。这次农业立法转变的最值得称道之处就是对"国家保护、扶持和支持农业"的理念、原则和相关制度的正式确立，我们在这里将这种转变命名为农业立法的"华丽转身"。

1993年《农业法》施行近10年来，在稳定家庭承包经营为基础的农业生产经营体制、促进农业生产经营水平的不断提高、保障粮食及主要农产品供应、推进农业生产结构调整及保障农民权益等方面发挥了重大作用，但进入21世纪后，中国农业从原先以解决温饱为目的、注重传统生产要素投入的数量发展阶段跨入以提高农业品质、优化结构和增加农民收入为目的，注重资本、科技投入的优化农业发展阶段，但随之也面临一些突出问题：①随着社会主义市场经济体制的不断完善，农业和农村经济发展的运行机制和外部环境发生变化，传统的农业管理和支持方式已经落后；②农产品供求关系发生变化，部分农产品发生阶段性和结构性供过于求，农产品的品质和质量不完全适应市场要求，农业结构调整力度需要加大；③农民收入增长幅度趋于缓慢；④加入世界贸易组织后，需要采取新措施提高农业发展水平和农产品的国际竞争力。[1] 为了应对新情况，解决这些新问题，立法者从 2000 年开始即着手对 1993 年《农业法》进行修改，2002 年 12 月 28 日第九届全国人大常委会第三十一次会议通过了修改草案，修改后的《农业法》共 13 章 99 条，与原法相比增加了"粮食安全"、"农民权益保护"、"农村经济发展"和"执法监督"4 章，将原法"农产品流通"一章改为"农产品流通与加工"，"农业投入"一章改为"农业投入与支持"，并对许多原法条款作了较大幅度的整合和修改。

2002 年《农业法》较之 1993 年《农业法》其特色主要表现在以下方面：①在调整范围上有了明显的扩大。将农业（包括种植业、畜牧业、林业、渔业等传统各业及与各业直接相关的产前、产中、产后服务等延长产业）、农村和农民都纳入了规制范围，增加了"农民权益保护"和"农村经济发展"两章，可以说 2002 年《农业法》在本质上就是新时期中国农业、农村和农民的基本法；②注重粮食安全。将粮食安全作为专章，对保障粮食安全的诸如促进粮食主产区产粮积极性和产粮能力的扶持措施、粮食储备制度、粮食风险基金、对部分粮食产品的最低保护价收购、粮食预警机制等各类措施进行了原则性规定，这是立法者基于粮食对于中国这样一个农业大国的极端重要意义而对立足国内实现粮食基本自给这一基本政策理念在法律上的反映；③突出了国家扶持和保护农业发展的基本理念。将原法"农业投入"一章改为"农业投入与支持"，并在"总则"中明确规定"国家把农业放在发展国民经济的首位"，这反映了进入新世纪后国家对农业基础性地位的重申及保护、支持和促进其发展的新理念；④重视法律的可操作性。为了保证《农业法》的相关条款能发挥实际作用，2002 年《农业法》专设"执法监督"一章对县级以上人民政府及其农业行政主管部门和有关部门在农业生产经营领域的规划、指导、管理、监督、服务等职权进行了原则性规定，为了保证中央和地方各级财政投入农业的水平和力度，2002 年《农业法》规定"中央和县级以上地方财政每年对农业总投入的增长幅度应当高于其财政经常性收入的增长幅度"，为各级财政投入农业的行为设置了较具刚性的规则。

---

[1]　参见全国人大农业与农村委员会主任委员高德占在 2002 年 6 月 24 日在第九届全国人民代表大会常务委员会第二十八次会议上做的关于《中华人民共和国农业法（修订草案）》的说明。

　　这一时期以来，围绕《农业法》出台了一系列新的农业立法，进一步充实了《农业法》的相关规定：在农业生产经营体制方面，2002 年由全国人大常委会通过并颁布的《农村土地承包法》全面而详尽地规定了以家庭承包经营为基础、统分结合的双层经营体制的具体内容，该法的一大特色是赋予了土地承包经营权用益物权的性质，并将农村土地承包分为家庭承包和其他方式的承包，重点在于对家庭承包进行规定，主要包括：发包方和承包方的权利义务、承包的原则和程序、承包期限和承包合同、土地承包经营权的保护、土地承包经营权流转；2006 年由全国人大常委会通过并颁布的《农民专业合作社法》是继建国初期的《农业生产合作社示范章程》和《高级农业生产合作社示范章程》后，在市场经济条件下颁布的又一部合作社法律，该法对农民专业合作社的经营原则、性质、经营范围、设立和登记、社员、财务管理、合并、分立、解散、清算、国家的扶持政策等内容进行了全面而详尽的规定。在农业生产方面，2006 年全国人大常委会通过并颁布了《农产品质量安全法》，该法制定的目的在于保障来源于农业的初级产品符合人健康和安全的要求。为实现这一目的，法律就农产品质量安全的管理体制、安全标准、农产品产地、农产品生产、农产品包装和标识、监督检查、法律责任等内容作了详细规定。在农业现代化和农业科技方面，2004 年全国人大常委会通过并颁布《农业机械化促进法》，该法在立法体例上借鉴了日本、韩国 1953 年及 1978 年《农业机械化促进法》，该法的主要内容包括：农业机械化促进的基本原则和体制、科研开发、质量保障、推广使用、社会化服务、扶持措施等基础性规定，该法设置了农业机械购置补贴、燃油补贴等补贴类型，但并未规定补贴的具体内容，而是授权国务院规定具体的实行办法。在农业内产业立法方面，全国人大常委会于 2005 年通过并颁布了《畜牧法》，就国家对畜牧业发展的促进和扶持、畜禽遗传资源保护、种畜禽品种选育与生产经营、畜禽养殖、畜禽交易与运输、质量安全保障等作了详细规定。在农业生产资料方面，国务院于 2004 年公布《兽药管理条例》，对兽药管理体制、基本管理制度和储备制度、新兽药研制、兽药生产、兽药经营、兽药进出口、兽药使用、兽药监督管理等作了全面规定。另外，还发布了《病原微生物实验室生物安全管理条例》（2004 年）、《重大动物疫情应急条例》（2005 年）、《濒危野生动植物进出口管理条例》（2006 年）等行政法规。

　　这一时期，相关农业立法为了适应新情况还分别进行了修改。2002 年修改了《草原法》，2004 年修改了《种子法》、《渔业法》（第二次修改）、《野生动物保护法》和《土地管理法》。2004 年，为了适应社会主义市场经济体制的进一步完善，国务院公布《粮食流通管理条例》，再次对中国粮食购销体制进行了修正，废止了原《粮食收购条例》（1998年）所确立的粮食定购制度，确立了粮食流通市场化体制和国家对粮食市场的宏观调控职权，鼓励多种所有制市场主体从事粮食经营活动。2005年12月29日，第十届全国人大常委会第十九次会议通过了《关于废止〈中华人民共和国农业税条例〉的决定》，规定自2006年1月1日起废止1958年的《农业税条例》，自此，在新中国存续了近半个世纪的农业税制正式退出历史舞台，农民种地不再向国家缴纳农业税，这在中国几千年的农业发展史上是绝无仅有的。

迄今为止，在上述农业基本法、农业各领域法律及行政法规的基础上，农业部及其他农业主管机关还颁布了部门规章及其他规范性文件140余部，规范内容涉及种植业、畜牧兽医、渔业、农机、农垦、农业科技教育、农产品市场及信息发布、农村合作经济、农业基本建设计划与财务管理等方面，形成了比较健全的现代农业法律体系。

第 三 章

农业法律关系与农业法律责任

第一节 农业法律关系

一、农业法律关系的含义与分类

（一）农业法律关系的含义

农业法律关系是指在国家干预农业生产、农产品流通和国家扶持、保护、促进农业生产经营的过程中，相关农业法律主体依据农业法律规范形成的，具有权利（职权）、义务（职责）等内容的社会关系。

国家干预农业生产、农产品流通和国家保护、扶持、促进农业产经营过程中所产生的各种社会经济关系在现实中是纷乱繁杂的，各学科都有各自不同的认识和把握方式。在法学上，一般认为，这些农业社会经济关系一经农业法律规范调整，即可在理论上将其归纳、整理、抽象为有特定构成要素和类型的权利（职权）义务（职责）关系。农业法律关系是农业法理论上的一种认识和把握农业法规和经济现实的研究和学习方法，对这种理论方法的了解和掌握，有利于系统地认知、理解和运用农业法律，规范农业生产经营活动，维护农业生产经营秩序。

（二）农业法律关系的分类

依农业法律规范调整和规制的领域不同，农业法律关系可分为国家干预农业生产法律关系、国家干预农产品流通法律关系和国家扶持、促进农业生产经营法律关系三类。国家干预农业生产法律关系是指农业法律规范在调整国家管理、规划和指导农业生产过程中，在各干预主体与受干预主体之间形成的权利（职权）、义务（职责）关系。国家干预农产品流通法律关系是指农业法律规范在调整国家管理、规划农产品市场体系建设、农产品流通等活动过程中，在干预主体与受干预主体之间形成的权利（职权）、义务（职责）关系。国家扶持、促进农业生产经营法律关系是指农业法律规范在调整国家以财政援助、体制组建等方式扶持、促进农业生产经营活动中，在扶持、促进主体与被扶持、促进主体之间形成的权利（职权）、义务（职责）关系。这是农业法律关系最通常的分类方法。

依农业法律规范具体调整方式的不同，农业法律关系还可分为农业管理法律关系、农业规划法律关系和农业促进法律关系。这是农业法理论研究中最能体现农业法特色的分类方法。其中，农业管理法律关系是指农业法律规范在调整国家特定机关以监督、检查、许可、处罚等方式管理农业生产经营者的农业生产、农产品流通等活动的过程中，在管理机关与相对人之间形成的权利（力）、义务（职责）关系。农业规划法律关系是指农业法律规范在调整国家特定农业规划的制定、执行和实施的过程中所涉及的各类国家机关之间形成的职权关系。农业促进法律关系是指农业法律规范在调整国家以财政援助、指导等方式促进农业生产经营的过程中，在国家特定机关与农业生产经营者之间形成的职权（权利）、职责（义务）关系。

二、农业法律关系的要素

农业法律关系的要素是指构成农业法律关系的主体、内容和客体。

（一）农业法律关系的主体

农业法律关系的主体是参加农业法律关系，在农业法律关系中享有职权（权利）并承担职责（义务）的各类公私法主体。农业法律关系的主体依其法律性质的不同可分为以下类型：

1. 公法主体。公法主体是指参加农业法律关系，并在其中享有公法权力的各级、各类国家机关，主要包括：

（1）国务院。国务院是参加全局性农业生产经营扶持、促进规划，农业行政法规，重要的农产品和农业生产资料国家标准等的编制、设计法律关系的重要主体。

（2）各级人民政府。各级人民政府是参加地方性农业生产经营扶持和促进规划（计划、项目）、规范性法律文件和农业生产区划、地方性农业生产经营标准等的编制和设定法律关系，农业产业化、农业产业结构调整等法律关系的重要主体。

（3）各级农业和林业主管机关。各级农业及林业主管机关是指农业部、国家林业局和地方各级政府中的农业、林业厅、局、站、所等，它们是参加农业（包括种植业、林业、畜牧业、水产养殖业）生产经营扶持和促进上级规划的具体化以及对农业生产经营进行具体管理法律关系的重要主体。

（4）各级财政机关。各级财政机关是指财政部和地方各级政府中的财政厅、局、所等，它们是参加国家扶持和促进农业生产经营中财政运作法律关系的重要主体，也是新形势下最能体现国家保护和扶持农业政策理念的公权机关。

（5）其他公法主体。主要有各级粮食行政主管部门、工商管理部门、税务部门、价格行政主管部门、科技主管部门、教育行政主管部门、国家保险业和银行业监督管理部门等，它们分别参加粮食储备和最低保护价收购法律关系、农产品市场管理法律关系、农业税收优惠法律关系、农业科技推广和农民职业培训法律关系、政策性农业保险和农业信贷法律关系。

2. 准公法主体。准公法主体是指为执行特定的公法目的，依法设立的或经授权的各类主体。这类主体为实现特定的公法目的而行使特殊的权利（力），但其性质却并不属于国家公权力主体，因此，在农业法理论上称之为"准公法主体"。这类主体所实现的公法目的主要是一些由国家实现起来成本较大，或不适合以公法机关的职权执行方式实现的农业产业政策目标，如农业科技示范推广、农业生产结构调整、农民职业培训等。

准公法主体依其设立可分为两类：一类是为了实现特定的公法目的而专门设立的主体，主要有：政府农业科技推广机构、政策性农业保险公司、政策性农业银行等；另一类是经授权的主体，这类主体原本就以社会主体的身份存在，经授权实现特定的公法目的，主要有：参加国家政策性农业保险计划并依此开展政策性农业保险经营项目的商业保险公司、执行政策性农业贷款和农业补贴发放等任务的商业性金融机构和协助农业补贴发放和农业科技示范推广的农民集体组织等。

3. 农业生产经营主体。农业生产经营主体是指从事具体的农业生产、经营活动的农户、农民专业合作组织、国营农场、农业企业等市场经营主体。

（二）农业法律关系的内容

农业法律关系的内容是指参加农业法律关系的主体所享有的权利（力）和应履行的义务（职责）。农业法律关系的内容可分为三类：一是各公法主体依法所享有的公权力或称职权，这类权力是权利与义务的统一体，公法主体在享有职权的同时也承担着必须履行而不得放弃的职责；二是各准公法主体所享有的准公法权力，享有这类权力的主体对国家负有必须履行的义务；三是农业生产经营者依法享有的私权利和相关义务。具体内容如下：

1. 公权力。包括：

（1）规则和标准制定权。规则和标准制定权是指由特定公法主体依法所享有的依特定程序制定具体规制农业生产、经营各环节和各领域的规范、规程和必须遵守的标准的职权（责）。具体包括：农业行政法规、地方性法规、规章和其他规范性文件的制订权，农业生产、农业生产结构调整和农业科技推广中特定规程的制订权，农业生产资料和农产品质量标准和投入品标准的制订权等。

（2）规划权。规划权是指由特定公法主体依法享有的依法定程序和要素制订涉及农业生产、农产品流通和国家对农业扶持、促进的规划、计划以及为实现规划、计划而制定具体项目的职权（责）。规划权主要包括：农业产业总体发展的规划制订权；农业法律和农业产业规划中涉及的财政预算的编制权；为实现农业产业总体发展规划内容而制订具体的计划和项目的职权（责）。

（3）许可权。许可权是指由特定公法主体依法享有的许可相对人为一定行为的资格授予权。如县级以上农业、林业行政主管部门依《种子法》所享有的种子生产和经营许可权。

（4）监督检查权。监督检查权是指特定公法主体依法所享有的检查、检测、抽查、调查、监督特定的农业生产经营行为和查阅、复制相关资料的职权（责）。如县级以上农业行政主管部门依《农产品质量安全法》第39条之规定享有的检查监督权。

（5）行政处理权。行政处理权是指特定公法主体依法所享有的对违反农业法律规范的相对方进行查封、扣押、责令限期改正、处罚等职权（责）。

（6）指导权。指导权是指特定公法主体依法律或其职权所享有的以劝告、建议、协商和信息提供等方式影响农业生产经营者为或不为特定行为的职权（责）。这类公权力主要体现在农业生产结构调整和农业科技推广法律关系中。

（7）财政援助权。财政援助权是指特定公法主体依法所享有的以财政转移支付的方式和运作机制，鼓励和促进农业生产经营者或其他主体为一定行为的职权（责）。这类公权力依其运作方式可分为财政援助决定权和财政援助发放权两种。财政援助决定权是指涉及财政转移支付内容的预算、计划和具体援助项目的审查批准权；财政援助发放权是指特定主体依经批准的财政转移支付预算和项目，向符合规定的农业生产经营者及其他主体，依特定程序和标准发放财政款项的职权（责）。

2. 准公权力。准公权力是指准公权力主体为帮助特定公权力主体实现特定的公法目的，依法享有的协助性权力（利）。根据相关农业法律规范的规定，准公权力主要表现为：①在农业科技推广中，农民集体组织依法享有的协助推广权。《农业技术推广法》第13条第4款规定"村民委员会和村集体经济组织，应当推动、帮助村农业技术推广服务组织和农民技术人员开展工作"；②在农业补贴标准的确定和补贴款的发放中，农民集体组织享有的调查、核实、上报申请补贴者基本情况和协助发放补贴款的职权（责）；③农民专业合作社和农产品行业协会依法享有的自律管理及维护成员合法权益的权力。《农业法》第14条规定"农民和农业生产经营组织可以按照法律、行政法规成立各种农产品行业协会，……发挥协调和自律作用，提出农产品贸易救济措施的申请，维护成员和行业的利益"。

3. 私权利。私权利是指农业生产经营者依法享有的各类经营性权利。这类权利是农业生产经营者从事生产经营活动的前提和基础，更是对抗和防御公权力非法侵扰的权源依据。这类经营性权利依其内容可分实体权利和程序权利两类。前者包括财产权和人身权，主要表现为：农村土地承包经营权、农产品所有权、除土地外的农业生产资料所有权、农业生产经营自主权、植物新品种权、专利权、商标权、名誉权、荣誉权、农民自身劳动力的使用权等；后者主要包括检举权、申诉权、复议权、诉讼权等。

4. 农业生产经营者的法律义务。农业生产经营者的法律义务是指农业生产经营者必须为或不为一定行为的法律状态。这类法律义务特指反映在农业法律制度中，体现农业部门法特色的法律义务，而不包括根据一般法律原则推导出的法律义务（如遵守法律的义务、依法纳税的义务）。

根据对相关农业法律规范的分析，农业生产经营者依法所应负担的法律义务主要有：

（1）遵守法定强制性标准和规程的义务。遵守法定强制性标准和规程的义务是指农业生产经营者在农业生产、农产品流通、农业生产结构调整等法律关系中，必须遵守和依循法定的强制性标准及生产经营规程的义务。

（2）不得改变农业生产用地的农业用途的义务。不得改变农业生产用地的农业用途义务是指农业生产者在从事农业生产过程中，未依法定程序并经法定机关批准的，不得擅自改变农业用地原用途的义务。

（3）合理使用农业资源的义务。合理使用农业资源的义务是指农业生产者在从事农产品的种植、养殖过程中，必须合理地开发和利用相关农业资源并应采取措施保护和维持农业资源的数量和质量，不得采取破坏式和掠夺式开发和利用方式的义务。

（4）遵守公法合同的义务。遵守公法合同的义务是指农业生产经营者参加农业行政指导、国家扶持、促进农业生产经营等法律关系时，在接受行政指导或财政补贴的情况下，依所签订的相关公法合同的约定，必须为或不为一定行为的义务，如接受农业机械购置补贴而与政府签订补贴合同的农业生产经营者，根据合同约定在特定时期内不得转让受补贴农业机械。

（三）农业法律关系的客体

农业法律关系的客体是指农业法律关系各主体的权利（力）、义务（职责）所指向的对象。农业法律关系的客体主要包括物和行为两类。

1. 物。作为农业法律关系客体的物是指人力可控制的，能满足农业生产经营某方面需求的物，分为有体物和无体物两类。

有体物包括：土地、森林、草原、河流、滩涂、山岭、水面等自然资源，种子、肥料、农药、农具、农业机械等农业生产资料，农田水利设施、农用路等农业基础设施，财政支农资金，农产品等。

无体物包括：农业科技成果、农业生产经营信息、植物新品种权、专利权、商标权、知名农产品的包装、标识和原产地标志等。

2. 行为。作为农业法律关系客体的行为包括国家干预行为和农业生产经营行为两类。前者包括：国家管理农业生产经营行为，国家指导农业生产经营行为，国家对农业生产经营的规划行为和国家扶持、促进农业生产经营行为等；后者是指农业生产经营者具体的生产、销售等行为。

三、农业法律关系的运行

（一）农业法律关系运行的过程

1. 农业法律关系的产生。农业法律关系的产生是指根据农业法律规范，在农业经济活动主体之间形成的权利义务关系。如《农业法》规定，国家实行动植物防疫、检疫制度。任何组织和个人都必须遵守动植物防疫、检疫的法律、行政法规。这就在有关组织、个人与动植物防疫、检疫机关之间形成了某种防疫、检疫权利义务法律关系。动植物防疫、检疫机关有权力同时也负有职责对动植物实施防疫、检疫工作，有关组织和个人有义务提出检疫申请并服从防疫、检疫机关对动植物的防疫、检疫。

2. 农业法律关系的变更。农业法律关系的变更是指农业法律关系的主体、内容或客体发生变化的情况。如国家对农业投资法律关系由紧缩投资变为加大投资，对农业经济活动的许可变为监督检查等。

3. 农业法律关系的消灭。农业法律关系的消灭是指农业法律关系主体间已经存在的某一具体农业法律关系，因某法律事实的出现而告终止。如农作物种子公司经营的良种由于生产计划调整、品种换代或自然灾害等原因，把良种转化为商品粮销售所造成的亏损，由同级财政部门审核酌情给予补贴。财政部门履行了审核补贴职责后，该农业法律关系即告终止。

（二）农业法律关系运行的动因

农业法律关系的运行有其自身的动因，法理学上把那些能够引起法律关系产生、变更、消灭等变动的情况称为法律事实，包括事件和行为两大类。事件是指能够引起法律关系产生、变更和消灭的与人的意志无关的客观情况。行为则是指能够引起法律关系产生、变更和消灭的人的活动。能够引起农业法律关系产生、变更和消灭的法律事实是由农业立法规定的，主要有：

1. 事件。包括：

（1）农业立法的颁布、施行或者修改、废止。农业立法的颁布、施行或者修改、废止可以引起某些农业法律关系的产生、变更或消灭。例如，依据《农业法》规定，任何机关为办理公务向农民或者农业生产经营组织收费必须依据法律、法规、国务院授权部门的决定或者省级人民政府制定、报国务院备案的规章的规定。这里作为收费依据的法律、法规、决定、规章的施行、修改、废止就会相应引起有关收费法律关系的产生、变更和消灭。

（2）一定时间的经过。

（3）不可抗力。即是指不可预见、不可避免并不能克服的自然灾害、战争等客观情况。例如，《农业法》规定，各级人民政府应当采取措施，提高农业防御自然灾害的能力，做好防灾、抗灾和救灾工作，帮助灾民恢复生产，组织生产自救，开展社会互助救济；对没有基本生活保障的灾民给与救济和扶持。这样，自然灾害的发生就会在人民政府与灾民之间引起救灾扶贫法律关系的发生。

2. 行为。包括：

（1）国家对农业的干预行为。国家对农业的干预行为表现为人民政府、农业主管机关、有关行政机关对农业的宏观调控，对具体农业活动的授权、批准、许可、检查、监督、征收等行为，都会相应地引起农业法律关系的产生、变更或消灭。

（2）农业法律关系当事人的行为。农业法律关系当事人的行为是指从事农业经济活动的农业生产经营单位、个人以及其他有关部门或个人所实施的行为。包括合法行为、非法行为，都能引起相应农业法律关系的产生、变更或消灭。如当事人申请从事农作物种子生产经营的行为就能引起国家机关具体审核许可农作物种子生产经营法律关系的产生；当事人不经申请直接从事农作物种子生产经营的违法行为，就会引起国家机关对农作物种子生产经营者行政处罚法律关系的产生。

总之，农业法律关系作为一种特殊的社会关系，是农业法的形成与运作的中心环节。农业法的形成是这种特殊社会关系的形成和抽象，农业法的运作也是这种特殊社会关系的抽象形态转化为具体形态，转化为人们的行为的过程。社会生活的法律需要正是在这种特殊的社会关系中获得体现并得以实现的。这种特殊的社会关系正好是事实关系与法律效力的有机结合。它使事实关系纳入法治轨道，以法制的效力保证这种事实关系的稳定和发展。

第二节　农业法律责任

一、农业法律责任的含义和特征

农业法律责任，是指农业法律关系主体违反农业法律的规定所必须承担的否定性法律后果。农业法律责任作为我国法律责任体系中的一个组成部分，既有一般法律责任共有的特征，又有其自身的特征。具体表现在以下方面：

1. 从主体来看，承担农业法律责任的主体是实施农业经济违法行为的当事人，即违反农业法定职责、义务的农业法律关系主体。

2. 从内容来看，承担农业法律责任的前提是违反农业法律规范。在农业法律关系中，主体依据农业法律的规定享有一定的权利，承担一定的职责和义务，如果违反农业法律的规定，不履行其职责和义务，就要承担相应的法律责任。

3. 从性质来看，农业法律责任具有综合性。农业法律责任是我国整个法律责任体系中的一个组成部分，它与传统法律分类基础上的民事责任、行政责任和刑事责任存在紧密的联系。违反农业法可能要同时承担民事责任、行政责任和刑事责任，而不是仅承担单一性质的民事责任或行政责任或刑事责任，应该是有关法律责任的综合。

二、农业法律责任的分类

（一）公法责任和私法责任

根据法律责任据以确立的部门法的性质来划分，农业法律责任可以分为公法责任和私法责任。公法责任是指刑法、行政法等公法规定的行为人的责任。私法责任是私法所规定的行为人的责任。公法责任和私法责任在纯属公法或私法的法律部门中是泾渭分明的，但是农业法兼有公法和私法的属性，因此，农业法律责任形式也有公法责任和私法责任。

（二）行政责任、民事责任和刑事责任

根据农业法律责任的性质不同，可以分为农业法的行政责任、民事责任和刑事责任。

1. 农业法中的行政责任，是指违反农业法的单位和个人所应承担的行政方面的法律责任。依据责任的具体形态，农业法中的行政制裁包括行政处罚和行政处分。行政处罚是国家机关对违反农业法的单位和个人所实施的一种行政制裁，包括行政罚款、责令停业、加收滞纳金、没收违法所得、吊销工商营业执照等。行政处分是行政机关按行政隶属关系依法对违法的个人所给予的一种纪律处分，

包括警告、记过、记大过、降级、降职、留用察看等。

2. 农业法中的民事责任，是指违反农业法律法规，侵犯农业生产经营组织或者农业生产者的合法权益，造成损害而应承担的民事责任。

3. 农业法中的刑事责任，是指违反农业法律法规，严重侵犯农业生产经营或者农业劳动者的合法权益，依照刑法规定应当承担的刑事责任。

三、我国《农业法》中的法律责任

（一）侵害农民和农业生产经营组织的土地承包经营权等财产权或者其他合法权益的法律责任

1. 法律规定。《农业法》第90条规定："违反本法规定，侵害农民和农业生产经营组织的土地承包经营权等财产权或者其他合法权益的，应当停止侵害，恢复原状；造成损失、损害的，依法承担赔偿责任。国家工作人员利用职务便利或者以其他名义侵害农民和农业生产经营组织的合法权益的，应当赔偿损失，并由其所在单位或者上级主管机关给予行政处分。"

依法保护农民权益，事关农业与农村改革、发展、稳定的大局，农业法从多个方面对保护农民权益进行了规定：①稳定农村以家庭承包经营为基础、统分结合的双层经营体制，依法保障土地承包经营关系长期稳定，保护农民对承包土地的使用权；②规定各级人民政府及有关部门应当采取措施增加农民收入，切实减轻农民负担；③规定农村集体经济组织或者村民委员会为发展生产或者兴办公益事业向农民筹资筹劳的决定程序，禁止以资代劳，农村集体经济组织或者村民委员会涉及农民利益的重要事项，应当向农民公开，并定期公布财务账目；④任何单位和个人向农民提供有偿服务，必须坚持自愿原则，不得强迫，农产品的收购单位不得向农民打"白条"，不得压级压价，不得在支付的价款中非法扣缴任何费用等。

2. 法律责任。侵害农民和农业生产经营组织的土地承包经营权等财产权或其他合法权益的，有关单位或者个人首先应当停止侵害，以避免受害农民和农业生产经营组织的损失进一步扩大；可以恢复原状的，应当恢复原状，即采取措施，使农民或农业生产经营组织的权利情况恢复到没有侵害前的状态；对于因侵害行为造成农民和农业生产经营组织财产损失或者造成农民人身损害的，有关单位和个人还要依法承担赔偿责任。这里的赔偿责任包括民事赔偿和国家赔偿。

（二）非法截留、挪用有关农业资金的法律责任

非法截留、挪用有关资金的法律责任，是指违反《农业法》的有关规定，将农产品收购资金、政府拨付用于农业的资金或银行农业贷款等农业资金截留、挪用用于非农开支和用途所应承担的法律责任。

1. 法律规定。《农业法》第33条第3款规定，县级以上人民政府应当组织财政、金融等部门以及国家委托的收购单位及时筹足粮食收购资金，任何部门、单位或者个人不得截留或者挪用。第39条第2款规定，任何单位和个人不得截留、挪用用于农业的财政资金和信贷资金。第86条第3款规定，禁止任何单位和个人截留、挪用扶贫资金。审计机关应当加强扶贫资金的审计监督。违反上述法律规定的，应当承当法律责任。

2. 法律责任。《农业法》第92条规定，违反了上述法律规定，应当承当以下法律责任：

（1）由上级主管机关责令限期归还被截留、挪用的资金。

（2）没收非法所得，并由上级主管机关或者所在单位给予直接负责的主管人员和其他直接责任人员行政处分。其中，没收非法所得，是指行政机关根据法律、法规的规定，将当事人的非法所得强制无偿收归国有的一种行政处罚；此处非法所得，是指任何单位或个人通过截留、挪用粮食收购资金、用于农业的财政资金和信贷资金而获得的收入。直接负责的主管人员是负有直接领导责任的人员，包括违法行为的决策人、事后对违法行为予以认可和支持的领导人员及由于疏于管理或放任而对单位违法行为负有不可推卸责任的领导人员。其他直接责任人员是指直接实施违法行为的人员。

（3）构成犯罪的，依法追究刑事责任。《刑法》第273条规定，挪用用于救灾、抢险、防汛、优抚、扶贫、移民、救济款物，情节严重，致使国家和人民群众利益遭受重大损害的，对直接责任人员，处3年以下有期徒刑或者拘役；情节特别严重的，处3年以上7年以下有期徒刑。第384条规定，国家工作人员利用职务上的便利，挪用公款归个人使用，进行非法活动的，或者挪用公款数额较大、进行营利活动的，或者挪用公款数额较大、超过3个月未还的，是挪用公款罪，处5年以下有期徒刑或者拘役；情节严重的，处5年以上有期徒刑。挪用公款数额巨大不退还的，处10年以上有期徒刑或者无期徒刑。挪用用于救灾、抢险、防汛、优抚、扶贫、移民、救济款物归个人使用的，从重处罚。非法截留、挪用资金构成其他犯罪的，也应承当刑事责任。

（三）非法加重农民负担的法律责任

非法加重农民负担的法律责任，是指违反《农业法》的规定，向农民或者农业生产经营组织收费、征税、摊派或者集资所应承担的法律责任。

1. 法律规定。《农业法》第67条规定："任何机关或者单位向农民或者农业生产经营组织收取行政、事业性费用必须依据法律、法规的规定。收费的项目、范围和标准应当公布。没有法律、法规依据的收费，农民和农业生产经营组织有权拒绝。任何机关或者单位对农民或者农业生产经营组织进行罚款处罚必须依据法律、法规、规章的规定。没有法律、法规、规章依据的罚款，农民和农业生产经营组织有权拒绝。任何机关或者单位不得以任何方式向农民或者农业生产经营组织进行摊派。除法律、法规另有规定外，任何机关或者单位以任何方式要求农民或者农业生产经营组织提供人力、财力、物力的，属于摊派。农民和农业生产经营组织有权拒绝任何方式的摊派。"第68条规定："各级人民政府及其有关部门和所属单位不得以任何方式向农民或者农业生产经营组织集资。没有法律、法规依据或者未经国务院批准，任何机关或者单位不得在农村进行任何形式的达标、升级、验收活动。"第69条规定："农民和农业生产经营组织依照法律、行政法规的规定承担纳税义务。税务机关及代扣、代收税款的单位应当依法征税，不得违法摊派税款以及以其他违法方法征税。"第70条规定："农村义务教育除按国务院规定收取的费用外，不得向农民和学生收取其他费用。禁止任何机关或者单位通过农村中小学校向农民收费。"

以上几条规定是针对农村一段时间内一直存在的"乱收费""乱罚款""乱摊派"做出的规定，是保护农民和农业生产经营者权益的重要措施。

2. 法律责任。《农业法》第93条规定了违法向农民或者农业生产经营者组织收费、罚款、摊派的应当承担的法律责任：

（1）向农民或者农业生产经营组织违法收费、罚款、摊派的，上级主管机关应当予以制止，并予公告。任何单位和个人向农民或者农业生产经营组织违法收费、罚款、摊派的，首先应当由上级机关予以制止，停止违法行为，同时还应当通过适当的途径对违法行为予以公告批评。

（2）已经收取钱款或者已经使用人力、物力的，由上级主管机关责令限期归还已经收取的钱款或者折价偿还已经使用的人力、物力，并由上级主管机关或者所在单位给予直接负责的主管人员或其他直接责任人员行政处分。该款是针对已经收取钱款或者人力、物力的情况所作的规定。承担法律责任的是直接的主管人员或其他直接责任人员；承担责任的形式是归还钱款或者折价偿还，还有行政处分。

（3）情节严重，构成犯罪的，依法追究刑事责任。违法向农民或者农业生产经营组织收费、罚款、摊派构成刑事犯罪的，就要依据《刑法》的有关规定承担刑事责任。《刑法》第397条规定，国家机关工作人员滥用职权或者玩忽职守，致使公共财产、国家和人民利益遭受重大损失的，处3年以下有期徒刑或者拘役；情节特别严重的，处3年以上7年以下有期徒刑。本法另有规定的，依照规定。国家机关工作人员徇私舞弊，犯前款罪的，处5年以下有期徒刑或者拘役；情节特别严重的，处 5 年以上 10 年以下有期徒刑。本法另有规定的，依照规定。依照该条规定，如果人员滥用职权，进行"乱收费、乱罚款、乱摊派"，构成滥用职权罪的，就要承当相应的刑事责任。

（四）强迫农民或农业生产经营组织的法律责任

强迫农民或农业生产经营组织的法律责任，是指违反《农业法》的规定，强迫农民或农业生产经营组织以资代劳、接受有偿服务所应承担的法律责任。

1. 法律规定。《农业法》第 73 条规定："农村集体经济组织或者村民委员会为发展生产或者兴办公益事业，需要向其成员（村民）筹资筹劳的，应当经成员（村民）会议或者成员（村民）代表会议过半数通过后，方可进行。农村集体经济组织或者村民委员会依照前款规定筹资筹劳的，不得超过省级以上人民政府规定的上限控制标准，禁止强行以资代劳。农村集体经济组织和村民委员会对涉及农民利益的重要事项，应当向农民公开，并定期公布财务账目，接受农民的监督。"该条第 2 款明确规定禁止强行以资代劳。第 74 条规定："任何单位和个人向农民或者农业生产经营组织提供生产、技术、信息、文化、保险等有偿服务，必须坚持自愿原则，不得强迫农民和农业生产经营组织接受服务。"该条明确规定了不得强迫农民和农业生产经营组织接受服务。

2. 法律责任。包括：

（1）《农业法》第 95 条规定："违反本法第 73 条第 2 款规定，强迫农民以资代劳的，由乡（镇）人民政府责令改正，并退还违法收取的资金。"即强迫农民以资代劳的，首先应当由违法行为发生地的乡镇人民政府责令有关当事人停止违法行为并予以改正，对于已经收取的农民以资代劳的资金，有关方面应当及时退还给农民。

（2）《农业法》第 96 条规定："违反本法第 74 条规定，强迫农民和农业生产经营组织接受有偿服务的，由有关人民政府责令改正，并返还其违法收取的费用；情节严重的，给予直接负责的主管人员和其他直接责任人员行政处分；造成农民和农业生产经营组织损失的，依法承担赔偿责任。"根据本条规定：①任何单位或个人强迫农民和农业生产经营组织接受有偿服务的，由有关人民政府责令其停止违法行为，并予以改正，对于通过违法行为向农民或者农业生产经营者组织收取的费用，应当返还给当事人。②对于情节严重的，给予直接负责的主管人员和其他直接责任人员行政处分。"情节严重的"是指有关单位和个人强迫农民和农业生产经营组织接受有偿服务手段恶劣，后果极其严重，造成了极坏的影响。具体情况由处罚机关根据实际情况来决定。③造成农民和农业生产经营组织损失的，依法承担赔偿责任。这主要是民事赔偿责任。

（五）生产、销售假冒农用化工生产资料和种子的法律责任

生产、销售假冒农用化工生产资料和种子的法律责任，是指违反农业法的有关规定，生产假农药、假兽药、假化肥等假生产资料，或者销售明知是假的或者失效的农药、兽药、化肥、种子等生产资料，或者生产者、销售者以不合格的农药、兽药、化肥、种子和其他生产资料冒充合格的农药、兽药、化肥、种子和其他生产资料，所应当承担的法律责任。

1. 法律规定。《农业法》第 25 条规定："农药、兽药、饲料和饲料添加剂、肥料、种子、农业机械等可能危害人畜安全的农业生产资料的生产经营，依照相关法律、行政法规的规定实行登记或者许可制度。各级人民政府应当建立健全农业生产资料的安全使用制度，农民和农业生产经营组织不得使用国家明令淘汰和禁止使用的农药、兽药、饲料添加剂等农业生产资料和其他禁止使用的产品。农业生产资料的生产者、销售者应当对其生产、销售的产品的质量负责，禁止以次充好、以假充真、以不合格的产品冒充合格的产品；禁止生产和销售国家明令淘汰的农药、兽药、饲料添加剂、农业机械等农业生产资料。"所谓假农药、假兽药、假化肥、假种子，是指这些化工产品和种子所含成分的种类、名称与国家标准、专业标准或者地方标准不相符合，或者以非农药、兽药、化肥、种子冒充农药、兽药、化肥、种子。

2. 法律责任。《刑法》第 147 条规定："生产假农药、假兽药、假化肥，销售明知是假的或者失去使用效能的农药、兽药、化肥、种子，或者生产者、销售者以不合格的农药、兽药、化肥、种子冒充合格的农药、兽药、化肥、种子，使生产遭受较大损失的，处 3 年以下有期徒刑或者拘役，并处或者单处销售金额 50% 以上 2 倍以下罚金；使生产遭受重大损失的，处 3 年以上 7 年以下有期徒刑，并处销售金额 50% 以上 2 倍以下罚金；使生产遭受特别重大损失的，处 7 年以上有期徒刑或者无期徒刑，并处销售金额 50% 以上 2 倍以下罚金或者没收财产。"

第四章

农业基本法律制度

第一节　探寻农业基本法律制度的意义及路径

一、探寻农业基本法律制度的意义

所谓农业基本法律制度是指体现农业法的本质，型塑农业法的骨架，在纷繁复杂的农业法律制度体系中保持长久稳定性，在规制内容上具有普遍性的农业法律制度类型。

在规制内容庞杂而宽泛的农业诸法律制度中，找寻出具有基本性意蕴的农业法律制度类型，对于农业法的理论研究、教学及相关制度的创建或完善都具有重大的现实意义。这主要可以概括为以下几个方面：

首先，探寻出农业基本法律制度的类型有助于科学界定农业法学的基础性研究内容，进而有利于在理论上型构包含农业法学"真理性因子"的基本范畴、理念、规则和理论框架，最终形成农业法学自己独立而稳定的研究内容，避免其仅仅成为对农业政策进行单纯复述的"政策转化学"。

其次，探寻农业基本法律制度的类型有助于揭示农业法的终极目的，进而可以了解农业法的本质。其实，对农业基本法律制度的类型进行探寻是一个艰难而复杂的思维过程，主要包括价值预设、方法确定、规范梳理、归纳和类型化、理论提升等阶段，但基本上可以将这些思维阶段概括为一句话，即"以一种事先预设的价值观和方法论对既存农业法律规范进行分类、甄别和理论概括"。在此过程中，将不可避免地涉及对农业法的普遍性规制目的的探究，其结果就是对农业法本质的认识。

再次，基于探寻出的农业基本法律制度类型，理论界可以构建农业法学的教义体系和基本规则，这有利于农业法学理论以体系化的方式为初学者所接受，也有利于司法实践者及执法者方便而准确的查找意欲适用的法律规范。

最后，由于探寻出的农业基本法律制度类型具有国别普遍性，即在各国农业法中都会有所体现，因此就搭建了一个进行法制比较的理论平台，这将有助于我们借鉴国外的先进立法体例重构、完善或新建亟需的农业法律制度。

二、探寻农业基本法律制度的路径选择

探寻农业基本法律制度的路径选择就是指以一种什么样的方式和方法从庞杂的农业法律规范中抽离出具备基本性意蕴的制度类型。这其实包含价值预设和方法确定两个方面，价值预设是指以何种价值观或理念来确定涉及哪些规制内容的农业法律制度应当是基本性的；方法确定则是指在价值预设既定的前提下，又该以何种研究范式具体划定农业基本法律制度的类型及规制范围。

在理论界，能够据以进行农业基本法律制度探寻的路径较多，有依据农业生产的生物学规律的科学性路径，有依据农业生产经营政府管理经验的政策性路径，但现在应用最多的还是依据农业产业运行规律的农业经济学路径。不但大多数学术研究成果明确地体现了这一路径选择在理论界应用的广泛程度，就是我们国家及其他一些国家的农业基本法在体系设置上也选择了这一路径。[1]

我们在此选择以农业与人的利益实现之间的关联性为依据的路径，因为这是典型的法学研究路径，其理论依据及方法论集中体现在利益法学和社会学法学之中[2]。该路径所蕴含的价值预设是：农业对人的各种利益的实现有无作用以及有何种作用。基于此，我们可以得出这样的结论：首先，农业法的本质就是在研究农业之于人的有用性（或称利益）到底有哪些，它们又该如何得到淋漓尽致地发挥，相应地，农业法的终极目的就在于保障农业对于人的各种利益的实现；

---

〔1〕 典型的体现是时任农业部长的刘中一1993年2月15日在第七届全国人民代表大会常务委员会第三十次会议上所作的《关于〈中华人民共和国农业基本法（草案）〉的说明》中关于农业法框架结构的说明：农业经济活动是一个生产、交换、分配、消费周而复始的社会再生产过程。同时，农业又是一个对投入、资源、环境和技术高度依赖的社会经济部门。随着我国农业由自给半自给经济向市场经济、由传统农业向现代农业转变，农业与国民经济其他部门的联系越来越密切，农业产前、产后的某些环节特别是化肥、农药等农业生产资料的供应，农产品的储运、加工、销售等，已经成为影响和制约农业发展的重要因素。因此，把农业的产前、产中、产后诸环节作为一个整体，综合运用各种社会经济措施来解决农业问题，应当成为制定农业政策和农业立法的基本思路。我国改革开放以来制定的一系列关于农业和农村工作的政策文件正是这样做的。国外的农业法，如日本的《农业基本法》、法国的《农业指导法》、美国的《农业调整法》，也都是把农业产前、产中、产后诸环节作为一个整体来规定的。

〔2〕 根据学者考证，利益法学或称"法学利益理论"开端于功利主义法学的边沁，发展于目的法学的耶林，在理论上集大成于社会学法学的庞德，在司法应用上则深化于利益衡量法学的赫克。其主要观点包括：法律的作用在于保护和平衡利益以及以最小的成本来实现各种利益，利益是法律产生、发展和不断完善的根本动力，利益实质上是人们——不管是单独还是在群体或社团中——寻求满足的需求、欲望或期望，利益可分为个人利益、公共利益及社会利益等。具体参见甘强：《经济法利益理论研究》，法律出版社2009年版，第25～32页；［美］罗斯科·庞德：《法理学（第三卷）》，廖德宇译，法律出版社2007年版，第14章。

其次，农业基本法律制度则是指保障农业对于人的最基本利益的实现的相关规范体系。

在研究方法的确定上，我们选择适用法学界所通用的"权利—义务"的研究范式。在本书中，为了充分体现农业基本法律制度的"基本性"意蕴，也为了如实反映人的最基本利益，我们选择以"食品权"（the right to food）这一为国际人权法所明确承认的基本人权为确定农业基本法律制度的权源。

第二节 "食品供应" 是确立农业基本法律制度的利益基础

一、农业所涵涉的人的利益类型 —— 基于农业多功能性理论

（一）利益概述

"利益可以看作是人们——不管是单独地还是在群体或团体中或其关联中——寻求满足的需求、欲望或期望。因此，在借助政治组织机构调整人们的关系或规范人们的行为时，必须考虑到这些需求、欲望或期望。"[1] 可见，在庞德看来，利益其实就是对人的某种需要的满足。利益的实现过程实质上就是提出这些需要，并通过法律的确认和保护予以满足的过程。显然，提出或者发现需要是利益实现的前提。而这一前提的具备既可表现为以自然人或个人的名义提出客观的需要，也可以表现为以群体或团体的名义提出相应的需求。在后一种情形中，并不意味着群体或团体自身有什么需求或愿望，而是指人"借助于群体或社群及其关系去努力实现自己的需求或欲望"[2]。所以说，在法律利益理论中，将现实生活意义中的人做为各种客观需求的终极性主张和满足主体是其基本理论预设，以各类团体或群体名义出现的需求主张其实质是生活在其中的人的各种客观需求以集体整合后的面貌示人。此处所谓的"人的利益"正是从这种终极性意义上来讲的。

（二）农业多功能性理论

纵观农业的变迁历史，我们不难发现，其对人之需要的满足，随着社会、经济、文化及哲学理念的不断发展，经历了认识逐渐深化、范围逐渐扩展、更加契合人性之需求的演化过程。在现阶段，最能体现农业对于人之需要的全面满足的理论是所谓"农业多功能性理论"。

---

〔1〕 ［美］罗斯科·庞德：《法理学（第三卷）》，廖德宇译，法律出版社 2007 年版，第 14 页。

〔2〕 ［美］罗斯科·庞德：《法理学（第三卷）》，廖德宇译，法律出版社 2007 年版，第 14 页。

"农业多功能性"也称"农业多种机能"，其发源于 20 世纪 90 年代初日本的"稻米文化"。到了 90 年代中期，日本学者经过不断的理论总结，将包括林业在内的农业机能总体上划分为内部经济效果和外部经济效果两大部分。前一部分又被分为农产品生产和所得资产形成（包括农民收入构成、农民生活的稳定、少地农民的就业等），后一部分则被分为农产品安全保障、环境保全、绿化资源开发等。[1] 除此之外，农业的多种机能还包括为参观者和青少年提供自然和农业知识等方面的教育机能，以及传统文化和历史遗迹的保护机能[2]。

由于农业多功能性理论的提出正好契合了人与自然和谐共处、可持续发展、文化多元共存、以人为本等思潮和理念，因此，在国际上迅速产生了共鸣。1992年联合国环境与发展大会通过的《二十一世纪议程》和 1996 年世界粮食峰会通过的《罗马宣言和行动计划》都明确提出了农业多功能性理念。

农业多功能性虽然在日本得到了比较系统的理论阐释，但是由于各国农业的具体类型、在国民经济和社会发展中所处的地位以及自然禀赋等均不相同，因此，要想对其所涵涉的多种功能作出一个"放之四海而皆准"的精确界定困难较大。我们在此只能进行一个外延尽量宽泛的框架式概括，总结起来，农业多功能性理论所涉及的功能类型基本包含以下六类：①生产功能，即生产包括食品在内的各种农产品的经济功能；②收入功能，即满足农民的就业需求，并以此提供一个相当水平的收入的功能；③生态功能，即保护环境、绿化土地、保护生物的多样性等功能；④文化功能，即保存和传承传统农业文化、保护历史遗迹等功能；⑤教育功能，即向青年农业生产者传授农业作业技能和相关知识的功能；⑥其他功能，包括促进动物福利、风景享受等功能。

（三）农业法上的利益类型

与这六大功能相对应的即是人的各种客观需要，亦即人的利益。具体而言：生产功能对应的是人的基本生存利益，即对人的基本生存需要的满足。根据生产物满足人之需要的种类不同，这种利益还可以细分为两种，即食品供应利益和衣物（纤维）供应利益。前者根据不同的文化环境和饮食传统可以表现出不同的需求种类，如在日本和韩国，国民在历史上一直以大米为其主食，甚至因此形成了源远流长的"稻米文化"，因此，大米的充足供应就是对这些国家国民食品供应利益的实现。而在我国，长期的地域饮食传统则催生了多元化的食品消费习

〔1〕 参见翁鸣：《迷局背后的博弈——WTO 新一轮农业谈判问题剖析》，社会科学文献出版社 2009 年版，第 98 页。

〔2〕 参见［日］应和邦昭：《食品与环境》，东京农业大学出版社 2005 年版，第 206 页；转引自翁鸣：《迷局背后的博弈——WTO 新一轮农业谈判问题剖析》，社会科学文献出版社 2009 年版。

惯，因此也就形成了各种各样的食品需求类型。收入功能对应的是人的就业利益。生态功能对应的是人的环境利益，即对良好的自然环境和生态条件等人之需求的满足。文化功能对应的是人的社会化利益。社会化是指生活在特定社会结构中的人能够顺利地融入社会，且比较成功的参与各项社会生活的一种状态，这具体包括相关意识的逐渐形成和相应行为的逐渐规范两个过程。前者是指能受到特定社会传统文化和道德规范的教育和熏陶，并逐渐在思想上接受和认同；后者则是指根据已经成型的意识及价值评判标准调整、矫正自己的社交行为和其他活动的过程，为保证这两个过程的顺利进行而产生的人的各项文化意义上的需求即为社会化利益。农业的文化功能主要满足的就是人的这类需求，因为农业文化往往都是各国传统文化及社会道德积淀的"发祥地"和"保留地"，文明大国中各类宗教仪式和节日设置与农业作业之间的密切关系就是明证。教育功能对应的是人的发展利益。人具有积极实现自身价值并参与社会价值形成的原始冲动，这源于人的社会性本质，而这需要特定的对社会有用的技能。人对农业作业技能及相关知识的需求正是其发展利益之所在，对该利益的满足就是农业教育功能的应有之义。对于动物福利、风景享受等农业功能，由于并未在理论和制度上达致各国普遍承认的程度，因此，本书并不将其视为一种独立的农业法涵涉利益，而仅将之作为一种新颖的理论提出来，供学习和研究。

二、食品供应利益的普遍性和优先性

明确了农业涵涉人之利益的类型后，我们不难得出结论：农业法的实质和终极目的就在于不断的确认、保护和协调这些利益，尽量使其所涵的需求以最小的成本得到最大程度的满足，农业法的各项具体制度也就是围绕这些利益的实现而构建起来的。然而，需要指出的是，农业法确认和保护这些利益的方式绝不是等量齐观式的，而是有所侧重和偏倚的，这可以从两个层面进行分析：

首先，农业法对这些利益进行确认和保护的范围存在着国别差异性和历史差异性。前者是指各国因为社会、经济发展程度以及法律文化传统等方面存在差异，其农业法确认和保护的利益类型有所不同，经济、社会发展水平越高，对人的价值认识的越全面的国家，其农业法所确认和保护的利益类型越全面；后者是指一国农业法在确认和保护相关利益时，绝不是一蹴而就的，而是根据本国实际，分阶段、逐渐性的达致对相关利益类型的全面确认和保护的。

其次，上述差异性决定了各国农业法在调整范围和具体规制内容上的不同，但这并不意味着在它们之间就不存在以一贯之且极具普遍性的东西。我们认为，生存利益中的食品供应利益应当是各国农业法所普遍承认、保护和实现的根本性利益。农业法自其产生伊始就以此种利益的实现作为根本目的。尽管历经变迁，制度更加纷繁复杂，但蕴含其中的对此种利益的保护的理念并未有根本性的更改，只不过其作用和表现形式有所差异而已。在极少数农业产业发达国家的农业法上（比如美国 2002 年的《农业投资和农场安全法》、2007 年的《农场、营养和生物能源法》），已经很难觅见保障食品供应利益的明确词句，但我们认为，保障食品供应利益在这些农业立法中已经升华为一种法律原则和价值评判标准，其决定和影响着农业诸法律制度的型塑和架构。而在大多数国家（尤其是不发达国家）的农业立法中，保障食品供应利益仍旧被明确地列为立法目的，例如日本 2000 年《食物·农业·农村基本法》第 3 条就规定："国家对于保全国土、灌溉水田、保全自然环境、形成良好景观、保存文化的代代相传及农村生产活动中产生的食物以及其他农产品供应的机能，鉴于国民生活及国民经济的安定需要，应当制定对策，妥当地发挥其作用。"韩国 1999 年《农业农村基本法》第 2 条规定："将农业发展成为向国民稳定供给粮食，为国土环境的保护做出贡献并能够履行经济性、公益性职能的基础产业。"我国 2002 年《农业法》第 4 条也规定："国家采取措施，保障农业更好地发挥在提供食物、工业原料和其他农产品，维护和改善生态环境，促进农村经济社会发展等多方面的作用。"

食品供应利益除了具有立法上的普遍性之外，还具有价值上的优先性，即当它与其他利益的实现发生冲突时具有天然的优先性，其他利益都必须让位于它。首先，这源于食物对于人的生存的极端重要性，这种重要性被西方当代的"人的需要理论"论证的十分充分。这种理论认为，人的客观而普遍的需要是一种带有规范力量的道德评判标准，可以用是否满足人的基本需要以及满足的程度如何等标准来判断一套制度的优劣；生存/身体健康和自主是人的基本需要；为了满足这两大基本需要的普遍性物品，称为"普遍满足物"，亦称"中间需要"，具体包含 11 个项目，首当其冲的就是"营养食品和洁净的水"。[1] 其次，依前述，食品供应利益在各国农业法中的普遍性本身就证成了它的优先性，因为除它之外，其他所有的利益类型都无法在农业法上形成公认的确认范围和价值排序。

食品供应利益的普遍性和优先性决定了在农业诸法律制度中，确认、保护和实现它的法律制度才具有"基本性"的意蕴。

---

〔1〕 具体可参见［英］莱恩·多亚尔、伊恩·高夫：《人的需要理论》，商务印书馆 2008 年版，第 58、59、73、199 页。

第三节　食品权（the right to food）[1] 是农业基本法律制度形成的权源

食品权在理论上就是对食品供应利益的法律化，其以食品供应需要之满足为"内核"，以法律所规定的实现方式为"外壳"。

一、食品权的内涵

（一）国际人权法层面上的食品权

食品权首先发源于国际人权法，因此"阐释食品权的起点应该落在相关人权公约上"[2]。食品权的内涵最先出现在1948年的《世界人权宣言》第25条第1款中，但是，该法律文件并未明确承认食品权为一项独立的人权，而是将其基本内容包含于"获得适当生活水准权"之中，即"人人为了自己和家人的健康和福利，有权获得一个适当的生活水平，包括食品、衣服、住房、医疗、各项社会服务等。"[3] 1966年的《经济、社会和文化权利国际公约》（ICESCR）第11条以与《世界人权宣言》相似的表述方式将食品权的基本内容载入其中，并进一步为各国设定了采取行动实现的义务——"为保证所有的人免于饥饿，应采取目的在于鼓励食品生产、储存和分配的相关措施，以及确保世界食品的供应能够根据需要进行公平分配的相关措施"[4] 但却并未明确这些国家义务的范围和性质。[5] 除此之外，1979年的《消除对妇女一切形式歧视公约》、1989年的《儿童权利国际公约》以及1988年的《美洲人权公约补充协议书》等国际人权法文件也都对保障食品（营养）充足供应的这一食品权基本内容进行了规定。[6]

1996年世界粮食峰会通过的《罗马宣言及行动计划》要求联合国负责人权

---

[1]　需要指出的是，"food"一词在汉语中既有"食品、食物"的意思，也有"粮食"的意思，因此，"the right to food"似乎既可以翻译为"食品（物）权"，也可以翻译为"粮食权"，但从我国现有不多的研究成果来看，似乎大家都倾向于第一种译法（具体可参见［荷兰］Bernd Van der Meulen："争取食品权的国际人权"，孙娟娟译，载《太平洋学报》2008年第11期；宁立标："食品权的概念分析"，载《长春工业大学学报（社会科学版）》2009年7月刊)，所以本文从此例。

[2]　See J. M. Greene, "Localization: Implementing the Right to Food", *Drake Journal of Agriculture Law*, Fall, 2009.

[3]　See Karen Kong, "The Right to Food For All: A Right—Based Approach to Hunger and Social Inequality", *Suffolk Transnational Law Review*, summer, 2009.

[4]　See J. M. Greene, "Localization: Implementing the Right to Food", *Drake Journal of Agriculture Law*, Fall, 2009.

[5]　See Karen Kong, "the Right to Food For All: A Right—Based Approach to Hunger And Social Inequality," *Suffolk Transnational Law Review*, summer, 2009.

[6]　参见宁立标："食品权的概念分析"，载《长春工业大学学报（社会科学版）》2009年7月刊。

问题的高级特派员为《经济、社会和文化权利国际公约》第 11 条所规定的 "与获取食品相关的权利"（the right related to food）下一个更加明确的定义，并且还要明确推行和实现这些权利的促进性手段。[1] 为了实现这一目的，联合国 "经济、社会和文化权利委员会" 发布了《第 12 号一般性意见》，该意见第二部分阐述了《经济、社会和文化权利国际公约》第 11 条的规范内容[2]。这是迄今为止对于食品权的内涵所作的最新和最权威的法律阐释。[3] 该意见对食品权的明确界定是：当每个男人、女人和儿童，单独或互相合作，具有实际上和经济上的能力在任何时候都能获得充足的食物或者购买这些食物的途径时，食品权才算被实现。因此，获取充足食品的权利不能被狭义地或有限地解释，即将其等同于获得最低限度的热量（卡路里）、蛋白质及其他营养要素的组合。随后，该意见将 "充足的食品" 界定为由两部分基本内容所组成的一个概念：首先，在数量和质量上能够充分满足个人的饮食需要，不含有害健康的物质，并且在特定的文化环境中可被接受；其次，食品的获得方式应当是可持续性的并且不会因此损及其他人权的享有。[4]

基于对食品权在国际人权法相关法律文件上的规范解读，学者们对食品权的内涵进行了各自的阐释。鉴于食品权在国内理论界的研究成果奇缺，以下将重点介绍国外学者的相关观点。美国学者 J. M. Greene 认为，国际人权法对食品权的规定意味着传统意义上的 "充足性" 已经过时，取而代之的是食品的数量、质量、可获得性及可持续性。[5] 荷兰学者 Bernd Van der Meulen 认为，人类获取食物的权利包括了食品质量的保障以满足人类的饮食需求，食物的安全保障以避免危害，并且对于食品的获取符合一定的文化特性，而要实现它就有必要构建一个良好的法律环境，对此，国家还负有相应的法律义务。[6] 香港大学法学院的 Karen Kong 教授认为，食品权的法律内涵包含四部分内容：①免于饥饿，国家因此负有充分使用可资利用的各种资源、采用目前来说最有效的一切措施、阶段性的

---

〔1〕 World Food Summit, Plan of Action, Commitment 7, Objiective 7. 4, Nov. 13 ~ 17, 1996.

〔2〕 宁立标："食品权的概念分析"，载《长春工业大学学报（社会科学版）》2009 年 7 月刊。

〔3〕 See Karen Kong, "The Right to Food for All: A Right—Based Approach to Hunger and Social Inequality", *Suffolk Transnational Law Review*, summer, 2009.

〔4〕 See J. M. Greene, "Localization: Implementing the Right to Food", *Drake Journal of Agriculture Law*, Fall, 2009.

〔5〕 See J. M. Greene, "Localization: Implementing the Right to Food," *Drake Journal of Agriculture Law*, Fall, 2009.

〔6〕 参见［荷兰］Bernd Van der Meulen："争取食品权的国际人权"，孙娟娟译，载《太平洋学报》2008 年第 11 期]。

实现此项目标的义务；②充足的食品供应，所谓充足的食品，其含义已经远远超越了食品供应在数量上的充足性，同时还应包括相关质量性内容，如保障食品的健康、在文化上的可接受性以及安全性，国家因此负担的义务也不仅仅局限于预防因饥荒而引发的营养不良；③国家所应负担的义务，包括尊重义务、保护义务及实现义务；④在实现食品权时的非歧视义务，即每个人，不分种族、肤色、性别、语言、宗教、政见、族籍或国籍、财产、出生或其他社会地位等，都应平等的享有这一基本人权。[1]

（二）国内法层面上的食品权

食品权在国内法上的存在方式主要有三种：以成文法形式存在、以判例法形式存在及以行政计划的形式存在。

1. 食品权的成文法存在形式。承载食品权的成文法依据其位阶主要有两类：一类是宪法，另一类是普通法律，而以前者最为普遍，这在很大程度上源于国际法上对其基本人权的性质认同。现在明确规定食品权或其基本内容的多为发展中国家和不发达国家的宪法，这可能是因为对充足食品供应的需求在这些国家显得尤为迫切，这些宪法性规范主要包括：菲律宾《宪法》第 3 条、孟加拉国《宪法》第 15 条、斯里兰卡《宪法》第 27 条、巴基斯坦《宪法》第 38 条、印度《宪法》第 47 条、伊朗《宪法》第 5 条和第 43 条、乌克兰《宪法》第 48 条、摩尔多瓦《宪法》第 47 条、尼日利亚《宪法》第 16 条、埃塞俄比亚《宪法》第 90 条、乌干达《宪法》第 14 条、刚果《宪法》第 34 条、马拉维《宪法》第 13 条、南非《宪法》第 27 条和第 28 条、危地马拉《宪法》第 51 条、萨尔瓦多《宪法》第 69 条、洪都拉斯《宪法》第 123 条和第 146 条、尼加拉瓜《宪法》第 63 条、巴拿马《宪法》第 51 条和第 105 条、古巴《宪法》第 9 条 b 款、海地《宪法》第 22 条、多米尼加《宪法》第 8 条、哥伦比亚《宪法》第 44 条、厄瓜多尔《宪法》第 23 条第 20 款、第 43 条、第 49 条和第 50 条、秘鲁《宪法》第 17 条和第 18 条、巴西《宪法》第 227 条、玻利维亚《宪法》第 8 条、巴拉圭《宪法》第 53 条和第 54 条、乌拉圭《宪法》第 56 条。[2]

这些宪法规范依据不同的标准可以作出以下分类：首先，根据规定方式的不同，可分为明确规定食品权的宪法规范和规定充足的食品（或营养）供应这一食品权基本内容的宪法规范。从各国宪法规定来看，仅尼加拉瓜的宪法明确承认

---

[1] See Karen Kong, "The Right to Food for All: A Right—Based Approach to Hunger and Social Inequality," *Suffolk Transnational Law Review*, summer, 2009.

[2] 具体规定可参见李伟主编：《世界农业法鉴（上部）》，中国民主法制出版社 2004 年版，第 140～142 页。

了本国人民有免于饥饿的基本权利，其余各国宪法的规定与《世界人权宣言》及《经济、社会和文化权利国际公约》的规定接近，都将获得充足的食品（或营养）作为一种基本权利的组成部分，而与其搭配的其他权利组成部分则因国而异。其次，根据权利内容的享有主体的不同，可分为普遍适用于所有国民的食品权宪法规范和针对特定群体的食品权宪法规范。前者在各国宪法中比较普遍，后者又可具体划分为针对儿童（青少年、未成年人）的食品权宪法规范（如菲律宾、危地马拉、洪都拉斯、古巴、哥伦比亚、巴西、巴拉圭等国的宪法规定）和针对老年人的食品权宪法规范（如危地马拉和巴拿马的宪法规定）。最后，根据保障食品权的义务主体的不同，可以划分为以国家为食品权保障义务主体的宪法规范和以其他主体为食品权保障义务主体的宪法规范，前者是各国宪法上的常态性规定；对于后者，比如，巴拉圭宪法为家长设定了向其未成年子女提供食物的义务，并规定家长若不履行这一基本义务将受到法律的处罚，乌拉圭宪法则为"职工居住在内的企业"设定了提供充分的食宿条件的义务。

除了宪法性规定之外，很少有国家以普通法律的形式规定食品权，但也并非绝对没有。加拿大魁北克省在 2002 年就曾通过一项《消除贫困和社会排斥法令》，该项法令明确要求政府："促进生活在贫困之中的人们以合理的费用有尊严地获得充足而富有营养的食物供应……"[1]

2. 食品权的判例法存在形式。在以判例法的形式明确承认食品权为独立人权的司法实践中，印度最高法院走在了其他国家的前列。在 2001 年的 People's Union for Civil Liberties v. Union of India and Other 一案中，印度最高法院认为，食品权作为一项基本人权产生于印度《宪法》第 21 条和第 47 条：第 21 条保障每个公民的生命权，第 47 条则规定"国家应将提高人民的营养水平和生活水准以及增进公共健康作为其基本职责"。印度最高法院据此还向印度政府发出了一项"临时命令"，指示政府为赤贫的妇女、原住民及儿童等弱势群体提供专门的食品安全计划，并建议制订旨在增强人民获取食品的经济能力的就业促进计划，采取措施应对城市贫困，以及拓展食品援助计划等。[2]

3. 食品权的行政计划存在形式。在一些既无成文法明确规定又无判例法司法确认的国家中，食品权的基本内容常常会经由一系列政府制订和推行的行政计划得以实现，尽管推行这些计划的政府不一定都承认食品权的存在。美国就一直

---

〔1〕 参见"实施充足食物权：六项实例研究的结果"，来源于联合国粮农组织（FAO）网站。

〔2〕 See Karen Kong, "The Right to Food for All: A Right—Based Approach to Hunger and Social Inequality", *Suffolk Transnational Law Review*, summer, 2009.

明确否认食品权。[1] 然而，根据 J. M. Greene 的研究，美国政府虽然在国际上发表了许多贬低食品权的言论，但却在国内推行了许多明显的带有实现食品权实质性内容痕迹的补贴计划，具体包括：深受《农业法》影响的农产品补贴（保证人们能从市场上持续获得便宜的食品）和向低收入者发放的消费补贴；直接源于《农业法》的直接补贴和反周期支付[2]；《食品和营养法》向低收入者提供的一种用于购买食品的补贴（原先被称为"食品包（food stamps）"，最近又更名为"补充营养援助计划给付（supplemental nutrition assistance program benefits）"（简称 SNAP 给付））；美国海外发展局（USAID）推行的"和平食品计划"中所包含的向其他国家提供食品援助的项目。[3] 据 J. M. Greene 估算，美国平均每年要为这些补贴计划的推行支出大约 560 亿美元。[4] 加拿大联邦政府在承认贫困与国内粮食不安全之间具有紧密关系的基础上，也于 1998 年制订并推行了名为"粮食安全行动"的政府计划。[5]

二、食品权的实现

食品权的实现即权利所蕴含各项人之利益诉求经由法律制度的形成和实施得以满足。深入分析食品权所蕴含的利益诉求，不难发现，它们其实可以被纳入两种利益类型中，即表现为物质利益的食品和表现为行为利益的食品的生产与分配（供应）。质言之，在食品权的语境中，人不但对食品的质和量有着特定的需要，而且还对这些食品的供应方式有着特定的要求。这些要求包括对特定文化、习俗及人格尊严的尊重，可持续性、非歧视及有助于自立能力的培养等。因此，食品

---

〔1〕 See J. M. Greene, "Localization：Implementing the Right to Food", *Drake Journal of Agriculture Law*, Fall, 2009.

〔2〕 直接补贴是根据一个相对简单的公式来计算的，计算时要考虑特定农产品的固定补贴率、农产品的种植面积及其产量等因素；反周期补贴在农产品的"有效价格"低于"目标价格"时将被发放，其目的在于当农产品价格下降时，通过给予农场主一些甜头以稳定市场供应，反周期支付根据针对每种农产品的"浮动支付率"（这又根据目标价格和市场价格之间的差价来确定）、农产品的种植面积及其产量等因素计算。这两种补贴是美国 2002 年和 2007 年农业法的重点内容之一，固定补贴率、有效价格、目标价格、浮动支付率、种植面积和产量的确定等在法律中都有明确规定。最新的规定可参见美国 2007 年的农业法——"Farm, Nutrition, and Bioenergy Act of 2007"第一部分"COMMODITY PROGRAMS"（农产品计划）之"Subtitle A— Direct Payment and Counter - Cyclical Payment"。

〔3〕 See J. M. Greene, "Localization：Implementing the Right to Food", *Drake Journal of Agriculture Law*, Fall, 2009.

〔4〕 See J. M. Greene, "Localization：Implementing the Right to Food", *Drake Journal of Agriculture Law*, Fall, 2009.

〔5〕 参见"实施充足食物权：六项实例研究的结果"，来源于联合国粮农组织（FAO）网站。

权的实现应当是对这两种需求的全面满足。

（一）食品权实现的基础性物质条件

美国学者约翰·马德莱认为，"食物维持我们生命是高于一切的需求以及唯一的生存方式……同样，农业也不仅仅是一种经济活动。在发展中国家，它解决绝大多数人的就业问题。农业是一种生活方式，它满足人的深层需求并执行多种功能……"[1]，为此，避免食品供应的不安全至关重要。而在实践中能够引发食品不安全的因素或条件包括：贫瘠的土壤、荒漠化、忽视女性农民、灾荒、资金不足、外债、冲突、缺乏民主、气候变化、人口、水、农作物多样性、医疗保健的长期缺乏等。[2] 在这些条件中，我们认为能够决定食品供应程度的基础性物质条件可以被概括为三个：耕地、水及农业物种资源，因为它们是食品生产的前提性基础条件，其他所有的生产行为（如科研、投资）和物质投入（如种子、肥料、机械、资金、技术等）都是围绕如何充分、合理而有效利用它们而进行的。

除了决定食品的供应程度的基础性物质条件之外，食品本身也应当是食品权实现的主要物质条件，因为各种符合食品权内涵要求的食品供应方式都将作用于食品本身，没有食品，在分配中反歧视、尊重人格尊严及民族禁忌等就都成了空话。

（二）国家实现食品权的义务

曾任联合国关于食品权问题的特殊报告员 Asbjærn. Eide 在他 1987 年的第一份报告中详细分析了保护人权的国家义务，认为一如其他国家法，有关人权的国际法对于国家也是有法律约束力的。具体而言，国家的义务包括三项：尊重、保护和实现义务，在他看来，任何一项义务的不履行都是对人权的侵害。[3]

后来的《第 12 号一般性意见》采纳了 Asbjærn. Eide 的观点，也将国家实现食品权的义务分为三个层次：尊重义务（the obligations to respect）、保护义务（the obligations to protect）和实现义务（the obligations to fulfill）。

1. 尊重义务。尊重义务要求国家必须尊重每个人获取食品的自由以及利用必需的各种资源为他（她）们自己生产充足食品的自由，例如国家要避免干预

---

[1] ［美］约翰·马德莱：《贸易与粮食安全》，熊瑜好译、王毅校，商务印书馆 2005 年版，第 30～31 页。

[2] ［美］约翰·马德莱：《贸易与粮食安全》，熊瑜好译、王毅校，商务印书馆 2005 年版，第 35～47 页。

[3] 参见［荷兰］Bernd Van der Meulen："争取食品权的国际人权"，孙娟娟译，载《太平洋学报》2008 年第 11 期。

当地人民持有土地及其他自然资源的权利，且不应当在没有提供充分补偿和没有为当地人民提供充分的决策参与机会的前提下，剥夺他（她）们的财产权。[1]

2. 保护义务。保护义务要求国家必须制止各种非官方行为人侵犯人民食品权的违法行为，国家应当通过法律建立专门监督侵犯食品权行为以及为受害者提供充分救济的机构。这种义务的例子包括：对运用各种资源反对通过食品谋取暴利的行动自由的保护；在与食品供应相关的商业活动和合同关系中，反对欺诈及其他不道德的行为；反对对身体有害的食品流入市场或进行交易等。[2]

3. 实现义务。实现义务则意味着国家应当采取积极主动的行动，以增强人民获取和利用各种资源的能力，以及拓展他们用以谋生——包括食品安全（food security）——的各种手段。无论何时，当一个人或一群人非基于自身原因，不能通过他们可支配的方式享有获得充足食物的权利时，国家都负有直接供给的义务。实现义务的实现既可以采取辅助的方式，例如促进就业、为无地少地者安排一个土地改革计划等，也可以采取直接供给食品或相应资源的方式，这一般发生在人民的食品安全（food security）因为失业、年老、残疾、被边缘化，及其它非自身可控的原因，如旱涝灾害、武装冲突或经济危机等，而受到威胁时。[3]

以上三点可以比较全面的反映出国家所负的食品权实现义务。

（三）农业基本法律制度是食品权实现的主要方式

食品权基本人权的性质决定了其在一国的宪法上应当具有相应的地位。在此前提下，如前述，立法机关负有通过制定相关法律的方式，明确食品权的内容、实现机制及相应公私主体的权利（力）义务、救济途径等的义务。这些相关法律所形成的制度体系就是农业基本法律制度。

农业基本法律制度既然是立法机关通过制度实现途径保障和实现食品权的结果，那么，接下来的问题重点就是要探讨相关立法是如何将上述的食品权内涵各项利益、食品权实现的前提性物质基础及食品权实现的国家三类基本义务等内容熔于一炉，亦即在相关的规范体系中，这些内容之间如何形成协调、圆顺且符合法学逻辑的关系，它们各自之间的理论链接点又是什么，这就涉及农业基本法律制度的内容界定问题。

---

[1] See Karen Kong, "The Right to Food for All: A Right—Based Approach To Hunger And Social Inequality", *Suffolk Transnational Law Review*, summer, 2009.

[2] See Karen Kong, "The Right to Food for All: A Right—Based Approach To Hunger And Social Inequality", *Suffolk Transnational Law Review*, summer, 2009.

[3] See Karen Kong, "The Right to Food for All: A Right—Based Approach To Hunger And Social Inequality", *Suffolk Transnational Law Review*, summer, 2009.

第四节 农业基本法律制度的一般构成

一、农业基本法律制度的规制内容

依据上述的理论基础，作为具体实现食品权内容的农业基础法律制度，其规制内容可以从以下几方面着手界定：

（一）农业基本法律制度的规制目的

农业基本法律制度规制的目的在于充分实现食品权所内涵的各项食品供应利益。德国著名法学家耶林曾言："目的是法律的创造者"，而法律的终极目的则在于确认和实现利益，因此，对食品权的充分满足就是农业基本法律制度的规制目的所在。申而言之，这些食品供应利益已经演化为统摄各项农业基本法律制度内容的立法目的，每个具体制度都因满足食品供应利益一个或多个面向上的诉求而存续、发展和施行。

（二）农业基本法律制度的规制客体

农业基本法律制度规制的客体应当是涉及食品及其供应的相关行为。如前述，各项食品供应利益基本上概括为两类：适当数量和质量的食品这一物质利益以及这些食品符合特定要求的供应的行为利益。据此，农业基本法律制度应当以适当数量和质量的食品的供给、监管、保有，以及各项食品生产基础性条件的配置、管制、保障等行为为基本的规制客体。

（三）农业基本法律制度的规制方式

农业基本法律制度的规制方式体现为尊重、保护和实现三种理念对围绕食品权实现的各项物质性前提条件而产生的相关行为[1]进行的模式设定。尊重、保护和实现作为国家负担的食品权实现的基本义务，在制度形成方式中，就演化为三种体现特定价值取向的规范设置理念，而当它们被分别应用于围绕食品权实现所必需之物质性前提条件而发生的各种行为时，就会出现丰富多彩的法律规制类型。

1. 对围绕食品本身所发生的各种行为的规制。在对围绕食品本身所发生的各种行为进行规制时，保护性和实现性理念的规范设置应该比较常见，这是对适

---

[1] 这些行为有些是私人所为，有些则是国家所为，前者在食品流通中比较常见，后者在食品调控中比较常见。因此，农业基本法律制度的规制方式在此处就是为私人与国家分别设置相应的行为模式，而并不只是规制私人行为，这一点必须明确。

当数量和质量的食品的需求这一根本性利益诉求满足的必然结果。保护性的规范设置主要表现为：对食品质量标准的设置，对食品流通中囤积居奇、谋取暴利等行为的制止，对食品添加剂的生产、经营及添加行为的监管，设置高效、实用的食品获得权救济机制等；实现性的规范设置则主要体现为：设置食品流通的基本体制和相应规则，向因贫困、自然灾害及各种不可抗拒的社会因素而无力获取食品的人提供适当数量和质量的食品援助，为保证足够的食品供给及稳定食品价格而采取适当措施，主动矫正各种不利于食品公平获得的制度和行为，采取诸如促进就业、扶贫开发等方式增强社会弱势群体获得食品的经济能力，尊重食品获取过程中的人格尊严、文化传统及相关禁忌，保证食品获取利益相关者的参与权与话语权等。

2. 对围绕决定食品供应程度的相关物质性前提条件所发生的各种行为的规制。在对围绕决定食品供应程度的相关物质性前提条件所发生的各种行为进行规制时，尊重性、保护性和实现性的规范设置应当都有体现。尊重性的规范主要表现为：对既存的有利于食品自给的耕地使用和经营行为的权利性确认，对长期存在的耕作用水的习惯性行为的确认，对传统的农业耕作技术（如土肥施用及传统的育种技术）和习惯（如农民的留种行为）的尊重和保护等；保护性的规范主要体现为：对耕地及耕作用水的数量和质量的保护和管制，对农作物多样性及食品种质资源的保护和管制，对违反相关保护和管制义务的责任追究及救济途径等；实现性的规范则主要表现为：对无地、少地群体的耕地分配或相关援助性措施（如发放低息或无息的购地贷款、贴息等），采取相应措施保障耕作用水的优先性和实质公平，对食品生产的财政补贴和投资，对新型食品生产技术的研发、推广及培训等。

二、农业基本法律制度的制度类型及其特色

（一）农业基本法律制度所包含的制度类型

根据以上分析，我们认为，农业基本法律制度包含的制度类型应当有三种，即食品供给法律制度、耕地及水的配置与保护法律制度、农作物物种资源保护法律制度。

1. 食品供给法律制度。食品供给法律制度的目的在于直接满足所有人对适当数量及质量食品的需求利益，其所涉及的制度内容主要是前所述及的，对围绕食品本身所发生的行为的各种规制方式。

2. 耕地及水的配置与保护法律制度。耕地及水的配置与保护法律制度的目的在于满足食品生产所必需的资料性物质需求，其所涉及的制度内容主要是前所述及的，对围绕耕地及耕作用水所发生的行为的各种规制方式。在耕地及水的配置与保护这一制度语境中，这些规制方式其实又可以被归为配备及保护两类。配备是指对耕地及耕作用水在所有食品生产者之间的实质公平式的分配与置备，这涉及对相关财产权的界定或重置。在食品权所内涵的价值利益面向上，对食品生产必需资源的非歧视性公平配置是权利的基本内涵之一，因此，耕地及水的配置制度有着坚实的人权基础。在土地及其他自然资源私有、贫富差距巨大且面临食品供应危机的国家中，要想从根本上满足人的生存需求，以此消弭极端尖锐的社会矛盾，耕地及水的人人有份式的公平配置无疑将是有效的手段。而在我国，从理论上讲，既存的耕地集体所有制及水的国家所有制，只要运转规范就能够充分保证耕地与耕作用水的实质公平配置。保护则是指对耕地及耕作用水的数量和质量的保障与相应的管制。

3. 农作物物种资源保护法律制度。农作物物种资源保护法律制度的目的在于满足食品可持续性生产所必需的基础性生物资源的需求，其所涉及的制度内容主要是前所述及的对围绕相关食品种质资源所发生的行为的各种规制方式。

（二）农业基本法律制度的特色

三项农业基本法律制度的规制内容所表现出的，不同于其他农业具体法律制度的特征主要表现在以下三点：

1. 农业基本法律制度具有长久稳定性，从某种意义上甚至可以说，它们是农业法的"骨架"。这源于两点：一是食品供应对人的极端重要性，只要人的生存还离不了食物，农业之于人的食品供应价值就会一直存在，对这一利益进行法律确认、保护及促其实现的法律制度就会长期存在；二是上文所揭示的食品权实现的各种前提性物质基础对于食品供应的长久有效性，只要食品生产还无法摆脱自然规律及生态条件的驾驭与强约束，对这些物质基础的配置、保障、促进、改善等就应当一直是农业法的核心任务。

这里所谓的长久稳定性主要指的是这三种制度在整体存续、规制内容的基本价值取向上的长久性与稳定性，并不意味着所含全部规制内容都将一成不变，一些技术性的规范还是会随着社会、经济发展及人类影响自然能力的进一步增强而有所变化，耕地保护方式及用水方式等就是典型。

2. 农业基本法律制度具有普遍性，即三种农业基本法律制度的基本规制内容在很多农业法制健全国家的农业立法体系中都有体现。例如日本 2000 年《食物·农业·农村基本法》第 4 条规定："鉴于食物及农产品的供应及其他各方面机能的重要性，应当确保必要的农用地、农业用水及农业资源……"韩国 1999 年《农业农村基本法》第 22 条规定："为了确保持续稳定的农业生产力，中央和地方自治团体应制定并实施整备农业生产基础所必要的政策。"第 27 条第 1 项规定："为了保护农业遗传资源……，政府应制定并实施必要的政策。"

3. 农业基本法律制度具有"内容辐射性"，即农业基本法律制度的一些基本性规制内容对其他农业具体法律制度的内容都有影响。这种影响因其程度不同而有两种表现：一是决定性影响，如耕地配备制度的规制内容就直接催生了土地权属制度，耕地保护性的规制内容则是土地用途管制制度的直接基础；食品供给制度中的食品质量管制内容直接催生了食品质量安全制度。二是导向性影响，如耕作用水的管制及保护性规制内容促成了水法的基本规制思路；农作物物种资源保护法律制度一方面对农业自然资源保护法律制度的建构发挥了理念导向作用，另一方面还为农业科技及其相关知识产权的保护奠定了一定的理论基础。

第五节　我国农业基本法律制度

一、我国农业基本法律制度的类型

在我国的诸种农业法律制度中，与上述三种基本法律制度相对应的具体制度类型应当是：粮食安全法律制度、耕地保护法律制度及农作物种质资源保护法律制度。

之所以将粮食安全法律制度作为与食品供给法律制度相对应的法律制度，主要是基于两点考虑：一是在我国的饮食习惯和农耕文化传统中，包括谷物（包括小麦、大米和玉米）、豆类和薯类的粮食一直都是人们最主要的食物摄入类型；二是从我国既存的关于粮食安全的相关制度内容来看，其中包含着大量的与食品供给法律制度的立法目的与规制内容相一致的规范。

之所以将耕地及水的配置法律制度排除在农业基本法律制度之外，主要是因为，如前所述，我国土地及水的公有制从理论上能够完全保障分配和置备的实质公平，因此在制度上出现严重问题的可能性并不大[1]。

此处之所以不涉及耕作用水保护法律制度，主要是出于对学界长期以来形成的部门法研究范围的尊重——在我国法学界，水法一直被纳入环境与自然资源法的研究范围。但是，这并不意味着耕作用水保护法律制度在我国农业法理论上就不再是基本法律制度了。

---

[1] 但在现实运行过程中，与私有制国家相同的一些问题还是显现了出来，最典型的莫过于"增人不增地、减人不减地"这一《农村土地承包法》规定（第27、28条）的推行在实际当中催生的不断尖锐且呈普遍性的人地矛盾，许多学者已经开始反思这一规范的合理性。

二、粮食安全法律制度

(一) 粮食安全法律制度的基本范畴

1. 粮食的法定含义。在我国现行农业法律体系中，对"粮食"作出明确定义的法律文件有两个：一是行政法规性质的《粮食流通条例》（2004 年），其中第 2 条第 2 款规定"前款所称粮食，是指小麦、稻谷、玉米、杂粮及其成品粮"；二是由国务院发布的行政计划性质的《国家粮食安全中长期规划纲要（2008 ~ 2020 年）》，其中规定"本纲要中的粮食，主要指谷物（包括小麦、稻谷、玉米等）、豆类和薯类"。可见，这两种法定含义在客体范围上并无太大的出入，且相互之间能够形成相互补充的关系。第一种定义中的"杂粮"其实可以理解为第二种定义中的"豆类和薯类"，而第一种定义中的"成品粮"又可以将第二种定义的客体范围补充周延。

基于此，我们认为，我国农业法中的"粮食"应当是指谷物（包括小麦、稻谷、玉米等）、豆类、薯类的原粮及成品粮。这种定义的客体范围要大于联合国粮农组织（FAO）对粮食的界定，FAO 将粮食仅界定为"谷物"，即小麦、稻谷及粗粮（包括大麦、玉米、黑麦、燕麦、小米、高粱）[1]。这就证明了前述的理论：食品供应利益的满足客体，因文化传统、饮食习惯等的不同而呈现出国别差异性。

2. 粮食安全的一般含义。粮食安全这一概念最先出现在 1974 年。这一年，为了应对世界粮食危机，联合国粮农组织（FAO）在罗马组织召开了第一次世界粮食峰会，并通过了《世界粮食安全国际协定》，首次提出了"Food Security"这一概念，后被官方及国内学界习惯性的译为"粮食安全"，当时对其的定义是"保证任何人在任何时候都能够得到为了生存和健康所需要的足够粮食。"并提出了衡量一国粮食安全程度的标准，即当其谷物库存的安全系数低于 17% 时[2]，为粮食不安全状态，低于 14% 时，则为粮食紧急状态。

1996 年，联合国粮农组织（FAO）又在罗马组织召开了第二次世界粮食峰会，并通过了《罗马宣言及行动计划》，对粮食安全作出了新的界定，即"只有当所有人在任何时候都能够在物质上和经济上获得足够、安全和富有营养的粮食来满足其积极和健康生活的膳食需要及食物喜好时，才实现了粮食安全。"并且

---

〔1〕 参见国家粮食局课题组：《粮食支持政策与促进国家粮食安全研究》，经济管理出版社 2009 年版，第 1 页。

〔2〕 谷物库存具体又包括两部分：缓冲库存（后备库存）和周转库存（供应库存），谷物库存的 17% 因此也被分配于这两个库存之上，缓冲库存为 6%，周转库存为 11%，周转库存要相当于两个月的口粮消费。

还"确定了国家一级粮食可供量充足程度的直觉上更加吸引人的指标：人均粮食供应量（即平均膳食能量供应量）、粮食短缺率（长期营养不良发生率）及家庭粮食安全综合指数，作为衡量粮食（不）安全的主要指标".[1] 2001 年，世界粮食安全委员会又提出了包括营养与健康、可利用性和经济获得性等 7 项衡量世界粮食安全的具体检测指标.[2]

在理论界，对粮食安全的研究成果很多，但最具实用性的莫过于经济学的相关理论研究。如有学者认为，粮食安全应该包括国家粮食安全、家庭粮食安全和营养安全三个层次；[3] 有学者认为，反映粮食安全的本质要求并比较实用的粮食安全概念应当是：一个国家或地区为保证任何人在任何时候都能得到与其生存和健康相适应的足够食品，而对粮食生产、流通与消费进行动态、有效平衡的政治经济活动；[4] 有学者认为粮食安全应当从四个层次来界定：供应量是否满足基本需要，供应在时空上分布是否均衡，所有人是否能容易的获取基本的粮食，粮食是否符合卫生、营养和健康的标准；[5] 还有学者指出，粮食安全是一个历史的和发展的概念，在不同时期，不同的国家和地区，因其主客观条件的不同而在理解上有巨大差异，在发达国家，由于其已经基本解决了粮食数量安全的问题，因此便把重点放在了卫生、营养、健康等质量问题上来，而对大多数发展中国家及最不发达国家来说，粮食安全完全是一个数量安全问题.[6]

我们认为，一般意义上的粮食安全应当是指"就一个国家而言，是化解和消除导致粮食危机的各种因素，保证每一个人生活具有足够多的、富有营养的粮食."[7] 我国的粮食安全应当包括三个层次：粮食生产的安全、粮食流通的安全及粮食消费的安全。具体而言，即为：安全合理的粮食储备；保障人们直接消费的人均粮食供应量；粮食生产按照市场需求稳定发展，不出现大的波动；适量进

---

〔1〕　参见国家粮食局课题组：《粮食支持政策与促进国家粮食安全研究》，经济管理出版社 2009 年版，第 2、3 页。

〔2〕　卢良恕、王健：《粮食安全》，浙江大学出版社 2007 年版，第 4 页。

〔3〕　吴天锡："粮食安全的新概念和新要求"，载《世界农业》2001 年第 6 期。

〔4〕　吴志华等："中国粮食安全研究综述"，载《江海学刊》2003 年第 3 期。

〔5〕　朱晶等："市场整合、储备规模与粮食安全"，载《南京农业大学学报》（社会科学版）2004 年第 3 期。

〔6〕　卢良恕、王健：《粮食安全》，浙江大学出版社 2007 年版，第 5~6 页。

〔7〕　参见国家粮食局课题组：《粮食支持政策与促进国家粮食安全研究》，经济管理出版社 2009 年版，第 2、3 页。

口粮食；解决好贫困人口的温饱问题。[1]

3. 粮食安全的法律内涵及粮食安全法律制度。据上分析，不难发现，粮食安全的一般性内容与前述食品权所内含的各种利益诉求，在很大程度上有重合和呼应之处。因此，如果按照国际条约，将粮食安全看作一系列指标体系的话，那么在农业法上，我们就可以将粮食安全理解为食品权实现的目标设定；而如果按照学者们的观点，将粮食安全理解为应当由国家采取的具有国别差异性并表现为不同环节或层次的相关行为的话，那么在农业法上，我们就可以将粮食安全理解为食品权内容得以具体化的制度途径。另外，粮食安全在农业法上其实还应当有另一层含义，即它限定了食品权实现客体涉涉范围（粮食类别），从而使食品权的实现目标和途径因国别饮食需求而更加具体和可操作。

从上述理论分析来看，在我国，粮食安全的实现需要涉及粮食生产、粮食流通及粮食消费（或分配或分布）等环节，相应地，粮食安全法律制度也应当包含对这些环节的规制内容，而且这也已经在相关法律制度上得到了体现[2]。但是，需要指出的是，此处所谓的粮食安全法律制度却并不包括对粮食生产环节及相关行为的规制内容，原因有二：一是为了保证法理上的联接性，因为如前所述，此处所述的粮食安全法律制度是理论上的食品供给法律制度的具体化，而食品供给法律制度又以围绕食品本身所发生的各种行为为规制对象，并不涉及食品的生产；二是为了保证逻辑上的通畅性，因为粮食生产涉及的领域及因素十分广泛，耕地及农作物种质资源保护就是其最基本的内容，因此，为了避免与后文述及的农业基本法律制度相重复，此处将不涉及粮食生产的相关法律制度内容。

（二）粮食安全法律制度的基本内容

1. 粮食安全保障体制。粮食安全保障体制是指负责粮食安全保障的主要机关及其相应的基本职责（权）。根据相关规定，在现阶段负有粮食安全保障职责的国家机关主要有三种：一是国务院及各级人民政府，它们负有粮食安全规划、

---

〔1〕 参见国家粮食局课题组：《粮食支持政策与促进国家粮食安全研究》，经济管理出版社 2009 年版，第 2、3 页。

〔2〕 我国现行《农业法》第五章"粮食安全"就采用的是这种规制模式。从相应条款来看，第 31、32 条分别从微观管制（耕地保护）和宏观调控（对粮食主产区的重点扶持与促进）两个角度对国家保护和提高粮食生产能力的基本权力及干预方式进行了规定，第 33、34、35 条分别规定了国家对粮食流通的各项宏观干预措施（包括最低保护价收购、粮食安全预警、粮食分级储备、建立粮食风险基金等），第 36 条规制的则是粮食消费（提倡节约粮食，采取措施改善人民的食物营养结构）。国务院发布的《国家粮食安全中长期规划纲要（2008～2020 年）》遵从的也是这种思路，其第四部分阐述了保障粮食安全的主要任务，依次包括提高粮食生产能力、利用非粮食物资源、加强粮油国际合作、完善粮食流通体系、完善粮食储备体系、完善粮食加工体系。

宏观调控及预算保障等方面的法定职责（权）。二是国家发展与改革委员会及其各级机构，它们负有依照法律法规及本级政府的相应规划，制定相关粮食宏观调控政策措施的职责（权）。三是由国家发展与改革委员会管理的国家粮食局及其各级机构，它们是现阶段实施各种粮食安全微观管理和宏观调控措施的基本主体。[1]

2. 粮食经营监管法律制度。粮食经营监管法律制度是指规制粮食收购、销售、储存、运输、加工及进出口等行为的法律规范的总称，其规制内容主要体现在行政法规性质的《粮食流通管理条例》（2004 年）及相应部门规章中。

世界上许多国家对关系本国国计民生的重要粮食品种的经营行为都依法进行监管。日本于 1942 制定了《粮食管理法》，用于防止粮食危机和粮价暴涨，并对消费者实行公平的粮食配给。根据该法，日本政府直接控制了大米、小麦、杂谷和薯类等主要粮食的市场，对从生产者到消费者之间的流通途径实行政府指定制度，甚至还具体规定了各个流通环节的数量和价格。这种粮食直管制度一直实行了四十多年。1994 年日本又颁布了《关于主要粮食供需和价格安定的法律》（简称《新粮食法》），对其他粮食品种的经营行为主要实现市场调节，而唯独将大米还置于政府的管制之下。[2] 韩国于 1963 年颁布了《粮食管理法》，明确规定该法立法目的是：管理粮食，维护粮食供需的调节和合理的粮食价格，确保国民的食粮和国民经济的稳定。该法主要规定了政府对粮食所有者、买卖业者、加工业者、保管业者、运输业者以及饮食销售业者的监督、业务代行、融资及补助和行政职权委任、许可及取消等内容。[3] 加拿大于 1935 年颁行了《加拿大小麦局法》，依法设置"国家小麦局"，专职负责在联邦政府确定的范围内统一收购和销售商品粮小麦，其他任何个人或团体都不准私自买卖；1949 年加拿大联邦议会又通过补充法案，授权小麦局兼办中西部 3 省燕麦和大麦的统一购销，还有权决定下年度播种面积及收购数量、执行价格支持政策、发放预付款、安排运输、组织出口等。[4]

从《粮食流通管理条例》（以下简称《条例》）及相应部门规章的规定来看，我国的粮食监管法律制度基本包括以下内容：

---

〔1〕　国家粮食局的基本职责、内设机构及其与国家发展与改革委员会之间的关系，可参见《国务院办公厅关于印发国家粮食局主要职责内设机构和人员编制的通知》（国办发〔2009〕27 号）。

〔2〕　参见［日］速水佑次郎、神门善久：《农业经济论》，沈金虎等译，中国农业出版社 2003 年版，第 208 页。

〔3〕　参见李伟主编：《世界农业法鉴（上部）》，中国民主法制出版社 2004 年版，第 142 页。

〔4〕　参见李伟主编：《世界农业法鉴（上部）》，中国民主法制出版社 2004 年版，第 150、151 页。

（1）粮食经营的基本规则。我国现行的粮食流通基本机制是：以市场调节为基础，同时辅以必要的国家监管和调控（《条例》第4条）。基于此，国家鼓励多种所有制市场主体从事粮食经营活动，促进公平竞争，严禁以非法手段阻碍粮食自由流通（《条例》第3条）。各种市场主体的粮食经营活动应当遵守自愿、公平、诚实信用的基本原则，不得损害粮食生产者、消费者的合法权益，不得损害国家利益和社会公共利益（《条例》第5条）。

（2）粮食收购市场准入制度。《条例》规定，从事粮食收购的经营者（粮食收购者）必须要具备两个条件，才可从事粮食收购活动：一是必须获得粮食收购资格；二是获得粮食收购资格后依据《公司登记管理条例》等规定办理设立登记。

粮食收购资格的许可申请应当向粮食行政主管部门提出（《条例》第9条），资格获得应当具备的条件由省级人民政府制订（《条例》第8条），设立登记应当在工商管理部门办理（《条例》第10条），这两个行政机关应当是同级的。

（3）粮食收购者的基本义务。粮食收购者的基本义务分为向售粮者所负的义务和向政府所负的义务。

售粮者是指向粮食收购者售卖粮食的农民和其他粮食生产者，其与粮食收购者之间形成的一般都是普通的买卖合同关系。[1]《条例》规定的粮食收购者向售粮者所负的义务有三项：告知义务：①粮食收购者应当告知售粮者或在收购场所公示粮食的品种、质量标准和收购价格；②公平交易义务，即粮食收购者收购粮食应当执行国家粮食质量标准，按质论价；③及时支付售粮款义务，即粮食收购者应及时向售粮者支付售粮款，不得接受任何组织或者个人的委托代扣、代缴任何税费和其他款项。

《条例》规定的粮食收购者向政府相应管理部门所负的义务主要是以下两种：①报告义务，即粮食收购者应当向收购地的县级政府粮食行政主管部门定期报告粮食收购数量等情况；跨省收购时，应当向收购地和粮食收购者所在地的县级政府粮食行政主管部门定期报告粮食收购数量等情况。②保证必要库存的义务，即粮食收购者必须保持必要的库存量，最低和最高库存标准，在必要时由省级政府制订。

---

〔1〕. 因此，粮食收购者所负担的基本义务与《合同法》中所规定的买方的基本义务应当在内容上是一致的。但从《条例》的规定来看，粮食收购者对售粮者所负义务之范围明显窄于《合同法》上的买方义务。对此，我们认为，《条例》规定的是一种针对粮食收购这一具体行为的"特别义务"，而《合同法》规定的则是一种"普遍义务"，前者仅具有优先适用的性质，但对其的适用并不意味着对后者的完全排除，当其不敷适用时，"普遍义务"仍可被援用。

（4）粮食销售者的基本义务。《条例》规定的粮食销售者的基本义务有以下几项：①工商登记义务，即应当在工商行政管理部门登记后，方可从事粮食销售行为的法定义务。②质量保证义务，即销售粮食应当严格执行国家有关粮食质量、卫生标准，不得短斤少两、掺杂使假、以次充好。③正当经营义务，即不得囤积居奇、垄断或操纵粮食价格，不得欺行霸市。④销售出库质量检测义务，即对超过正常储存年限的陈粮，在出库前应当经过有资质的粮食质量检验机构的质量检验，严禁陈化变质、不符合食用卫生标准的陈粮流入口粮市场。此外，粮食销售者还负有与收购者相同的保证必要库存的义务。

（5）粮食运输者和加工者的基本义务。根据《条例》规定，粮食运输者应当严格执行国家粮食运输的技术规范，不得使用被污染的运输工具或者包装材料运输粮食。从事食用粮食加工的经营者，应当具有保证粮食质量和卫生必备的加工条件，不得使用发霉变质的原粮，不得违反规定使用添加剂，不得使用不符合质量、卫生标准的包装材料，不得有影响粮食质量、卫生的其他行为。粮食运输、加工者还负有保证必要库存的义务。

（6）粮食仓储管理制度。粮食仓储可分为两种：一是专职从事粮食仓储的经营者为他人提供的仓储服务行为；二是从事粮食收购、销售、运输、加工和进出口活动的经营者，为保存自己经营所用的商品粮，而附带进行的粮食仓储行为。

国家发展和改革委员会根据《条例》制定并公布了《粮油仓储管理办法》（2009 年），其中包含了对粮油仓储单位的备案、粮油出库、粮油储存等一系列行为的规制规则及相应的法律责任。[1]

（7）粮食流通统计制度。《条例》对该制度的原则性规定涉及两个主体的义务：①粮食经营者以及饲料、工业用粮企业依法负有建立粮食经营台账并向所在地县级粮食行政主管部门报送相关基本数据的义务；②国家粮食行政主管部门负有制订具体的粮食流通统计制度的义务。

（8）自律管理制度。除了国家管理之外，《条例》第 24 条还对粮食行业协会及中介组织的自律管理进行了原则性规定，并对它们设定了维护粮食市场秩序

---

[1] 需要指出的是，部门规章性质的《粮油仓储管理办法》虽然在其第 1 条明确规定是根据《条例》而制定的，但从其规制内容来看，在涵涉范围上还是与《条例》有较大的出入，具体表现为：在主体范围上，《粮油仓储管理办法》要狭于《条例》，前者明确规定其适用于仓容规模 500 吨以上或罐容规模 100 吨以上，专门从事粮油仓储活动，或在粮油收购、销售、运输、加工、进出口等经营过程中从事粮油仓储活动的法人和其他组织（第 32 条第 2 款），而后者的适用主体则是无仓容及罐容限制的法人、其他经济组织和个体工商户（第 7 条）。

的两项基本权力：监督权和协调权。

3. 粮食宏观调控法律制度。粮食宏观调控法律制度是指规制国家通过储备粮吞吐、委托收购、粮食进出口、价格干预等手段，调控粮食市场，保持一国粮食供求总量平衡和价格基本稳定等内容的法律规范的总称，其规制内容主要体现在《农业法》第五章、《条例》第三章、《中央储备粮管理条例》（2003 年）及相应的部门规章中。

在我国，国家通过储备对粮食进行调控的历史可谓源远流长。早在春秋时期，齐相管仲就提出了"岁有凶穰，故谷有贵贱；令有缓急，故物有轻重"的重要思想，并因此指出了相应对策，即"民有余则轻之，故人君敛之以轻；民不足则重之，故人君散之以重"。战国时期，魏国重臣李悝又提出了"籴甚贵伤人，甚贱伤农。人伤则离散，农伤则国贫，故甚贵与甚贱，其伤一也"这一中国最早的"谷贱伤农"思想，并基于此在魏国推行了"平籴法"，即丰年时买谷收储，灾年时则以平价粜出，以稳定粮食市场。[1] 西汉昭帝时，大司农中丞耿昌寿"遂白令边郡皆筑仓，以谷贱时曾其贾而籴，以利农，谷贵时减贾而粜，名曰常平仓。民便之"，[2] 至此，"常平仓"正式设立，后为历代所沿用。

在其他各农业法制健全的国家中，通过各种法定方式对粮食供求进行宏观调控的做法也非常普遍，但具体规制方式却不尽相同。具有农业基本法典的大陆法系国家一般都将宏观调控的权源和基本方式规定在农业基本法中。如日本 2000 年《食物·农业·农村基本法》第 18 条第 1 项规定："国家对农产品、特别是国内生产不能满足需要时，应当确保安定的输入所必要的实施政策。输入农产品时，当有竞争关系的农产品出现重大障碍或威胁时，必要时应采取提高关税率及输入限制等必要的实施对策。"第 19 条规定："根据本法第 2 条第 4 项规定，应当确保国民最低限度的食物供应，在认为必要时，对食物增产、流通等采取必要的限制对策。"第 30 条规定："国家为推进消费者需要的农业生产，调整农产品价格供求关系，恰当地反映产品品质，应采取必要的实施对策。国家为缓和农产品价格显著变动对农业经营影响，应采取必要的实施对策。"韩国 1999 年《农业农村基本法》第 30 条规定："为了保证农产品供需的灵活性和价格的稳定，政府应制定并实施农业观测、生产市调整、收购储备以及设立生产者团体自助金等必要的政策。为了有效实施第一项内容的政策，政府可向农业经营体、生产者团体或从事农产品流通的人提供必要的支援"。

---

〔1〕 参见《通典》第 12 卷，"食货十二·轻重"。
〔2〕 《汉书》第 24 卷（上），"食货志第四上"。

从我国的相关规定来看，粮食调控法律制度主要包括以下规制内容：

（1）国家粮食储备法律制度。国家粮食储备法律制度是指规制国家通过特定途径收购、储存、销售、轮换及动用储备粮的相关行为的法律规范的总称。

根据《农业法》及《条例》的规定，我国实行的是中央和地方分级粮食储备制度。从现有的制度类型来看，规制中央粮食储备相关行为的规范体系比较健全，对地方粮食储备的规制，《中央储备粮管理条例》授权由各省、自治区、直辖市参照《中央储备粮管理条例》制定（第59条）。因此，以下重点介绍中央粮食储备法律制度。

根据《中央储备粮管理条例》的规定，中央粮食储备法律制度基本可分为：中央储备粮的计划制度、储存制度和动用制度。

中央储备粮的计划包括储存方案、收购计划、销售计划及轮换计划。储存方案规定的是中央储备粮的储存规模、品种和总体布局由国务院发展改革部门及国家粮食行政管理部门会同国务院财政部门提出，报国务院批准。收购和销售计划由国家粮食行政管理部门根据储存方案提出建议，报国务院发展改革部门、国务院财政部门审核同意，其具体执行由中国储备粮管理总公司负责。轮换计划具体包括每年轮换的数量、品种和分区等内容，《中央储备粮管理条例》要求每年轮换的数量为中央储备粮储存总量的20%～30%，年度轮换计划由中国储备粮管理总公司提出，经国家粮食行政主管部门、国务院财政部门及中国农业发展银行批准后，由中国储备粮管理总公司负责实施。

根据承担储存义务的主体不同，中央储备粮的储存可分为直接储存和代储两种。由中国储备粮管理总公司直属企业专门负责储存的，称为直接储存（直储）；由符合法定条件的其他企业负责储存的，称为代储。从事代储业务的企业，必须符合法定条件，并经国家粮食行政主管部门审核同意，取得中央储备粮代储资格。[1]中央储备粮管理总公司从取得代储资格的企业中，择优选定具体承担代储任务的中央储备粮代储企业，并与其签订代储合同。中央储备粮代储企业依法负有不得混业经营、保障储备粮质量、规范管理、依法轮换等义务。承担中央储备粮储存义务的企业，依法享有获得相关管理费用补贴的权利。

中央储备粮的动用包括动用预警机制、动用方案及动用命令等制度内容。国务院发展改革部门及国家粮食行政管理部门依法负有建立和完善中央储备粮动用预警机制的制度形成义务。当出现全国或部分地区粮食明显供不应求或市场价格

---

〔1〕　国家发展和改革委员会以及财政部于2004年制定并发布了《中央储备粮代储资格认定办法》，其中对资格条件、资格申请和审核、监督检查与管理、法律责任等内容作了详细规定。

异常波动，发生重大自然灾害或其他突发事件需要动用中央储备粮，以及国务院认为需要动用中央储备粮的其他情形时，可以动用中央储备粮。中央储备粮的动用方案由国务院发展改革部门及国家粮食行政管理部门会同国务院财政部提出，报国务院批准，其中应当包括动用的粮食品种、数量、质量、价格、使用安排、运输保障等内容。国务院发展改革部门及国家粮食行政管理部门根据中央储备粮动用方案下达动用命令，命令由中国储备粮管理总公司负责实施。在紧急情况下，国务院有权直接动用中央储备粮并下达动用命令。任何单位和个人都不得拒绝执行或擅自改变中央储备粮动用命令。

中国农业发展银行依法负有及时、足额安排中央储备粮所需贷款的义务。贷款利息则由国家提供补贴。

（2）粮食价格调控法律制度。粮食价格调控法律制度主要包括两项制度内容：粮食最低保护价收购制度与粮食价格干预制度。

按照《农业法》和《条例》的规定，粮食最低保护价收购制度启动的条件是"粮食的市场价格过低"或"粮食供求关系发生重大变化"；制度目的则在于保障市场供应、保护种粮农民利益。《农业法》将粮食最低保护价收购制度的适用的客体原则性的规定为"部分粮食品种"（第33条第1款），《条例》则将其明确化为"短缺的重点粮食品种"（第28条第2款），具体决定应当对哪些粮食品种进行最低保护价收购的权力属于国务院。国务院依法还享有最低保护价的决定权，《农业法》规定了确定最低保护价的基本原则，即有利于保护农民利益、稳定粮食生产（第33条第1款）。对于粮食最低保护价收购所需资金，《农业法》规定县级以上政府有及时筹措的义务（第33条第3款）。《条例》第28条第2款规定，在粮食价格显著上涨或者有可能显著上涨时，国务院及省级政府有权按照《价格法》的相关规定，采取相应的价格干预措施。

（3）粮食安全预警制度。根据《农业法》及《条例》的规定，国务院依法负有制订粮食安全保障目标与粮食储备数量指标，并进行耕地、粮食库存等情况的核查的义务。国务院发展改革部门及国家粮食行政主管部门有义务会同农业、统计、产品质量监督等部门对粮食市场的供求形势进行监测和预警分析，建立粮食供需抽查制度，发布粮食生产、消费、价格、质量等信息。

（4）粮食应急预案制度。根据《条例》，粮食应急预案分为全国性预案和省级预案。国务院发展改革部门及国家粮食行政管理部门有义务会同国务院其他有关部门制订全国粮食应急预案，并报请国务院批准。省级政府有义务制订本行政区域内的粮食应急预案。

当重大自然灾害、重大疫情或者其他突发性事件引起粮食市场供求异常波动之情形在全国或一定区域内发生时，粮食应急预案应予启动。全国粮食应急预案启动的建议权和实施权由国务院发展改革部门及国家粮食行政管理部门享有，启动的批准权则由国务院享有。省级粮食应急预案启动的建议权由省级发展改革部门及粮食行政管理部门享有，启动决定权由省级政府享有，它们同时还负有向国务院报告之义务。各级粮食应急预案依法启动后，预案所涉及的各类主体（包括粮食经营者、粮食生产者、农民、消费者等）均应担负相应的应急任务，有义务服从统一安排和调度。

（5）粮食风险基金。粮食风险基金其实就是国家运用财政手段对粮食市场进行宏观调控的资金来源。其最早设立于 1994 年，之后其用途及来源几经变化。

根据《条例》，粮食风险基金分为两种：一是国务院设立的粮食风险基金；二是地方政府设立的粮食风险基金。其主要用于：对种粮农民直接补贴、支持粮食储备、稳定粮食市场等。具体而言，支持粮食储备就是指对国家粮食储备所需费用及贷款利息进行补贴；稳定粮食市场则是指对国家按最低保护价收购的粮食在未销售前的相关费用及贷款利息进行补贴。

中央及地方政府在编制财政预算时，应当将本级粮食风险基金年度所需最低资金列入预算。

4. 粮食救济法律制度。粮食救济法律制度是指规制国家向因自然灾害、贫困及其他不可抗拒的原因而无力获得粮食的人直接提供其生存所必需数量和质量的粮食等行为的法律规范的总称。在我国现行的农业法律体系中，尚无针对粮食救济的全面且成体系的规范，只是在行政计划性质的《国家粮食安全中长期规划纲要（2008～2020 年）》中，有一些原则性的规定。

《国家粮食安全中长期规划纲要（2008～2020 年）》第五部分"保障粮食安全的主要政策和措施"之（五）"健全粮食宏观调控"中规定："完善对特殊群体的粮食供应保障制度，保障贫困人口和低收入阶层等对粮食的基本需求，建立健全与物价变动相适应的城乡低保动态调整机制，确保城乡低收入群体生活水平不因物价上涨而降低。"

5. 农户储粮扶持法律制度。农户储粮扶持法律制度是指以国家通过各种帮扶手段，扶助、促进农户按照特定的政策目的或方式储备余粮为规制内容的法律制度。这一法律制度在我国有着极其重要的现实意义。农民几乎占我国人口一半的基本国情意味着，只要实现了农民的粮食安全，中国的粮食安全保障任务也就完成了一半。而要实现农民的粮食安全，除了鼓励其生产粮食以外，扶助、促进他们科学、合理、高效的储存口粮应当是十分必要的。更重要的是，大多数中国农民千百年来一直保留着存储口粮的良好习惯，因此，在传统的基础上若能再加以扶助和指导的话，将会起到事半功倍的效果。然而，长期以来，这一领域的立法却一直被农业法所忽视，直到最近几年，情况才有所改观，国家开始重视对农户储粮的扶持，并有数量不多的部门规章进行规制。

现行专门涉及农户储粮扶持法律制度的法律文件是国家粮食局制定和发布的《农户科学储粮专项管理办法（暂行）》（2009 年）。其中所规定的"农户科学储粮专项"主要包含两项扶持性内容：一是财政补助，即对符合项目选点要求的农户建设标准化小型粮仓、配置新型储粮装具等行为提供财政补助，补助的比例为：中央财政补助 30%，其余 70% 由地方财政配套补助及农户自筹解决（第 6条）；二是对农户进行科学储粮技术指导，以改善储粮条件、减少农户产后损失。但是，该办法并非对所有的农户都进行扶持，而仅对储粮数量 1 万斤以上（东北地区，包括内蒙古东部）或 2500 斤以上（其余地区）的农户进行扶持。农户参加此专项的基本程序是：由农户自愿申请，经审查批准后与县级粮食行政管理部门签订协议。《农户科学储粮专项管理办法（暂行）》还对专项建设的管理程序、设计与施工、资金管理、监督检查、专项验收等内容作了比较全面的规定。

三、耕地保护法律制度

（一）耕地保护法律制度的立法例

耕地保护法律制度是各农业法治国家的通行制度。从各主要国家耕地保护法律制度的规定来看，根据规制方式的不同，大概可以将其区分为以下几个具体法律制度：

1. 耕地用途管制制度。其规制内容主要表现为：通过土地规划或法律规范，将一定区域内的土地限定为耕地，并对其使用、流转、用途转换等进行严格的监管、限制和许可。日本为了保护其十分有限的农地资源，于 1969 年颁布《整备农业振兴地域之有关法律》，授权都道府县知事将其辖区内的某一区域指定为农业振兴区域，市町村长拟定该地域的整备计划，其中包含做农业使用的地域范围及其具体农作用途，该区域内的土地如未按照整备计划所定农业用途使用者，市町村长有权对土地权利人进行劝导，如未果，则可辅导其转让土地，如辅导未果，则可报都道府县知事调处，如当事人不服调处，则都道府县知事可裁定另予设定特定使用权；为了向农用地转用许可行为提供明确的标准，日本于 1959 年专门制定了《农用地转用许可基准》，将农用地划分为第一种农地、第二种农地和第三种农地，并明确规定，无论在何种情形下，这三种农地准予转用的标准都应该作为执行机关核准与否的标准。[1] 韩国《国土利用管理法》第二章规定，在国土利用规划中，要确定……耕地地域……等土地用途。[2] 其 1975 年的《农地保护法》更是开宗明义地指出立法目的在于"适当限制农地的转用"。[3] 罗马尼亚 1974 年的《土地资源法》第 27 条规定："禁止把耕地的用途改变为其他种类的农业用途"。[4]

2. 耕地土壤防害制度。其规制内容主要表现为：通过一系列禁止性规范，防止有害于耕地土壤质量的相关情形（如污染、掠夺性开发、水土流失等）发生。日本于 1970 年颁行了《农田土壤污染防治法》，其后曾两次修改，并在此基础上形成了"公害防除特别土地改良事业"、"土壤污染防治对策事业"等。[5] 德国于 1995 年公布了《土壤保护法草案》，要求农业利用土地必须维护和改良土壤的结构，尽量减少因坡耕、水蚀、风蚀而造成的土壤流失。[6]

3. 耕地土壤维持与改善制度。其规制内容主要表现为：通过特定措施鼓励各种维持土壤质量的行为，以及对土壤质量进行改善的相关行为提供指导。鼓励土壤质量维持行为的措施一般是发放补贴，这在美国农业法上表现的极其典型。美国《2002 年的农业安全与农村投资法案》规定了"土地保护安全计划"和"土壤保护储备计划"。前者又包含两个具体计划：一是"高度易蚀地保护计划"，即为在农产品生产中采用了经认可的土地保护方法的农场主，由政府给予相应补贴；二是"湿地保护计划"，即为在农业生产过程中采用了法定湿地保护措施的农业生产者，由政府给予补贴。后者的计划内容主要是给予参加计划的农场主提供年租支付和成本分摊，以鼓励其在土地上种植长期的保护植被（如草或树）。

指导土壤质量改善行为的立法在日本农业法上体现的比较典型。日本为了改善耕地土壤质量，于 1952 年颁行了《耕土培养法》，该法于 1978 年进行了修订，明确规定立法目的是：为了谋求粮食及其他农产品的增产已经农业经营的稳定而进行耕土培养，而所谓"耕土培养"是指：土壤的化学性质不良的土地，为了改变其性质，施用农林水产大臣规定的含有钙、铁的物质。《耕土培养法》包含

---

〔1〕　参见我国台湾地区"行政院经济建设委员会健全经社法规工作小组"：《中外土地法制之比较研究》，1989 年初印，1991 年再印，第 649、652 页。

〔2〕　参见李伟主编：《世界农业法鉴（下部）》，中国民主法制出版社 2004 年版，第 1346 页。

〔3〕　参见李伟主编：《世界农业法鉴（下部）》，中国民主法制出版社 2004 年版，第 1539 页。

〔4〕　参见李伟主编：《世界农业法鉴（下部）》，中国民主法制出版社 2004 年版，第 1549 页。

〔5〕　参见李伟主编：《世界农业法鉴（下部）》，中国民主法制出版社 2004 年版，第 1541 页。

〔6〕　参见李伟主编：《世界农业法鉴（下部）》，中国民主法制出版社 2004 年版，第 1544 页。

的基本规制方式有两种：一是对耕土培养所需物资的购用经费，由都道府县给予相应的补助，这可以归于上述的鼓励土壤质量维持行为的制度中去；二是就是由都道府县对从事耕土培养事业者的实施行为给予必要的指导。

（二）我国耕地保护法律制度概述

我国关于耕地保护的相关法律规定主要体现在《土地管理法》第四章、《基本农田保护条例》及相应部门规章中。相关规范内容基本上可以归入上述的耕地用途管制制度与耕地土壤防害制度中。

概括而言，我国的耕地保护法律制度主要包括农用地转用审批、严格控制耕地总量、对基本农田实现严格保护、耕地占用补偿、节约使用土地、禁止闲置弃耕、进行土地复垦并优先用于农业、进行土地整理、防止土地污染和水土流失等规范内容。具体规定可见"农业用地法律制度"一章的相关阐释。

四、农作物种质资源保护法律制度

（一）农作物种质资源保护法律制度概述

1. 农作物种质资源保护的理论基础。印度学者范达娜·席瓦十分深刻地指出："粮种对农业劳动者而言，并不仅仅是未来作物和粮食之源；它也是文化和历史的立身之本。粮种是粮食链的第一环。粮种是粮食产业安全的终极标志。"[1] 可见，种子对于一国食品的充足供应有着极端重要的意义，因此，对种子的特别关注应当是农业法的应有之义。纵观各农业法治国家的农业立法，不难发现一个普遍现象，即农业法对围绕种子而发生的各种行为的规制一般表现在三个层面上：一是对种子生产、销售及使用的管制，二是对种子品种选育的鼓励、保护和管理，三是对天然种质资源的保护。而在这三种规制内容中，对天然种质资源的保护无疑是前两种规制所据以发生的前提和基础，原因有二：①天然种质资源是食品供应乃至整个农业可持续发展的种源基础，一旦枯竭，新品种种子的选育及后续的产业都将成为无源之水、无本之木；②天然种质资源也是现存的主要种子品种得以改良的基因资源库。基于此，我们认为，对天然种质资源的保护理应成为一国农业基本法律制度的组成部分。

2. 农作物种质资源保护法律制度的立法例。农作物种质资源保护法律制度在许多国家的农业法中都有体现，只是具体称谓不尽相同，如在日本就被称为"农产种苗遗传资源"保护法律制度。1982 年，日本第 96 次国会众议院农林水产委员会作出《关于农产种苗法部分条款修改法律草案的附带决议》，其中明确

---

〔1〕〔印度〕范达娜·席瓦：《失窃的收成——跨国公司的全球农业掠夺》，唐均译，世纪出版集团、上海人民出版社 2006 年版，第 6 页。

要求：为推动优良新品种的培育事业，要充实完善遗传资源的收集、保存等实验研究体制。同年，第96次国会参议院农林水产委员会也作出修改种苗法草案的附带决议，其中规定：为促进优良品种的培育，要充实和完善育种素材，即遗传资源的收集、保存等研究体制。1986年，日本第104次国会参议院农林水产委员会作出《关于农产种苗法部分条款修改法律草案的附带决议》，重申：要建立健全遗传资源的收集、保存体制，同时要特别注意，不能因改良品种的增多而使原有品种灭绝。[1]

（二）我国农作物种质资源保护法律制度概述

我国农作物种质资源保护法律制度的规制内容主要体现在《农业法》第64条、《种子法》第二章、农业部制定并发布的《农作物种质资源管理办法》（2004年）及相关法律文件中。

1. 《农业法》上的基本规则。《农业法》第64条勾勒出了我国农作物种质资源保护法律制度的基本内容。从该条所包含的基本规则来看，我国农作物种质资源保护法律制度构建的目的在于"保护生物多样性"。涉及到的基本规制内容有三：一是对稀有、濒危、珍贵生物资源及其原生地实行重点保护；二是对从境外引进生物物种资源的行为进行严格管制，即必须依法登记或者审批并采取相应安全控制措施；三是对农业转基因生物的研究、实验、生产、加工、经营及其他应用行为实现严格的安全控制。

从这些基本规制内容不难看出，《农业法》意欲从正反两个方面对农作物种质资源进行保护，正面保护就是指对稀有、濒危、珍贵生物资源及其原生地的重点保护，而反面保护则是指对有可能破坏生物多样性的相关行为（包括境外生物物种引进行为和农业转基因生物的研究、实验、生产、加工、经营及其他应用行为）的严格管制。

对围绕农业转基因生物而开展的各种科研和经济行为进行严格管制是许多国家和地区农业法中的重要内容，除了这些行为有可能破坏生物多样性、污染极其宝贵的天然农作物种质资源基因库，从而危及人类食品供应以及农业可持续发展

---

[1] 参见李伟主编：《世界农业法鉴（上部）》，中国民主法制出版社2004年版，第168页。

这一原因之外，转基因农产品对人类健康影响的不确定性[1]也是一个重要原因。

2.《种子法》上的具体化规定。《种子法》第二章专章规定了"种质资源保护"，其中包含的规制内容主要有：

（1）采集或采伐管制。禁止采集或采伐国家重点保护的天然种质资源，因科研等特殊情况确需使用的，须经国务院或省级农业、林业行政主管部门批准。

（2）有计划的收集、鉴定、登记、保存及交流和利用种质资源，定期公布可供利用的种质资源目录。

（3）种质资源库、种质资源保护区及保护地的设立。国务院农林行政主管部门应当建立国家种质资源库，省级政府农林行政主管部门可以根据需要建立种质资源库、种质资源保护区或者种质资源保护地。可见，种质资源保护区或者种质资源保护地的设立并不是省级政府农林部门的强制性法律义务，相反却属于它们自由裁量权的范围。

（4）种质资源出入境管理。国家对种质资源享有主权，任何单位和个人向境外提供种质资源的，应当经国务院农、林行政主管部门批准，从境外引进种质资源的，依照国务院农、林行政主管部门的有关规定办理。

3. 相关行政法规和部门规章的详细规定。农业部制定并发布的《农作物种质资源管理办法》（2004 年）利用 8 章共 43 条的内容对《种子法》的规定进行了细化，主要包括农作物种质资源收集，农作物种质资源鉴定、登记和保存，农作物种质资源繁殖和利用，农作物种质资源国际交流，农作物种质资源信息管理等规制内容。

国务院颁行的《农业转基因生物安全管理条例》（2001 年）则利用 8 章共56 条对《农业法》管制各种农业转基因科研及经济行为的原则性规定进行了细化，主要包括对研究与实验、生产与加工、经营、进出口、监督检查等行为的规制及其相应的法律责任。嗣后，农业部接连发布了《农业转基因生物安全评价管理办法》（2002 年）、《农业转基因生物进出口安全管理办法》（2002 年制定，

---

〔1〕 对于转基因农产品及其食物制品对人类身体健康到底有无危害，在科学界尚存在重大争论。一些科学家坚称转基因农产品及其食物制品在本质上与人类数千年来培育、种植和食用的农产品在本质上并无不同，因此不会对人体健康有害处（可参见杨晓光、黄昆仑："转基因抗虫水稻与非转基因水稻具有同样的食用安全性"，来源：农业部网站，http：//www.agri.gov.cn/xxlb/t20100304_1440943.htm，访问日期：2010 年 3 月 4 日），甚至有人认为，食用转基因食品的害处要比饮水还小；相反，一些环境保护主义者、生态学家和人类学家通过动物实验及实地调查得出结论，转基因农产品对人体健康危害极大（可参见［印度］范达娜·席瓦：《失窃的收成——跨国公司的全球农业掠夺》，唐均译，世纪出版集团、上海人民出版社 2006 年版，第 135~137 页）。

2004 年修改）、《农业转基因生物标识管理办法》（2002 年制定，2004 年修改）及《农业转基因生物加工审批办法》（2006 年）等一系列部门规章，对《农业转基因生物安全管理条例》中的关键性内容又进行了进一步的细化规定。

第五章

农业生产经营体制

第一节　农业生产经营体制的本质内涵

一、探究"农业生产经营体制"本质内涵的思路

农业生产经营体制是我国《农业法》上明确规定（第二章章名）的法律概念，同时也是我国农业法学研究中所独有的概念和范畴。然而，《农业法》上虽然有"农业生产经营体制"这一法律概念，但却并未对其内涵和外延给出一个明确的界定，而农业法学界对这一理论范畴又未进行过大量而深入的研究，因此，"农业生产经营体制"的准确内涵在我国农业法理论上至今仍旧十分模糊，以至于许多现代的农业法学教材都有意无意地回避了对这一概念的探讨。回避显然无助于问题的解决，而且也不符合农业法学教材编写的初衷和基本规范。《农业法》在仅次于"总则"的第二章即设置"农业生产经营体制"，足以表明此部分规范内容在我国农业法上的重要地位。如果农业法学教材将如此重要的法律概念都置之不理，那么向研习者所传授的我国农业法学的基本理论和基本制度体系显然是有所缺漏的，而且这种缺漏极有可能是"抓住芝麻、漏掉西瓜"式的缺漏。

我们认为，对农业生产经营体制本质内涵的探究，必须从以下两个路径切入，才能保证理论上的完备性和思维上的合逻辑性：

首先，要以"农业生产经营体制"章名之下所包含的相关规范为分析重点，仔细探寻它们所规制的行为类型、由此所聚合而成的相应制度，以及其中所蕴含的一以贯之的理念和价值取向。这不但是探究的重点，更是起点，亦即第一阶段。

其次，以第一阶段所形成的相关成果为基础，于其他农业法制发达国家的立法中寻找与之在规制对象、规制目的及规制类型等方面存在同质性的相应规则，两相比较、对照，提炼、升华出各国同质性的规制内容所蕴含的普遍性和更加抽象的理论基础，此即农业生产经营体制的本质内涵。

之所以设计这两个探究路径，原因在于：我们相信，农业生产经营体制虽为

我国特有之法律概念，但其本质内涵及其由此衍生的相关规制理念、甚至于一些具体规制类型等都应该具有国别普遍性，只是各国对这些内容的具体称谓各不相同罢了。因此，如果我们仅限于对我国农业法上及相关政策上的相应规定进行解读，由此得出的结论很可能是井见，不利于农业法学的理论建构，更不利于具体法律制度的比较法研究和借鉴。

二、"农业生产经营体制"在我国农业法上的体现

我国《农业法》第二章"农业生产经营体制"中共包含了 5 条规范。基于规范内容，我们可以将这些规范归为以下几种规制类型：

（一）设定型规制（第 10 条）

主要规制内容是设定以家庭承包经营为基础的双层经营体制的基本规则；规制方式则表现为对农村土地承包经营制度的确认，对农民土地承包经营权的设定，对农村集体经济组织与土地承包经营权相对应的基本义务的设定。

（二）认许型规制（第 12、14 条）

主要规制内容是允许农民及农业生产经营组织兴办各类农业企业、成立各种农产品行业协会；规制方式则表现为对农民及农业生产经营组织新办农业企业、成立各种农产品行业协会等结社权的确认，对各类农业企业、农产品行业协会的基本运营规则或从业范围的许可。

（三）鼓励型规制（第 11、13 条）

主要规制内容是国家鼓励农民在家庭承包经营的基础上组成各类专业合作组织，国家采取多种措施发展各种形式的农业产业化经营；规制方式则主要体现为对农民和农业生产经营组织组建专业合作社，以及参与一体化经营等行为的扶持、促进、引导和支持，对农民专业合作社基本运营规则的确定等。

从这三种规制类型的具体内容及方式中，我们可以概括出两点普遍性的东西：一是它们分别体现了国家不同的规制态度，以及由此衍生的价值取向各异的规制方式，认许型规制体现的是国家的认可态度，由此衍生出对相关结社权的确认，而鼓励型规制则体现的是国家的赞许态度，由此衍生出对相关行为的鼓励、扶持、促进及指导等主动干预措施；二是它们都以形式各异、法律资格迥然、权利义务及运营规则各不相同的农业生产经营主体的形成为直接目的，这些主体类型具体包括农户、各类农业企业、农产品行业协会、农民专业合作组织、农户与龙头企业结成的各种利益共同体等。

三、其他国家农业法上的同质性规制

所谓"同质性规制"可以从两个层面来理解：一是技术层面，即具体的规制内容和规制方式相同；二是理念层面，即具体的规制内容或规制方式虽不相同，但蕴含在其背后的规制目的、指导思想、价值取向等却呈现出一致性。与我国农业法上的"农业生产经营体制"在技术层面上堪谓"同质性规制"的制度内容，在其他国家的农业法上可谓"凤毛麟角"，因此，以下所称之"同质性规制"主要是理念层面的，而且这种意义上的"同质性规制"也已经被限定在特定的维度之上——从我国农业法上的规制类型中所抽象出的两点普遍性。

（一）欧洲各国农业法上的同质性规制

在欧洲各国的农业法学中，虽然没有"农业生产经营体制"这一概念，但却有"农业单位"（farm units）这一范畴。2001 年，欧洲农业法委员会（European Council for Agriculture Law）召集了第 21 届欧洲农业法代表大会（XXI european congress of agriculture law），大会集结出版了三卷官方资料，其中第二卷"农村产业的类型及可行性"（Viability and types of rural industries）以类型化提问的方式限定了各国农业法报告的主要内容。其所设定的问题主要有三类共 36 个，第二类问题即"农业单位的可行性及结构性支持"（Viability of and structural support for farm units），具体包括：①在本国的农业单位整体结构中，家庭农场的重要性如何？②本国有多少农场被依法组建为公司制企业？③对本国经营农业的公司所适用的法律主要有哪些？④本国有无针对夫妻共同经营农场的专门规定？⑤本国有无针对两代人共同经营农场的专门规定？⑥本国有多少农场一直被作为兼业经营？⑦本国有无针对全职农业经营者的专门规定？⑧本国有无针对专职从事林业经营的特殊规定？⑨鉴于土地是农业及林业的基础，本国有无针对通过长期的土地租赁合同或者使公司获得土地所有权的形式保证各种农业单位的可行性的专门法律规定？[1] 为了回答这些问题，各国的农业法报告中都包含了"农业单位的可行性及结构性支持"（viability of and structural support for farm units）这一内容，我们以下仅择其典型者予以简述：

芬兰在其国家报告中指出，1999 年时，其获得政府农业扶持政策支持的农场中，有 88% 是私人农场，有 6% 是公司制农场（将家庭制公司包括在内）；在法律上，一个农业创业者可以选择的经营形式是没有限制的，既可以是自然人企业，也可以是普通合伙、有限合伙、有限责任公司或者合作社；涉及农民养老金（退休金）以及意外伤害保险的立法为家庭农场的各成员提供了比较健全的安全保障；该国并无专门鼓励各类企业获得农业土地的法律规定。[2]

〔1〕 European Council for Agriculture Law, *Viability and types of rural industries*,（Tome Ⅱ），L'Harmattan，2003，p. 18.

〔2〕 European Council for Agriculture Law, *Viability and types of rural industries*,（Tome Ⅱ），L'Harmattan，2003，p. 121～123.

意大利在其国家报告中指出其绝大多数农场都是家庭农场；在农业中出现的企业型组织仅仅是合伙与合作社，有限责任公司很少，因为税制及组建费用对前两者都有优惠；根据法律规定，简单合伙仅仅能从事农业或其他非商业活动，而不得从事商业及工业；法律（主要是民法典和欧盟立法）通过财政支持等方式鼓励年轻一代投身农业并赋予其相应的遗产处置权；法律（包括国内法和欧盟法）还为自耕农民专门设定了一些列规范，包括自耕农民的具体认定标准及扶持措施，被认定为自耕农民的人有权依法获得低息贷款用于购置自耕土地。[1]

从英国的国家报告中，我们可以得知，英国的农业生产经营大多由家庭进行，而林业的生产经营则主要由公司进行，家庭从事农业生产经营的主体形式一般是私人公司（具有法律限制的股东人数）或者合伙；所有的公司运行都依照公司法，并无专门针对农业公司的法律规定。[2]

最后的"一般性报告"（General Report）根据各国家报告的内容，总结和提炼出了欧洲各国农业法上关于"农业单位的可行性及结构性支持"（Viability of and structural support for farm units）问题的普遍性内容，具体可以概括为以下几点[3]：

首先，绝大多数欧洲国家的农场经营模式是家庭经营，即由一个自然家庭负责劳力和资金的投入，并由其成员共担风险。虽然近些年来，基于法律和财政等因素，农场经营模式开始逐渐向公司制转变，但这并未改变农业家庭经营的本质。

其次，欧洲许多国家都有专门针对农业生产经营的公司模式，比如在卢森堡，许多具有指定继承人的农场都选择一种非商业型的公司形式；在法国，有13%的农场建立了非商业型的公司结构；在比利时，新近通过的公司法专门为从事农业生产经营的人量身定作了一种特殊的公司类型；在西班牙，存在合作制农业公司以及特定的公司形式——农业加工公司——一种非商业型的专门从事农产品与林产品的加工、生产与销售的公司。

最后，欧洲许多国家开始应对因农业兼业现象大量出现而引发的诸多问题。例如在卢森堡，由于酿酒业中大量存在兼业现象，因此法律规定，各种扶持机制

[1] European Council for Agriculture Law, *Viability and types of rural industries*, (Tome Ⅱ), L' Harmattan, 2003, pp. 202 ~ 205.

[2] European Council for Agriculture Law, *Viability and types of rural industries*, (Tome Ⅱ), L' Harmattan, 2003, pp. 342 ~ 343.

[3] European Council for Agriculture Law, *Viability and types of rural industries*, (Tome Ⅱ), L' Harmattan, 2003, pp. 383 ~ 385.

在酿酒业中的适用范围要小于在其他全职农业产业部门中的适用；在比利时，农场租赁法为专职农业生产经营者提供一种额外的支持，而这种支持是临时性和间歇性从事农业生产经营的人所无权享有的；在英国，各项法定支持措施的目的都在于鼓励农业的专职或全职经营；德国的各项农业支持措施也都适用于专职农业生产经营者。

综上可知，欧洲各国农业法学中的"农业单位"（farm units）这一范畴具有两个层面上的鲜明特征：①在具体制度层面，其表现形式多种多样且因国而异。概而言之，在欧洲各国农业法中，可列于"农业单位"（farm units）的外延涉涉范围之中的农业生产经营主体类型包含家庭农场、个人企业、合伙、合作社、公司等，而且这些主体在各国农业法中的法律地位及相应的权利能力都各不相同。②在规制理念层面，其类型设置、存续和发展等规范内容中蕴含着超越国别性的国家理念。这种理念具体表现在两个方面：首先，对各种农业生产经营主体类型的规制态度并不一致。各国农业法对体现家庭经营本质内容的农业生产经营主体（包括典型的家庭农场及由此衍生出的但却并未改变家庭经营性质的私人公司、普通合伙等）的形成和存续都无一例外地采取了保护的规制态度，这也正是家庭农场在各国都非常普及的原因所在；而对公司形式的农业生产经营主体，大多数国家的农业立法非但无专门的鼓励性措施，而且还都对其经营范围和性质进行了限制（不得从事商业性经营）。其次，对专职或全职从事农业生产经营的主体进行特殊的鼓励和扶持；主要的规制方式是扩大各种法定的农业支持措施对专职或全职从事农业生产经营者的适用范围或受益度，以此激励农业兼业者和初涉者全心全意地投身于农业的生产与经营。

（二）日本农业法上的同质性规定

在日本农业法上，与我国"农业生产经营体制"具有同质性的制度类型是"农业人法律制度"。[1] 日本学者关谷俊作总结本国相关农业法律规范之后认为，"农业人"在现行日本农业法制体系中，根据具体规制语境的不同主要有四种"法律类型"：①不区分个人和法人，一并称为"农业生产者"或"农业经营者"，具体而言，在粮食及其他基本农产品的供需及价格管制法律制度中，被称为"农业生产者"，而在农业财政支持相关法律制度中（如《农林渔业金融公库法》、《农业现代化资金补助法》、《农业灾害补偿法》等），则被称为"农业经营者"；②具体区分个人和法人，如《农业协同组合法》将其正式成员（依法享有

---

〔1〕 "农业人"是日本最新颁行的农业基本法——《食物·农业·农村基本法》（2000 年）上的法定概念，原先的《农业基本法》主要使用的是"农业从业人员"这一概念。

表决权及高级管理人员的选举权）资格限定为"农民"，但也同时规定，从事农业生产经营及附带事业的农事合作社也可以成为正式成员以外的其他成员，农事合作社与农民在该法中一并被称为"农业人"；③只针对个人（农民），如《农业委员会法》规定的委员，"农业养老金制度"所适用的对象等；④《土地改良法》上所规定的有关土地改良事业参加者资格，具体而言，对于农用地，拥有所有权的人具有参加土地改良事业的法定资格，拥有所有权以外权利而实际使用土地从事农业经营的人，如果要参加土地改良事业，必须与所有人商议并向农业委员会申报，由其批准更换参加资格。[1]

深入分析这四种法律类型，不难发现，日本农业法学上的"农业人"这一范畴，其实只有两种最基本的主体类型：一是个人，也称农民、农户；二是法人，也称农业生产法人；在具体的制度中，它们则根据规制目的和范围的需要演化为不同的名称及形态各异的组织形式。

农户一直是二战以后的日本农业法所重点关注的"农业人"主体类型，而且长期以来，日本农业法对于农户的维持、培育以及鼓励的规制态度并未有过根本性的变化。这源于二战后，日本对以"农业经营、农业劳动、农地所有""三位一体"为特征的"自耕农"的特别青睐[2]，以及由此所衍生的"自耕农主义"对相关农业立法目的的深远影响。具体而言，日本农业法对农户的维持、培育以及鼓励性的规制内容主要表现在两种制度中：

（1）农业人养老金法律制度。该制度初创于 1970 年，在 2001 年之前，该制度目的一直被设定为通过鼓励年老的农民向年轻一代转让农地及相关经营权，以实现农业经营者的年轻化和农业经营规模的扩大化。最典型的规制方式是所谓的"经营权转让养老金支付"，即将具有一定面积农地的权利作为加入养老金支付事业的前提，而养老金支付的获得则必须把农地的相关权利转移给农业继承人或者第三人。[3]

（2）农户继承法律制度。该制度的设定目的在于防止因"农业人的分割继承使得农业经营变得细分化"，并以此维持和培育农业的家庭经营及自立经营模

---

[1] 参见［日］关谷俊作：《日本的农地制度》，金洪云译，三联书店 2004 年版，第 69~75 页。

[2] 参见［日］关谷俊作：《日本的农地制度》，金洪云译，三联书店 2004 年版，第 65 页。

[3] 2001 年修订《农业人养老金基金法》时，对这一立法目的进行了修正，现行法的目的已经转变为通过实施农业人养老金及特例附加养老金的支付事业，以期有助于提高农业人年老以后的生活稳定及福利。基于此目的，对许多条款进行了根本性的修改，最典型的就是"从事业中删去了经营权转让养老金支付事业和农地相关事业。"参见［日］关谷俊作：《日本的农地制度》，金洪云译，三联书店 2004 年版，第 94 页。

式，这在 1962 年的《农业基本法》中就有明确体现[1]。2000 年的《食品·农业·农村基本法》第 22 条又重申了这一立法目的，该条规定：建设促进农业经营合理化管理及其他经营的发展及继承的条件，以谋求农业家庭经营的发展。在现行日本农业法制体系中，农户继承法律制度的规制内容主要体现在两个方面：①融资扶持制度。2001 年的《农林渔业金融公库法》专门设置了三类扶持性贷款基金：一是"维持稳定农业经营资金"（年息在 5% 以下，偿还期在 20 年之内，还有 3 年的延期偿还期），其用途为：共同继承人中有意经营作为遗产的农业生产经营资源者，为了获取其他继承人的继承份额所需之资金；为了防止农业生产经营资源等遗产被分割以致细碎化，为相关继承人提供的偿还其债务所需之资金等。二是"培育强化经营体资金"（年息在 5% 以下，偿还期在 25 年之内，还有 3 年的延期偿还期），其主要用途也是向继承人提供偿还债务所需资金，以防止其主张分割农业生产经营资源等遗产用于还债。三是"强化农业基础经营资金"，其主要用于子女代偿父亲的营农负债，以及子女向父母购买农地及基础设施等。②税收优惠制度。具体包括生前赠与税的优惠与继承税的优惠两种，前者的主要规制内容是：如果经营农业的人将全部农地赠与其法定继承人之一时，延期课征赠与税；后者的主要规制内容则是对农地继承人实行延缓纳税[2]。

然而，对于农业生产法人这一"农业人"主体类型，日本农业法却一直秉持着这样一种规制态度，即"在农业活动的主要领域，通过制定条款来制约法人经营"[3]。制约的主要方式有二：一是设定严格的主体构成要件；二是限制其取得和保有相关农地权利。

从法制变迁的角度分析可知，这些制约内容经历了一个从绝对严格主义到相对严格主义的演变过程：在 1962 年以前，日本法律禁止任何形式的经营性法人取得相关农地权利，从事农业生产经营；1962 年的《农地法》修正案首创"农业生产法人"这一法律概念，允许其通过租赁农地的方式从事农业及农业附带事业，但明确的将股份公司排除在外，同时对"农业生产法人"的成员资格、租赁地面积限制、从业人员、利润分红等主体要件都做了全面规定；1970 年的

---

[1] 日本 1961 年的《农业基本法》第 16 条规定，为防止继承情况下的农业经营的细分化，在继承遗产时，要采取必要的措施，尽可能使原来的农业经营由共同继承人之一来承担。

[2] 根据日本《租税特别措施法》第 70 条之六的规定，农地继承人在申报纳税时，将其纳税额分为两部分进行合计：一部分是根据农地的"农业投资价格"评估的部分，另一部分则是农地以外的继承财产部分，对超过"农业投资价格"部分农地的评估额的继承税，实行延缓纳税，而如果继承人已经连续经营农业 20 年以上，则免除其延缓纳税部分的继承税。

[3] ［日］关谷俊作：《日本的农地制度》，金洪云译，三联书店 2004 年版，第 66 页。

《农地法》修正案通过放宽对租赁解除合同的限制及废除租佃管制等方式，促进土地通过租赁进行流转，并对 1962 年《农地法》为"农业生产法人"所设置的相关限制性主体要件进行了适度放宽；1980 年和 1993 年，《农地法》又经历了两次修改，修改主要还是围绕着相关主体要件展开的；2000 年，《农地法》进行了重大修改，最引人注目的修改内容是明确承认股份公司为"农业生产法人"的主体类型。

在日本现行的《农地法》（2000 年）中，对"农业生产法人"主体构成要件的制约性规制内容主要表现为以下几个方面：①法律列明了"农业生产法人"的主体类型，具体包括：农事合作社、合股公司、合资公司、股份公司或有限公司。②法律明确限定了"农业生产法人"的事业要件，即主要经营项目应当是农业，法律还对经营项目的具体范围及评判标准做了详细规定〔1〕③法律以十分详细和具体的规定，限定了"农业生产法人"的成员要件，具体包括五种类型的成员认定情形及相应的判断标准〔2〕④法律还对"农业生产法人"的业务执行人的主体资格作出了明确规定〔3〕

虽然日本现行《农地法》原则上允许各种类型的"农业生产法人"可以通过租赁或购买等方式取得从事农业生产所必需之农地，但却对相关农地权利的保有设置了管制性的规范，即一旦上述的各项法定主体构成要件有任何一项相关主体不再满足，即出现"已不是农业生产法人的情况"，此时相应主管机关有权要求相关主体立即予以改进，这些主体若未能按要求进行改进，则由政府出面强行征收其所经营的农地〔4〕

日本 1993 年的《农业经营基础强化促进法》还设置了一种极具特色的"农业人"法律制度——"认证农业人法律制度"。该制度的基本规制内容是：从事或意欲从事农业生产经营的人，可以依法制订出改善农业生产经营计划〔5〕，将

〔1〕　具体参见［日］关谷俊作：《日本的农地制度》，金洪云译，三联书店 2004 年版，第 79 页。

〔2〕　具体参见［日］关谷俊作：《日本的农地制度》，金洪云译，三联书店 2004 年版，第 79～80 页。

〔3〕　具体参见［日］关谷俊作：《日本的农地制度》，金洪云译，三联书店 2004 年版，第 80 页。

〔4〕　参见［日］关谷俊作：《日本的农地制度》，金洪云译，三联书店 2004 年版，第 84 页。

〔5〕　根据《农业经营基础强化促进法》，这一计划主要应当包含 3 项内容：农业生产经营的现状；扩大农业生产经营规模，使农业生产经营方式合理化，改善从事农业的形态，改善农业经营的目标；为了完成上述各目标所采取的措施。参见［日］关谷俊作：《日本的农地制度》，金洪云译，三联书店 2004 年版，第 285 页。

之提交市町村，由市町村根据法定的标准[1]和程序进行认证，一旦获得认证，计划提出者即成为法律上的"认证农业人"，并因此可以获享"使用权设定"、[2]"租税优惠"及低息贷款等扶持性待遇和政策。

（三）韩国农业法上的同质性规制

韩国农业法创制了与日本农业法称谓相同的"农业人"这一法律概念，其规制理念和方式与日本"农业人"法律制度存在许多相似之处，但也有自己的特色。

从韩国1999年《农业农村基本法》的具体规定来看，其农业法上的"农业人"的主体类型主要有四种：农户、专业农业人、营农组合法人以及农业会社法人。

对于农户，韩国的农业基本法彰显出与日本"农业人"法律制度相同的规制态度，即重在"培育"与"保障"。根据1999年《农业农村基本法》第11条规定，政府为谋求提高以家庭劳动力为主的家庭农户的生产性和经营安全，为符合农户特征的规模化、专业化、合作化等，应制定并实施必要的政策。为了保证农户经营的稳定及适时革新，韩国农业基本法还设置了与日本"农户继承法律制度"规制目的相类似的农业继承人援助法律制度，其基本规制内容为：农林部长官有权将正在经营农业或有经营农业愿望的人，依据农林部令的规定选定为农业继承人，并进行必要的援助。[3]

对于专业农业人，韩国农业基本法的规制态度是鼓励和支持，具体的规制方式则是对依农林部的规定选定的，具备专业农业技术及经营能力、对农业发展起到"中枢性"和"先导性"作用的专业农业人，依法进行必要的援助。[4] 这一

---

[1] 根据法律规定，市町村认证农业人时，应当参考3个标准：一是符合市町村制定的基本构想，具有比较合理的改善农业生产经营计划；二是计划的完成具有一定的可行性；三是计划具有综合有效的利用农地之效果。参见［日］关谷俊作：《日本的农地制度》，金洪云译，三联书店2004年版，第285页。

[2] "使用权设定"是日本农业法上的一项颇具本国特色的土地制度，基本的规制内容是：对于在农业上利用效果不佳、利用率较低的土地，一般由市町村的农业委员会对其使用者进行劝告，促使其为其他能充分、高效的利用农地的人（多为"认证农业人"）设定使用权，若劝告不成，当地的农业委员会则有权请求市町村长要求农地所有人将其土地出售给"农地保有合理化法人"，农地所有人无权拒绝这一要求，且不能将土地出售给"农地保有合理化法人"以外的其他主体，"农地保有合理化法人"在购入土地后，有义务将其优先出租或出卖给"认证农业人"。

[3] 参见韩国1999年《农业农村基本法》第12条。

[4] 韩国1999年《农业农村基本法》第13条规定，农林部长官将具备专业农业技术及经营能力，并对农业发展起到中枢性、先导性作用的农业人，依据农林部令的规定，选定专业农业人并进行必要的援助。

鼓励性法律制度的规制目的多少与日本农业法上的"认证农业人"法律制度存在相通之处。

根据韩国 1999 年《农业农村基本法》的规定，营农组合法人是指希望共同经营农产品的出售、加工、出口等的农业人，为了通过农业经营方面的协作提高生产力，所依法设立的法人，其性质与日本农业法上的"农事合作社"、欧洲各国农业法上的"合作社（cooperative）"以及我国农业法上的"农民专业合作社"基本相同。农业会社法人则是指农业人和农产品的生产者团体依据总统令设立的以企业的形式经营农业或经营农产品的流通、加工、销售或代理农业人的耕作业的法人。

对于营农组合法人与农业会社法人，韩国农业基本法并未显现出明确的鼓励和支持的规制态度，而仅是对它们各自的组成成员、设立、出资、运营、解散等基本事项作出了原则性的规定，而且规制的方式都是对它们各自组成成员的资格及其结社权进行确认，并明确规定：除了农业基本法上的特别规定之外，商法的相关条款亦可适用。[1]

除了上述各国比较健全的体系性规制之外，在其他农业法制发达国家的相关制度中，我们也可以发现一些零星的同质性规制内容。比如美国 2002 年的农业综合性法典——《农业安全与农村投资法》中就包含着"新农牧场发展计划"，其目的在于鼓励新型农牧场的创建并保证其的初始运营，具体的实现方式则是向新农牧场主提供资金援助，用于农业技术的培训、教育、土地的购买、环境资源的保护等。俄罗斯于 1990 年颁布《农户（私人）农场法》，共 7 章 33 条，对农户农场的法律性质及其地位、权利能力和行为能力、创建主体及其权利、资产授

---

[1] 韩国 1999 年《农业农村基本法》第 15 条规定：①通过农业经营方面的协作提高生产力，希望共同经营农产品的出售、加工、出口等的农业人，可设立 5 人以上为组合员的营农组合法人。②营农组合法人作为法人，在其主要事务所的所在地进行设立登记成立。③营农组合法人把农业人和农产品的生产者团体中章程所规定的人员作为其组合员，虽然不是其组合员但总统令中所规定的人员根据章程规定可向农业经营法人出资，以没有决议权的准组合员身份加入。④营农组合法人可以以总统令规定的生产者团体的组合员或准组合员的身份加入。⑤关于农业经营组合法人的解散命令适用商法第 176 条的规定。此时，农林部长官可以向法院请求营农组合法人的解散。⑥关于营农组合法人的设立、出资、事业、章程记载事项及解散等，必要事项依据总统令规定。第 16 条规定：①以企业的形式经营农业或经营农产品的流通、加工、销售或代理农业人的耕作业的人，依据总统令可以设立农业会社法人。②农业人和农产品的生产者团体可以设立农业会社法人，但非农业人也可以依据总统令中规定的比率范围之内，向农业会社法人出资。③关于农业会社法人适用第 15 条第 4 项及第 5 项的规定。④农业会社法人的设立、出资及事业等有关的必要事项由总统令规定。⑤关于农业会社法人除了该法中规定的之外，适用商法中有关会社的规定。

予、政府扶持等内容作了全面且基础性的规定。[1]

四、对农业生产经营体制本质内涵的揭示

通过对各农业法治国家农业法上同质性规制的分析，我们认为，在我国农业法上被称为"农业生产经营体制"的相关制度内容，其最本质的内涵应当是：国家基于特定的价值判断确立不同的规制态度，并在此基础上设置相应的规制方式，以此型塑出的形态各异的参与农业生产经营各个阶段的主体类型。具体反映这些内容的法律规范体系即"农业生产经营体制"法律制度。

因此，对农业生产生产经营体制本质内涵的理解至少应当从以下三个层面进行，缺少任何一个方面的阐释都是不全面的：

（一）外在表现：形态各异的主体类型

从各国的同质性规制来看，各种类型的参与农业生产经营各个阶段的主体是相关制度中最直观的也最普遍的规制对象，绝大多数的规制方式都是围绕不同的主体类型而设置的。虽然参与农业生产经营的主体类型及对其的具体规制在各国农业法上差异较大，但有两点却是普遍性的：①形态各异的农业生产经营主体基本上都可划分为两种类型：家庭型的生产经营体与法人型的生产经营体[2]；②家庭型的生产经营体，尤其是典型的家庭生产经营体（家庭农场、农户、私人农场等）在各国农业法上普遍存在，也是它们规制的重点。

（二）内在推力：鲜明的规制态度

形态各异的农业生产经营主体类型必然伴随着内容迥异的权利和义务，而这些内容不同的权利和义务的设置背后就蕴含着国家特定的规制态度：或鼓励、或允许、或限制、或禁止。可以说，国家对特定农业生产经营主体类型的规制态度在根本上决定了这些主体参与农业生产经营活动的权利内容及其负担程度。如果国家鼓励某种主体参与农业生产经营活动，那么授予其经营权的涵涉范围就宽广

---

[1] 具体可参见李伟主编：《世界农业法鉴（上部）》，中国民主法制出版社2004年版，第253～255页。

[2] "家庭型的生产经营体"和"法人型的生产经营体"是我们在此处创制的概念，不同的国家因为其法系归属、法律传统及具体国情等原因，在参与农业生产经营的法律主体类型（尤其是企业类型）、运营规则、法律地位、权利义务的等问题上存在着微观规范上的较大差异，根本无法找寻到具有普适性的法定主体类型。因此，可行的办法只能是在比较宏观的层面上，依据这些主体形成的最典型的法理特征进行抽象和归类。具体而言，"家庭型的生产经营体"大概可以分为两种类型：一是典型的家庭生产经营体，即自然家庭与农业生产经营主体合二为一的主体类型，其在欧美农业法上被称为"家庭农场"、"私人农场"等，在日本、韩国、俄罗斯及我国农业法上，其被称为"农户"或"家庭农户"；二是以家庭为基础的生产经营体，包括非法人的私营企业、各种经营农业的合伙等。"法人型的生产经营体"则包括农业合作社（组合）、营利或非营利的农业企业、各种农产品协会、行业协会等。

一些，许多时候还赋予其得向国家主张的一系列公法上的受益权（与国家的授益性义务相对应，如美国农业法上的"新农牧场发展计划"中所含的资金给付义务、日本"农户继承法律制度"中的融资扶持、俄罗斯农业法上的农户农场资产授予等），施加在其身上的义务也就相应较轻，有时甚至还有意免除其一些基本义务（如日本"农户继承法律制度"中的税收优惠）；相反，如果国家限制某种主体参与农业生产经营，那么授予其经营权的内容与鼓励的主体相比就狭窄的多（如欧洲许多国家农业法就禁止依法特设的农业法人从事商业经营、日本农业法上对农业生产法人的各项构成要件的严格规定等），有时也会在其身上施加一些特殊的义务（如日本农业法为农业生产法人设定了定时报告其各项法定构成要件变动情况的义务）。

从上述各国的同质性规制分析，可以看出：对典型的家庭生产经营体的鼓励（扶持、培育、保护）这一规制态度在各国农业法上具有普遍性；对合作制法人型的生产经营体，绝大多数国家的农业法都秉持支持与鼓励的规制态度；欧洲许多国家和日本的农业法对企业型农业经营法人秉持的是限制的规制态度，但具体的限制方式却各不相同，韩国和我国的农业法则对企业型农业生产经营法人秉持允许的规制态度，并未专门设置限制性规制内容。

（三）理念基础：特定的价值判断

促使国家对各类参与农业生产经营的主体形成不同规制态度的根本原因是国家所奉行的特定价值判断，即国家在理念层面上预先设定某种自认为正确或有效的农业生产经营模式，以此为基础检视本国法制背景中参与该模式的所有既存的或可能的主体类型，并作出相应的价值评判性认定：哪些主体有助于预设模式的实现，哪些主体无助于甚或有害于预设模式的实现？

可见，对特定农业生产经营模式的预设是国家进行价值评判的前提，而这一前提的形成是一个十分复杂且具有极大的国别差异性的过程，而且，从法律制度形成的现实来看，其中也充斥着不同利益之间的博弈与调和。因此，在此处我们并不追求对上述所有农业法治国家预设特定农业生产经营模式的详尽过程进行周详地阐释，而仅仅归纳蕴含在这些过程中的理念。

从上述各农业法治国家的同质性规制分析，我们认为，各国对前提性农业生产经营模式的预设一般会基于以下几个层次上的考虑：

1. 国民生存保障。所有国家在预设本国的农业生产经营模式时，首当其冲要考虑的都是预设模式的运行能否最大程度地满足本国国民的食品需求。这一需求具体包含两个方面的内容：一是对生存所必需之数量与质量的食品的生产需求，二是对生存所必需之数量与质量的食品的公平分配需求，与这两种需求相对应的分别是农业生产模式和农业经营模式。

在上述各国的同质性规制中，我们不难发现，对典型的家庭农业生产经营体（家庭农场、农户）的普遍性鼓励或培育，其中就蕴含着各国对家庭自耕式农业生产经营模式的预设，而这种预设又在很大程度上基于家庭自耕对国民生存所必需食品的满足具有重要意义。首先，从农业生产的特征来看，只有在利益上具有高度一致性的自然家庭才适应于农业生产这一融自然再生产和经济再生产于一体的生产过程，利益高度一致的家庭成员之间不再需要任何监督成本；其次，也只有在关系维系上呈现出强烈的伦理性与情感性的自然家庭，才能在食品的分配上保障每个成员的现实需求。

2. 土地权利公平配置。鉴于土地在农业生产经营中的绝对重要性，各国在预设特定的农业生产经营模式时都会特意关注其土地（农地）立法。而这种"关注"因各国的具体情况又表现为两种基本形式：

（1）伴随着特定农业生产经营模式的预设设置新的、与预设模式相适应的土地权利体系，这在经历过重大政治制度变迁的国家中表现的尤为明显。例如日本在战败后，其农业立法的重点被设定为培育"自耕农"，相关农地制度也就因循"保障农户取得自耕所需土地"的立法目的而进行修改甚至于重构；俄罗斯在20世纪90年代发生政治巨变后，将鼓励私人（农户）农场的创建作为其农业改革的重要目标，以向农户授予农地为主要内容的新型法律制度也就被随之建立起来。

（2）以既定的土地权利体系为基础，预设特定的农业生产经营模式。在这种情形下，对特定农业生产经营模式的预设并不附随对既存的土地权利体系进行根本性变革，而是在其基础上进行改进性的农业生产经营模式预设。例如，美国现行农业法上的创建新型农牧场计划就是在既存的土地私有制背景下的相关地权基础上推行的；日本现代农业法上的相关农业人法律制度也都以既定的农地用益物权为基础，只不过在权利取得的过程中融入了国家意志。

在这两种情形中，所蕴含的基本理念应当是土地权利的公平配置，这具体包括两种意义上的公平：一种是形式意义上的公平，即保障土地的归属或用益权在特定农业生产经营模式参与者之间平等的分配，这在经历过土地改革，并据以建立农户（家庭）自耕经营模式的国家和地区的农业法上表现的尤为典型；二是实质意义上的公平，即保障土地的归属或用益权能被特定农业生产经营模式中的亟需者或高效利用者所享有，如日本现行农业基本法一改二战后所创立的"自耕农主义"为"耕作主义"，并据以允许农业生产法人依法取得土地所有权或用益权这一立法理念变迁过程即是明证，日本现行农业法对"认证农业人"专门设置的"使用权设定"制度也是这种实质公平的充分体现。

3. 其他政策理念考量。国家在预设特定的农业生产经营模式时，当时相关的政策理念经常会被纳入考量的范围，甚至有时侯，特定的政策理念会直接促使某种农业生产经营模式的形成。从各国的同质性规定来看，会被国家纳入考量范围的农业政策理念概括起来有以下三种：

（1）农民（农业从业者）收入提升的理念。如果国家将促使农民收入提升的理念纳入其预设农业生产经营模式时的政策考虑范围，往往会对能够产生高收益并保证这些收益能被农民实际分享的农业生产经营主体及其经营范围，秉持鼓励与扶持的规制态度，这也就是许多国家允许甚至鼓励农民合作社或产业化农业经营主体设立及开展经营的原因所在。

（2）农村地区开发理念。无论是日本、韩国现行的农业基本法还是美国最新的农业综合法典，其中都包含了农村地区开发的内容。[1] 这表明：促进农村地区的经济、社会和人文素质等的发展是许多国家农业立法时普遍存在的政策考量。基于此，国家在预设特定的农业生产经营模式时，往往会追求一种统筹、协调和综合性的理念，因此而设置的相关主体就不会是单纯的生产性组织，而是涉及社会化服务、金融服务、科技研发、农技推广、培训教育、基础设施建设、灾害救助等诸多领域且性质各异的主体类型。

（3）男女平等的理念。在预设特定的农业生产经营模式时，纳入男女平等的政策考量在韩国农业基本法上表现的尤为典型[2]。虽然其他农业法治国家的农业立法中并未明确显现该种政策理念，但我们认为韩国的立法例无疑应当是将来农业立法发展的新趋势，对于那些还存在严重的性别歧视观念的国家来说，这尤其重要。如果能在农业生产经营模式的预设过程中融入男女平等的理念，并因此鼓励和扶持妇女主持和创建的农业生产经营组织，那么对于妇女自立能力的培养乃至于移风易俗都具有极其重要的意义。

---

〔1〕 具体可参见韩国 1999 年《农业农村基本法》第 37、38 条；日本 2000 年《食品·农业·农村基本法》第 34、35、36 条；美国 2007 年《农业、营养和生物能源法》第六部分"农村地区的发展"（rural development）。

〔2〕 韩国 1999 年《农业农村基本法》第 14 条规定，中央和地方自治团体在制定并实施农业政策时，为扩大女性农业人的参与等提高女性农业人的地位和劳动力专业化，应制定并实施必要的政策。

第二节　我国的农业生产经营体制

一、我国农业生产经营体制的基本构成

根据上述分析可知，我国《农业法》上所规定的农业生产经营体制根据国家规制态度的不同可分为三种类型：设定型规制、鼓励型规制和认许型规制，因此形成三种体制类型，即设定型农业生产经营体制、鼓励型农业生产经营体制、认许型农业生产经营体制，它们各自背后都蕴含着国家特定的农业生产经营预设模式。

设定型农业生产经营体制规制的是以家庭承包经营为基础的双层经营体制的基本内容。"设定"不同于"鼓励"和"认许"，它其实内含着两层意思：①这种规制方式所产生的直接后果是对以家庭承包经营为基础的双层经营体制这一制度的确立，至于农户、农民集体经济组织等具体参与农业生产经营活动的主体类型的形成则是其间接的后果，即是所设定的制度运行的当然结果。②这种规制方式所设定的制度具有基本性和持久性。持久性是指所设定的制度在相关农业法制的存续和因应实际变迁的过程中将不会发生根本内容的变化，这源于其基本性，而基本性又源于其法律渊源的最高位阶，亦即宪法上的明确规定，因此，要想变更这种设定的制度，就必须启动修宪程序。像我国这样将一种农业生产经营体制提升至宪法层面的做法，在现代各农业法治国家中是比较罕见的，这就表明了这一体制对我国农业生产经营的极端重要性。

鼓励型农业生产经营体制适用的主体类型是各类农民专业合作组织及产业化经营组织。

认许型农业生产经营体制适用的主体是各类农业企业和农产品行业协会。由于我国农业法上并无如其他国家那样的对各类农业企业和农产品行业协会的特殊限制性规制，因此这些主体的设立、组织结构、权利义务、运营规则等都理应适用相关商事主体法和社会团体法，而这些内容又明显的不属于农业法的规制范围，所以，下文仅着重阐释设定型和鼓励型这两种农业生产经营体制。

二、设定型农业生产经营体制——以家庭承包经营为基础、统分结合的双层经营体制

（一）现行双层经营体制的由来

现行的以家庭承包经营为基础、统分结合的双层经营体制是从建国后的合作社统一经营体制中不断发展变迁而来的，而且这种发展和变迁绝不是平稳过渡式

的，而是经历了一个不断冲击、扬弃以及合理继承原体制的过程。借鉴学者的总结，我们认为，这一过程主要表现为以下几个阶段：[1]

1. 建国初期的土地私有、家庭经营阶段（1949 年~1952 年）。新中国成立伊始，在设计基本的农业生产经营体制时，基本继承了几千年来中国农业所一贯奉行的生产模式——家庭自耕经营制，但在土地所有权的配置上却进行了革命性的改造，彻底实现了真正的"耕者有其田"，为全国所有无地、少地的农民都平均分配了土地。

2. 合作化阶段（1953 年~1958 年）。推行合作化是对几千年来中国传统的一家一户自耕农业生产模式的革命性改造，对初获土地的农民来说，其冲击力和震动性是可想而知的。现在以客观的眼光审视，我们不难发现，当初之所以预设合作制的农业生产经营体制主要应当是基于两点考虑：①为了彻底实现土地权利的公平分配，避免土地兼并及因此而生的诸多积弊的出现；②为迅速实现农业生产经营的现代化创造物质前提。而这两点对于中国这个农业大国来说，至今仍是需要重点关注的问题。合作化主要经历了三个阶段：临时性的互助组、初级社和高级社。临时性的互助组是农民在农忙时节组成的互助组织，主要以"换工"的方式予以维系；初级社则是农民以其私有土地入社，并据此分配土地报酬，但仍保有入社土地的所有权，合作社统一并有计划地经营入社土地的农业生产经营组织；高级社将农民的入社土地完全转为集体所有，否定了入社农民的土地私有权及基于此的土地报酬分享权，合作社统一规划和经营已集体化的土地。

3. 人民公社体制建立阶段（1958 年~1960 年）。1958 年 8 月 29 日，中共中央发布《关于在农村建立人民公社问题的决议》，人民公社体制据此开始建立。人民公社的典型特征有四：①"大"，即规模大，一般一乡一社，社纳成员几千户甚至上万户；②"公"，即生产资料完全集体化（公有化），仅允许部分生活必需资料的私有；③"政社合一"，即容纳一个乡的农户的人民公社与乡政府在职能和权力上合二为一，"乡即社、社即乡"；④劳动力在全社范围内统一安排，"组织军事化、行动战斗化、生活集体化"。

4. 调整确立"三级所有、队为基础"的阶段（1960 年~1962 年）。由于人民公社体制在运行实践中产生了诸多问题，当时的中共中央开始着手进行相关制度的调整。1960 年 11 月，中共中央发布了《关于农村人民公社当前政策问题的紧急指示信》，强调"三级所有、队为基础"为人民公社的基本制度。这里所谓

---

〔1〕　本书关于双层经营体制形成的前四阶段的划分，主要借鉴了陈锡文、赵阳、罗丹等著《中国农村改革 30 年回顾与展望》（人民出版社 2008 年版）第一章第一节的内容，特此鸣谢。

的"三级所有"即土地所有权分属人民公社、生产大队和生产队所有;所谓"队为基础"是指以生产大队为基本核算单位,生产大队因此拥有生产决策、劳动力和产品分配等权利,生产队仅为其下属的一个作业单位。1962 年 2 月,中共中央又发布了《关于改变人民公社基本核算单位问题的指示》,将基本核算单位下沉至生产队,使其享有生产决策、劳动力和产品分配等基本权利,这一体制一直持续至改革开放以前。

5. 家庭经营在政策上的重新确立及完善阶段(1978 年~1993 年)。家庭经营的重新确立是以"包产到户"和"包干到户"的逐步制度化(政策化)为开端的,而这一制度化又经历了"地方试验——全国普及——政策确认"的曲折过程。1978 年秋,为了应对严重的旱灾,当时的安徽省省委作出重要决定:要求集体借给其每个成员三分地种菜,利用荒岗湖滩种植粮油作物,谁种归谁。这一"借地"政策为后来"包产到户"和"包干到户"的全面推行开了口子。1979 年 2 月,安徽省委又明确提出,允许当时的山南公社进行包产到户的实验。随后时任安徽省委书记的万里在定远县调研时又指出,要尊重农民意愿,允许搞"大包干"("包干到户"的别称)。此后,"包产到户"及"包干到户"开始在全省普及。与此同时,全国其他地方也纷纷开始"包产到户"及"包干到户"的实践,"到 1983 年春天,全国农村双包到户的比重,则已占到了 95% 以上","包干到户、包产到户实际上自 20 世纪 80 年代初以来,就已经成为我国农业中的一种主要经营形式了"。[1] 1982 年 1 月 1 日中共中央批转的《全国农村工作会议纪要》(有人认为这是第一个关于农业的中央一号文件)明确指出:联产就需要承包;承包到组、到户、到劳,只是体现劳动组织的规模大小,并不一定标志生产的进步与落后;包工、包产、包干,主要体现劳动成果分配的不同方法;包干大多是"包交提留",取消了工分分配,方法简便,群众欢迎。1983 年的《中共中央关于印发〈当前农村经济政策的若干问题〉的通知》中提出了"家庭联产承包责任制"这一概念,称其为"在党的领导下我国农民的伟大创举,是马克思主义农业合作化理论在我国实践中的新发展"。从当时出台的一系列政策规定及实践做法来看,所谓的"包产到户",其基本内容为:在农村集体经济组织的统一领导、统一计划、统一核算、统一分配的前提下,把全部或部分耕地划分到户耕作,基本上以户为作业单位进行生产,对承包户实行包工、包产、包费用,超产全奖,减产全赔,包产以内的农产品要上交集体,统一核算分配。[2]

---

〔1〕 陈锡文、赵阳、罗丹:《中国农村改革 30 年回顾与展望》,人民出版社 2008 年版,第 50 页。

〔2〕 参见沈雯辉主编:《农业经济法教程》,法律出版社 1987 年版,第 44~45 页。

而所谓的"包干到户"则与"包产到户"存在巨大差别，即它不实行集体的统一经营和统一分配，农业生产全过程基本上都是分户经营，农产品的分配形式是在保证完成国家定购任务和集体提留任务之后，剩余的全归农户自由支配。[1]"包产到户"和"包干到户"构成了"家庭联产承包责任制"的主要内容[2]，而维系这一责任制的法律手段则是农民集体经济组织与其成员农户之间订立的各种农业承包合同。正式确立了家庭联产承包责任制之后，执政党因应实践的需求，通过一系列的农村（农业）基本政策，对相关的制度内容进行了不断的细化和完善，这为后来的立法积累了大量而宝贵的制度经验。1984年，中共中央发布《关于一九八四年农村工作的通知》，其中首次提出了"土地承包制"这一概念，并将承包期明确为"15年以上"。1987年，中共中央发布的《把农村改革引向深入》强调"要进一步稳定土地承包关系。只要承包户按合同经营，在规定的承包期内不要变动，合同期满后，农户仍可连续承包。"1991年的《中共中央关于进一步加强农业和农村工作的决定》明确提出，要"把以家庭联产承包为主的责任制、统分结合的双层经营体制作为我国乡村集体经济组织的一项基本制度长期稳定下来，并不断充实完善。"

6. 家庭经营在法律上的确立及完善阶段（1993年至今）。1993年7月2日，第八届全国人民代表大会常务委员会第二次会议通过了我国第一部农业基本法——《中华人民共和国农业法》，其第6条规定，国家稳定农村以家庭联产承包为主的责任制，完善统分结合的双层经营体制，发展社会化服务体系，壮大集体经济实力，引导农民走共同富裕的道路。至此，"以家庭联产承包为主的责任制"和"统分结合的双层经营体制"正式成为法律概念。为了进一步明确这两个概念的制度内容，法律专门设置了第二章"农业生产经营体制"，以10条规范对农村土地权利体系、承包经营合同、农民集体的服务义务、农民权益的保护及农业生产社会化等内容进行了比较全面的规定。1999年3月29日，第九届全国人民代表大会第二次会议通过的《中华人民共和国宪法修正案》中出现了这样的规范内容："农村集体经济组织实行家庭承包经营为基础、统分结合的双层经

---

〔1〕　参见沈雯辉主编：《农业经济法教程》，法律出版社1987年版，第45页。

〔2〕　当时除了双包到户之外，"承包专业户"和"联产计酬承包到劳"也是家庭联产承包责任制的构成内容，但是它们的普及程度都远不如双包到户。

营体制"，现行的农业生产经营体制被正式纳入根本法。[1] 2002 年 8 月 29 日，第九届全国人民代表大会常务委员会第二十九次会议通过了《中华人民共和国农村土地承包法》，专门对现行的以家庭承包经营为基础、统分结合的双层经营体制的形成方式（即承包）、所内含的基本权利及其内容等作了全面规定。2002 年 12 月 28 日，第九届全国人民代表大会常务委员会第三十一次会议对 1993 年的《农业法》进行了全面修订，其中涉及农业生产经营体制的修定内容主要表现在三个方面：①在称谓上，一改 1993 年《农业法》中"以家庭联产承包为主的责任制"、"统分结合的双层经营体制"这样的表述，转而采纳 1999 年《宪法修正案》中的表述方式——"以家庭承包经营为基础、统分结合的双层经营体制"；②在第二章"农业生产经营体制"中增设了鼓励农民成立专业合作社及农业产业化经营，允许农民依法兴办各类企业、设立农产品行业协会等规制内容；③从第二章"农业生产经营体制"中剔除了农地权属、农民权益保护等规制内容。

（二）现行双层经营体制所据以产生的预设模式——以农村土地集体所有为基础的家庭自主经营模式

如上述，虽然 1999 年的《宪法修正案》及 2002 年的《农业法》都修正了 1993 年《农业法》上的体制称谓，这在很大程度上是出于彰显权利的立法目的，但我们认为，两种不同称谓的体制背后所蕴含的农业生产经营模式的预设并未发生根本性变化，而这种预设的模式可以概括为：以农村土地集体所有为基础的家庭自主经营模式。它不同于私有制下的家庭自耕经营（如美国的家庭农场经营、日本和韩国的农户经营、俄罗斯的私有农场经营等），因为经营主体家庭并不享有土地的所有权，而只是法定用益权。

这种经营模式的法律本质是农村集体土地所有权在现行条件下的一种全新的

---

〔1〕 值得注意的是，1999 年的《宪法修正案》所采纳的法律概念并不同于 1993 年《农业法》上的概念，前者使用的是"家庭承包经营为基础、统分结合的双层经营体制"，而后者采用的则是"以家庭联产承包为主的责任制"、"统分结合的双层经营体制"。《宪法修正案》首先去除了原法律概念中的"联产"、"责任制"等字眼，其次将原先表述中的"为主"转换成了"为基础"，最后又将"家庭承包经营为基础"与"统分结合"紧密联系起来。这样的概念和语式修正蕴含了许多深层次的内容。许多农村政策和农业经济学的研究者根据第一点修正内容认为，这是为了更好地因应社会主义市场经济体制的建立，因为"联产"、"责任制"等字眼明显带有浓厚的计划经济色彩，而且也已经不存在相关的责任制实践了。这固然有道理，但我们认为，如果从法学的角度分析，不难发现，这三点修正中都贯穿了一种私权勃兴的理念，当法律承认家庭承包经营是农民的一种私权而不再是完成国家及集体任务的责任（义务）时，"联产"、"责任制"等字眼自然就没有存在的必要了，而当这种私权为宪法所纳入时，其基本权的性质也就昭然若揭，包含并实现此一权利的家庭经营体制也就应当相应的成为一种"基本性"的体制。

实现方式，因此，家庭经营的过程中将不可避免地融入作为土地所有人的集体组织的各种意志和影响力。农民集体组织与其成员家庭之间依法定的权限和方式进行互动是这种经营模式的基本运行机理，在不同的条件下，国家将因应各种情况的变迁对这些互动的权限和方式进行调整。而所谓"调整"从本质上讲又无非是以农村集体土地所有权为框架，在农民集体组织与其成员家庭之间分配所有权的内容及其实现途径。合作社统一经营模式是集体土地所有权内容分配的结果，家庭经营模式也是这种所有权内容分配的结果，只不过是在前者，配置于集体的权利内容要绝对多于成员家庭，成员家庭因此成为集体统一经营的一种劳动力要素，而在后者的演变过程中，配置于成员家庭的权利内容逐渐增多并愈加重要。

从涉及农业生产经营体制设置和完善的相关政策内容分析，我们认为，国家预设以农村土地集体所有为基础的家庭自主经营模式主要是基于以下几点考虑：

1. 高农产品的产量。决策层与理论界比较统一的观点是：实行家庭自主经营是提高农产品（尤其是粮食等基本农产品）产量的有效途径，改革开放以来的实践经验为这种认识提供了最有力的证明。除了"摸着石头过河"的经验以外，相关政策认为在理论上还存在以下原因：家庭自主经营符合农业生产自身的特点；家庭自主经营能够极大地调动农民的积极性，解放和发展农村生产力。[1]

2. 提升农民的收入。从相关政策的论证性内容分析，家庭自主经营提升农民收入的作用主要表现在两个方面：①家庭自主经营有利于农户自主安排剩余劳动力和剩余劳动时间，从而增加其非农的兼业收入；②家庭自主经营不仅适应手工劳动为主的传统农业，而且也能适应采用先进科学技术和生产手段的现代农业，因此有助于农民通过参与农业产业化增加务农收入。[2]

3. 维护农村土地的集体所有权。虽然相关政策都将重点置于强调如何更加全面、彻底地促成家庭的自主经营，并维护这种经营模式的长期稳定，但我们认为，这些政策都是在农村土地集体所有权这一宪法前提下制定和运行的，因此，维护构成我国基本经济制度内容之一的农村土地集体所有权应当是相关政策之中的应有之义。[3] 从现行法制来看，这种维护主要通过两种途径来实现：首先，

---

〔1〕　具体可参见《中共中央关于农业和农村工作若干重大问题的决定》（1998 年 10 月 14 日）第三部分"长期稳定以家庭承包经营为基础、统分结合的双层经营体制"。

〔2〕　具体可参见《中共中央关于农业和农村工作若干重大问题的决定》（1998 年 10 月 14 日）第三部分"长期稳定以家庭承包经营为基础、统分结合的双层经营体制"。

〔3〕　例如《中共中央关于农业和农村工作若干重大问题的决定》（1998 年 10 月 14 日）第三部分"长期稳定以家庭承包经营为基础、统分结合的双层经营体制"就曾明确指出"家庭承包经营是集体经济组织内部的一个经营层次"。

限定家庭自主经营与集体统一经营各自的适用范围、相应的权利类型及其内容，从法律上明确了家庭自主经营的上位权利或曰权源——农村土地集体所有权；其次，授予农民集体组织一定的干预、监督及管理家庭自主经营的权利[1]。

（三）现行双层经营体制的基本内容

1. 现行双层经营体制所据以产生的途径——农村土地承包经营制度。以家庭承包经营为基础、统分结合的双层经营体制所据以产生的途径在现行农业基本法上被明确规定为农村土地承包经营制度，而具体规制这一途径的专门立法则为《农村土地承包法》。现行《农村土地承包法》将农村土地承包的方式主要分为两种：家庭承包和其他方式的承包。前者是最普遍也最一般的承包方式，而后者仅适用于不宜采取家庭承包方式的荒山、荒沟、荒丘、荒滩等农村土地；前者遵循集体组织成员人人有份、个个平等的基本原则，而后者则奉行竞争和效率的原则，采取招标、拍卖、公开协商等承包方法；前者所产生的农村土地承包经营权是兼具用益物权、生存保障权及成员权性质的综合性权利，而后者所产生的农村土地承包经营权则是完全的用益物权，具有较强的排他性与支配性。

为了切实保障家庭承包经营的长期性和稳定性，《农村土地承包法》为通过家庭承包所获取的农村土地承包经营权设置了极其严密的保护措施：严格禁止违法收回承包地（第26条）；基本不允许调整土地（第27条第1款），除非有法定事由发生（第27条第2款）；在一定程度上允许林地承包经营权的继承（第31条第2款）。

对于农村新增人口的土地需求，《农村土地承包法》在基本禁止土地调整的指导思想之下，意欲通过两种途径予以满足：①允许既存土地承包经营权的流转，因此设置了专门的规制内容（第二章第5节"土地承包经营权的流转"）；②在集体组织依法预留、开垦的土地及成员农户依法、自愿交回的土地上重新设立土地承包经营权（第28条）。

2. 现行双层经营体制所包含的主体类型。根据现行《农业法》的规定，以家庭承包经营为基础、统分结合的双层经营体制所包含的主体有两个：农民集体组织及其成员农户（家庭）。

3. 对两个主体的规制方式。在现行农业基本法中，国家对参与双层经营体制的两个主体进行规制的基本方式是明确各自的权利类型及其内容。但具体的规制又有所不同：对于成员农户，主要是承认其对承包土地的使用权（土地承包经

---

[1] 根据《农村土地承包法》的规定，这些权利主要存在于土地发包和经营过程中，这些权利完全不同于双层经营体制中法定的服务权。

营权），并允许权利的流转；而对农民集体组织，则主要是限定其权利行使范围。从规范内容总结，为农民集体组织设定的权利类型主要可分为两类：一是对集体财产与资源的管理、开发和利用权；二是配合其成员农户行使承包土地使用权的各种服务权，具体表现为为成员提供生产、技术、信息等服务。

与高扬成员农户的承包土地使用权相对应，现行农业基本法在此强调的是农民集体组织的各种配合性服务权。

三、鼓励型农业产生经营体制

从现行农业基本法的规范内容来看，国家采取鼓励态度的农业生产经营体制有两种：专业合作社经营体制及农业产业化经营体制。以下分别阐释之。

（一）专业合作经营体制

1. 专业合作经营体制的由来。自改革开放以来，鼓励和支持各种农民专业合作社的创建是国家一贯的态度，这在各个时期的政策和法律文件上表现的比较突出。1984 年，中共中央发布的《关于一九八四年农村工作的通知》中明确指出，农民可不受地区限制，自愿参加或组成不同形式、不同规模的各类专业合作经济组织。1985 年，中共中央、国务院发布的《关于进一步活跃农村经济的十项政策》规定，农村一切加工、供销、科技等服务性事业，要国家、集体、个人一起上，特别要支持以合作形式兴办。1997 年，中共中央、国务院发布的《关于 1997 年农业和农村工作的意见》明确提出，对农民自主建立的各类专业合作社、专业协会以及其他形式的联合与合作组织，要给予积极引导和支持。2002 年的《农业法》第 11 条规定，国家鼓励农民在家庭承包经营的基础上自愿组成各类专业合作经济组织。至此，专业合作经营体制正式被农业基本法所确认。之后，一系列的政策又逐渐明确了国家鼓励的具体领域和方式，如 2004 年，中共中央、国务院发布的《关于进一步加强农村工作提高农业综合生产能力若干政策的意见》即明确提出，对专业合作组织及其所办加工、流通实体适当减免有关税费。2005 年中共中央、国务院发布的《关于推进社会主义新农村建设的若干意见》又指出，加大支持力度，建立有利于农民专业合作组织发展的信贷、财税和登记制度。2006 年 10 月 31 日，第十届全国人民代表大会常务委员会第二十四次会议通过了《中华人民共和国农民专业合作社法》，共 9 章 56 条，全面地规定了农民专业合作社的设立和登记、成员、组织结构、财务管理、合并、分立、解散和清算以及各种扶持政策等内容。

2. 专业合作经营体制的预设模式：利益同质性的互助模式。国家之所以鼓励农民专业合作经营体制的建立和发展，主要是基于对利益同质性互助模式的预设，而这又在很大程度上是对家庭自主经营体制的固有缺陷的弥补。具体而言，这种预设主要源于以下几个因素：

（1）避免农民遭受农产品流通链条上的其他经营主体的盘剥，以此增加农民的务农收入，激发其参与农业的积极性。家庭自主经营体制以一家一户的分散经营为典型特征，虽能激发农民的生产积极性，但却无法保证生产的农产品能顺利的实现市场上的"那一跃"（马克思语），因为与所有参与农产品流通的商业主体相比，单个的农民在组织程度、专业知识、信息享有等方面均存在弱势。因此，要想避免被盘剥，合理的经营性组织是必要的。而农业生产的特性又要求组织体成员之间必须在经营项目、具体利益诉求等方面存在高度一致性，因为这是维系组织体的重要前提，专业合作社正好能满足这一需求。

（2）互助有利于增强农民承受风险的能力，进而有利于农业生产的顺利开展。互助性的合作组织不但可以帮助农民分散各种自然风险（如日本农业法上的农业灾害共济组合和法国农业法上的互助性农业保险组织），而且还可以帮助农民预防在购买生产资料过程中的各种市场风险，统一的生产资料采购必然伴随着特定的标准与质量要求。

（3）有利于衔接农民与科技研发及其推广部门之间的关系，进而提高农民的综合素质，创新农业科技推广体制和机制。[1]

3. 专业合作社体制的内容。

（1）农民专业合作社的定义及其经营范围。根据《农民专业合作社法》第2条的规定，农民专业合作社是在农村家庭承包经营基础上，同类农产品的生产经营者或者同类农业生产经营服务的提供者、利用者，自愿联合、民主管理的互组性经济组织。它以其成员为主要服务对象，提供农产品生产资料的购买，农产品的销售、加工、运输、贮藏以及与农业生产经营有关的技术、信息等服务。农民专业合作社是独立的法人。

（2）农民专业合作社的基本运营规则。根据《农民专业合作社法》的规定，农民专业合作社的运营遵循以下基本规则：成员以农民为主体；以服务成员为宗旨，谋求全体成员的共同利益；入社自愿、退社自由；成员地位平等，实现民主管理；盈余主要按照成员与合作社的交易量（额）的比例返还。

（3）国家的扶持措施。《农民专业合作社法》第七章专门规定了国家的各项扶持措施，但比较原则。概括起来，这些扶持措施包括：①建设项目扶持，即国家有权将支持发展农业和农村经济的各种建设项目，委托有条件的合作社实施；

---

[1] 参见《农民专业合作社法释义》编写组编：《中华人民共和国农民专业合作社法释义》，中国法制出版社2006年版，第7页。

②资金扶持，即国家财政有义务安排专项资金，支持合作社开展信息、培训、农产品质量标准与认证、农业生产基础设施建设、市场营销和技术推广服务等活动；③融资扶持，即国家政策性金融机构有义务为合作社提供多种形式的资金融通服务，国家鼓励商业性金融机构采取各种形式为合作社提供金融服务；④税收优惠，即合作社享受国家规定的对农业生产、加工、流通、服务和其他涉农经济活动相应的税收优惠。

（二）农业产业化经营体制

1. 农业产业化经营体制的内涵及类型。

（1）农业产业化经营体制的内涵。所谓"农业产业化经营"是指"以市场为导向，以家庭承包经营为基础，依靠各类龙头企业和组织的带动，将生产、加工、销售紧密结合起来，实行一体化经营"[1]，具体反映这一经营内容的法律制度体系即农业产业化经营体制。

国家鼓励农业产业化经营体制的相关规制内容是被 2002 年的农业基本法所首次纳入的，在 1993 年的《农业法》中并无体现。但在现实中，农业产业化的实践却起步较早，如以"公司＋农户"为典型特征的"廊坊式农业产业化"就肇始于上世纪 90 年代初，以"批发市场＋农户"为主要内容的"寿光式蔬菜产业化"开始于 1984 年，以"龙头企业＋基地＋农户"为特色的"黑龙江垦区农业产业化"则开始于上世纪 90 年代末。[2]

（2）农业产业化经营体制的类型。由于现行农业法制中并无关于农业产业化体制具体类型的相关规定，因此，我们只能通过产业化的实践予以总结。

在实践中，农业产业化的体制类型基本上有三种：①以农副产品的加工及流通企业为龙头，通过合同、入股等多种形式带动农户从事相关专业生产与经营的体制；②以各类合作组织为基本组织形式，通过合作或股份合作的途径带动农户从事相关专业生产与经营的体制；③以特定的农产品批发市场为纽带，带动主导企业，进而通过合同等方式连接广大农民，促使其从事相关专业生产与经营的体制。[3]

从法学角度分析，上述三种实践类型，依据其形成的法律关系的不同，可以

---

〔1〕　扈纪华主编：《〈中华人民共和国农业法〉释义及实用指南》，中国民主法制出版社2003年版，第97~98页。

〔2〕　具体可参见刘玉铭：《农业规模经营与农业产业化研究——以黑龙江垦区为例》，经济科学出版社2008年版，第88~95页。

〔3〕　参见扈纪华主编：《〈中华人民共和国农业法〉释义及实用指南》，中国民主法制出版社2003年版，第98页。

划分为两种基本体制：①以合同或契约为联系机制的农业产业化经营体制，其中，维系各种参与主体的是特定农产品的购销合同以及一系列的辅助合同（如技术服务合同、信息提供合同、生产资料供给合同等），各方主体因此形成的也是合同关系；②以投资入股为联系机制的农业产业化经营体制，其中，维系各种参与主体的是投资入股、共同经营的法律关系，各方主体据此共同成为某一产业化实体的投资人、股东或社员。[1]

2. 农业产业化经营体制的预设模式——强力组织带动型模式。根据以上的实践类型，我们不难发现，国家在农业法上原则性的鼓励农业产业化经营体制所根据的预设就是一种强力组织带动型的模式。所谓强力组织是指在经济实力、发展潜力、经营能力等方面都具有巨大优势的经营主体，包括各类龙头企业、大型合作社及农产品批发市场等。而所谓带动则有两个层面的意思：一是指契约、入股、合作等带动方式；二是指可预期获益的带动动力，因为如果没有预期获益的可能性，就无法调动农户参与的积极性。从2002年《农业法》的立法目的来看，国家之所以预设这种强力组织带动型模式，其原因主要有二：一是为了更好地调整农业产业结构，增强农业的竞争力；二是为了提高农民的农业收入。[2]

3. 农业产业化经营体制所包含的主体类型。概括来说，农业产业化经营体制中所包含的主体类型基本有两种：带动主体与被带动主体，前者即各种强力带动组织，包括龙头企业、合作社、农产品批发市场等；后者即农户。

4. 农业产业化经营体制的内容。现行农业基本法对农业产业化经营体制的规定主要是对国家鼓励、支持和引导职权的原则性设定，但并未明确具体的鼓励和扶持措施。

2002年以来，农业部、财政部、发改委、商务部、中国人民银行、国家税务总局、中国证监会等部门，以单独或联合的方式接连发布了一系列鼓励和扶持农业产业化经营体制的规章及政策性文件，其中明确了国家鼓励和扶持的具体措施，主要包括：投资倾斜、财政补贴（包括贴息）、税收优惠、融资扶持（优惠

---

〔1〕 除了这两种基本的法律联系机制以外，实践中还存在着由龙头企业设立风险基金、利润返还等机制形式，但普及型及成熟性均较低。

〔2〕 参见时任全国人大农业与农村委员会主任委员的高德占在第九届全国人大常委会第二十八次会议上（2002年6月24日）所作的《关于〈中华人民共和国农业法（修订草案）〉的说明》第二部分之（二）"关于农业产业化经营"。

贷款、担保、发行股票债券）、出口促进（出口信用保险、出口金融支持）等。[1]

---

[1]　具体可参见农业部制定并发布的《农业产业化专项资金项目管理暂行办法》（2002 年），财政部制定并发布的《中央财政支持农业产业化资金管理暂行办法》（2004 年），农业部、财政部、发改委、商务部、中国人民银行、国家税务总局、中国证监会、中华全国供销合作社总社联合发布的《关于加快农业产业化经营的意见》（2006 年），农业部、中国农业发展银行联合发布的《关于进一步加强合作支持农业产业化龙头企业发展的意见》（2009 年），中国农业发展银行、国家农业综合开发办公室联合发布的《关于落实农业产业化经营贴息贷款项目的实施意见》（2010 年）等。

第六章
农业用地法律制度

第一节　农业用地法律制度概述

一、农业用地法律制度的含义

我国《土地管理法》规定的农业用地是指直接用于农业生产的土地，包括耕地、林地、草地、农田水利用地、养殖水面等。所谓农业用地法律制度，是指调整因农业用地的归属、利用、流转和管理，所发生的各种社会关系的法律规范的总称。农业用地法律制度不仅是土地法的一项重要制度，而且也是农业法的一个不可缺少的法律制度。我国关于农业用地法律制度的法律法规主要有：《农业法》、《土地管理法》、《水土保持法》、《基本农田保护条例》、《水土保持法实施条例》等。

农业用地是农业生产的基础，与农民的生产、生活息息相关，农业用地法律制度的建立健全，不仅关系到农业生产的发展，而且对社会的安定和经济的发展都有着极其重要的意义。因此我国的农业用地法律制度应遵循以下的原则：①我国农业用地实行社会主义公有制原则，即我国的土地实行全民所有制和集体所有制；②我国农业用地实行两权分离、有偿使用的原则，两权分离是土地的所有权和经营权相分离，也就是国家和集体的土地可以依法确定给单位和个人使用，而使用土地的单位和个人负有保护、管理、合理利用和交纳一定费用的义务；③耕地保护优先原则，即保护耕地是我国的基本国策，各级人民政府应当严格管理、保护、开发土地资源，制止非法占用土地的行为；④农业用地统一管理的原则，即国务院土地行政主管部门统一负责全国土地的监督和管理工作，县级以上地方人民政府土地行政主管部门的设置及其职责，由省、自治区、直辖市人民政府确定。

二、农业用地法律制度的主要内容

以我国现行农业用地法律规定为基础，我国的农业用地法律制度主要包括农业用地的权属制度和农业用地的国家管理制度。

（一）农业用地的权属制度

农业用地的权属制度即通过法律的规定，明确农业用地在主体上的权利归属，从而在产权清晰的前提下，通过市场规律，实现农业用地的优化配置。在我国，农业用地的权属制度包括农业用地的所有权制度和农业用地的使用权制度。

农业用地的所有权制度是对于农业用地的所有权的所有法律规定。由于农业用地的所有权制度决定着农业用地的使用权制度，因此，农业用地的所有权制度是农业用地权属制度的核心。我国的农地所有权包括国家所有权和集体所有权两种形式。农业用地的使用权制度，是依法对农业用地进行占有、使用、收益的法律规定的总和。目前，我国基本上是通过土地承包经营的方式来实现农业用地的使用权的。

（二）农业用地的国家管理制度

农业用地的国家管理制度是指政府以社会公共利益为主导，对全国农业用地在宏观和微观上进行管理、监督和调控的规则、机制和手段的集合。对农业用地实行国家管理，是由农业用地的重要性、农业用地供给的稀缺性以及农业用地利用的社会性决定的。

农业用地不仅是重要的农业生产资料，而且也是维持生态环境、影响社会公共利益的自然资源。因此，对于农业土地资源的开发、利用，必须在公共利益的目标之下，在尊重社会成员个体利益和意志之下，通过国家的干预，最大可能的实现其公益价值。

三、我国现行农业用地法律制度的形成和发展

新中国成立以来，围绕着农村土地归谁所有和由谁来经营这两个问题，我国农业用地法律制度经历了三次大的变迁。相应地主要实行过三种农地制度，即土地改革后的农民所有、家庭经营的制度，农业合作化后的集体所有、集体经营的制度和改革开放后的集体所有、家庭经营的制度。由此，我国农地法律制度的发展，可以分为以下三个阶段：第一阶段（1949 年～1952 年）：农民所有、家庭经营的制度；第二阶段（1952 年～1978 年）：集体所有、集体经营的制度；第三阶段（1978 年至今）：集体所有、家庭经营的制度。

家庭联产承包责任制是继土地改革、集体化运动后我国农村土地制度的又一次大的变迁，由于家庭联产承包责任制是在不触动土地公有制的性质，又保证政府、集体利益不受损害的前提下寻求增进农民福利的途径，因此，这一制度的推行比较顺利。该制度明确了农户的经济主体地位，农户通过"交够国家的、留足集体的、剩下的全是自己的"利益承诺，换取了土地的使用权和一部分剩余所有权。该制度既保障了国家、集体的利益，也解决了土地集体经营时的监督和激励

无效等外部性问题，产生了巨大的经济效益和社会效益。

改革开放之后，我国经济建设进入了一个飞速发展的时期。在这一时期，我国农业用地法律和其他土地法律制度得到了空前的发展。涉及农业用地的法律制度有：国务院1982年颁布的《村镇建房用地管理条例》，全国人大常委会于1982年颁布的《国家建设征用土地条例》和1986年颁布的《土地管理法》（先后于1998年、2004年两次修订），国务院1987年颁布的《耕地占用税暂行条例》、1988年颁布的《土地复垦规定》，1990年后我国又先后颁布了《水土保持法》（1991年）、《森林法》（1998年）、《土地管理法实施条例》（1999年）、《基本农田保护条例》（1998年）、《退耕还林条例》（2002年）等。此外，我国农业主管部门和土地主管部门还制定了许多有关农业用地的办法和规定，如1985年原农牧渔业部颁发的《国家建设征用菜地开发建设基金暂行管理办法》。特别是2002年修订的《农业法》和第九届全国人民代表大会常务委员会第二十九次会议通过的《农村土地承包法》，进一步完善了以家庭承包经营为基础、统分结合的双层经营体制，赋予了农民长期而有保障的土地使用权，维护了农村土地承包当事人的合法权益。

第二节　农业用地权属制度

一、农业用地权属制度概述

农业用地权属，即农业用地的权利归属，是指农业用地的权利在主体上的归属。农业用地权是农业用地主体依法对农业用地所享有的权利。它不是单一的农业用地所有权或使用权，而是一个以农业用地所有权为基础、以农业用地使用权为核心、以农业用地其他权利为补充的权利束，具体包括了农业用地的所有权、使用权、收益权、处分权和承包经营权等。

农业用地权属制度是所有有关农业用地的权利类型、权利形态、权利结构的法律规范的总和。它直接反映了与农业用地相关的各种利益关系的平衡，是土地法律制度中的最重要的组成部分，有利于保障农业用地主体的权益，可以实现土地的充分利用和农业土地资源的优化配置，对于促进农业用地的有效利用和提高农业生产率具有不可替代的作用。

农业用地权属制度具有以下特征：①地位的基础性，即在一国的农业用地法律制度中，农业用地权属制度是最基础的制度；②国度的差异性，即由于各个国家的国情不同，其农业用地权属制度存在不同；③构成的复杂性，即农业用地权属制度不但规定了农业用地的所有权，而且决定了权利主体对农业用地的占有、使用、收益和处分的权利；④制度体系的开放性，即随着土地法制的完善，农业用地权属制度所创设的权利会逐渐增加。

二、农业用地所有权和使用权的含义

(一) 农业用地所有权的含义

土地所有权是土地所有者在法律规定的范围内对其土地所享有的占有、使用、收益和处分的权利。我国《宪法》第10条第1、2款规定："城市的土地属于国家所有。农村和城市郊区的土地，除由法律规定属于国家所有的以外，属于集体所有；宅基地和自留地、自留山，也属于集体所有。"由此可见，我国的土地所有权包括国家土地所有权和集体土地所有权两种形式。

农业用地所有权，是指农业用地所有者在法律规定的范围内，对其所有的农业用地享有的占有、使用、收益和处分的权利。根据我国《宪法》和《土地管理法》的规定，我国农业用地所有权包括国家农业用地所有权和农民集体农业用地所有权。目前，我国农业用地绝大部分属于集体所有，只有少部分属于国家所有。

1. 国家土地所有权。国家土地所有权是指国家代表全体人民对其所有的土地享有的占有、使用、收益和处分的权利。国家是国有土地的唯一所有者代表，其他任何单位和个人都不能成为国有土地的所有者代表。国家不能亲自实施国家所有权，必须由国务院代表其行使所有权，其他任何组织和单位经国务院授权或批准后才能享有国家土地所有权中的某项权能。

我国《土地管理法》第8条第1款规定，城市市区的土地属于国家所有。第2款规定农村和城市郊区的土地，除由法律规定属于国家所有的以外，属于农民集体所有。为进一步明确我国国有土地所有权的客体，我国《土地管理法实施条例》第2条对其作了详细规定。由此可见，我国国有土地所有权的客体包括：城市市区的土地；农村和城市郊区中已经依法没收、征收、征购为国有的土地；国家依法征用的土地；依法不属于集体所有的林地、草地、荒地、滩涂及其他土地；农村集体经济组织全部成员转为城镇居民的，原属于其成员集体所有的土地；因国家组织移民、自然灾害等原因，农民成建制地集体迁移后不再使用的原属于迁移农民集体所有的土地。

2. 集体土地所有权。集体土地所有权是指农村集体经济组织对其所有的土地享有的占有、使用、收益和处分的权利。它是一项独立的民事权利，在法律上与国家土地所有权处于平等的地位。目前，我国集体所有的土地所有权包括三种：①村内两个农村集体经济组织的农民集体所有权，即原来实行人民公社时期以生产队为基本核算单位的农民集体所有权；②村农民集体所有权，即原来实行人民公社时期以生产大队为基本核算单位的农民集体所有权；③乡（镇）农民集体所有权，即原来实行人民公社时期以人民公社为基本核算单位的农民集体所有权。

农民集体同国家一样，本身无法行使所有权，需要有代表代其行使权利，经营、管理集体土地。根据我国《土地管理法》第 10 条的规定，集体土地所有权的经营、管理机构为：①农民集体所有的土地依法属于村农民集体所有的，由集体经济组织或者村民委员会经营、管理；②农民集体所有的土地已经分别属于村内两个以上集体经济组织的农民集体所有的，由村内各该农村集体经济组织或者村民小组经营、管理；③农民集体所有的土地已经属于乡（镇）农民集体所有的，由乡（镇）农村集体经济组织经营、管理。

我国《土地管理法》第 8 条第 2 款规定："农村和城市郊区的土地，除由法律规定属于国家所有的以外，属于农民集体所有；宅基地和自留地、自留山，属于农民集体所有。"我国《土地管理法实施条例》第 2 条详细规定了集体土地的客体，即除了集体的土地以外，集体土地所有权的客体包括集体所有的耕地、森林、草原、荒地、滩涂、宅基地、自留地、自留山等。

（二）农业用地使用权的含义

土地使用权是土地所有权派生的一项独立的财产权，是指土地使用者依法、依约对土地享有的占有、使用和收益的权利。我国土地使用权制度的建立，是在不影响公有制的前提下，实现了土地所有权和使用权的分离，实现了土地的有偿使用和流转，促进了我国地产市场的建立和发展。《土地管理法》第 9 条规定："国有土地和农民集体所有的土地，可以依法确定给单位或者个人使用。使用土地的单位和个人，有保护、管理和合理利用土地的义务。"根据该条规定，我国土地使用权包括国有土地使用权和农民集体所有土地的使用权。

农业用地使用权是指权利人依法或依约定对农用地享有的占有、使用和收益的权利。所谓"农用地"，根据《土地管理法》第 4 条第 2 款的规定，具体是指直接用于农业生产的土地，包括耕地、林地、草地、农田水利用地及养殖水面等。

三、农业用地所有权和使用权的取得、变更

（一）农业用地所有权和使用权的取得

1. 农业用地所有权的取得。我国《宪法》第 10 条第 1、2 款规定："城市的土地属于国家所有。农村和城市郊区的土地，除由法律规定属于国家所有的以外，属于集体所有；宅基地和自留地、自留山，也属于集体所有。"《土地管理法》第2条第1、2款规定："中华人民共和国实行土地的社会主义公有制，即全民所有制和劳动群众集体所有制。全民所有，即国家所有土地的所有权由国务院代表国家行使。"由此可见，我国国有土地和农民集体所有的土地所有权是依据法律取得的。但是农民集体所有的土地要由县级人民政府登记造册，核发证书，确认所有权。

2. 农业用地使用权的取得。《土地管理法》第9条规定，国有土地和农民集体所有的土地，可以依法确定给单位或者个人使用。使用土地的单位和个人，有保护、管理和合理利用土地的义务。《土地管理法》和《土地管理法实施条例》规定，单位和个人依法使用的国有土地，由土地使用者向土地所在地的县级以上人民政府土地行政主管部门提出土地登记申请，由县级以上人民政府登记造册，核发国有土地使用权证书，确认使用权。其中，中央国家机关使用的国有土地的登记发证，由国务院土地行政主管部门负责，具体登记发证办法由国务院土地行政主管部门会同国务院机关事务管理局等有关部门制定。未确定使用权的国有土地，由县级以上人民政府登记造册，负责保护管理。国有土地可以由单位或者个人承包经营，从事种植业、林业、畜牧业、渔业生产。因此，单位或个人可以通过申请或承包方式获得国有农地的使用权。

《土地管理法》第14条规定，农民集体所有的土地由本集体经济组织的成员承包经营，从事种植业、林业、畜牧业、渔业生产。农民集体所有的土地，可以由本集体经济组织以外的单位或者个人承包经营，从事种植业、林业、畜牧业、渔业生产。《农村土地承包法》第3条规定，国家实行农村土地承包经营制度。农村土地承包采取农村集体经济组织内部的家庭承包方式，不宜采取家庭承包方式的荒山、荒沟、荒丘、荒滩等农村土地，可以采取招标、拍卖、公开协商等方式承包。所以单位或个人可以通过承包、招标、拍卖、公开协商等方式获得农民集体所有的农用土地的使用权。

（二）农业用地所有权和使用权的变更

1. 农业用地所有权的变更。根据规定，基本农田、超过35公顷的基本农田以外的耕地、超过70公顷的其他土地的征用，由国务院批准征用其他土地的，由省、自治区、直辖市人民政府批准，并报国务院备案。征用农用地的，应当依照《土地管理法》的规定先行办理农用地转用审批。其中，经国务院批准农用地转用并同时办理征地审批手续的，不再另行办理征地审批；经省、自治区、直辖市人民政府在征地批准权限内批准农用地转用并同时办理征地审批手续的，不再另行办理征地审批，超过征地批准权限的，应当依照《土地管理法》的规定另行办理征地审批。集体所有的农业用地经国务院批准可以转为国有土地。

2. 农业用地使用权的变更。《土地管理法》第 58 条规定，有下列情形之一的，由有关人民政府土地行政主管部门报经原批准用地的人民政府或者有批准权的人民政府批准，可以收回国有土地使用权：①为公共利益需要使用土地的；②为实施城市规划进行旧城区改建，需要调整使用土地的；③土地出让等有偿使用合同约定的使用期限届满，土地使用者未申请续期或者申请续期未获批准的；④因单位撤销、迁移等原因，停止使用原划拨的国有土地的；⑤公路、铁路、机场、矿场等经核准报废的。依照前述第一种和第二种情形收回国有土地使用权的，对土地使用权人应当给予适当补偿。第 65 条规定，有下列情形之一的，农村集体经济组织报经原批准用地的人民政府批准，可以收回土地使用权：①为乡（镇）村公共设施和公益事业建设，需要使用土地的；②不按照批准的用途使用土地的；③因撤销、迁移等原因而停止使用土地的。依照前述第一种情形收回农民集体所有的土地的，对土地使用权人应当给予适当补偿。第 37 条规定，禁止任何单位和个人闲置、荒芜耕地。已经办理审批手续的非农业建设占用耕地，一年内不用而又可以耕种并收获的，应当由原耕种该幅耕地的集体或者个人恢复耕种，也可以由用地单位组织耕种；1 年以上未动工建设的，应当按照省、自治区、直辖市的规定缴纳闲置费；连续 2 年未使用的，经原批准机关批准，由县级以上人民政府无偿收回用地单位的土地使用权；该幅土地原为农民集体所有的，应当交由原农村集体经济组织恢复耕种。承包经营耕地的单位或者个人连续 2 年弃耕抛荒的，原发包单位应当终止承包合同，收回发包的耕地。《农村土地承包法》第 32 条规定：通过家庭承包取得的土地承包经营权可以依法采取转包、出租、互换、转让或者其他方式流转。第 49 条规定，通过招标、拍卖、公开协商等方式承包农村土地，经依法登记取得土地承包经营权证或者林权证等证书的，其土地承包经营权可以依法采取转让、出租、入股、抵押或者其他方式流转。可见，在一定条件下可以收回农业用地的使用权，同时土地承包经营权可以依法流转。

3. 农业用地所有权和使用权变更登记。我国《土地管理法》规定依法改变土地权属和用途的，应当办理土地变更登记手续。因此，依法改变土地所有权、使用权的，因依法转让地上建筑物、构筑物等附着物导致土地使用权转移的，必须向土地所在地的县级以上人民政府土地行政主管部门提出土地变更登记申请，由原土地登记机关依法进行土地所有权、使用权变更登记。土地所有权、使用权的变更，自变更登记之日起生效。依法改变土地用途的，必须持批准文件，向土地所在地的县级以上人民政府土地行政主管部门提出土地变更登记申请，由原土地登记机关依法进行变更登记。收回用地单位的土地使用权的，由原土地登记机关注销土地登记。土地使用权有偿使用合同约定的使用期限届满，土地使用者未申请续期或者虽申请续期未获批准的，由原土地登记机关注销土地登记。土地承包经营权采取互换、转让方式流转，当事人要求登记的，应当向县级以上地方人民政府申请登记。未经登记，不得对抗善意第三人。

四、农业用地权属争议的解决

《土地管理法》规定了土地权属争议的解决方式：所有权和使用权争议由当事人协商解决；协商不成的，由人民政府处理。单位之间的争议由县级以上人民政府处理；个人之间、个人与单位之间的争议由乡级人民政府或者县级以上人民政府处理。当事人对有关人民政府的处理决定不服的，可以自接到处理决定通知之日起 30 日内，向人民法院起诉。在土地所有权和使用权争议解决前，任何一方不得改变土地利用现状。

《农村土地承包法》规定，因土地承包经营发生纠纷的，双方当事人可以通过协商解决，也可以请求村民委员会、乡（镇）人民政府等调解解决。当事人不愿协商、调解或者协商、调解不成的，可以向农村土地承包仲裁机构申请仲裁，也可以直接向人民法院起诉。当事人对农村土地承包仲裁机构的仲裁裁决不服的，可以在收到裁决书之日起 30 日内向人民法院起诉。逾期不起诉的，裁决书即发生法律效力。

五、土地承包经营权

（一）土地承包经营权的概念

土地承包经营权是指公民、集体按照土地承包合同，享有以承包方式对集体所有或国家所有的农业用地从事种植业、林业、畜牧业、渔业生产经营并获得收益的权利。土地承包经营权具有以下法律特征：①土地承包经营权的主体可以是本集体经济组织的成员，也可以是本集体经济组织以外的单位和个人。但是，农民集体所有土地由本集体经济组织以外的单位或者个人承包经营的，必须经过村民会议 2/3 以上成员或者 2/3 以上村民代表的同意，并报乡人民政府批准。②土地承包经营权发生的依据是土地发包人和承包人依法订立的土地承包合同。公民、集体依法对集体或者国家所有由集体使用的土地的承包经营权受法律保护。③土地承包经营权的客体是农村土地，即农民集体所有和国家所有依法由农民集体使用的耕地、林地、草地以及其他依法用于农业的土地。④土地承包经营权的内容主要是使用和收益，《农村土地承包法》规定承包方依法享有承包地的使用、收益和土地承包经营权流转的权利，有权自主组织生产经营和处置产品等。⑤土地承包经营权的法律保护是有期限的，如耕地的承包期为 30 年；草地的承包期为 30 年至 50 年；林地的承包期为 30 年至 70 年；特殊林木的林地承包期，经国务院林业行政主管部门批准可以延长。

(二) 土地承包经营权的性质

土地承包经营权源于我国实行的家庭联产承包责任制，它是在不改变土地公有制的基础上，由农户自主经营土地、处理产品，极大地促进了我国农业的发展。但对于土地承包经营权的性质，学术界和实务界长期以来一直争论不断，概括起来，主要有债权说、物权说和双重性质说三种观点。

1. 债权说。该观点认为，土地承包经营权是一种债权而不是物权。其主要理由：①承包人必须根据承包经营合同或发包人的意思完成规定的生产经营任务，即达到"承包指标"，依据联产承包经营合同发包人对土地承包经营权的标的物，仍有很大的支配力。②承包人与土地所有人的关系，是联产承包合同关系，本质上为发包人与承包人之间的内部关系。其目的是通过给予承包人一定的经营自主权与经营成果相联系的预期报酬来实现发包人的经营目标。所以，因这种内部关系而取得的承包经营权实际上只有对人（作为土地所有人的集体）的效力，而并无对世的效力。③从土地承包经营权的转让条件来看，承包人不能自主转让承包权，而必须经过发包人的同意，这种转让完全是普通债权的转让方式。④依我国《民法通则》第80条第2款的规定，对国家所有而集体使用的土地设定承包经营权，就会出现土地所有权上设定土地使用权，又在土地使用权上设定土地承包经营权的梯次结构，这时的土地承包经营权是否是物权，不无疑问。⑤土地转包关系中，转包人取得的权利也是土地承包经营权，若该权利为物权，这显然违背一般物权法的原理，若该权利性质为债权，则立法上和实践上就不得不区别物权性质的土地承包经营权和债权性质的土地承包经营权。

2. 物权说。该观点认为，土地承包经营权是一种物权。其主要理由：①土地承包经营权是《民法通则》直接规定在"财产所有权和与财产所有权有关的财产权"中的权利，而学界通常认为该节是对物权制度所作的规定。②土地承包经营权具有"及物性"，表现在土地承包经营合同一经生效，承包人对所承包的土地即享有在法律和合同规定范围内，直接控制、利用的权利。③土地承包经营权具有排他性，即在同一片土地上不能同时存在两个承包经营权。

3. 双重性质说，即债权兼物权说。该观点认为，现行的土地承包经营权既具有债权的属性，又具有物权的属性，因此认为土地承包经营权具有债权兼物权的双重属性。

(三) 土地承包经营权的内容

1. 土地占有权，即土地承包经营人对自己承包的国有或集体所有的农业用地享有实际控制的权利内容。土地占有权是土地承包经营人实现土地使用、收益等权利的基础，也是保证土地承包经营权的根本。因此，土地承包经营合同依法签订后，发包方有义务提供合同约定的承包地，承包方即取得对承包土地在一定期限内的合法占有的权利。

2. 自主经营权，即土地承包经营人享有按照土地的自然特性、约定用途等独立自主地利用或经营所有人的农业用地的权利。发包人应当尊重承包方的生产经营自主权，不得干涉承包方依法进行正常的生产经营活动。

3. 经营收益权，即土地承包经营人享有获取其承包经营的土地上所产生的利益的权利。法律对收益权利的保护是调动土地承包经营主体从事土地承包经营积极性的根本，因此，经营收益权既是土地收益权能的具体体现，也是行使土地承包经营权的根本目的。

4. 土地承包经营权的处分权，即土地承包经营人对其已经享有的土地承包经营权依法可以处分的权利。很明显，这里处分权的对象是土地承包经营权而不是占有的土地。《农村土地承包法》规定，通过家庭承包取得的土地承包经营权可以依法采取转包、出租、互换、转让或者其他方式流转。土地承包经营权流转应当遵循以下原则：①平等协商、自愿、有偿，任何组织和个人不得强迫或者阻碍承包方进行土地承包经营权流转；②不得改变土地所有权的性质和土地的农业用途；③流转的期限不得超过承包期的剩余期限；④受让方须有农业经营能力；⑤在同等条件下，本集体经济组织成员享有优先权。法律对土地承包经营权流转的保护，对维护土地公有制和搞活农业用地土地市场，提高农地利用价值，增加农业经济收益，调动农民土地承包经营土地积极性都有重要的作用。

（四）土地承包经营权的限制

1. 维持土地农业用途的义务。我国对土地实行严格的用途管制制度，严格控制农业用地转为非农业用地，对耕地实行特殊的保护，确保国家粮食安全。因此，《农村土地承包法》规定承包方必须维持土地的农业用途，不得用于非农建设。《土地管理法》规定，不得擅自在承包地上建房、建窑、采矿、采石、挖沙、取土、造砖、建坟等，不得在承包的基本农田上种植林木和挖塘养鱼，不得毁坏森林、草原开垦耕地，不得围湖造田、侵占江河滩地。

2. 地力维持义务。农地是农产品生产的根本，土地的肥力决定着土地的生产效益。因此，为避免土地承包经营人在其权利存续期间过度使用农业用地的短期行为，要求土地承包经营人履行维护土地的肥力和使用性能的义务。《农村土地承包法》规定，承包方应保护和合理利用土地，不得给土地造成永久性损害。

3. 法律、法规规定的其他义务。①土地不得抛荒的义务。《土地管理法》规定，禁止任何单位和个人闲置、荒芜耕地。承包经营耕地的单位或者个人连续2

年弃耕抛荒的，原发包单位应当终止承包合同，收回发包的耕地。②土地不得随意流转的义务。土地承包经营权可以流转，但是不允许承包人任意地流转农业用地，必须遵守土地流转的原则，并且土地承包经营权的流转必须经过土地所有人的同意。

第三节　农业用地国家管理制度

一、农业用地国家管理制度概述

（一）农业用地国家管理制度的概念

农业用地国家管理制度，是指国家针对农业用地的开发、利用和保护等行为所制定的各项法律规定的总称。国家之所以运用行政手段对农用土地加强管理，是由于在市场经济体制下，市场机制往往以效益最大化为目标调节农用土地资源配置，而农业对土地来说未必是最大效益的行业，因此，单独运用市场调节土地资源可能会导致农业用地转做其他用地，同时农民为了追求最大的经济利益，会忽视农业用地的长期效益而引起土地质量的下降。

（二）农业用地行政管理体制

农业用地行政管理体制，是指国家农业用地行政管理机构的设置，以及这些机构之间农业用地管理权限的划分。我国农业用地行政管理采用的是垂直统一管理和分部门管理相结合的体制。所谓垂直统一管理，是指国家土地资源部门对土地资源的规划、开发、利用、保护等进行统一管理，而国土资源部门内部上下级之间存在隶属关系的管理模式。所谓的分部门管理，是指国家农业部门、林业部门等相关部门，从各自的角度对农业用地实行适当的监督和管理。

1. 农业用地统一管理的法律规定。我国《土地管理法》第 5 条规定："国务院土地行政主管部门统一负责全国土地的管理和监督工作。县级以上地方人民政府土地行政主管部门的设置及其职责，由省、自治区、直辖市人民政府根据国务院有关规定确定。"从此条规定可以看出，国土资源部门统一管理我国土地的规划、开发、利用和保护等各项工作，国土资源部对省级人民政府国土资源主管部门实行业务领导。这种管理模式有利于土地资源的统一规划和合理利用，有利于土地资源的优化配置。

2. 农业用地分部门管理的法律规定。我国《农村土地承包法》第 11 条规定："国务院农业、林业行政主管部门分别依照国务院规定的职责负责全国农村土地承包及承包合同管理的指导。县级以上地方人民政府农业、林业等行政主管部门分别依照各自职责，负责本行政区域内农村土地承包及承包合同管理。乡（镇）人民政府负责本行政区域内农村土地承包及承包合同管理。"此条规定了国务院农业、林业行政主管部门，县级以上地方人民政府农业、林业行政主管部门和乡镇人民政府在农村土地承包方面各自的职责，这种规定是农业用地分部门管理的体现，有助于发挥农业用地相关部门的积极性。

二、农业用地的用途管制制度

（一）农业用地的用途管制制度概念

土地用途管制制度是指国家为了保证土地资源的合理利用以及经济、社会和环境的协调发展，通过编制土地利用总体规划，划定土地用途分区，确定土地使用限制条件，土地的所有者、使用者严格按照国家确定的用途利用土地的法律规定的总称。我国《土地管理法》第 4 条规定，国家实行土地用途管制制度。国家编制土地利用总体规划，规定土地用途，将土地分为农用地、建设用地和未利用地。严格限制农用地转为建设用地，控制建设用地总量，对耕地实行特殊保护。使用土地的单位和个人必须严格按照土地利用总体规划确定的用途使用土地。

由于农业用地的重要性，农业用地的用途管制制度就成为我国的土地用途管制制度的核心。农业用地用途管制制度的主要内容包括限制农业用地转为建设用地的耕地占用审批与补偿制度和对耕地实行特殊保护的基本农田保护制度。

需要指出的是，土地用途管制是以国家土地利用总体规划为其实施的法律基础和前提。所谓土地利用总体规划，是各级人民政府依据国民经济和社会发展规划、国土整治和资源环境保护的要求、土地供给能力以及各项建设对土地的需求对土地的使用进行的总体安排。我国《土地管理法》第 19 条规定了土地利用总体规划编制的原则：①严格保护基本农田，控制非农业建设占用农用地；②提高土地利用率；③统筹安排各类、各区域用地；④保护和改善生态环境，保障土地的可持续利用；⑤占用耕地与开发复垦耕地相平衡。土地利用总体规划的规划期限由国务院规定。下级土地利用总体规划应当依据上一级土地利用总体规划编制。地方各级人民政府编制的土地利用总体规划中的建设用地总量不得超过上一级土地利用总体规划确定的控制指标，耕地保有量不得低于上一级土地利用总体规划确定的控制指标。省、自治区、直辖市人民政府编制的土地利用总体规划，应当确保本行政区域内耕地总量不减少。

（二）耕地占用审批制度

所谓耕地占用审批制度，是指关于非农建设占用耕地审批职责、权限、程序的法律规定的总称。其主要内容包括：

1. 非农建设用地的原则。我国《土地管理法》第 31 条规定，国家保护耕地，严格控制耕地转为非耕地。第 36 条规定，非农业建设必须节约使用土地，可以利用荒地的，不得占用耕地；可以利用劣地的，不得占用好地。这规定了我国非农建设用地审批的原则：首先是严格控制耕地转为建设用地，其次是节约使用每寸土地，在符合土地总体利用规划的前提下，尽量少批地、批用荒地、劣地、次地。

2. 非农建设用地的审批。建设占用土地涉及农用地转为建设用地的，应当办理农用地转用审批手续。省、自治区、直辖市人民政府批准的道路、管线工程和大型基础建设项目、国务院批准的建设项目占用土地，涉及农用地转为建设用地的，由国务院批准。在土地利用总体规划确定的城市和村庄、集镇建设用地规模范围内，为实施该规划而将农用地转为建设用地的，按土地利用年度计划分批次由原批准的机关批准。在已批准的农用地转用的范围内，具体建设项目用地可以由市、县人民政府批准。上述规定以外的建设项目占用土地，涉及农用地转为建设用地的，由省、自治区、直辖市人民政府批准。

征用农用地的，应当依法先行办理农用地转用审批手续。其中，经国务院批准农用地转用的，同时办理征地审批手续，不再另行办理征地审批；经省、自治区、直辖市人民政府在征地批准权限内批准农用地转用的，同时办理征地审批手续，不再另行办理征地审批，超过征地批准权限的，应当另行办理征地审批。

3. 违反审批制度的法律责任。《土地管理法》对违反占用耕地审批制度、未经批准或骗取批准占用土地、耕地，超过批准数量多占土地，无权非法批地、越权非法批地等行为都规定了严格的法律责任。

（三）耕地占用补偿制度

为了防止非农建设占用农业用地导致耕地的减少，我国实行耕地占用补偿制度。《土地管理法》第 31 条明确规定，国家保护耕地，严格控制耕地转为非耕地。国家实行占用耕地补偿制度。非农业建设经批准占用耕地的，按照"占多少，垦多少"的原则，由占用耕地的单位负责开垦与所占用耕地的数量和质量相当的耕地；没有条件开垦或者开垦的耕地不符合要求的，应当按照省、自治区、直辖市的规定缴纳耕地开垦费，专款用于开垦新的耕地。省、自治区、直辖市人民政府应当制订开垦耕地计划，监督占用耕地的单位按照计划开垦耕地或者按照计划组织开垦耕地，并进行验收。

为了确保各个地区耕地总量不减少，《土地管理法》要求省、自治区、直辖市人民政府严格执行土地利用总体规划和土地利用年度计划，采取措施，确保本行政区域内耕地总量不减少；耕地总量减少的，由国务院责令在规定期限内组织开垦与所减少耕地的数量与质量相当的耕地，并由国务院土地行政主管部门会同农业行政主管部门验收。个别省、直辖市确因土地后备资源匮乏，新增建设用地后，新开垦耕地的数量不足以补偿所占用耕地的数量的，必须报经国务院批准减免本行政区域内开垦耕地的数量，进行易地开垦。

（四）基本农田保护制度

为了对基本农田实行特殊保护，促进农业和社会经济的可持续发展，根据《土地管理法》，国务院1998年通过了《基本农田保护条例》对基本农田的保护作了专门的规定，确立了我国的基本农田保护制度。

1. 基本农田保护制度的概念。基本农田是指根据一定时期人口和国民经济对农产品的需求以及对建设用地的预测而确定的长期不得占用的和基本农田保护区规划期内不得占用的耕地。基本农田保护区是指为对基本农田实行特殊保护而依照法定程序划定的区域。基本农田保护制度是基本农田的规划、划定、保护、监督管理和违反有关规定的处罚办法等法律规定的总和。

2. 基本农田保护区的划定。

（1）基本农田的范围。我国《土地管理法》第34条规定，下列耕地应当根据土地利用总体规划划入基本农田保护区，严格管理：①经国务院有关主管部门或者县级以上地方人民政府批准确定的粮、棉、油生产基地内的耕地；②有良好的水利与水土保持设施的耕地，正在实施改造计划以及可以改造的中、低产田；③蔬菜生产基地；④农业科研、教学试验田；⑤国务院规定应当划入基本农田保护区的其他耕地。国家对基本农田数量的要求为各省、自治区、直辖市划定的基本农田应当占本行政区域内耕地的80%以上。

（2）基本农田保护区划定的程序。基本农田保护区以乡（镇）为单位进行划区定界，由县级人民政府土地行政主管部门会同同级农业行政主管部门组织实施。划定的基本农田保护区，由县级以上人民政府设立保护标志予以公告，由县级人民政府土地行政主管部门建立档案，并抄送同级农业行政主管部门。任何单位和个人不得擅自改变基本农田保护区的保护标志。基本农田划区定界后，由省、自治区、直辖市人民政府组织土地行政主管部门和农业行政主管部门验收确认，或者由省、自治区人民政府授权设区的市、自治州人民政府组织土地行政主管部门和农业行政主管部门验收确认。

3. 基本农田的保护。

（1）保护基本农田的政府职责。县级以上地方人民政府应当将基本农田保护工作纳入国民经济和社会发展计划，作为政府领导任期目标责任制的一项内容，并由上一级人民政府监督实施。乡（镇）人民政府负责本行政区域内的基本农田保护管理工作。县级以上地方各级人民政府土地行政主管部门和农业行政主管部门按照本级人民政府规定的职责分工，依照《基本农田保护条例》负责本行政区域内的基本农田保护管理工作。

（2）基本农田保护的措施。基本农田的保护措施包括以下两个方面：①严格限制改变或者占用基本农田保护区，确保基本农田数量不减少。基本农田保护区划定后，任何单位和个人不得改变或者占用。国家能源、交通、水利、军事设施等重点建设项目的选址确实无法避开基本农田保护区，需要占用基本农田，涉及农用地转用或者征用土地的，必须经国务院批准。经国务院批准占用基本农田的，当地人民政府应当按照国务院批准的文件修改土地利用总体规划，并补充数量和质量相当的基本农田。禁止任何单位和个人在基本农田保护区内建窑、建房、挖砂、采石、采矿、取土、堆放废弃物或者进行其他破坏基本农田的活动。禁止任何单位和个人占用基本农田发展林果业和挖塘养鱼。禁止任何单位和个人闲置、荒芜基本农田。②科学合理经营基本农田，确保基本农田的地力。国家提倡和鼓励农业生产者对其经营的基本农田施用有机肥，合理施用化肥和农药。利用基本农田从事农业生产的单位和个人应当保持和培肥地力。县级以上人民政府应当根据当地实际情况制定基本农田地力分等定级办法，由农业行政主管部门会同土地行政主管部门组织实施，对基本农田地力分等定级，并建立档案。农村集体经济组织或者村民委员会应当定期评定基本农田地力等级。县级以上地方各级人民政府农业行政主管部门应当逐步建立基本农田地力与施肥效益长期监测网点，定期向本级人民政府提出基本农田地力变化状况以及相应的地力保护措施，并为农业生产者提供施肥指导服务。

4. 基本农田保护区的监督管理。

（1）建立基本农田保护责任制。在建立基本农田保护区的地方，县级以上地方人民政府应当与下一级人民政府签订基本农田保护责任书；乡（镇）人民政府应当根据与县级人民政府签订的基本农田保护责任书的要求，与农村集体经济组织或者村民委员会签订基本农田保护责任书。基本农田保护责任书应当包括基本农田的范围、面积、地块、地力等级、保护措施、当事人的权利和义务、奖励和处罚等。

（2）建立基本农田保护区监督检查制度。县级以上地方人民政府应当建立基本农田保护监督检查制度，定期组织土地行政主管部门、农业行政主管部门以及其他有关部门对基本农田保护情况进行检查，将检查情况书面报告上一级人民政府。被检查的单位和个人应当如实提供有关情况和资料，不得拒绝。

（3）县级以上地方人民政府土地行政主管部门、农业行政主管部门对本行政区域内发生的破坏基本农田的行为，有权责令纠正。

第七章

农业生产法律制度

第一节　农业生产法律制度的一般理论

一、农业生产法律制度的内涵

（一）农业生产的法律含义

现行《农业法》专门设置了"农业生产"这一概念（第三章章名），对其含义的准确揭示将是进一步展开阐释的前提和基础。

"农业生产"是一个多学科共用的概念，农学、农业经济学、农村社会学都对其有着特定的界定，我们这里要探讨的是其在农业法上的基本含义。因此，其他学科对"农业生产"的界定虽有一定的借鉴意义，但这种借鉴也仅限于思路提供方面。

从现行《农业法》第三章的 11 条规范内容来看，几乎都是为国家（政府）设定相关的职权（责），而这些职权（责）作用的领域或对象也都是农业生产所涵涉的诸多阶段或所必需的各项条件。因此，我们认为，农业法上的"农业生产"的基本含义应当是：国家基于预设的理念，以各种法定方式和途径，具体作用于农业生产所涵涉的诸多方面，以求特定政策目的之实现的过程。从这个意义上讲，将此处的"农业生产"称为"国家干预农业生产"似乎更为恰当一些。

（二）农业生产法律制度的含义及分类

1. 农业生产法律制度的含义。农业生产法律制度就是规制国家干预农业生产所涵涉的诸多方面的基本职权（责）、实现方式及其相应法律责任的法律规范体系。

2. 农业生产法律制度的分类。根据现行农业基本法的规范内容，基于不同的标准，我们可以将农业生产法律制度作出以下分类：

（1）基于国家干预领域或对象的分类。根据国家干预农业生产的具体领域或对象，可将农业生产法律制度分为：农业发展规划法律制度、农业生产结构调整法律制度、农业和农村基础设施建设法律制度、良种扶持法律制度、农业机械化促进法律制度、农业气象事业支持法律制度、农产品质量监测法律制度、优质农产品认证和标志法律制度、动植物防疫和检疫法律制度、农业生产资料监管法律制度等。

（2）基于规制方式的分类。根据国家规制方式的不同，可将农业生产法律制度分为：农业生产规划法律制度、农业生产监管法律制度、农业生产指导法律制度、农业生产扶持法律制度等。

农业生产规划法律制度是指规制国家以规划或计划的方式，设定特定的农业内各业发展的目标、重点及基本实现方式的法律规范体系。在现行农业基本法中，农业发展规划制度是其典型表现。

农业生产监管法律制度是指规制国家以许可、审批、监督、检查、标准设定等管理方式，干预农业生产各个方面的法律规范体系。在现行农业基本法中，农产品质量监测法律制度、优质农产品认证和标志法律制度、动植物防疫和检疫法律制度、农业生产资料监管法律制度等是其典型。

农业生产指导法律制度是指规制国家以建议、劝告、引导、示范等柔性方式，作用于农业生产特定领域，以求农业生产经营者采取符合特定农业政策目的之行为的法律规范体系。现行农业基本法中的农业生产结构调整法律制度应当是其典型。

农业生产扶持法律制度是指规制国家以投资、补贴、税收与融资优惠等方式，诱导特定农业生产经营者主动采取符合特定农业政策目的之行为的法律规范体系。现行农业基本法中的农业和农村基础设施建设法律制度、良种扶持法律制度、农业机械化促进法律制度、农业气象事业支持法律制度等都是典型。

二、农业生产法律制度的理念基础

农业生产法律制度的理念基础是据以确定农业生产法律制度规制内容的基本理念。深入分析现行农业基本法第三章的相关规范，不难发现，我国农业生产法律制度既存的规制内容据以形成的基本理念主要表现在以下几个方面：

（一）尊重农业生产客观规律的理念

农业生产法律制度在设计相关规范内容时，都是以农业生产的客观规律为基础和前提的，因为这是使所设计的规范内容具有实效的根本保证。具体而言，农业生产法律制度在形成时所考虑的客观规律主要应当有以下几点：

1. 开展农业生产所必需的基本前提条件必须被满足（农业生产的物质需求规律）。这些前提条件包括：农田水利等基础设施、优良的动植物种子及其他物化的投入资料（肥料、农药、兽药、饲料等）等，现行农业生产法律制度正是基于此项客观要求设置了具体的规制领域。

2. 市场经济条件下农业生产长效发展的趋势必须被顺应（农业生产的市场

化规律）。在市场经济条件下，农业生产是否能长效发展，关键在于相关农产品能否适应市场需求。随着社会消费水平的提升，消费者对作为商品的农产品的质量、安全性、营养度等的需求必然愈来愈高，正是为了因应这种发展趋势，现行农业生产法律制度才设置了农产品质量监测、优质农产品认证和标志管理、动植物防疫和检疫等规制内容。

3. 农业生产的弱质性必须被弥补（农业生产的弱质性规律）。农业生产融自然再生产与社会再生产于一体的典型特征决定了其与其他产业相较，比较利益低下，这就使得依靠市场主体基于利益驱动自动更新各项生产要素的希望变得十分渺茫，因此，通过国家之手进行积极干预就十分必要，现行农业生产法律制度因此设置了农业发展规划、农业生产结构调整、农业和农村基础设施建设、良种扶持、农业机械化促进及农业气象事业支持等法律制度。

（二）合理界定国家（政府）干预范围的理念

基于农业生产的各项客观规律性要求，现行农业产生法律制度在界定国家（政府）应当发挥作用的具体范围时，遵循了"合理性原则"。这项原则主要体现在两个方面：

1. 在干预权的配置上体现了法治原则。法治原则作为现代民主宪政国家的基本法律原则，其最本质的要求即是公权的行使在理念上必须要受到基本权利（基本人权）的限制，在制度上则必须奉行"法律优先"、"法律保留"及"比例原则（也称最小侵害原则）"。现行农业生产法律制度在为国家（政府）配置各项职权（责）时遵循了一个基本的界限，即不得干涉农业生产自主权，因此，各项职权（责）的内容都体现为：或者为农业生产自主权的顺利实现创造或提供外部条件，或者引导和激励农业生产活动向特定方向发展。

2. 在干预事项的设定上尊重了农业生产的经济规律。从现行农业生产法律制度的规范内容来看，对国家（政府）干预事项的设定，基本都集中在依靠自利的或分散的农业生产者无法解决的市场失灵领域内，因此，所设定的干预事项不但具有经济学上的合理性，而且也真正反映了实践中的需求。

（三）综合性规制的理念

综合性规制的理念主要体现为国家（政府）规制农业生产活动的方式呈现出多样性和协调性。

1. 规制方式的多样性。现行农业生产法律制度中包含着四种基本规制方式：规划（计划）、扶持（促进、鼓励）、指导和管制，各种规制方式分别适用于不同的干预领域或对象。

2. 规制方式的协调性。这种协调性主要表现为两个方面：一是四种规制方式之间的相互配合和相辅相成性。二是各规制方式与其适用的干预领域或对象之间的适当性，例如，在现行的法制背景和现实情况中，只有指导性规制方式才能最大程度地达致农业生产结构调整的政策目的；在现行家庭分散经营的基本体制下，也只有财政补贴这样的规制方式才能激发农业生产者参与机械化的积极性，进而实现农业机械化的政策目的；农业气象事业的公益性本质决定了其只有依靠政府财政才能健康运行。

三、农业生产法律制度的立法变迁

农业生产法律制度作为专章首次在立法中出现是在 1993 年的《农业法》中（第三章）。当时这种立法结构的设置主要是基于这样一种思路：农业基本法的内容结构应当充分体现农业经济活动生产、交换、分配、消费这一周而复始的规律，而且当时的立法者认为，将农业活动的产前、产中、产后诸环节作为一个整体予以统一规制是世界许多农业法制发达国家的立法通例。[1] 2002 年的《农业法》保留了"农业生产"这一章，但对其中的规制内容进行了比较大的修改，主要是增设了农业生产规划、动植物良种扶持、农产品质量监测等规制内容，并将促进发展乡镇企业及第三产业、防灾救灾及农业保险等规制内容剔除了出去。

第二节　农业生产法律制度的内容

一、农业发展规划法律制度

（一）农业发展规划的内涵

1. 农业发展规划的含义、特征及其内容。现行农业基本法并未对农业发展规划进行界定，学界对其含义的认识也莫衷一是，如有学者认为，农业发展规划是县级以上各级人民政府根据市场经济的特点，按照经济效益、社会效益、生态效益相统一的原则，制订出的适合基本情况（土地、技术、历史、特色等）的农业现代化与农村经济发展规划；[2] 另有学者认为，农业发展规划是国家（或特定地方）对规划期内农业发展的方向、目标、指导方针、基本任务等所作的全

---

〔1〕　具体可参见时任农业部部长的刘中一在第七届全国人民代表大会常务委员会第三十次会议上（1993 年 2 月 25 日）所做的《关于〈中华人民共和国农业基本法（草案）〉的说明》第五部分"关于本法的框架结构及适用范围"。

〔2〕　扈纪华主编：《〈中华人民共和国农业法〉释义及实用指南》，中国民主法制出版社 2003 年版，第 103 页。

面部署和安排，是指导特定时期农业发展的纲领性文件。[1]

我们认为，准确界定农业发展规划，必须深入解读其所存在的规范内容。"农业发展规划"这一概念存在于现行《农业法》第 15 条第 1 款中。根据该款，制订农业发展规划必须有三个依据：国民经济和社会发展中长期规划、农业和农村经济发展的基本目标、农业资源区划。由此可知，农业发展规划在内容上应该具有三大特征：原则性、实现性和异域性。

由于特定时期的国民经济和社会发展中长期规划具有内容的原则性与存续时限的长期性等特征，因此，直接依据其而制订的农业发展规划在内容上必然是比较抽象和原则的。

实现性意味着农业发展规划所含之内容本质上都应当是特定时期农业和农村经济发展基本目标的进一步实现，而这种实现又可具体为两种：一是所设定的相关目标的进一步细化；二是设置相关目标实现所必需的具体措施，或者将原先的框架性措施进一步细化。

异域性主要源于农业发展规划制订所应当依据的农业资源区划。由于我国地域广阔，不同地域具有各自的农业资源禀赋条件，所据以衍生的农业生产结构、经营模式、农产品品种等也各不相同。以这些客观条件为基础因地制宜设计的农业发展规划必然应当在内容上具有地区相异性。

基于这三点，我们认为，农业生产法律制度中的农业发展规划是指由有权机关依据特定的农业资源禀赋制订并推行的，以预先安排一定时期内的农业及农村经济发展基本目标及其实现措施为基本内容的法律文件。其具体内容应当包括：农业市场化、产业化、农民增收、乡镇企业发展、农业生态建设及重点项目等。[2]

2. 农业发展规划的本质。在法学上，农业发展规划的本质从其基本内容构成及其实现效果来看，应当是一种指导性或调控性的行政计划，其对农业生产主体并不会产生直接的法律约束力，质言之，其规划内容之推行并不会直接使农业生产经营者的相关权利和义务发生增减变动，因此也可称之为非拘束性计划[3]。

---

〔1〕 卞新民、张文方主编：《农业法》，中国农业出版社 2005 年版，第 90 页。

〔2〕 参见扈纪华主编：《〈中华人民共和国农业法〉释义及实用指南》，中国民主法制出版社 2003 年版，第 103 页。

〔3〕 非拘束性计划是我国台湾地区的公法学者借鉴德国公法理论对行政计划进行的一种分类界定，与其对应的是拘束性计划，而进行这种分类的依据是计划内容对国民有无法律上的约束力，亦即计划之推行对人民权利义务是否发生直接之变动效力，台湾学者认为这种分类在行政法学上是最有意义的，也是最值得关注的。参见翁岳生编：《行政法》，中国法制出版社 2009 年版，第 767～768 页。

（二）国外的相关立法例

1. 日本农业法中的"食品、农业、农村基本计划"法律制度。日本的"食品、农业、农村基本计划"是其现行农业基本法（2000 年《食品·农业·农村基本法》）上的一种全面规定食品、农业和农村发展的基本方针、目标及其实施措施的基本性综合计划。

现行日本农业基本法第 15 条比较全面地规定了"食品、农业、农村基本计划"的法定内容，具体包括四项：①关于食物、农业、农村相关政策的基本方针；②食物自给率的目标；③食物、农业、农村综合计划的实施政策；④有关食物、农业及农村相关政策的综合计划。前项提出的食物自给率目标，为提高国内农业生产及食物消费旨意，应致力于明确农业者和相关人事的课题；基本计划中针对农村的相关实施对策，还应与国土综合利用、开发和相关国家计划保持协调。根据该条规定，"食品、农业、农村基本计划"的制订主体是"政府"。政府在制订基本计划时应当听取"食品、农业、农村政策审议会"[1] 的意见，一旦计划形成，则应及时报告国会，并公布。

为了保证基本计划内容对现实的回应性，该法第 15 条还专门设置了计划实施措施的效果评估与计划更新制度，即政府应当根据食品、农业及农村的形势变化，对基本计划中的实施政策的效果进行评估，并应当每 5 年变更基本计划。

2. 韩国农业法中的"农业、农村发展基本计划"法律制度。"农业、农村发展基本计划"是韩国 1999 年的《农业农村基本法》中的概念，其基本规制内容体现在第 42 条中。该条规范并未对"农业、农村发展基本计划"的概念和内容进行界定，而是主要规制了基本计划的实现方式———一种以行政科层结构为基础的层层具体化方式。

该条规定，"农业、农村发展基本计划"的制订主体是"农林部长官"，制订的目的是为实现农业发展和农村地区的均衡发展。根据基本计划，汉城市长及道知事应当考虑到本地的特殊性，制订并实施汉城市及道农业、农村发展计划；市长、郡守及自治区的区厅长再根据"道农业、农村发展计划"，并虑及本地特殊性制订并实施"市、郡、区农业、农村发展计划"。制订并实施各个层次的计划所必要的事项，由总统令另行规定。

为了切实保障基本计划内容的实现，该法第 44 条还专门设置了"预算保障

---

[1]　根据日本 2000 年《食物·农业·农村基本法》第 39 条和第 40 条的规定，"食物、农业、农村政策审议会"设置在农林水产部下，其基本职权为：根据法律及法令规定的权限，负责处理事务，向内阁总理大臣、农林水产大臣及有关各大臣就有关施行法律重要事项提出咨询；审议会根据前项规定，应当向内阁总理大臣、农林水产大臣等有关大臣提出申诉意见。

与预算援助法律制度",即当每年编制财政预算时,农林部长官应优先考虑包括在基本计划中的各种事业费;对各地方自治团体的农业、农村发展计划,农林部长官可以根据其与基本计划的连接性和推进成果的评价结果,分等级支援预算。

(三)我国农业发展规划法律制度的内容

1. 规划的形成。根据现行《农业法》第 15 条第 1 款的规定,县级以上人民政府是农业发展规划的制订主体。但法律却并未明确"制订"的具体含义:仅仅是"拟订",还是"拟订"+"审批"?

从相关规范及立法目的来看,我们认为,在这里将"制订"理解为"拟订+审批"似乎更为准确一些。基于此,县级以上人民政府将集农业发展规划的草拟(拟订)权与审批权于一身。这也与日本和韩国农业基本法的规定一致,只不过日本农业基本法还要求将形成的基本计划报告国会。

那么,农业发展规划的具体拟订机关及基本程序、审批机关及基本程序就应当由立法予以进一步明确,而这正是现行农业法所欠缺的。

2. 规划的实现。根据现行《农业法》第 15 条第 2 款的规定,农业发展规划形成后,所直接约束的主体是"省级以上人民政府农业行政主管部门",它们有义务根据规划,采取措施发挥区域优势、促进形成合理的农业生产区域布局、指导和协调农业和农村经济结构调整。

二、农业生产结构调整法律制度

(一)农业生产结构调整的内涵

1. 农业生产结构调整的含义。所谓农业生产结构调整是指国家(政府)在特定理念的指导下,采取一定的方式,促使农业生产者主动改善或更新农业生产的方法、品种类型、组织类型等,以求实现特定政策目的的行为过程。可见,要想准确理解农业生产结构调整,就必须从以下三个方面进行理解:

(1)农业生产结构调整的主体有二:国家(政府)和农业生产者。在现行家庭自主经营的基本体制下,农业生产者是最主要的调整主体,因为只有他们实际改善或更新了农业生产的方法、品种类型及组织类型,相关的农业政策目的才算实现;国家(政府)在现行体制下,起到的作用主要有两种:一是预设某种农业生产调整目标;二是激发农业生产者调整的积极性。

(2)农业生产结构调整的内容涉及两个层面:①在国家(政府)层面上,需要确立特定的政策理念,并据此设定相应的农业生产结构调整的目标、范围及其实现方式,在现代法治理念之下,这些都需要在法律上有所授权;②在农业生产者层面上,参与农业生产结构调整的具体生产者根据政策要求所从事的调整项目包括品种、质量、生产方式、组织类型等。

（3）农业生产结构调整的依据是国家（政府）所预设的特定政策理念及由此衍生的系列政策目标。分别为农业内各业设定调整理念和政策目标是现代各农业法治国家的普遍做法。

2. 农业生产结构调整的方式。农业生产结构调整的方式应当有广义和狭义之分。

广义上的农业生产结构调整方式包括两种：国家（政府）的调整方式和农业生产者的调整方式。前者又可具体分为三个阶段：①政策理念和目标的确定阶段，这是农业生产结构调整的前提；②促进和诱导阶段，即国家（政府）以特定方式，促使农业生产者主动开展改善或更新行为，以实现相关政策目的；③效果评估和反馈阶段，即国家（政府）通过特殊的途径和方法，检验调整政策目的设定及相应的促进方式在现实中的有效性，并据以改善相关制度内容。后者则是指具体参与农业生产结构调整的生产者，根据国家的指导和要求，直接改善或更新其产品类型、品种、生产方式或组织形式的行为。

狭义上的农业生产结构调整方式仅指国家（政府）的调整方式，这是本书所着重阐释的内容。在国家的调整方式中，第二阶段的促进和诱导方式应当是研究的重点。

（二）农业生产结构调整法律制度的含义和分类

1. 农业生产结构调整法律制度的含义。所谓农业生产结构调整法律制度是指规制农业生产结构调整的各类参与主体及其各自的权利义务、具体的调整方式及其法律效力等的法律规范体系。

2. 农业生产结构调整法律制度的分类。根据不同的标准，可将农业生产结构调整法律制度作出不同的分类。

依据农业生产结构调整的方式，可将农业生产结构调整法律制度分为：政策理念及具体目标设定法律制度、促进和诱导法律制度、调整效果评估与反馈法律制度。

依据农业生产结构调整的内容，可将农业生产结构调整法律制度分为：产品调整法律制度、生产方式调整法律制度和生产组织调整法律制度。

（三）国外的立法例

日本在其 2000 年的《食品·农业·农村基本法》中专门设置了"农业结构对策法律制度"，该法第 21 条规定，国家为扶植效率高并安定的农业经营，应当确立农业生产、农业经营、农业构造对策，根据农业类型及地域特性，推进农业生产基础完备，扩大农业经营规模，促进农业经营基础，采取必要的实施对策。根据该条，我们可以看出，日本现行农业基本法上的"农业结构对策法律制度"

主要包括以下规制内容：

（1）规制的政策目的是扶持高效并稳定的农业经营。

（2）规制的依据是农业类型及地域特征。

（3）规制的内容是推进农业生产基础设施的完备、扩大农业经营规模、促进农业经营基础等。

（4）规制的领域是农业生产、经营及其构造。

韩国在其 1999 年的《农业农村基本法》中专门设置了"农业经营规模促进法律制度"，第 23 条规定，为了提高农业生产力，稳定农民收入，中央和地方自治团体应制定并实施促进适当的农业经营规模化和农业经营资产的合理流动所必要的政策。

可见，韩国农业基本法将其农业生产结构调整的重点仅置于农业生产及经营的规模化之上，其规制内容明显窄于日本农业基本法，而设置这一规制重点的政策目的是提高农业生产力、稳定农民收入水平。

与韩国农业基本法的规制内容相似，法国 1999 年的《农业指导法》也将其农业生产结构调整的重点限于经营规模之上，并因此设置"农业经营结构控制法律制度"。该制度设置的政策目的在于方便农民的安置。具体规制措施包括两种：①限制性措施，即阻止可保证对一个或几个农民进行安置的农业经营财产的分割；②援助性措施，即为那些从各省制订的"结构指导纲要"所规定的标准开看，生产规模、各类参数及获享的权利等均显不足的农业生产经营者的壮大提供援助。

（四）我国农业生产结构调整法律制度的基本内容

在现行《农业法》上，规定了农业生产结构调整的基本制度内容的是第 16 条。从该条规范来看，我国农业生产结构调整法律制度的基本规制内容主要表现在以下几点：

1. 基本政策理念及目标设定。我国农业生产结构调整的基本政策理念是因应农业市场化的需求。因此而形成的基本政策目标则是发展优质、高产、高效益的农业，提高农产品的国际竞争力（第 16 条第 1 款）。

2. 各业的调整内容及其具体政策目的（第 16 条第 2 款）。我国现行农业基本法对农业生产结构调整内容的设置遵循的是分别原则，即为农业内各业分别设置调整内容，而这些内容的设置又是基于不同的政策目的。

对种植业而言，法律设置的调整内容是：作物结构、品种结构和品质结构，目的在于优化品种、提高质量、增加效益。

对林业而言，法律设置的调整内容是：天然林保护、退耕还林、防沙治沙、建设防护林体系、营造速生丰产林、工业原料林及薪炭林。

对畜牧业而言，法律设置的调整内容是：牧养方式、畜禽品种及相关产业，即推广圈养和舍养、改良禽畜品种、发展饲料工业和畜禽产品加工业，目的在于加强森林保护和建设。

对渔业而言，法律设置的调整内容是捕捞结构，即发展水产养殖业、远洋渔业和水产品加工业，目的在于保护和合理利用渔业资源。

3. 调整方式。关于调整方式，该法第16条仅从两个方面做了原则性规定：①提出了国家（政府）促进和诱导的基本方式——"引导和支持"，但并未明确其内涵；②该法赋予县级以上政府制定相关政策、安排资金具体实现"引导和支持"的职权（责）。这种结构设置应该可以做出这样的解释：法律将"引导与支持"的具体方式的设定纳入了县级以上政府自由裁量权的范围之中。

从上述理论分析可知，农业生产结构的调整应当是一个容纳了三个基本阶段的综合性过程，但现行农业基本法却只关注了其第一、二阶段——政策预设与促进、诱导，评估、反馈阶段的缺失将影响农业生产结构调整的实效性，所以应当作为制度完善的重点。

三、农业和农村基础设施建设法律制度

（一）农业和农村基础设施建设的内涵

1. 农业和农村基础设施建设的含义。农业基础设施是指从事农业生产和农产品经营所必需的各项有形或无形的条件。有形条件主要包括水利设施、良种、农田道路、渔港设施、蓄养和放牧设施、农产品仓储和运输设施、农产品交易市场等；无形条件则包括良好的农业环境资源、农业科技与推广机制、农产品流通方式等。

农村基础设施是指农村居民保证其一定水平的生活所必需之各项客观条件。在现阶段，这些条件主要包括生活用水设施、出行道路、农村电网、能源的获取及利用设施等。

农业和农村基础设施的建设从最一般的意义上讲就是指上述各项条件的形成和配备过程。但农业法所重点关注的则是这种形成和配备过程的参与主体及其各自的权利（力）基础、法定程序、相关行为的法律效果等内容。

从主体及其权利（力）的角度分析，农业和农村基础设施的建设可分为两种：一是国家依据其法定公权力（干预权）参与的农业和农村基础设施建设，二是农业生产经营者依据其经营自主权或私法权利开展的农业和农村基础设施建设。本章所指仅为第一种类型。

2. 农业和农村基础设施建设的本质。据以上分析，我们认为，《农业法》上的农业和农村基础设施建设的实质是国家干预农业权的具体实现，而这种干预权在此处就是依法参与农业和农村基础设施建设的权力。具体而言，这种参与权因国家参与的程度不同可表现为以下两种具体形态：

（1）投资权，即国家以财政资金具体投入特定的农业和农村基础设施建设项目并附随监管和验收之权力。投资权实现的最终结果是形成国家对各项有形、无形条件的所有权，但具体的经营管理权却不一定非得由国家享有，国家有可能将其授予特定的农业生产经营者。

（2）补助权，即国家以财政资金补贴特定农业生产经营者形成一定的农业和农村基础设施所花费之成本的权力。补助权与投资权不同，它是国家对符合特定政策理念的相关基础设施建设的援助权，一般并不会因此而使国家获得相关条件的所有权。

（二）农业和农村基础设施建设法律制度的含义和分类

农业和农村基础设施建设法律制度是指规制国家参与特定农业和农村基础设施建设的权源、实现方式、实现程序和相关法律效力的法律规范体系。

根据国家对特定农业和农村基础设施建设参与权的实现方式和程序，我们可以在理论上概括出农业和农村基础设施建设法律制度的基本类型，即投资（补助）规划法律制度、投资（补助）实现法律制度、资金使用（项目建设）监督管理法律制度、建设成果权属与经营管理法律制度。

（三）国外立法例

韩国在其1999年的《农业农村基本法》中设置了"农业生产基础整备"的原则性规定，即为了确保持续稳定的农业生产力，中央和地方自治团体应制定并实施整备农业生产基础所必要的政策（第22条）。除此之外，一些专门性农业立法对相关基础设施的整备措施进行了细化规定，如1986年的《农水产品流通及价格稳定法》就为政府赋予了改善农水产品流通条件的职权，具体的改善方式是在预算范围内向市场的开设者、农畜水协会及公益法人提供融通资金和补助。

日本2000年的《食物·农业·农村基本法》第24条规定，国家为确保农地及农业用水具备良好条件，促进农业生产提高，适应地方特性，保持环境协调发展，维持增进农业用水排水设施，加强农业生产基础配备，应当采取必要的对策措施。其基本规制方式与韩国农业基本法相似，都是原则性规定。

英国1973年的《农业法》专门设置了"农场资本补贴计划"，其基本内容是：中央政府对农场购置或建设干燥设备及仓储库，修建煤气、电力设施以及公路和便道，整治和改良土地，排供水及各项防汛设置等，依照法定的额度或标准进行财政补助。

（四）我国农业和农村基础设施建设法律制度的基本内容

在我国现行《农业法》上，规定农业和农村基础设施建设基本制度内容的是第 17 条和第 19 条。

1. 农业和农村基础设施建设的公权主体及内容。我国现行《农业法》规定的参与农业和农村基础设施建设的公权主体是"各级人民政府"。农业和农村基础设施建设的内容具体包括：农业综合开发、农田水利、农业生态环境保护、乡村道路、农村能源和电网、农产品仓储和流通、渔港、草原围栏、动植物原种良种基地等。

2. 国家参与权的内容。我国现行农业基本法采用了与日本及韩国农业基本法相同的规制方式，仅原则性的授予特定公权主体参与相关农业和农村基础设施建设的权力，但却并未明确权力的具体内容。从相关农业政策及实践来看，我国各级政府所享有的参与权既有投资权的内容，也有补助权的内容，但以前者最为普遍。农业部也制定了一系列的规章来细化这一权力的实现方式，最主要的有《农业基本建设项目管理办法》（2004 年）、《农业基本建设项目申报审批管理规定》（2004 年）、《农业基本建设项目招标投标管理规定》（2004 年）、《农业基本建设项目竣工验收管理规定》（2004 年）和《农业建设项目监督检查规定》（2004 年）等。

3. 对农田水利设施建设的重点强调，现行农业基本法在原则性的规定了农业和农村基础设施建设的基本制度内容之外（第 17 条），还专门对农田水利设施建设的基本制度内容进行了规定（第 19 条），足见其对农田水利建设的重视程度。根据规定，农田水利设施建设的重点在于：发展节水农业，严格控制非农建设占用灌溉水源，禁止任何组织和个人非法占用或毁损农田水利设施。

法律所设计的基本制度有二：一是建立健全农田水利设施的管理制度；二是对缺水地区发展节水型农业设施建设进行重点扶持。但并未明确管理制度及扶持的具体内容。

四、农业机械化促进法律制度

所谓农业机械化促进是指国家通过法定方式促使或激励农业生产经营者采用先进的农业生产机械的行为过程。具体规制这一行为的相关权力基础、实现方式、运作程序及法律效果的法律规范的总称即为农业机械化促进法律制度。

（一）国外立法概况

当本国农业发展到一定阶段之后，由国家以积极主动的促进方式提升农业的机械化水平是世界各农业发达国家的普遍经验，而以立法形式对这一过程进行规制又是许多农业法治国家的通行做法。

日本曾于 1953 年颁布《农业机械化促进法》，其后经历了 9 次修改，最新一次修改是在 2002 年。为了使立法内容更具可操作性，日本还颁行并多次修改了《农业机械化促进法实施令》。韩国于 1970 年颁布《农村现代化促进法》，其中专门设置了"农业机械化事业的实施"一节，1978 年又颁布专门的《农业机械化促进法》并于 20 世纪 90 年代中期进行了较大的修改。[1] 德国和法国分别颁行有《农机法》。新西兰于 1972 年颁布《机械法》，其中包含着农业机械管理及推广促进的相关规定。美国虽无专门规制农业机械化促进行为的法律，但却于 1978 年颁布了《农业装备的安全标准》，同时，其税收法律中也有关于先进农业机械购置的优惠规定。加拿大、澳大利亚、埃及等国通过政府令或其他有关法律，对先进农业机械购置的补贴进行了比较详细的规定。

（二）农业机械化促进的方式

从各国的法律规定来看，农业机械化促进的基本方式可以概括为以下四种：

1. 机械购置援助。这些援助措施一般适用于直接从事农业生产经营者（农民或农场主）购置指定的先进农业机械的行为。援助的方式具体包括贷款援助、财政补贴及税收优惠三种。日本现行《农业机械化促进法》第 4 条规定，国家应当为农民引进农机具制定长期低息的相关政策。韩国现行《农业机械化促进法》第 4 条规定，国家或地方自治团体对于农业机械购买者或利用相关附带设施的设置者要支援必要资金的一部或全部。法国 20 世纪 50 年代的《农机法》规定，凡购置新的农机具按原价优惠 15% 出售，购买农机零件可减价 20%，差价由政府补给；60 年代的法律又规定，农场主购买拖拉机，由政府给予 20% ～ 30% 的补贴。美国相关税法规定，对农场主购置农业机械实行减税、扩大折旧额等优惠措施。

2. 柴油购置援助。这些援助措施主要适用于直接从事农业生产经营者购买使用先进机械所需之柴油的行为。援助的具体方式有二：一是发放柴油补贴，如德国《农机法》规定，农民用的柴油应当半价供应，政府实行 23% ～ 50% 的价格补贴；二是实行税收优惠，如美国相关税法规定，对农场主购买农用柴油实行免税。

3. 监督管理。这又可分为两种类型：一是对相关农业机械的性能和质量进行监管；二是对农业机械操作人员的资质及技能进行监管。前者在日本和韩国现行的《农业机械化促进法》中规定的比较明确，后者在美国 1978 年的《农业装

---

〔1〕　参见白人朴、刘敏主编：《农业机械化购置补贴政策研究》，中国农业科学技术出版社 2004 年版，第 77 页。

备的安全标准》则有明确规定。

4. 促进开发与推广。韩国现行《农业机械化促进法》第 6 条规定，农林部官员有义务采取措施促进新技术农业机械的开发与普及，为了达到此目的，农林部官员有权要求特定单位优先购买指定的机械；第 7 条则规定，国家或地方自治团体对生产新技术机械的单位，在资金上要优先给予援助。日本 1993 年的《农业机械化促进法》为农林水产大臣设订了制定高性能农业机械试验研究、使用推广和引进的基本方针的职责，各都道府县知事则有义务根据基本方针制订相应的引进计划，专门成立的促进高性能农业机械使用推广的企业则有义务根据基本方针制订并实施具体的推广计划。

5. 扶持各种形式的农业机械化经营组织。许多农业发达国家在其农业机械化的促进阶段，为了节约成本，扩大先进农业机械的使用范围，一般都通过法定鼓励性措施扶持各种农业机械化经营组织的建立及运营。韩国现行《农业机械化促进法》对农业机械的"共同利用事业"专门规定了扶持性措施，其第 8 条规定，为了促进农业机械的共同利用，国家和地方自治团体认为有必要时，有权对农业机械的共同利用者在其农业机械的购买和设置附随设施、运营及管理上，支援必要资金的一部或全部。在 1977～1986 年推进农业机械化的关键时期，韩国政府对具有一定规模的农业协同组合、农地改良组织等机械化营农团体购置农业机械，实行补助 40%、贷款 60% 的全额支援供应方法。[1]

（三）先进农业机械的认定方式

农业机械化促进法律制度的规制目的在于推广和普及先进的农业机械，那么，哪些机械才算先进机械就是法律必须要解决的前提性问题之一。对此，各农业法治国家的做法不一。

韩国现行《农业机械化促进法》对"农业机械"进行了界定，即农林畜产物生产及产后处理作业、生产设施的环境控制及自动化中使用的机械设备及其附属机械资材等，促进使用的农业机械则被称为"新技术农业机械"，其类型和范围的确定实行的是"申请—认定"的程序和机制。

日本 1993 年的《农业机械化促进法》对"农业机械"进行了明确的定义，即有效地进行耕耘整地、播种、施肥、田间管理、病虫害的防治、畜禽饲料管理、收获、产品加工及其他农业作业所必需的机械和器具。推广和普及的农业机械被法律称为"高性能农业机械"，其具体种类被 1993 年的《农业机械化促进

---

[1] 参见白人朴、刘敏主编：《农业机械化购置补贴政策研究》，中国农业科学技术出版社 2004 年版，第 80 页。

法施行令》所明确规定。但在1978年由农林事务次长制定并实行的《关于引进高性能农业机械基本方针地运用及引进高性能农业机械计划的制定》中，高性能农业机械的机种则被授权由都道府县知事通过"引进计划"具体确定。

（四）我国农业机械化促进法律制度的内容

1. 农业基本法上的原则性规定。现行《农业法》第20条规定，国家鼓励和支持农民和农业生产经营组织使用先进、适用的农业机械，加强农业机械安全管理，提高农业机械化水平。国家对农民和农业生产经营组织购买先进农业机械给予扶持。可见，现行农业基本法所设置的农业机械化促进法律制度主要包含两种制度类型：国家扶持制度和农业机械安全管理制度，对农业生产经营者购置先进的农业机械进行扶持则应当是前者的主要规制内容。

2. 《农业机械化促进法》上的具体化规定。为了进一步细化现行农业基本法上的原则性制度内容，2004年6月25日，第十届全国人大常委会第十次会议通过了《农业机械化促进法》，包括总则、科研开发、质量保障、推广使用、社会化服务、扶持措施、法律责任、附则等8章、35条。以下仅简述其规制内容：

（1）先进农业机械的确定。《农业机械化促进法》第2条第2款将"农业机械"定义为：用于农业生产及其产品初加工等相关农事活动的机械、设备。从相关规范内容来看，法律意欲推广适用的农业机械被称为"先进适用的农业机械"，但法律却并未明确其类型、范围或其确定方式。[1]

（2）先进农业机械的促进方式。根据《农业机械化促进法》各章规定，不难看出，其所包含的促进方式比较全面的反映了前述各农业法治国家的通行做法，具体包括：促进科研开发、质量安全监管、促进推广使用、扶持各类农业机械作业服务、发放农业机械购置补贴、发放农业作业燃油购置补贴等。但现存的问题是，对这些促进方式的规定比较原则和抽象，因此亟需相关具备可操作性的细化制度。

五、农业气象事业支持法律制度

农业气象事业支持法律制度是指规制国家以法定方式支援、扶助气象事业为农业生产、经营更好的提供服务的法律规范的总称，它是气象法律制度中的重要内容之一，其主要目的在于通过提供与农业生产经营活动有密切关联的系列气象

---

[1]　农业部制定并实行的《农业机械购置补贴专项资金使用管理办法（试行）》（2004年）倒是明确规定了适用补贴的4种作业机械，并规定补贴的机具种类由各省（区、市）根据农业部的项目指南具体确定。但是这一部门规章的制定和实行是在《农业机械化促进法》颁行之后，其现在的法律效力如何，尚需探讨。更为重要的是，这一规章仅适用于相关农业机械购置补贴的发放，其适用范围明显的要窄于《农业机械化促进法》。

信息，使得农业生产经营者或政府能够更有效的预防农业自然灾害的发生，亦即为农业自然灾害的预防提供科学信息。

（一）各国气象事业的立法例

1. 各国气象立法概况。在世界农业法治国家中，对气象事业进行专门立法是比较常见的做法。在所能查到的资料中，最早对气象事业进行专门立法的国家是荷兰，其于1915年即颁行《气象条例》。韩国1961年颁行了《气象业务法》，后历经修改。日本于1952年颁行《气象业务法》，1993年时对其进行了比较大的修改。俄罗斯国家杜马（即议会）于1999年审议通过了《联邦气象法》。德国于1952年颁布《联邦气象法》，1957年联邦司法部根据该法又颁行了《联邦气象管理条例》。澳大利亚于1955年颁行了《联邦气象法》，1983年进行了较大幅度的修改。

2. 各国规制气象事业的通行做法。从各国气象事业的专门立法来看，对气象事业的进行规制的基本方法有以下几种：

（1）限定气象事业的性质及其服务范围。各国通行的做法是将气象事业限定为公益（国家）事业，并明确其业务范围，其中农业是普遍的服务对象。韩国和日本的《气象业务法》都规定，国家气象事业应当增进灾害预防、确保交通安全、发展生产等公共福利。德国《联邦气象法》规定，国家气象事业应当满足共和国及柏林市在气象方面的需求，特别是交通运输业、农林业、工商业等对气象的要求。澳大利亚《联邦气象法》规定，国家气象事业应当为国防、航海、农业、工业等提供服务和帮助。

（2）建立专门的气象事业体制。各国都依据其气象事业专门法建立了专职负责各类气象事业运作的机构，并明确了它们的职权（则）和运作规则。

（3）国家财政保证气象事业的运作经费。鉴于气象事业的公益性质，各国都将其运作费用纳入财政保障的范围。韩国和日本的《气象业务法》都规定，从事气象观测和预报业务的人员是国家公务员，国家在预算范围内负担观测、预报所需之费用。俄罗斯《联邦气象法》规定，国家气象部门的各项工作包括保证联邦国家需要的研究工作均由国家预算拨款。澳大利亚《联邦气象法》规定，利用国家基本气象设置收集和处理气象资料是政府的职责，政府因此应当通过税收保证其资金需求。

（二）我国农业气象事业支持法律制度的基本内容

现行农业基本法仅原则性的规定各级人民政府负有支持为农业服务的气象事业发展的义务，但并未明确何谓"为农业服务的气象事业"，也未明确支持的具体方式。

借鉴前述各国的普遍做法，我们认为，在我国，对农业气象事业进行支持的方式应当包括公益性定性、农业服务项目的确定、专门体制的建立及相关事业运作经费的保障等，现行的《气象法》（1999 年 10 月 31 日第九届全国人大常委会第十二次会议通过）对其中的许多内容都进行了明确规定，可资直接适用。

第八章

农业科技与教育法律制度

第一节 农业科技与教育法律制度概述

一、农业科技与农业教育的含义及特点

（一）农业科技的含义及特点

农业科技是农业科学与农业技术的简称。农业科学是指建立在农业生产实践和农业科学研究的基础上的，关于农业领域各种事物的本质特征、必然联系和运动规律的理论认识和知识体系。农业科学是多学科相互渗透、相互结合、相互交错的一门综合学科，属于应用科学的范畴。农业技术是农业科学原理经过实践、积累、总结、发展而成的操作方法、技能和技巧，是把各种科学应用于农业生产实践中的方法和技能的总称。《农业技术推广法》第 2 条规定："本法所称农业技术，是指应用于种植业、林业、畜牧业、渔业的科研成果和实用技术，包括良种繁育、病虫害防治、栽培和养殖技术，农副产品加工、保鲜、贮运技术，农业机械技术和农用航空技术，农田水利、土壤改良与水土保持技术，农村供水、农业能源利用与农业环境保护技术，农业气象技术以及农业经营管理技术等。"

农业科技具有以下特点：

1. 科技主体的广泛性。现代科技在农业上的广泛应用，有力地促进了农业科学技术的进步，农业科技日益显现出综合化、整体化和社会化的趋势，从而使得农业科学研究、技术推广的组织形式更加集体化。现代农业科技工作，在现有农业经营模式下，如果仅仅靠农业科技工作者个人是无法取得成果的，必须依靠集体，依靠群众，需要广大农民群众的参加和配合。

2. 农业科技具有公共产品的特征。公共产品，一般具有两大特征：非排他性和非竞争性。由于农业生产具有自然再生产属性，其可自我繁殖的生物学特性决定了其具有非排他性；同时，农业技术一旦产生，部分农民对某种技术的采用不会限制其他农民对该技术的采用，这就是非竞争性。农业技术的非排他性必然会出现"搭便车"现象（这正是农技推广所希望的），如果完全由市场按照价值规律提供农业技术，由于提供者不能及时得到合理的价值补偿，那么所提供的数

量必然会低于社会需求。所以，农业技术推广经费需要政府财政来保证。

3. 农业科技的保密性差。在可以预见的将来，我国农村仍将实行以家庭承包经营为主的双层经营体制。这种千家万户式的生产方式，使得科技成果的保密成本加大。加之农业技术市场没有得到充分发育、农业知识产权保护体系不健全，诸多农业领域的科技投资靠企业无法达到最佳的投入水平。即使在知识产权制度健全的工业化国家，不管是民营企业还是国有企业对农业科技的投入也是有选择性的。这是很多农业技术不能市场化的原因。站在推广的角度，则不希望保密，推广得越快越好。

4. 多数农业技术具有很强的社会生态效应。首先，农业技术大多具有很强的社会效益。一方面，采用与资源环境相关农业技术的农户可以从中获得丰厚的经济收益，且收益水平与其到位率成正比；另一方面，整个社会也会从农民广泛采用先进实用农业技术中大受其益，且收益程度与其普及率成正比。其次，多数农业技术效果的充分发挥要求板块式规模化应用。农业技术特别是种植业技术的应用环境大都是开放式的，受自然、社会环境条件影响大，不确定因素多，只有在板块式规模应用的情况下，才能发挥应有的技术效果和经济效益。属于以上所述的农业技术有：无公害农产品标准化生产、病虫害防治、小流域治理、生态建设、农业污染的预防和治理、水土保持、农业资源保护、优质专用品种等。这类技术应用的私人成本或收益与社会成本或收益不一致，靠市场机制调节无法达到最优供需平衡状态。

（二）农业教育的含义和分类

农业教育有两方面的含义：狭义的农业教育是指传授农业科学技术知识、培养农业科技人员的一项社会活动。它可以是农业科技知识的再生产，也可以是农业科技劳动力的再生产和再提高。"十一五"规划指出，支持新型农民科技培训，提高农民务农技能和科技素质。实施农村劳动力转移培训工程，增强农村劳动力的就业能力。实施农村实用人才培训工程，培养一大批生产能手、能工巧匠、经营能人和科技人员。广义的农业教育是指对广大农村实施的义务教育、农业职业教育，以提高农业劳动者的文化、技术素质。"十一五"规划明确提出了培养新型农民的农村教育理念，即通过加快发展农村教育、技能培训和文化事业，培养造就有文化、懂技术、会经营的新型农民。这其中包括：①加快发展农村义务教育。着力普及和巩固农村九年制义务教育。对农村义务教育阶段的学生免收学杂费，对其中的贫困家庭学生免费提供课本和补助寄宿生生活费。按照明确各级责任、中央地方共担、加大财政投入、提高保障水平、分步组织实施的原则，将农村义务教育全面纳入公共财政保障范围，构建农村义务教育经费保障机制。实施农村教师培训计划，使中西部地区 50% 的农村教师得到一次专业培训。鼓励城市各单位开展智力支农，加大城镇教师支援农村教育的力度。全面实施农村中小学远程教育。②加强劳动力技能培训。实施农村劳动力转移培训工程，增强农村劳动力的就业能力。实施农村实用人才培训工程，培养一大批生产能手、能工巧匠、经营能人和科技人员。③发展农村文化事业。加强农村文化设施建设，扩大广播电视和电影覆盖面。引导文化工作者深入乡村，满足农民群众精神文化需求。扶持农村业余文化队伍，鼓励农民兴办文化产业。推动实施农民体育健身工程。开展"文明村镇"和"文明户"活动，引导农民形成科学文明健康的生活方式。

农业教育按不同的培养对象、教学目的和任务，可分为农业科学的普通教育、农业科技人员的继续教育以及农业科学技术的普及教育。按照教育方式和途径可以分为农业职业教育、农民培训等。

二、现行农业科技和农业教育立法概况

20 世纪 80 年代以来，我国开始注重农业科技立法，在农业科技开发、转化和推广方面颁布了一系列法律法规。主要有：1987 年 7 月发布的《国家星火奖励办法》，1990 年农业部发布的《适用农业科技成果办法》（试行），1991 年 10 月 11 日农业部发布的《乡镇企业科技成果鉴定规定》（试行），1992 年 6 月 20 日农业部发布的《农业科技开发工作管理办法》，1995 年财政部、农业部发布的《科技兴农资金管理办法》。特别是 1993 年通过的《农业法》和《农业技术推广法》，以及 1996 年发布的《促进科技成果转化法》是指导我国农业科技推广的最基本法律，对稳定农技推广机构、健全农技推广体系起着至关重要的作用，已有大部分的省（自治区、直辖市）先后出台了《农业技术推广法实施办法》。2001 年 8 月 28 日，科技部办公厅、财政部办公厅发布了《农业科技成果转化资金项目管理暂行办法》，要求加速农业、林业、水利等科技成果的转化，提高国家农业技术创新能力，为我国农业和农村经济发展提供强有力的科技支撑。2002 年修订后的《农业法》对农业科技发展和农业科技推广做了新的规定，是目前开展农业科研和推广工作的主要法律依据。

农业教育的法律规定主要体现在《农业法》、《科技进步法》、《农业技术推广法》、《教育法》、《义务教育法》、《民办教育法》等法律中。

第二节　农业教育法律制度

一、农村义务教育法律制度

义务教育是指初等教育和初级中等教育。我国实行九年制义务教育。儿童是祖国的未来，他们受教育的状况，会直接影响我国各民族的素质和国家的经济建设。1986 年 4 月 12 日，第六届全国人民代表大会第四次会议通过《中华人民共和国义务教育法》，将义务教育纳入法制的轨道。义务教育必须贯彻国家的教育方针，努力提高教育质量，使儿童、少年在品德、智力、体质等方面全面发展，为提高全民族的素质，培养有理想、有道德、有文化、有纪律的社会主义建设人才奠定基础。

在农村实施义务教育，首先要提高认识。义务教育普及率的高低，直接影响着我国经济的发展，我们不能因为一时利益，或者因工作上的疏忽，告别老一代文盲、科盲，又产生新一代文盲、科盲。其次，要分地区、分步骤地实施农村义务教育。1994 年我国政府颁布的《中国教育改革与发展纲要》确定，全国分三批完成普及九年义务教育：第一批是经济发达地区，第二批是中等发展地区，第三批是经济落后地区。再次，对于实施义务教育，除政府投资、保障义务教育经费外，还要发动社会各方面的力量。中国青少年发展基金会实施的资助贫困地区失学儿童的"希望工程"、中国儿童少年基金会实施的资助失学女童的"春蕾计划"，都在社会各界的大力支持下为经济困难家庭的孩子接受九年义务教育提供了帮助。此外，要采取措施，建立一支有足够数量的、专业结构合理的、德才兼备的师资力量，要稳定教师队伍。《农业法》明确规定，国家在农村举办的普通中小学教职工工资由县级人民政府按照国家规定统一安排，正是为了切实维护教师的利益而作出的有针对性的规定。最后，《农业法》规定校舍等教学设施的建设和维护经费由县级人民政府按照国家规定统一安排仍有其现实意义，在法律中作出规定是有必要的。

二、农业职业教育法律制度

（一）农村职业教育的必要性

职业技术教育是当今世界教育发展的潮流。职业技术教育的最大优点是教学目的明确，能够因人施教，注重实效，是尽快向各个行业输送大批符合要求的劳动力和人才的最有效的教育措施。西方发达国家的农业职业教育始终置于农业教育的首位，十分注重培养和提高农民的生产技术素质。我国作为一个农业大国，广大农民是农业生产的主要依靠力量，他们的文化、技术素质如何，直接影响到我国农业现代化的进程。发展我国农村教育事业，要加快农业教育结构的改革，逐步扩大职业教育在整个农业教育中的比重，建立一套多形式、多层次的农业职业教育体系。

（二）发展农村职业教育的措施

1. 要开展义务教育阶段的职业教育。作为广大农村的中小学生，是我国农业生产的后备劳动力，他们中的大多数在中小学毕业后会直接参加农业生产，必须要加强农村初级职业教育，保证新增农业劳动力在上岗之前具备一定的技术素质。

2. 要加强建设职业技术学校。一方面，对现有的农业职业技术学校进行挖潜、扩招，结合农业生产的实际需要，合理配置专业，引入现代农业生产、经营管理技术。要建立起一批能够起示范作用的骨干职业技术学校，提高办学水平，注重教学质量。另一方面，为满足农业生产的实际需要，增建一些农业职业技术学校。

3. 对广大农民要进行教育。这十分必要。由于种种原因，广大农民的基础文化知识水平偏低，也很少受过农业技术培训，生产技术素质不高。因此，加强农民的职业教育，是农业教育工作的重要环节。农民职业教育要紧密结合农业生产，县、乡有关部门、村集体经济组织以及农业技术推广机构、科研单位、有关学校等，都应当在参与农业生产的过程中对农民开展多种多样的农业技术培训。国家鼓励、支持企业事业单位、个人及社会各界到农村广泛开展农业技术指导与培训，开展农民职业技术教育活动。另外，农业职业教育也要实行国家职业资格证书制度，开展农业行业的职业分类，做好职业技能鉴定工作。

三、农民培训法律制度

（一）国家鼓励农民采用先进技术，支持举办科技培训

农民是农业技术的接受者，任何农业技术只有为农民所采用，应用于农业生产，才能转化为生产力。因此，必须重视农民在农业技术推广活动中的作用，重视农民对使用技术的选择权和对推广活动的参与权。一项农业技术能否为农民所采用，取决于农民的素质、农民的经济条件、技术本身的因素、政府的政策措施等方面。其中，政府的政府措施是影响农民采取新技术的一个很重要的方面。政府的政策措施如土地使用政策、农业开发政策、农产品和生产资料价格政策等，对农民采用新技术的积极性有很大影响。国家鼓励农民采用先进的农业技术，要着重做好以下工作：①广泛宣传，提高全体农民对农业科技的认识水平；②做好示范，增加农民对农业科技的应用热情；③培训、强化农民对农业科技的应用能

力；④搞好服务，确保农民对农业科技的应用效果。农民举办的各种科技组织是整个科技推广网络的有机组成部分，是对国家科技推广服务组织的有益补充。随着农村的社会主义市场经济的发展，农民在科技推广中的作用日益突出。这些年来许多地方出现联办的农业服务组织，如各种专业技术协会、研究会等民办服务组织，它们在开展农业技术推广，发展农业社会化服务中起到不可忽视的补充作用。各级政府应积极支持其发展，保护其合法权益，同时加强管理，引导其健康发展。

（二）国家鼓励开展多种农业技术教育培训

国家鼓励开展多种农业技术教育培训，并注意发挥科技组织的作用。在今后一段时期内，农民技术教育主要通过三种教育培训方式，培养造就三支队伍：①通过实用技术培训，向农民普及推广农业科学技术，培养一支掌握致富技术的劳动者队伍；②通过实施"绿色证书工程"，对具有初、高中文化程度的农民进行岗位培训，培养一支能够起示范带头作用的农民技术骨干队伍；③通过开展农民中等学历教育，培养一支能够适应农村经济发展需要的乡、村基层管理干部和技术人员队伍。通过开展多种形式多样的科技培训在一定程度上提高农民的科学文化素质和劳动技能。

第三节　农业科学研究法律制度

一、农业科教规划及经费投入法律制度

（一）制定农业科技发展规划

科学技术是第一生产力。可以讲，振兴经济，首先要振兴科技。经济发展、科技进步又取决于劳动者素质的提高。农业的农村经济的进一步发展除继续依照政策、法律调动农民的积极性以外，更要依照科学技术进步，全面实施科技兴农战略。科学技术是促进农业发展的第一推动力。从世界范围看，科技进步已成为世界农业增长的源泉。据国外学者研究，今后一段时间，世界农业增产几乎都将来自更高的单产。在发达国家，除革新了的常规技术将继续发挥作用外，高新技术特别是生物技术将开始转入较大范围的实际应用，从而为大幅度增产、提高产品质量和降低成本提供广阔的前景。从我国来看，科技成果的推广应用，极大地推动了我国农业的发展。对于农业科技、农业教育发展，需要加强规划，以更好地适应新时期发展的需要。依照法律的规定，由国务院和省级人民政府制订农业科技、农业教育发展规划。

（二）逐步增加农业科技经费

农业科技事业的兴衰，与农村经济的发展和繁荣密切相关。但是，由于农业科技是一项社会效益高于经济效益的事业，因此，对农业科技的投入应以国家财政作为主要渠道。纵观世界各国，即使是资本主义国家也通过干预调节投资方向，保护那些收益不大，社会效益却显著的行业。农业就是这样的行业。事实上，各国农业科技投资中绝大部分均由中央和地方政府承担。例如，20世纪80年代中后期，印度、泰国和印尼科研投资中政府拨款的比重分别占到93%、95%、97%。要实现新时期我国农业发展的目标，需要增加农业科技投资的比重，使农业科技事业得以发展。由于我国财力有限，各级人民政府对农业科技经费的增加是渐进的过程，因此，农业法规定县级以上人民政府应当按照国家有关规定逐步增加农业科技经费。

（三）鼓励、吸引社会力量增加农业科技投入，举办农业科技事业

农业科技事业是一项全民性的事业，发展农业科技事业仅仅依靠国家设立的有限的农业科技、教育机构，在人、财、物等方面满足不了农业发展的需求，只有充分调动社会各方面的积极性，由国家、集体、企业、个人一起上，才能够广泛普及、发展农业科技事业。国家的政策主要有：①要鼓励、吸引企业等社会力量增加农业科技投入。鼓励和支持企业引进新品种、新设备、新工艺、新技术。②要鼓励农业生产经营组织、企业事业单位兴办农业科技事业。充分利用村集体、经济组织的技术人才、技术设备，依靠集体经济实力，兴办村农业技术推广服务组织。鼓励生产经营化肥、农药等的国有企业积极开展施肥、用药等技术研究，到农村开展农业技术服务和技术推广工作。国家科研单位、有关学校要积极面向农业生产进行科研，为农业技术推广机构提供技术，也可以直接进行推广。农场、林场、牧场、渔业在做好本场的农业技术服务工作外，要积极向农民提供农业技术推广服务。③鼓励农民、社会各界、科技人员兴办农业科技企业。如以农民、农业技术员为骨干，举办各种专业技术协会、研究会等农村群众性科技组织，为广大农民从事多种经营提供技术服务等。④兴办农业教育事业。教育部门应在农村开展多种形式、不同层次的农业职业教育，提高农民的技术素质。鼓励厂矿、企业兴办农村中小学、农业技术学校、技术培训班，发挥企业优势，壮大农村教学力量。还要发挥社会团体和各党派作用，依靠社会力量，在农村开展广泛的农业教育活动。农村集体经济组织，发挥服务的职能，面向农民开展农业技术培训，兴办农业技术学校等。

二、农业知识产权保护法律制度

对农业知识产权的保护，是促进农业科技研究的主要措施。目前，许多国家

除了以专利法保护农业知识产权外，还借助于专门法来保护动植物新品种，也就是创设植物新品种权，以保护育种者的利益。我国也是如此。国务院于 1997 年 3 月发布了《植物新品种保护条例》，目的就是为了保护植物新品种权，鼓励培育和使用植物新品种，促进农业、林业的发展。

《植物新品种保护条例》所称植物新品种，是指经过人工培育的或者对发现的野生植物加以开发，具备新颖性、特异性、一致性和稳定性并有适当命名的植物品种。国务院农业、林业行政部门（以下统称审批机关）按照职责分工共同负责植物新品种权申请的受理和审查并对符合本条例规定的植物新品种授予植物新品种权。生产、销售和推广被授予品种权的植物新品种（以下称授权品种），应当按照国家有关种子的法律、法规的规定审定。以下介绍有关内容：

（一）品种权的内容和归属

完成育种的单位或者个人对其授权品种，享有排他的独占权。任何单位或者个人未经品种权所有人（以下称品种权人）许可，不得为商业目的生产或者销售该授权品种的繁殖材料，不得为商业目的将该授权品种的繁殖材料重复使用于生产另一品种的繁殖材料；但是，该条例另有规定的除外。执行本单位的任务或者主要是利用本单位的物质条件所完成的职务育种，植物新品种的申请权属于该单位；非职务育种，植物新品种的申请权属于完成育种的个人。委托育种或者合作育种，品种权的归属由当事人在合同中约定；没有合同约定的，品种权属于受委托完成或者共同完成育种的单位或者个人。一个植物新品种只能授予一项品种权。两个以上的申请人分别就同一个植物品种权申请品种权的，品种权授予最先申请的人；同时申请的，品种权授予最先完成该植物新品种育种的人。植物新品种的申请权和品种权可以依法转让。中国的单位或者个人就其在国内培育的植物新品种向外国人转让申请权或者品种权的，应当经审批机关批准。国有单位在国内转让申请权或者品种权的，应当按照国家有关规定报经有关行政主管部门批准。转让申请权或者品种权的，当事人应当订立书面合同，并向审批机关登记，由审批机关予以公告。在下列两种情况下使用授权品种的，可以不经品种权人许可，不向其支付使用费，但是不得侵犯品种权人依照本条例享有的其他权利：一是利用授权品种进行育种及其他科研活动；二是农民自繁自用授权品种的繁殖材料。为了国家利益或者公共利益，审批机关可以作出实施植物新品种强制许可的决定，并予以登记和公告。取得实施强制许可的单位或者个人应当付给品种权人合理的使用费，其数额由双方商定；双方不能达成协议的，由审批机关裁决。品种权人对强制许可决定或者强制许可使用费的裁决不服的，可以自收到通知之日起 3 个月内向人民法院提起诉讼。不论授权品种的保护期是否届满，销售该授权品种应当使用其注册登记的名称。

（二）授予品种权的条件

申请品种权的植物新品种应当属于国家植物品种保护名录中列举的植物属或者种。植物品种保护名录由审批机关确定和公布。授予品种权的植物新品种应当具备：①新颖性，是指申请品种权的植物新品种在申请日前该品种繁殖材料未被销售，或者经育种者许可，在中国境内销售该品种繁殖材料未超过 1 年；在中国境外销售藤本植物、林木、果树和观赏树木品种繁殖材料未超过 6 年，销售其他植物品种繁殖材料未超过 4 年。②特异性，是指申请品种权的植物新品种应当明显区别于在递交申请以前已知的植物品种。③一致性，是指申请品种权的植物新品种经过繁殖，除可以预见的变异外，其相关的特征或者特性一致。④稳定性，是指申请品种权的植物新品种经过反复繁殖后或者在特定繁殖周期结束时，其相关的特征或者特性保持不变。⑤适当的名称，并与相同或者相近的植物属或者种中已知品种的名称相区别。该名称经注册登记后即为该植物新品种的通用名称。对仅以数字组成、违反社会公德或者对植物新品种的特征、特性或者育种者的身份等容易引起误解的名称不得用于品种命名。

（三）品种权的申请和受理

中国的单位和个人申请品种权的，可以直接或者委托代理机构向审批机关提出申请。中国的单位和个人申请品种权的植物新品种涉及国家安全或者重大利益需要保密的，应当按照国家有关规定办理。外国人、外国企业或者外国其他组织在中国申请品种权的，应当按其所属国和中华人民共和国签订的协议或者共同参加的国际条约办理，或者根据互惠原则，依照该条例办理。申请品种权的，应当向审批机关提交符合规定格式要求的请求书、说明书和该品种的照片。申请文件应当使用中文书写。审批机关收到品种权申请文件之日为申请日；申请文件是邮寄的，以寄出的邮戳日为申请日。申请人自在外国第一次提出品种权申请之日起12 个月内，又在中国就该植物新品种提出品种权申请的，依照该外国同中华人民共和国签订的协议或者共同参加的国际条约，或者根据相互承认优先权的原则，可以享有优先权。申请人要求优先权的，应当在申请时提出书面说明，并在3 个月内提交经原受理机关确认的第一次提出的品种权申请文件的副本；未依照本条例规定提出书面说明或者提交申请文件副本的，视为未要求优先权。对符合该条例规定的品种权申请，审批机关应当予以受理，明确申请日、给予申请号，并自收到申请之日起 1 个月内通知申请人缴纳申请费。对不符合或者经修改仍不符合规定的品种权申请，审批机关不予受理，并通知申请人。申请人可以在品种权授予前修改或者撤回品种权申请。中国的单位或者个人将国内培育的植物新品种向国外申请品种权的，应当向审批机关登记。

（四）品种权的审查批准

申请人缴纳申请费后，审批机关对品种权申请的下列内容进行初步审查：①是否属于植物品种保护名录列举的植物属或者种的范围；②申请书是否符合规定；③是否符合新颖性的规定；④植物新品种的命名是否适当。审批机关应当自受理品种权申请之日起 6 个月内完成初步审查。对经初步审查合格的品种权申请，审批机关予以公告，并通知申请人在 3 个月内缴纳审查费。对经初步审查不合格的品种权申请，审批机关应当通知申请人在 3 个月内陈述意见或者予以修正；逾期未答复或者修正后仍然不合格的，驳回申请。申请人按照规定缴纳审查费后，审批机关对品种权申请的特异性、一致性和稳定性进行实质审查。申请人未按照规定缴纳审查费的，品种权申请视为撤回。审批机关主要依据申请文件和其他有关书面材料进行实质审查。审批机关认为必要时，可以委托指定的测试机构进行测试或者考察业已完成的种植或者其他试验的结果。因审查需要，申请人应当根据审批机关的要求提供必要的资料和该植物新种的繁殖材料。对经实质审查符合本条例规定的品种权申请，审批机关应当作出授予品种权的决定，颁发品种权证书，并予以登记和公告。对经实质审查不符合本条例规定的品种权申请，审批机关予以驳回，并通知申请人。审批机关设立植物新品种复审委员会。对审批机关驳回品种权申请的决定不服的，申请人可以自收到通知之日起 3 个月内，向植物新品种复审委员会请求复审。植物新品种复审委员会应当自收到复审请求书之日起 6 个月内作出决定，并通知申请人。申请人对植物新品种复审委员会的决定不服的，可以自接到通知之日起 15 日内向人民法院提起诉讼。品种权被授予后，在自初步审查合格公告之日起至被授予品种权之日止的期间，对未经申请人许可为商业目的生产或者销售该授权品种的繁殖材料的单位和个人，品种权人享有追偿的权利。

第四节　农业技术推广法律制度

一、农业技术推广的含义和原则

农业技术推广，是指通过示范、培训、指导，以及咨询服务等，把农业技术普及应用于农业生产的产前、产中、产后过程的所有活动。农业技术推广是科研与生产之间的中介环节，科学技术是一种知识形态的、潜在的生产力，只有经过推广应用于生产，才能转化为生产力而实现其作用。农业技术推广是农业科研、教育的继续和延伸。推广是手段，科研是关键，教育是基础，它们是有机的综合体，缺一不可。我国作为农业大国，加强农业技术推广工作，对根本改变传统农业生产技术落后的局面，加快农业现代化进程具有特殊的意义。

1993年7月2日，第八届全国人大常委会第二次会议审议通过了《农业技术推广法》，对于加强农业技术推广工作，促使农业科研成果和实用技术尽快应用于农业生产，保障农业的发展，提供了明确的法律依据，使我国技术推广事业纳入法制化、规范化的轨道。该法所称农业技术，是指应用于种植业、畜牧业、渔业的科研成果和实用技术，包括良种繁育、施用肥料、病虫害防治、栽培和养殖技术，农副产品加工、保贮运技术，农业机械技术和农用航空技术，农田水利、土壤改良与水土保持技术，农村供水、农村能源利用和农业环境保护技术，农业气象技术以及农业经营管理技术等。农业技术推广应当遵循下列原则：①有利于农业的发展；②尊重农业劳动者的意愿；③因地制宜，经过试验、示范；④国家、农村集体经济组织扶持；⑤实行科研单位、有关学校、推广机构与群众性科技组织、科技人员、农业劳动者相结合；⑥讲求农业生产的经济效益、社会效益和生态效益。国家鼓励支持科技人员开发、推广应用先进的农业技术，鼓励和支持农业劳动者和农业生产经营组织应用先进的农业技术。国家鼓励和支持引进国外先进的农业技术，促进农业技术推广的国际合作与交流。各级人民政府应当加强对农业技术推广工作的领导，组织有关部门和单位采取措施，促进农业技术推广事业的发展。国务院农业、林业、畜牧、渔业、水利等行政部门（以下统称"农业技术推广行政部门"）按照各自的职责，负责全国范围内有关的农业技术推广工作。县级以上地方各级人民政府农业技术推广行政部门在同级人民政府的领导下，按照各自的职责，负责本行政区域内有关的农业技术推广工作。同级人民政府科学技术行政部门对农业技术推广工作进行指导。

农业技术推广实行农业技术推广机构与农业科研单位、有关学校以及群众性科技组织、农民技术人员相结合的推广体系。国家鼓励和支持供销合作社、其他企业事业单位、社会团体以及社会各界的科技人员到农村开展农业技术推广服务活动。乡、民族乡、镇以上各级国家农业技术推广机构的职责是：①参与制订农业技术推广计划并组织实施；②组织农业技术的专业培训；③提供农业技术、信息服务；④对确定推广的农业技术进行试验、示范；⑤指导下级农业技术推广机构、群众性科技组织和农民技术人员的农业技术推广活动。

农业技术推广机构的专业科技人员，应当具有中等以上有关专业学历，或者经县级以上人民政府有关部门主持的专业考核培训，达到相应的专业技术水平。村农业技术推广服务组织和农民技术人员，在农业技术推广机构的指导下，宣传农业技术知识，落实农业技术推广措施，为农业劳动者提供技术服务。推广农业技术应当选择有条件的农户，进行应用示范。国家采取措施，培训农民技术人员。农民技术人员经考核符合条件的，可以按照有关规定授予相应的技术职称，并发给证书。村民委员会和村集体经济组织，应当推动、帮助村农业技术推广服务组织和农民技术人员开展工作。农场、林场、牧场、渔场除做好本场的农业技术推广工作外，应当向社会开展农业技术推广服务活动。农业科研单位和有关学校应当适应农村经济建设发展的需要，开展农业技术开发和推广工作，加快先进技术在农业生产中的普及应用。教育部门应当在农村开展有关农业技术推广的职业技术教育和农业技术培训，提高农业技术推广人员和农业劳动者的技术素质。国家鼓励农业集体经济组织、企业事业单位和其他社会力量在农村开展农业技术教育。农业科研单位和有关学校的科技人员从事农业技术推广工作的，在评定职称时，应当将他们从事农业技术推广工作的实绩作为考核的重要内容。国家鼓励和支持发展农村中的群众性科技组织，发挥它们在推广农业技术中的作用。

建立农业技术推广体系要实现三个结合：①政府扶持和市场引导相结合。农业技术的推广与应用，是农业技术推广事业的核心内容，发展农业技术推广事业的根本目的就是加快农业技术在农业生产中普及与应用，促进农业生产。国家要扶持农业技术推广事业的发展，使先进技术尽快应用于农业生产。但政府扶持要注意市场因素，进行市场引导，以调动各方面的积极性，加快农业技术推广的步伐。②有偿与无偿服务相结合。对于这一问题，《农业技术推广法》第22条规定，国家农业技术推广机构向农业劳动者推广农业技术，除该条第2款另有规定外，实行无偿服务。农业技术推广机构、农业科研单位、有关学校以及科技人员，以技术转让、技术服务和技术承包等形式提供农业技术的，可以实行有偿服务，其合法收入受法律保护。《农业法》第52条中也明确规定，农业科研单位、有关学校、农业技术推广机构以及科技人员根据农民和农业生产经营组织的需要，可以通过技术转让、技术服务、技术承包、技术入股等形式，提供有偿服务，取得合法权益。③国家农业技术推广机构和社会力量相结合，以调动各方面的力量，促进农业技术推广。

二、农业技术的推广与应用

推广农业技术应当制订农业技术推广项目。重点农业技术推广项目应当列入国家和地方有关科技发展的计划，由农业技术推广行政部门和科学技术行政部门按照各自的职责，相互配合，组织实施。农业科研单位和有关学校应当把农业生产中需要解决的技术问题列为研究课题，其科研成果可以通过农业技术推广机构推广，也可以由该农业科研单位、学校直接向农业劳动者和农业生产经营组织推广。向农业劳动者推广的农业技术，必须在推广地区经过试验证明具有先进性和适用性。向农业劳动者推广未在推广地区经过试验证明具有先进性和适用性的农业技术，给农业劳动者造成损失的，应当承担民事赔偿责任，直接负责的主管人员和其他直接责任人员可以由其所在单位或者上级机关给予行政处分。农业劳动者根据自愿的原则应用农业技术。任何组织和个人不得强制农业劳动者应用农业技术。强制农业劳动者应用农业技术，给农业劳动者造成损失的，应当承担民事赔偿责任，直接负责的主管人员和其他直接责任人员可以由其所在单位或者上级机关给予行政处分。县、乡农业技术推广机构应当组织农业劳动者学习农业科学技术知识，提高他们应用农业技术的能力。农业劳动者在生产中应用先进的农业技术，有关部门和单位应当在技术培训、资金、物资和销售等方面给予扶持。国家鼓励和支持农业劳动者参与农业技术推广活动。国家农业技术推广机构向农业劳动者推广农业技术；除法律另有规定外，实行无偿服务。农业技术推广机构、农业科研单位、有关学校以及科技人员，以技术转让、技术服务和技术承包等形式提供农业技术的，可以实行有偿服务，其合法收入受法律保护。进行农业技术转让、技术服务和技术承包，当事人各方应当订立合同，约定各自的权利和义务。国家农业技术推广机构推广农业技术所需的经费，由政府财政拨给。

三、农业技术推广的保障措施

国家逐步提高对农业技术推广的投入。各级人民政府在财政预算内应当保障用于农业技术推广的资金，并应当使该资金逐年增长。各级人民政府通过财政拨款以及从农业发展基金中提取一定比例的资金的渠道，筹集农业技术推广专项资金，用于实施农业技术推广项目。任何机关或者单位不得截留或者挪用农业技术推广的资金。各级人民政府应当采取措施，保障和改善从事农业技术推广工作的专业科技人员的工作条件和生活条件，改善他们的待遇，依照国家规定给予补贴，保持农业技术推广机构和专业科技人员的稳定。

四、农业技术有偿服务与无偿服务

在农业技术推广与应用过程中，是坚持无偿服务还是有偿服务曾有很大争议。《农业技术推广法》第22条对这一问题作出了规定，即："国家农业技术推广机构向农业劳动者推广农业技术，除本条第2款另有规定外，实行无偿服务。农业技术推广机构、农业科研单位、有关学校以及科技人员，以技术转让、技术服务和技术承包等形式提供农业技术的，可以实行有偿服务，其合法收入受法律保护。进行农业技术转让、技术服务和技术承包，当事人各方应当订立合同，约定各自的权利和义务。"《农业法》第51条第1款也规定："国家设立的农业技术推广应用机构应当以农业技术试验示范基地为依托，承担公共所需的关键性技术的推广和示范工作，为农民和农业生产经营组织提供公益性农业技术服务。"《农业法》与《农业技术推广法》的规定是衔接的。一方面，对推广农业技术服务规定了无偿服务，因为实行无偿服务，是推广工作性质的要素。农业技术推广事业是国家扶持农业的一种表现形式。实行无偿服务，符合广大农民利益。我国几十年来的推广实践证明，农业科研成果与先进农业技术无偿传授给农民，为农业生产带来巨大的社会效益和经济效益。另外，推广种植粮食等作物的农业技术，由于经济效益不显著，收取服务费，大多数农民也无力承受。另一方面，依照法律规定，根据农民和农业生产经营组织的需要，可以通过规定形式，提供有偿服务。如推广的农业技术能够获得较高的经济效益，农民对这些技术一般很难掌握好，因此农民也愿意接受科技人员的帮助和指导，并给予一定的报酬。开展有偿服务的主要形式是技术转让、技术服务、技术承包、技术入股等，并与农民订立相应的技术合同。在合同中明确约定彼此的权利和义务、计酬标准和违约责任等。合同订立后，如果使用的农业技术达到合同预期要求，农民偿付约定的报酬，未达到要求的，农业科研单位、有关学校、农业技术推广机构以及科技人员按照合同承担违约责任。农业技术推广应用机构及专业科技人员通过与农民订立的合同进行技术推广活动，承担了一定的风险，也增强了工作责任心，有利于农业技术推广与应用的顺利进行。同时开展有偿服务，调动了社会各界科技人员到农村推广农业技术的积极性，有益于推广事业的进一步发展。农业科技推广机构从有偿服务中获得的经济效益，能够用于弥补经费的不足，促进农业推广机构的自我发展。

五、社会推广

国家鼓励有关单位参与农业技术推广工作依照法律的规定，国家鼓励农民、农民专业合作经济组织、供销合作社、企业事业单等参与农业技术推广工作，目的在于发挥各方面的作用，调动各方面的积极性，更好地进行农业技术推广工作。

第九章

农业生产资料法律制度

第一节　种子法律制度

一、种子法的含义

种子法是调整在品种选育和种子生产、经营、使用、质量、管理等活动过程中所发生的社会关系的法律规范的总称。

2000 年 7 月 8 日，第九届全国人民代表大会常务委员会第十六次会议通过《中华人民共和国种子法》（2004 年 8 月 28 日第十届全国人民代表大会常务委员会第十一次会议修正），自 2000 年 12 月 1 日起施行，1989 年 3 月 13 日国务院发布的《中华人民共和国种子管理条例》同时废止。《种子法》的内容包括总则、种质资源保护、品种选育与审定、种子生产、种子经营、种子使用、种子质量、种子进出口和对外合作、种子行政管理、法律责任、附则等 11 章共 78 条。现行生效的种子方面的规范性文件除《种子法》外，还有《农作物良种仓储管理暂行办法》（1982 年 8 月 13 日）、《中华人民共和国农业部农作物种子检验管理办法（试行）》（1989 年 9 月 5 日）、《果树种子苗木管理暂行办法（试行）》（1990 年 2 月 6 日）、《中华人民共和国种子管理条例农作物种子实施细则》（1991 年 6 月 24 日）、《中华人民共和国种子管理条例林木种子管理实施细则》（1995 年 9 月 12 日）、《农作物种子生产经营管理暂行办法》（1996 年 4 月 16 日）、《中华人民共和国植物新品种保护条例》（1997 年 3 月 20 日）、《进出口农作物种子（苗）管理暂行办法》（1997 年 3 月 28 日）、《林木良种推广使用管理办法》（1997 年 6 月 15 日）、《关于设立外商投资农作物种子企业审批和登记管理的规定》（1997 年 9 月 8 日）、《全国农作物品种审定委员会章程》（1997 年 10 月 10 日）、《全国农作物品种审定办法》（1997 年 10 月 10 日）等。

二、种子的含义和种子管理体制

种子是指农作物和林木的种植材料或者繁殖材料，包括籽粒、果实和根、茎、苗、芽、叶等。根据《种子法》第 3 条规定，我国对种子工作实行统一管理的体制。国务院农业、林业行政主管部门分别主管全国农作物种子和林木种子工作；县级以上地方人民政府农业、林业行政主管部门分别主管本行政区域内农作物种子和林木种子工作。

三、种质资源保护法律制度

（一）种质资源的含义

种质资源是指选育新品种的基础材料，包括各种植物的栽培种、野生种的繁殖材料以及利用上述繁殖材料人工创造的各种植物的遗传材料。种质资源是选育、生产农作物新品种和林木良种的基础材料。经过长期的自然演化和人工创造而形成的种质资源，蕴藏着非常丰富的特征和物性，是开展育种工作的物质基础。种质资源越丰富，就越容易找到育种者所需要的原始材料，从而培养出优良的新品种。农业生产实践证明，关键性种质资源的发现和利用可以带来突破性的成就。

（二）种质资源保护的原则和具体措施

国家依法保护种质资源，任何单位和个人不得侵占和破坏种质资源。保护种质资源的措施有：

1. 禁止采集或者采伐国家重点保护的天然种质资源。因科研等特殊情况需要采集或者采伐的，应当经国务院或者省、自治区、直辖市人民政府的农业、林业行政主管部门批准。

2. 国家有计划地收集、整理、鉴定、登记、保存、交流和利用种质资源，定期公布可供利用的种质资源目标。

3. 国务院农业、林业行政主管部门应当建立国家种质资源库，省、自治区、直辖市人民政府农业、林业行政主管部门可以根据需要建立种质资源库、种质资源保护区或者种质资源保护地。

4. 国家对种质资源享有主权，任何单位和个人向境外提供种质资源的，应当经国务院农业、林业行政主管部门批准。

5. 从境外引进种质资源的，依照国务院农业、林业行政主管部门的有关规定办理。

四、品种选育与审定法律制度

（一）品种的含义

品种是指经过人工选育或者发现并经过改良，形态特征和生物学特性一致，遗传性状相对稳定的植物群体。品种主要包括农作物品种和林木品种两类。尤为重要的是主要农作物和林木良种。主要农作物是指稻、小麦、玉米、棉花、大豆以及国务院农业行政主管部门和省、自治区、直辖市人民政府农业行政主管部门各自分别确定的其他1~2种农作物。林木良种是指通过审定的林木种子，在一定区域内，其产量、适应性、抗性等方面明显优于当前主栽材料的繁殖材料和种植材料。

（二）品种的选育

品种选育是审定和推广优良品种的前提。《种子法》规定，国务院农业、林业、科技、教育等行政主管部门和省、自治区、直辖市人民政府应当组织有关单位进行品种选育理论、技术和方法的研究。国家鼓励和支持单位和个人从事良种选育和开发。

国家实行植物新品种保护制度，对经过人工培育的或者发现的野生植物加以开发的植物品种，具备新颖性、特异性、一致性和稳定性的，授予植物新品种权，保护植物新品种权所有人的合法权益。选育的品种得到推广应用的，育种者依法获得相应的经济利益。

单位和个人因林业行政主管部门为选育林木良种建立测定林、试验林、优树收集区、基因库而减少经济收入的，批准建立的林业行政主管部门应当按照国家有关规定给予经济补偿。

（三）品种审定

为保证农作物新品种和林木良种的质量，在新品种推广应用之前，还必须由有关机关对新品种进行严格的审定。所谓品种审定是对新育成和引进的品种，由专门的审定组织根据品种区域试验、生产试验结果，审查和评定其推广价值和适应范围的活动。《种子法》第15条规定，主要农作物品种和主要林木品种在推广应用前应当通过国家级或者省级审定，申请者可以直接申请省级审定或者国家级审定。由省、自治区、直辖市人民政府农业、林业行政主管部门确定的主要农作物品种和主要林木品种实行省级审定。

应当审定的农作物品种未经审定通过的，不得发布广告，不得经营、推广。应当审定的林木品种未经审定通过的，不得作为良种经营、推广，但生产确需使用的，应当经省级以上人民政府林业行政主管部门审核，报同级林木品种审定委员会认定。审定未通过的农作物品种和林木品种，申请人有异议的，可以向原审定委员会或者上一级审定委员会申请复审。

五、种子生产法律制度

（一）种子生产许可证管理

主要农作物和主要林木的商品种子生产实行许可制度。

主要农用物杂交种子及其亲本种子、常规种原种种子、主要林木良种的种子生产许可证，由生产所在地县级人民政府农业、林业行政主管部门审核，省、自治区、直辖市人民政府农业、林业行政主管部门核发；其他种子的生产许可证，由生产所在地县级以上人民政府农业、林业行政主管部门核发。

申请领取种子生产许可证的单位和个人，应当具备下列条件：①具有繁殖种子的隔离和培育条件；②具有无检疫性病虫害的种子生产地点或者县级以上人民政府林业行政主管部门确定的采种林；③具有与种子生产相适应的资产和生产、检验设施；④具有相应的专业种子生产和检验技术人员；⑤法律、法规规定的其他条件。申请领取具有植物新品种权的种子生产许可证的，应当征得品种权人的书面同意。种子生产许可证应当注明生产种子的品种、地点和有效期限等项目。如《农作物种子生产许可证》的有效期为该作物的一个生育周期，种子收获后自行失效。禁止伪造、变造、买卖、租借种子生产许可证。

（二）种子生产的具体法律规定

种子生产法律规定管理的内容包括：①禁止任何单位和个人无证或者未按照许可证的规定生产种子。②商品种子生产应当执行种子生产技术规程和种子检验、检疫规程。③在林木种子生产基地内采集种子的，由种子生产基地的经营者组织进行，采集种子应当按照国家有关标准进行。禁止抢采掠青、损坏园树，禁止在劣质林内、劣质园树上采集种子。④商品种子生产者应当建立种子生产档案，载明生产地点、生产地块环境、前茬作物、亲本种子来源和质量、技术负责人、田间检验记录、产地气象记录、种子流向等现象。

六、种子经营法律制度

（一）种子经营原则

国家鼓励和支持科研单位、学校、科技人员研究开发和依法经营、推广农作物新品种和林木良种。

（二）种子经营许可证管理

种子经营实行许可制度。种子经营许可证实行分级审批发放制度。种子经营者必须先取得种子经营许可证后，方可凭种子经营许可证向工商行政管理机关申请办理或者变更营业执照。但农民个人自繁、自用的常规种子有剩余的，可以在集贸市场上出售、串换，不需要办理种子经营许可证。

申请领取种子经营许可证的单位和个人，应当具备下列条件：①具有与经营种子种类和数量相适应的资金及独立承担民事责任的能力；②具有能够正确识别所经营的种子、检验种子质量、掌握种子贮藏、保管技术的人员；③具有与经营种子的种类、数量相适应的营业场所及加工、包装、贮藏保管设施和检验种子质量的仪器设备；④法律、法规规定的其他条件。种子经营者专门经营不再分装的包装种子的，或者受具有种子经营许可证的种子经营者以书面委托代销其种子的，可以不办理种子经营许可证。

种子经营许可证的有效区域由发证机关在其管辖范围内确定。种子经营者按照经营许可证规定的有效区域设立分支机构的，可以不再办理种子经营许可证，但应当在办理或者变更营业执照后 15 日内，向当地农业、林业行政主管部门和原发证机关备案。

种子经营许可证应当注明种子经营范围、经营方式及有效期限、有效区域等项目。禁止伪造、变造、买卖、租借种子经营许可证。

（三）种子经营的具体法律规定

种子经营法律规定的内容包括：①禁止任何单位和个人无证或者未按照许可证的规定经营种子。②种子经营者应当遵守有关法律、法规的规定，向种子使用者提供种子的简要性状、主要栽培措施、使用条件的说明与有关咨询服务，并对种子质量负责。③国务院或者省、自治区、直辖市人民政府的林业行政主管部门建立的林木种子生产基地生产的种子，由上述林业行政主管部门指定的单位有计划地统一组织收购和调剂使用。未经上述林业行政主管部门批准，不得收购珍贵树木种子和同级人民政府规定限制收购的林木种子。④销售的种子应当加工、分级、包装。但是，不能加工、包装的除外。大包装或者进口种子可以分装；实行分装的，应当注明分装单位，并对种子质量负责。⑤销售的种子应当附有标签。标签标注的内容应当与销售的种子相符。⑥种子经营者应当建立种子经营档案。⑦种子广告的内容应当符合本法和有关广告的法律、法规的规定，主要性状描述应当与审定公告一致。⑧调运或者邮寄出县的种子应当附有检疫证书。

七、种子使用法律制度

《种子法》有关种子使用的规定如下：①种子使用者有权按照自己的意愿购买种子，任何单位和个人不得非法干预。②国家投资或者国家投资为主的造林项目和国有林业单位造林，应当根据林业行政主管部门制定的计划使用林木良种。国家对推广使用林木良种营造防护林、特种用途林给予扶持。③种子使用者因种子质量问题遭受损失的，出售种子的经营者应当予以赔偿，赔偿额包括购种价款、有关费用和可得利益损失。经营者赔偿后，属于种子生产者或者其他经营者责任的，经营者有权向生产者或者其他经营者追偿。④因使用种子发生民事纠纷的，当事人可以通过协商或者调解解决。当事人不愿通过协商、调解解决或者协商、调解不成的，可以根据当事人之间的协议向仲裁机构申请仲裁。当事人也可以直接向人民法院起诉。

八、种子质量监管法律制度

（一）种子质量的概念和监督

种子质量是指种子的生产和加工、包装、贮藏、运输等经营的质量。农业、林业行政主管部门负责对种子质量的监督，可以委托种子质量检验机构对种子质量进行检验。种子检验是指种子检验人员依照法定的程序、方法和标准，对种子的质量进行检验、分析和鉴定，以判断其优劣并给予具有法律效力的证明的活动。承担种子质量检验的机构应当具备相应的检测条件和能力，并经省级以上人民政府有关主管部门考核合格。种子质量检验机构应当配备种子检验员。

（二）假、劣种子的范围

《种子法》第46条规定，禁止生产、经营假、劣种子。

下列种子为假种子：以非种子冒充种子或者以此品种种子冒充他种品种种子的；种子种类、品种、产地与标签标注的内容不符的。

下列种子为劣种子：质量低于国家规定的种用标准的；质量低于标签标注指标的；因变质不能作种子使用的；杂草种子的比率超过规定的；带有国家规定检疫对象的有害生物的。

（三）种子检疫

种子检疫包括边境检疫、出境检疫、过境检疫、携带、邮寄植物种子检疫等。从事品种选育和种子生产、经营以及管理的单位和个人应当遵守有关植物检疫法律、行政法规的规定，防止植物危险性病、虫、杂草及其他有害生物的传播和蔓延。禁止任何单位和个人在种子生产基地从事病虫害接种试验。

九、种子进出口和对外合作法律制度

《种子法》对种子进出口和对外合作的规定，主要有：①进出口种子实施检疫；②从事商品种子进出口业务的法人和其他组织，除具备种子经营许可证外，还应当依照有关对外贸易法律、行政法规的规定取得从事种子进出口贸易的许可。③进口商品种子的质量，应当达到国家标准或者行业标准。没有国家标准或者行业标准的，可以按照合同约定的标准执行。④禁止进出口假、劣种子以及属于国家规定不得进出口的种子。

十、违反《种子法》的法律责任

（一）生产、经营假、劣种子的法律责任

违反《种子法》规定，生产、经营假、劣种子的，由县级以上人民政府农业、林业行政主管部门或者工商行政管理机关责令停止生产、经营，没收种子和违法所得，吊销种子生产许可证、种子经营许可证或者营业执照，并处以罚款；有违法所得的，处以违法所得5倍以上10倍以下罚款；没有违法所得的，处以2000元以上5万以下罚款；构成犯罪的，依法追究刑事责任。

（二）违反《种子法》有关种子生产或经营许可证规定的法律责任

违反《种子法》规定，有下列行为之一的，由县级以上人民政府农业、林业行政主管部门责令改正，没收种子和违法所得，并处以违法所得 1 倍以上 3 倍以下罚款；没有违法所得的，处以 1000 元以上 3 万以下罚款；可以吊销违法行为人的种子生产许可证或者种子经营许可证；构成犯罪的，依法追究刑事责任：未取得种子生产许可证或者伪造、变造、买卖、租借种子生产许可证，或者未按照种子生产许可证的规定生产种子的；未取得种子经营许可证或者伪造、变造、买卖、租借种子经营许可证，或者未按照种子经营许可证的规定经营种子的。

（三）违反《种子法》其他行为的法律责任

违反《种子法》规定，有下列行为之一的，由县级以上人民政府农业、林业行政主管部门责令改正，没收种子和违法所得，并处以违法所得 1 倍以上 3 倍以下罚款；没有违法所得的，处以 1000 元以上 2 万元以下罚款；构成犯罪的，依法追究刑事责任：为境外制种的种子在国内销售的；从境外引进农作物种子进行引种试验的收获物在国内作商品种子销售的；未经批准私自采集或者采伐国家重点保护的天然种质资源的。

违反《种子法》规定，有下列行为之一的，由县级以上人民政府农业、林业行政主管部门或者工商行政管理机关责令改正，处以 1000 元以上 1 万元以下罚款：经营的种子应当包装而没有包装的；经营的种子没有标签或者标签内容不符合本法规定的；伪造、涂改标签或者试验、检验数据的；未按规定制作、保存种子生产、经营档案的；种子经营者在异地设立分支机构未按规定备案的。

违反《种子法》规定，向境外提供或者从境外引进种质资源的，由国务院或者省、自治区、直辖市人民政府的农业、林业行政主管部门没收种质资源和违法所得，并处以 1 万元以下罚款。未取得农业、林业行政主管部门的批准文件携带、运输种质资源出境的，海关应当将种质资源扣留，并移送省、自治区、直辖市人民政府农业、林业行政主管部门处理。

违反《种子法》规定，经营、推广应当审定而未经审定通过的种子的，由县级以上人民政府农业、林业行政主管部门责令停止种子的经营、推广，没收种子和违法所得，并处以 1 万元以上 5 万元以下罚款。

违反《种子法》规定，抢采掠青、损坏母树或者在劣质林内和劣质母树上采种的，由县级以上人民政府林业行政主管部门责令停止采种行为，没收所采种子，并处以采林木种子价值 1 倍以上 3 倍以下的罚款；构成犯罪的，依法追究刑事责任。

违反《种子法》规定，非法收购珍贵树木种子和同级人民政府规定限制收购的林木种子的，由县级以上人民政府林业行政主管部门没收所收购的种子，并处以收购林木的种子价款 2 倍以下的罚款。

违反《种子法》规定，在种子生产基地进行病虫接种试验的，由县级以上人民政府农业、林业行政主管部门责令停止试验，处以 5 万元以下罚款。

第二节　农药管理法律制度

一、农药管理立法概况

农药管理是指国家行政机关为防止农药可能造成的危害，依法对农药的研制、生产、经营和使用过程进行监督管理和控制的活动。依靠法律手段对农药的生产、经营和作用加强管理是农药管理工作的必要方式，也是世界大多数国家对农药管理的成功经验。现行生效的农药管理方面的规范性文件有：1997 年 5 月 8 日制定和实施的《中华人民共和国农药管理条例》（2001 年 11 月 29 日修订）；1982 年 4 月 10 日制定的《农药登记规定》（1982 年 10 月 1 日实施）；1982 年 6 月 5 日制定和实施的《农药安全使用规定》；1982 年 9 月 28 日制定和实施的《农药登记规定实施细则》；1982 年 9 月 28 日制定和实施的《农药登记审批办法》；1988 年 8 月 25 日制定的《农村农药中毒卫生管理办法（试行）》（1989 年实施）；1993 年 3 月 2 日制定的《农业部、商业部关于加强卫生杀虫剂登记和销售管理的通知》；1993 年 7 月 3 日制定的《国家计委、农业部、化工部、国内贸易部、卫生部、国家环保局关于继续在部分农林害虫防治中应用"林丹"杀虫剂的通知》；1995 年 11 月 15 日制定的《农业部、卫生部、国内贸易部、国家环境保护局、国家工商局关于严禁在蔬菜生产上使用高毒高残留农药，确保人民人民食菜安全的通知》；1995 年 3 月 28 日制定的《农药广告审查标准》；1995 年 4 月 7 日制定的《农药广告审查办法》等。本节重点介绍《农药管理条例》，本行政法规共分总则、农药登记、农药生产、农药经营、农药使用、其他规定、罚则、附则等 8 章共 49 条。

二、农药的含义和农药用途的种类

农药是指用于预防、消灭或者控制危害农业、林业的病、虫、草和其他有害生物以及有目的地调节植物、昆虫生长的化学合成或者来源于生物、其他天然物质的一种物质或者几种物质的混合物及其制剂。

农药包括用于不同目的、场所的下列各类：①预防、消灭或者控制危害农业、林业的病、虫（包括昆虫、蜱、螨）、草和鼠、软体动物等有害生物的；②预防、消灭或者控制仓储病、虫、鼠和其他有害生物的；③调解植物、昆虫生长的；④用于农业、林业产品的防腐或者保鲜的；⑤预防、消灭或者控制蚊、蝇、蜱螨、鼠和其他有害生物的；⑥预防、消灭或者控制危害河流堤坝、铁路、机场、建筑物和其他场所的有害生物的。

三、农药的管理体制

根据《农药管理条例》第 5 条规定，我国的农药管理实行对口管理、分级管理的体制。国务院农业行政主管部门负责全国的农药登记和农药监督管理工作。省、自治区、直辖市人民政府农业行政主管部门协助国务院农业行政主管部门做好本行政区域内的农药登记，并负责本行政区域内的农药监督管理工作。县级人民政府和设区的市、自治州人民政府的农业行政主管部门负责本行政区域内的农药监督管理工作。县级以上各级人民政府其他有关部门在各自的职责范围内负责有关的农药监督管理工作。

四、农药登记法律制度

（一）农药登记的概念和原则

农药登记是指凡用于防治农、林、牧业的病、虫、杂草和其他有害生物以及调节植物生长的农药品种包括化学农药的原药、加工制剂和分装及生物农药和用于卫生害虫及调节植物及昆虫生产的农药品种，必须进行登记，未经批准登记的农药品种不得生产、经营、进口和使用。这里指的生物农药是指用于防治农林牧业病虫草害或调节植物生长的微生物及植物来源的农药。

国家实行农药登记制度。凡国内生产的农药新产品，投产前必须进行登记，未经登记的农药不得生产、经营和使用。外国厂商向我国销售农药必须进行登记，未经批准登记的产品不准进口。在我国使用的农药应符合高效、安全、经济的原则。

（二）农药登记的种类

根据《农药登记规定》，登记分为三类：①品种登记：有效成分未经登记过的农药须申请品种登记。②补充登记：有效成分已登记过的农药品种，改变剂型（包括改变含量）或变更使用范围，应申请补充登记。其他单位投产已登记过的品种和剂型，经化工部批准后报农业部备案。③临时登记：凡农药进行大田药效示范或在特殊情况下使用，须申请临时登记。

（三）国内首次生产的农药和首次进口的农药的登记三阶段

国内首次生产的农药和首次进口的农药的登记，按照下列三个阶段进行：①田间试验阶段：申请登记的农药，由其研制者提出田间试验申请，经批准，方可进行田间试验；田间试验阶段的农药不得销售。②临时登记阶段：田间试验后，需要进行田间试验示范、试验的农药以及在特殊情况下需要使用的农药，由其生产者申请临时登记，经国务院农业行政和管理部门发给农药临时登记证后，方可在规定的范围内进行田间试验示范、试销。③正式登记阶段：经田间试验示范、试销可以作为正式商品流通的农药，由其生产者申请正式登记，经国务院农业行政主管部门发给农药登记证后，方可生产、销售。

农药登记证和农药临时登记证应当规定登记有效期限；登记有效期限届满，需要继续生产或者继续向中国出售农药产品的，应当在登记有效期限届满前申请续展登记。经正式登记和临时登记的农药，在登记有效期限内改变剂型、含量或者使用范围的、使用方法的，应当申请变更登记。

（四）对生产其他厂家已经登记的相同农药产品的登记规定

生产其他厂家已经登记的相同农药产品的，其生产者应当申请办理农药登记，提供农药样品和农药的产品化学、毒理学、药效、残留、环境影响、标签等方面的资料，农药正式登记的申请资料分别经国务院农业、化学工业、卫生、环境保护部门和全国供销合作总社审查并签署意见后，由农药登记评审委员会对农药的产品化学、毒理学、药效、残留、环境影响作出评价。根据农药登记评审委员会的评价，符合条件的，由国务院农业行政主管部门发给农药登记证。

五、农药生产法律制度

（一）开办农药生产企业的条件

开办农药生产企业（包括联营、设立分厂和非农药生产企业设立农药生产车间），应具备下列条件，并经企业所在地的省、自治区、直辖市化学工业行政管理部门审核同意后，报国务院化学工业行政管理部门批准；但是，法律、行政法规对企业设立的条件和审核或者批准机关另有规定的，从其规定：①有与其生产的农药相适应的技术人员和技术工人；②有与其生产的农药相适应的厂房、生产设施和卫生环境；③有符合国家劳动安全、卫生标准的设施和相应的劳动安全、卫生管理制度；④有产品质量标准和产品质量保证体系；⑤所生产的农药是依法取得农药登记的农药；⑥有符合国家环境保护要求的污染物防治设施和措施，并且污染物排放不超过国家和地方规定的排放标准。农药生产企业经批准后，方可依法向工商行政管理机关申请领取营业执照。

（二）农药生产许可证制度

国家实行农药生产许可制度。生产有国家标准或者行业标准的农药，应当向国务院化学工业行政管理部门申请农药生产许可证。生产尚未制订国家标准、行业标准但已有企业标准的农药的，应当经省、自治区、直辖市化学工业行政管理部门审核同意后，报国务院化学工业行政管理部门批准，发给农药生产批准条件。

（三）农药生产质量管理

农药生产企业应当按照农药产品质量标准、技术规程进行生产，生产记录必须完整、准确。农药产品包装必须贴有标签或者附具说明书。农药产品出厂前，应当经过质量检验并附具产品质量检验合格证；不符合产品质量标准的，不得出厂。

六、农药经营法律制度

（一）农药经营单位的种类

下列单位可以经营农药：①供销合作社的农业生产资料经营单位；②植物保护站；③土壤肥料站；④农业、林业技术推广机构；⑤森林病虫害防治机构；⑥农药生产企业；⑦国务院规定的其他经营单位。经营的农药属于化学危险品的，应当按照国家有关规定办理经营许可证。

（二）农药经营单位的条件

农药经营单位应当具备下列条件：①有与其经营的农药相适应的技术人员；②有与其经营的农药相适应的营业场所、设施、仓储设施、安全防护措施和环境污染防治设施、措施；③有与其经营的农药相适应的规章制度；④有与其经营的农药相适应的质量管理制度和管理手段。除了上述的条件外，还必须符合其他有关法律、行政法规规定的条件，并依法向工商行政管理机关申请领取营业执照后，方可经营农药。

（三）农药经营单位在经营农药中的职责

农药经营单位在经营农药中必须履行以下职责：①农药经营单位购进农药，应当将农药产品与产品标签或者说明书、产品质量合格证核对无误，并进行质量检验。禁止收购、销售无农药登记证或者农药临时登记证、无农药生产许可证或者农药生产批准文件、无产品质量标准和产品质量合格证和检验不合格的农药。②农药经营单位应当按照国家有关规定做好农药储备工作。贮存农药应当建立和执行仓储保管制度，确保农药产品的质量和安全。③农药经营单位销售农药，必须保证质量，农药产品与标签或者说明书、产品质量合格证应当核对无误。④农药经营单位应当向使用农药的单位和个人正确说明农药的用途、使用方法、用量、中毒急救措施和注意事项。⑤超过产品质量保证期限的农药产品，经省级人民政府农业行政主管部门所属的农药检定机构检验，符合标准的，可以在规定期限内销售；但是，必须注明"过期农药"字样，并附具使用方法和用量。

七、农药使用法律制度

（一）农药分类

根据目前农业生产上常用农药（原药）的毒性综合评价（急性口服、经皮毒性、慢性毒性等），农药分为高毒、中等毒、低毒三类。

1. 高毒农药（不包括杀鼠剂）。有甲拌磷（3911）、对硫磷（1605）、甲基对硫磷（甲基1605）、甲胺磷、治螟磷（苏化203）、甲基硫环磷、乙基硫环磷（棉安磷）、特丁硫磷、蝇毒磷、甲基异柳磷、磷胺、杀扑磷（速扑杀、速蚧克）、地虫硫磷（大风雷）、久效磷（钮瓦克、铃杀）、螨胺磷（苯胺硫磷、虫胺磷）、水胺硫磷、氧乐果、涕灭威（铁灭克）、克百威（呋喃丹）、灭多威（乃灵、灭虫快）、杀虫脒（已取消登记）、五氯酚、磷化铝、磷化锌、磷化钙、溴甲烷（溴灭泰）、氯化苦、灭线磷（益舒宝、丙线磷）、苯线磷（力满库、克线磷）、克线丹、剂螨素（害极灭、齐墩螨素）等。

2. 中等毒农药。有杀螟松、乐果、稻丰散、乙硫磷、亚胺硫磷、皮蝇磷、六六六、高丙体六六六、毒杀芬、氯丹、滴滴涕、西维因、害扑威、叶蝉散、速灭威、混灭威、抗蚜威、信硫磷、敌敌畏、拟除虫菊酯类、克瘟散、稻瘟净、敌克松、402、福美砷、稻脚青、退菌特、代森铵、代森环、2，4－D、燕麦敌、毒草胺等。

3. 低毒农药。有敌百虫、马拉松、乙酰甲胺磷、辛硫磷、三氯杀螨醇、多菌灵、托布津、克菌丹、代森锌、福美双、萎锈灵、异稻瘟净、乙磷铝、百菌清、除草醚、敌草隆、氟乐灵、苯达松、茅草枯、草甘膦等。

高毒农药只要接触极少量就会引起中毒或死亡。中、低毒农药虽较高毒农药的毒性为低，但接触多，抢救不及时也会造成死亡。因此，使用农药必须注意经济和安全。

（二）农药使用范围的限制

凡已订出农药安全使用标准的品种，均按照"标准"的要求执行。尚未制订"标准"的品种，执行下列规定：

（1）剧毒、高毒农药：剧毒、高毒农药不得用于防治卫生害虫与人、畜皮肤病，不得用一起蔬菜、瓜果、茶叶和中草药材。除杀鼠外，也不准用于毒鼠。氟乙酰胺禁止在农作物上使用，不准做杀鼠剂。"3911"乳油只准用于拌种，严禁喷雾使用。呋喃颗粒剂只准用于拌种、用工具沟施或戴手套撒毒土，不准浸水后喷雾。

（2）高残留农药：六六六、滴滴涕、氯丹，不准在果树、蔬菜、草树、中药材、烟草、咖啡、胡椒、香茅等作物上使用。氯只准用于拌种，防治地下害虫。

（3）三氯杀螨醇不得用于茶叶，林丹只允许用于防治小麦吸浆虫和各种蝗虫。

（4）其他农药应按农业部颁发的农药登记证和批准标签上推荐的作物（范围）、剂量和方法使用，不得在未经批准登记的作物（或范围）上使用。

（5）严禁用农药毒鱼、虾、鸟、兽等。

（6）由于安全问题，我国已禁止在农业上或杀鼠上使用的农药有：敌枯双、二溴氯丙烷、普特丹、培福朗、六六六、滴滴涕、二溴乙烷、杀虫脒、氯乙酰胺、艾氏剂、狄氏剂、汞制剂、无机砷制剂。

（三）农药使用应注意的问题

农药使用应注意：①使用农药应当遵守农药防毒规程，正确配药、施药，做好废弃物处理和安全防护工作，防止农药污染环境和农药中毒事故。②使用农药应当遵守国家有关农药安全、合理使用的规定，按照规定的用药量、用药次数、用药方法和安全隔期施药，防止污染农副产品。③使用农药应当注意保护环境、有益生物和珍稀物种。

八、假农药和劣质农药的界定和处罚

《农药管理条例》第30条规定，禁止生产、经营和使用假农药。下列农药为假农药：以非农药冒充农药或者以此种农药冒充他种农药的；所含有效成份的种类、名称与产品标签或者说明书上注明的农药有效成份的种类、名称不符的。

《农药管理条例》第31条规定，禁止生产、经营和使用劣质农药。下列农药为劣质农药：不符合农药产品质量标准的；失去使用效能的；混有导致药害等有害成份的。

根据《农药管理条例》第42条规定，生产、经营假农药、劣质农药的，由农业行政主管部门或者法律、行政法规规定的其他有关部门没收假农药、劣质农药和违法所得，并处违法所得1倍以上10倍以下的罚款；没有违法所得的，并处10万元以下的罚款；情节严重的，由农业行政主管部门吊销农药登记证或者农药临时登记证，由化学工业行政管理部门吊销农药生产许可证或者农药生产批准文件；构成犯罪的，依法追究刑事责任。

九、农药违法行为的法律责任

农药违法行为的法律责任主要包括：

1. 违反《农药管理条例》的下列行为，由农业行政主管部门给予处罚：①未取得农药登记证或者农药临时登记证，擅自生产、经营农药的，或者生产、经营已撤销登记的农药的，责令停止生产、经营，没收违法所得，并处违法所得1倍以上10倍以下的罚款；没有违法所得的，并处10万元以下的罚款。②农药登记证或者农药临时登记证有效期限届满未办理续展登记，擅自继续生产该农药的，责令限期补办续展手续，没收违法所得，可以并处违法所得5倍以下的罚款；没有违法所得的，可以并处 5 万元以下的罚款；逾期不补办的，由原发证机关责令停止生产、经营，吊销农药登记证或者农药临时登记证。③生产、经营产品包装上未附标签、标签残缺不清或者擅自修改标签内容的农药产品的，给予警告，没收违法所得，可以并处违法所得 3 倍以下的罚款；没有违法所得的，可以并处 3 万元以下的罚款。④不按照国家有关农药安全使用的规定使用农药的，根据所造成的危害后果，给予警告，可以并处 3 万元以下的罚款。

2. 违反《农药管理条例》的下列行为，由化学工业行政管理部门给予处罚：①未经批准，擅自开办农药生产企业的，或者未取得生产许可证或者农药生产批准文件，擅自生产农药的，责令停止生产，没收违法所得，并处违法所得 1 倍以上 10 倍以下的罚款；没有违法所得的，并处 10 万元以下的罚款。②未按照农药生产许可证或者农药生产批准文件的规定，擅自生产农药的，责令停止生产，没收违法所得，并处违法所得 1 倍以上 5 倍以下的罚款；没有违法所得的，并处 5 万元以下的罚款；情节严重的，由原发证机关吊销农药生产许可证或者农药生产批准文件。

3. 违反《农药管理条例》的下列情形，应承担法律责任：①假冒、伪造或者转让农药登记证或者农药临时登记证、农药登记证号或农药临时登记证号、农药生产许可证或者农药生产批准文件、农药生产许可证号或者农药生产批准文件号的，由农业行政主管部门收缴或者吊销农药登记证或者农药临时登记证，化学工业行政管理部门收缴或者吊销农药生产许可证或者农药生产批准文件，由农业行政主管部门或者化学工业行政管理部门没收违法所得，可以并处违法所得 10 倍以下的罚款；没有违法所得，可以并处 10 万元以下的罚款；构成犯罪的，依法追究刑事责任。②违反工商行政管理法律、法规，生产、经营农药的，或者违反农药广告管理规定的，由工商行政管理机关依法依照有关法律、法规的规定给予处罚。③违反《农药管理条例》规定，造成农药中毒、环境污染、药害等事故或者其他经济损失的，应当依法赔偿。④违反《农药管理条例》规定，在生产、储存、运输、使用农药过程中发生重大事故，造成严重后果，构成犯罪的，对直接负责的主管人员和其他直接责任人员，依法追究刑事责任；尚不构成犯罪的，依法给予行政处分。⑤农药管理工作人员滥用职权、玩忽职守、徇私舞弊、索贿受贿，构成犯罪的，依法追究刑事责任；尚不构成犯罪的，依法给予行政处分。

第三节 兽药管理法律制度

一、兽药的含义和种类

兽药是指用于预防、治疗、诊断畜禽等动物疾病，有目的地调节其生理机能并规定作用、用途、用法、用量的物质（含饲料药物添加剂）。这里"畜禽等动物"是指家畜、家禽、鱼类、蜜蜂、蚕及其他人工饲养的动物。

兽药包括：血清、菌（疫）苗、诊断液等生物制品；兽用的中药材、中成药、化学原料药及其制剂；抗生素、生化药品、放射性药品。

二、兽药管理立法概况

国家颁行的兽药管理方面的法律文件先后有：1987 年 5 月 21 日国务院发布的《兽药管理条例》、《兽药管理条例实施细则修正案》、1989 年 7 月 10 日制定的《核发〈兽药生产许可证〉、〈兽药经营许可证〉、〈兽药制剂许可证〉管理办法》、1989 年 9 月 2 日制订的《新兽药及兽药新制剂管理办法》、《兽药生产质量管理规范》、1991 年 1 月 9 日制订的《进口兽药抽样规定》、《兽用新生物制品管理办法》、1993 年 7 月 5 日制订的《兽用生物制品管理办法》、《兽药监督检验抽样规定》、1993 年 10 月 21 日制订的《兽药生产质量管理规范实施细则》、1994 年 2 月 4 日农业部发布的《动物性食品中兽药的最高残留限量（试行）》、1995 年 3 月 28 日制订的《兽药广告审查标准》、1995 年 4 月 7 日制订的《兽药广告审查办法》、1996 年 5 月 28 日制订的《兽用生物制品管理办法》、1998 年 1 月 5 日制订的《进口兽药管理办法》、1998 年 1 月 5 日制订的《进口兽药管理办法》等。

现行兽药管理法律制度的内容主要体现在 2004 年国务院颁行的《兽药管理条例》中，该行政法规共 9 章 75 条，包括总则、新兽药研制、兽药生产、兽药经营、兽药进出口、兽药使用、兽药监督管理等内容。

三、兽药管理体制

根据《兽药管理条例》的规定，国务院兽医行政管理机关主管全国的兽药管理工作，县以上兽医行政管理机关主管所辖地区的兽药管理工作。

四、新兽药研制管理法律制度

（一）一般性规定

国家鼓励研制新兽药，依法保护研制者的合法权益。

研制新兽药，应当具有与研制相适应的场所、仪器设备、专业技术人员、安全管理规范和措施。

研制新兽药，应当进行安全性评价。从事兽药安全性评价的单位，应当经国务院兽医行政管理部门认定，并遵守兽药非临床研究质量管理规范和兽药临床试验质量管理规范。

（二）新兽药临床试验管理法律制度

研制新兽药，应当在临床试验前向省、自治区、直辖市人民政府兽医行政管理部门提出申请，并附具该新兽药实验室阶段安全性评价报告及其他临床前研究资料；省、自治区、直辖市人民政府兽医行政管理部门应当自收到申请之日起60个工作日内将审查结果书面通知申请人。研制的新兽药属于生物制品的，应当在临床试验前向国务院兽医行政管理部门提出申请，国务院兽医行政管理部门应当自收到申请之日起60个工作日内将审查结果书面通知申请人。研制新兽药需要使用一类病原微生物的，还应当具备国务院兽医行政管理部门规定的条件，并在实验室阶段前报国务院兽医行政管理部门批准。

（三）新兽药注册法律制度

临床试验完成后，新兽药研制者向国务院兽医行政管理部门提出新兽药注册申请时，应当提交该新兽药的样品和下列资料：名称、主要成分、理化性质；研制方法、生产工艺、质量标准和检测方法；药理和毒理试验结果、临床试验报告和稳定性试验报告；环境影响报告和污染防治措施。研制的新兽药属于生物制品的，还应当提供菌（毒、虫）种、细胞等有关材料和资料。菌（毒、虫）种、细胞由国务院兽医行政管理部门指定的机构保藏。研制用于食用动物的新兽药，还应当按照国务院兽医行政管理部门的规定进行兽药残留试验并提供休药期、最高残留限量标准、残留检测方法及其制定依据等资料。

国务院兽医行政管理部门应当自收到申请之日起10个工作日内，将决定受理的新兽药资料送其设立的兽药评审机构进行评审，将新兽药样品送其指定的检验机构复核检验，并自收到评审和复核检验结论之日起60个工作日内完成审查。审查合格的，发给新兽药注册证书，并发布该兽药的质量标准；不合格的，应当书面通知申请人。

国家对依法获得注册的、含有新化合物的兽药的申请人提交的其自己所取得且未披露的试验数据和其他数据实施保护。自注册之日起6年内，对其他申请人未经已获得注册兽药的申请人同意，使用前款规定的数据申请兽药注册的，兽药注册机关不予注册；但是，其他申请人提交其自己所取得的数据的除外。

五、兽药生产法律制度

（一）兽药生产企业的开办条件

兽药生产企业系指专门生产兽药的企业和兼产兽药的企业，包括上述企业的分厂及生产兽药的各种形式的联营企业和中外合资经营企业、中外合作经营企业、外资企业。

根据《兽药管理条例》规定，设立兽药生产企业，应当符合国家兽药行业发展规划和产业政策，并具备下列条件：①与所生产的兽药相适应的兽医学、药学或者相关专业的技术人员；②与所生产的兽药相适应的厂房、设施；③与所生产的兽药相适应的兽药质量管理和质量检验的机构、人员、仪器设备；④符合安全、卫生要求的生产环境；⑤兽药生产质量管理规范规定的其他生产条件。

（二）兽药生产许可法律制度

符合规定条件的，申请人方可向省、自治区、直辖市人民政府兽医行政管理部门提出申请，并附具符合法定条件的证明材料；省、自治区、直辖市人民政府兽医行政管理部门应当自收到申请之日起 20 个工作日内，将审核意见和有关材料报送国务院兽医行政管理部门。

国务院兽医行政管理部门，应当自收到审核意见和有关材料之日起 40 个工作日内完成审查。经审查合格的，发给兽药生产许可证；不合格的，应当书面通知申请人。申请人凭兽药生产许可证办理工商登记手续。

兽药生产许可证应当载明生产范围、生产地点、有效期和法定代表人姓名、住址等事项。兽药生产许可证有效期为 5 年。有效期届满，需要继续生产兽药的，应当在许可证有效期届满前 6 个月到原发证机关申请换发兽药生产许可证。

兽药生产企业变更生产范围、生产地点的，应当依照《兽药管理条例》第 11 条的规定申请换发兽药生产许可证，申请人凭换发的兽药生产许可证办理工商变更登记手续；变更企业名称、法定代表人的，应当在办理工商变更登记手续后 15 个工作日内，到原发证机关申请换发兽药生产许可证。

（三）兽药生产的基本规则

兽药的生产应遵守以下基本规则：

1. 兽药生产企业应当按照国务院兽医行政管理部门制订的兽药生产质量管理规范组织生产。国务院兽医行政管理部门，应当对兽药生产企业是否符合兽药生产质量管理规范的要求进行监督检查，并公布检查结果。

2. 兽药生产企业生产兽药，应当取得国务院兽医行政管理部门核发的产品批准文号，产品批准文号的有效期为 5 年。兽药产品批准文号的核发办法由国务院兽医行政管理部门制定。

3. 兽药生产企业应当按照兽药国家标准和国务院兽医行政管理部门批准的生产工艺进行生产。兽药生产企业改变影响兽药质量的生产工艺的，应当报原批准部门审核批准。兽药生产企业应当建立生产记录，生产记录应当完整、准确。

4. 生产兽药所需的原料、辅料，应当符合国家标准或者所生产兽药的质量要求。直接接触兽药的包装材料和容器应当符合药用要求。

5. 兽药出厂前应当经过质量检验，不符合质量标准的不得出厂。兽药出厂应当附有产品质量合格证。禁止生产假、劣兽药。

6. 兽药生产企业生产的每批兽用生物制品，在出厂前应当由国务院兽医行政管理部门指定的检验机构审查核对，并在必要时进行抽查检验；未经审查核对或者抽查检验不合格的，不得销售。强制免疫所需兽用生物制品，由国务院兽医行政管理部门指定的企业生产。

7. 兽药包装应当按照规定印有或者贴有标签，附具说明书，并在显著位置注明"兽用"字样。兽药的标签和说明书经国务院兽医行政管理部门批准并公布后，方可使用。兽药的标签或者说明书，应当以中文注明兽药的通用名称、成分及其含量、规格、生产企业、产品批准文号（进口兽药注册证号）、产品批号、生产日期、有效期、适应症或者功能主治、用法、用量、休药期、禁忌、不良反应、注意事项、运输贮存保管条件及其他应当说明的内容。有商品名称的，还应当注明商品名称。

除此之外，兽用处方药的标签或者说明书还应当印有国务院兽医行政管理部门规定的警示内容，其中兽用麻醉药品、精神药品、毒性药品和放射性药品还应当印有国务院兽医行政管理部门规定的特殊标志；兽用非处方药的标签或者说明书还应当印有国务院兽医行政管理部门规定的非处方药标志。

六、兽药经营法律制度

（一）兽药经营企业的开办条件

兽药经营企业是指专营兽药的企业和兼营兽药的企业，包括批发、零售公司或商店及经营进出口业务的企业。经营兽药的企业，应当具备下列条件：①与所经营的兽药相适应的兽药技术人员；②与所经营的兽药相适应的营业场所、设备、仓库设施；③与所经营的兽药相适应的质量管理机构或者人员；④兽药经营质量管理规范规定的其他经营条件。

（二）兽药经营许可法律制度

符合法定条件的，申请人方可向市、县人民政府兽医行政管理部门提出申请，并附具符合法定条件的证明材料；经营兽用生物制品的，应当向省、自治区、直辖市人民政府兽医行政管理部门提出申请，并附具符合法定条件的证明材料。

县级以上地方人民政府兽医行政管理部门，应当自收到申请之日起 30 个工作日内完成审查。审查合格的，发给兽药经营许可证；不合格的，应当书面通知申请人。申请人凭兽药经营许可证办理工商登记手续。

兽药经营许可证应当载明经营范围、经营地点、有效期和法定代表人姓名、住址等事项。兽药经营许可证有效期为 5 年。有效期届满，需要继续经营兽药的，应当在许可证有效期届满前 6 个月到原发证机关申请换发兽药经营许可证。

兽药经营企业变更经营范围、经营地点的，应当依照《兽药管理条例》第 22 条的规定申请换发兽药经营许可证，申请人凭换发的兽药经营许可证办理工商变更登记手续；变更企业名称、法定代表人的，应当在办理工商变更登记手续后 15 个工作日内，到原发证机关申请换发兽药经营许可证。

（三）兽药经营的基本规则

兽药的经营应遵守以下基本规则：

1. 兽药经营企业应当遵守国务院兽医行政管理部门制定的兽药经营质量管理规范。县级以上地方人民政府兽医行政管理部门，应当对兽药经营企业是否符合兽药经营质量管理规范的要求进行监督检查，并公布检查结果。

2. 兽药经营企业购进兽药，应当将兽药产品与产品标签或者说明书、产品质量合格证核对无误。

3. 兽药经营企业应当向购买者说明兽药的功能主治、用法、用量和注意事项。销售兽用处方药的，应当遵守兽用处方药管理办法。兽药经营企业销售兽用中药材的，应当注明产地。禁止兽药经营企业经营人用药品和假、劣兽药。

4. 兽药经营企业购销兽药，应当建立购销记录。购销记录应当载明兽药的商品名称、通用名称、剂型、规格、批号、有效期、生产厂商、购销单位、购销数量、购销日期和国务院兽医行政管理部门规定的其他事项。

5. 兽药经营企业应当建立兽药保管制度，采取必要的冷藏、防冻、防潮、防虫、防鼠等措施，保持所经营兽药的质量。兽药入库、出库，应当执行检查验收制度，并有准确记录。

6. 兽药广告的内容应当与兽药说明书内容相一致，在全国重点媒体发布兽药广告的，应当经国务院兽医行政管理部门审查批准，取得兽药广告审查批准文号。在地方媒体发布兽药广告的，应当经省、自治区、直辖市人民政府兽医行政管理部门审查批准，取得兽药广告审查批准文号；未经批准的，不得发布。

七、兽药进出口法律制度

（一）兽药进口法律制度

1. 进口兽药注册证书法律制度。首次向中国出口的兽药，由出口方驻中国境内的办事机构或者其委托的中国境内代理机构向国务院兽医行政管理部门申请注册，并提交下列资料和物品：生产企业所在国家（地区）兽药管理部门批准生产、销售的证明文件；生产企业所在国家（地区）兽药管理部门颁发的符合兽药生产质量管理规范的证明文件；兽药的制造方法、生产工艺、质量标准、检测方法、药理和毒理试验结果、临床试验报告、稳定性试验报告及其他相关资料；用于食用动物的兽药的休药期、最高残留限量标准、残留检测方法及其制定依据等资料；兽药的标签和说明书样本；兽药的样品、对照品、标准品；环境影响报告和污染防治措施；涉及兽药安全性的其他资料。申请向中国出口兽用生物制品的，还应当提供菌（毒、虫）种、细胞等有关材料和资料。

国务院兽医行政管理部门，应当自收到申请之日起 10 个工作日内组织初步审查。经初步审查合格的，应当将决定受理的兽药资料送其设立的兽药评审机构进行评审，将该兽药样品送其指定的检验机构复核检验，并自收到评审和复核检验结论之日起 60 个工作日内完成审查。经审查合格的，发给进口兽药注册证书，并发布该兽药的质量标准；不合格的，应当书面通知申请人。在审查过程中，国务院兽医行政管理部门可以对向中国出口兽药的企业是否符合兽药生产质量管理规范的要求进行考查，并有权要求该企业在国务院兽医行政管理部门指定的机构进行该兽药的安全性和有效性试验。

进口兽药注册证书的有效期为 5 年。有效期届满，需要继续向中国出口兽药的，应当在有效期届满前 6 个月到原发证机关申请再注册。

国内急需兽药、少量科研用兽药或者注册兽药的样品、对照品、标准品的进口，按照国务院兽医行政管理部门的规定办理。

2. 进口管理法律制度。境外企业不得在中国直接销售兽药。境外企业在中国销售兽药，应当依法在中国境内设立销售机构或者委托符合条件的中国境内代理机构。

进口在中国已取得进口兽药注册证书的兽用生物制品的，中国境内代理机构应当向国务院兽医行政管理部门申请允许进口兽用生物制品证明文件，凭允许进口兽用生物制品证明文件到口岸所在地人民政府兽医行政管理部门办理进口兽药通关单；进口在中国已取得进口兽药注册证书的其他兽药的，凭进口兽药注册证书到口岸所在地人民政府兽医行政管理部门办理进口兽药通关单。海关凭进口兽药通关单放行。兽药进口管理办法由国务院兽医行政管理部门会同海关总署制定。

兽用生物制品进口后，应当按规定进行审查核对和抽查检验。其他兽药进口后，由当地兽医行政管理部门通知兽药检验机构进行抽查检验。

禁止进口下列兽药：药效不确定、不良反应大以及可能对养殖业、人体健康造成危害或者存在潜在风险的；来自疫区可能造成疫病在中国境内传播的兽用生物制品；经考查生产条件不符合规定的；国务院兽医行政管理部门禁止生产、经营和使用的。

（二）兽药出口法律制度

向中国境外出口兽药，进口方要求提供兽药出口证明文件的，国务院兽医行政管理部门或者企业所在地的省、自治区、直辖市人民政府兽医行政管理部门可以出具出口兽药证明文件。国内防疫急需的疫苗，国务院兽医行政管理部门可以限制或者禁止出口。

八、兽药使用法律制度

兽药使用单位，应当遵守国务院兽医行政管理部门制定的兽药安全使用规定，并建立用药记录。

禁止使用假、劣兽药以及国务院兽医行政管理部门规定禁止使用的药品和其他化合物。禁止使用的药品和其他化合物目录由国务院兽医行政管理部门制订公布。

有休药期规定的兽药用于食用动物时，饲养者应当向购买者或者屠宰者提供准确、真实的用药记录；购买者或者屠宰者应当确保动物及其产品在用药期、休药期内不被用于食品消费。

国务院兽医行政管理部门，负责制订公布在饲料中允许添加的药物饲料添加剂品种目录。禁止在饲料和动物饮用水中添加激素类药品和国务院兽医行政管理部门规定的其他禁用药品。经批准可以在饲料中添加的兽药，应当由兽药生产企业制成药物饲料添加剂后方可添加。禁止将原料药直接添加到饲料及动物饮用水中或者直接饲喂动物。禁止将人用药品用于动物。

国务院兽医行政管理部门，应当制订并组织实施国家动物及动物产品兽药残留监控计划。县级以上人民政府兽医行政管理部门，负责组织对动物产品中兽药残留量的检测。兽药残留检测结果，由国务院兽医行政管理部门或者省、自治区、直辖市人民政府兽医行政管理部门按照权限予以公布。动物产品的生产者、销售者对检测结果有异议的，可以自收到检测结果之日起7个工作日内向组织实施兽药残留检测的兽医行政管理部门或者其上级兽医行政管理部门提出申请，由受理申请的兽医行政管理部门指定检验机构进行复检。兽药残留限量标准和残留检测方法，由国务院兽医行政管理部门制定发布。

禁止销售含有违禁药物或者兽药残留量超过标准的食用动物产品。

九、兽药监督管理法律制度

（一）兽药监督管理体制

县级以上人民政府兽医行政管理部门行使兽药监督管理权。

兽药检验工作由国务院兽医行政管理部门和省、自治区、直辖市人民政府兽医行政管理部门设立的兽药检验机构承担。国务院兽医行政管理部门，可以根据需要认定其他检验机构承担兽药检验工作。当事人对兽药检验结果有异议的，可以自收到检验结果之日起7个工作日内向实施检验的机构或者上级兽医行政管理部门设立的检验机构申请复检。

（二）兽药质量标准

兽药应当符合兽药国家标准。国家兽药典委员会拟定的、国务院兽医行政管理部门发布的《中华人民共和国兽药典》和国务院兽医行政管理部门发布的其他兽药质量标准为兽药国家标准。兽药国家标准的标准品和对照品的标定工作由国务院兽医行政管理部门设立的兽药检验机构负责。

（三）对假、劣兽药的处理

有下列情形之一的，为假兽药：以非兽药冒充兽药或者以他种兽药冒充此种兽药的；兽药所含成分的种类、名称与兽药国家标准不符合的。

有下列情形之一的，按照假兽药处理：国务院兽医行政管理部门规定禁止使用的；依照本条例规定应当经审查批准而未经审查批准即生产、进口的，或者依照本条例规定应当经抽查检验、审查核对而未经抽查检验、审查核对即销售、进口的；变质的；被污染的；所标明的适应症或者功能主治超出规定范围的。

有下列情形之一的，为劣兽药：成分含量不符合兽药国家标准或者不标明有效成分的；不标明或者更改有效期或者超过有效期的；不标明或者更改产品批号的；其他不符合兽药国家标准，但不属于假兽药的。

兽医行政管理部门依法进行监督检查时，对有证据证明可能是假、劣兽药的，应当采取查封、扣押的行政强制措施，并自采取行政强制措施之日起7个工作日内作出是否立案的决定；需要检验的，应当自检验报告书发出之日起15个工作日内作出是否立案的决定；不符合立案条件的，应当解除行政强制措施；需要暂停生产、经营和使用的，由国务院兽医行政管理部门或者省、自治区、直辖市人民政府兽医行政管理部门按照权限作出决定。未经行政强制措施决定机关或者其上级机关批准，不得擅自转移、使用、销毁、销售被查封或者扣押的兽药及有关材料。

（四）兽药不良反应报告法律制度。

兽药生产企业、经营企业、兽药使用单位和开具处方的兽医人员发现可能与兽药使用有关的严重不良反应，应当立即向所在地人民政府兽医行政管理部门报告。

第十章

动植物防疫和检疫法律制度

第一节　动植物防疫、检疫法律制度概述

一、动植物防疫、检疫的含义和特点

（一）动植物防疫、检疫的含义

动植物在人类社会发展过程中起着重要的作用，与人类的关系越来越密切，已成为人类生活和社会发展不可或缺的重要方面。我国是一个动植物养殖、种植大国，特别是改革开放以来，随着人民生活水平不断提高，对动植物产品的需求量日益增加。与此相适应，作为国民经济重要组成部分的种植业和养殖业得到了迅猛发展。但同时，动植物疫病仍然是严重影响种植业、养殖业发展的重大障碍。随着我国农林牧业的产业化、集团化的不断发展和中国加入世贸组织的影响，动物、植物检疫对象随着产品调运而传播的机会越来越多，因此动植物防疫、检疫在安全生产和国民经济中的地位显得更加重要。搞好动植物防疫、检疫不仅仅是为了保护动植物，促进种植业、养殖业发展，更为重要的是保护人体健康与生命安全。因为很多动植物疫病同样会传染给人，如寄生虫病、衣原体病、真菌病、血吸虫病、狂犬病、布氏杆菌病、结核病和炭疽等人畜共患病，都曾给人类带来灾难性的后果。

近年来，全球重大动物疫病频繁发生，如英国发生的疯牛病，由于对人体健康有影响，不仅造成重大经济损失，也产生了强烈的政治影响。我国一些地区也相继发生了高致病性禽流感等重大动物疫情，给养殖业生产造成了严重打击，严重威胁着公众身体健康与生命安全。因而，加强动植物防疫、检疫已引起世界各国的高度重视。针对动植物防疫、检疫工作中出现的新情况、新问题，我国《农业法》第24条明确规定："国家实行动植物防疫、检疫制度，健全动植物防疫、检疫体系，加强对动物疫病和植物病、虫、杂草、鼠害的监测、预警、防治，建立重大动物疫情和植物病虫害的快速扑灭机制，建设动物无规定疫病区，实施植物保护工程"，从而明确了动植物防疫、检疫的基本法律地位。

所谓动植物防疫、检疫即是指为预防、控制、扑灭动植物病、虫、害的传播

蔓延和外来物种的入侵而对特定区域或者进出特定区域的动植物及其产品以及其他检疫物实施的调查、监测、检验和监督活动。在这里，"动物"是指饲养或野生的活体物，如畜、禽、兽、蛇、龟、鱼、虾、蟹、贝、蚕、蜂等；"动物产品"是指来源于动物未经加工或者虽经加工但仍有可能传播疫病的产品，如生皮张、毛类、肉类、脏器、油脂、动物水产品、奶制品、蛋类、血液、精液、胚胎、骨、蹄、角等；"植物"是指栽培植物，野生植物及其种子、种苗和其他繁殖材料等；"植物产品"是指来源于植物未经加工或者虽经加工但仍有可能传播病虫害的产品，如粮食、豆、棉花、油、麻、烟草、籽仁、干果、鲜果、蔬菜、生药材、木材、饲料等；"其他检疫物"是指动物疫苗、血清、诊断液、动植物性废弃物等。根据动物疫病对养殖业生产和人体健康的危害程度，动物疫病可分为下列三类：对人畜危害严重，需要采取紧急、严厉的强制预防、控制、扑灭措施的为一类疫病；可造成重大经济损失，需要采取严格控制、扑灭措施，防止疫情扩散的为二类疫病；常见多发，可能造成重大经济损失，需要控制和净化的为三类疫病。这三类疫病的具体病种名录将由国务院畜牧兽医行政管理部门规定并公布。"植物病"，主要是指危及植物生长发育的疫病，一般发生在林木和蔬菜上，如番茄病毒病、枯萎病、黄瓜霜霉病、细菌性角斑病等。

动植物防疫、检疫法律制度是指对动植物防疫检疫的范围、对象、目的、措施、监督管理和法律责任等活动的制度化、法律化，即通过立法的形式形成的一套有关动植物防疫、检疫活动的规则，或者说是动植物防疫、检疫在法律上的体现。动植物防疫、检疫法律制度是预防、控制和扑灭动物疫病及植物病虫害，保障农产品质量安全，促进农业生产健康发展的重要保障。

动植物防疫、检疫是一项复杂系统的行政管理活动，以国家颁布的法律、行政法规为依据，通过利用现代科学技术手段，对动植物及其产品以及其他检疫物实施检疫，能够有效预防危害人类和动物的传染病、寄生虫病，危害植物的危险性病、虫、杂草和其他有害生物随着动植物、动植物产品传入、传出我国国境或者在我国境内各地区传播蔓延，从而保护农业生产安全和人体健康，因此世界各国都十分重视动植物防疫、检疫的立法。例如在亚洲，为了防止家畜传染性疾病的发生或蔓延，从而促进畜产业的发展和公众卫生的提高，韩国于 1982 年修订颁布《家畜传染病预防法》，1984 年再次修订。日本也于 1979 年修订颁布《家畜传染病预防法》，目的是为了预防与防止家畜传染性疾病的发生和蔓延，以发展畜牧业生产。为了防止引入、扩散动植物害虫和疾病，印度尼西亚 1992 年颁布了《关于动物、鱼和植物隔离检疫的法令》。该法规定："动物"、"鱼"、"植物"进口、转口或出口必须附有健康证明，在指定地点由检疫官员进行检疫。检疫活动包括检查、分离、观察、治疗、扣留、销毁行为。在欧洲，比利时于 1987年颁布《关于动物健康的法令》。该法规定：政府应就控制动物疾病而言需要建立营销、展出、销售、运输、动物进出口、畜产品、植物产品的法规体系。法国1971 年颁布《动物检疫法令》，对动物、动物产品和供人们食用的原动物产品的卫生和质量检查及其管理等作出了规定。在美洲，加拿大于 1990 年颁布《动物健康法令》，该法令对动物健康职责和动物疾病处置作出了规定。美国政府重视对动植物健康保护工作立法，以加强对危险性动植物病虫害的检疫和控制力度。2000 年颁布《植物保护法修正案》替代 10 个相关法案中的条款，界定了犯罪和民事违法界限，明确了农业部关于植物保护的权力和责任。美国《2002 年农业安全与农村投资法案》规定，农业部长有权采取必要措施扣留、没收、处理或销毁动植物、动植物病虫害及相关物品或材料、运输工具，禁止或限制其进口美国或在各州或各港口的移动或使用。并对动物进出口限制、动物检疫处理、动物检疫消毒、动物病虫害控制及处理补偿和动物防疫违法处罚作出了规定。墨西哥《动植物保护法》第 120 条规定，农牧部对带病虫害的动植物建立检疫制度，制定适当的保护、防治和根除措施。在大洋洲，新西兰《动物法》对动物疾病检疫、动物疾病预防规则、防止动物疾病传入、动物疾病控制地点，患病动物处置、捕杀、销毁、转移处理以及患病动物传播处罚都作出了相当明确具体的规定。澳大利亚维多利亚《关于加强和修正牲畜疫病法律的法令》也对澳大利亚地方牲畜疫病控制、地方患畜运输控制、地方牲畜疫病传入防治，地方绵羊腐蹄病检查、治疗以及地方腐蹄病绵羊限制出售、地方腐蹄病绵羊疫区控制和处理权力等相关问题作出了规定。

新中国成立以来特别是自改革开放后，我国在动植物防疫、检疫制度建设方面取得了很大成就，建立了比较完善的动植物防疫、检疫法律、法规体系。目前，我国制定并颁布的有关动植物防疫、检疫的立法主要有：《植物检疫条例》（1983 年发布实施，1992 年修订）、《进出境动植物检疫法》（1991 年公布、1992 年实施）、《进出境动植物检疫法实施条例》（1996 年发布、1997 年实施）和《动物防疫法》（1997 年颁布、1998 年实施）等法律、行政法规以及《植物检疫条例实施细则（农业部分）》（1995 年发布，1997 年、2004 年修订）、《动物检疫管理办法》（2002 年发布、2004 年修订）、《动物防疫条件审核管理办法》（2002 年发布）等一系列部门规章，基本实现了动植物防疫、检疫工作的有法可依。同时，2002 年修订的《农业法》还明确规定，国家实行动植物防疫、检疫制度，健全动植物防疫、检疫体系。为了迅速控制、扑灭重大动物疫情，保障养殖业生产安全，保护公众身体健康与生命安全，维护正常的社会秩序，根据《动物防疫法》，我国还于 2005

年制定了《重大动物疫情应急条例》，从而使《动物防疫法》的有关制度进一步具体化，并进一步明确了各级人民政府及其有关部门在重大动物疫情应急工作中的职责，为建立起信息畅通、反应快捷、指挥有力、控制有效的动物疫情快速反应机制奠定了基础。

（二）动植物防疫、检疫的特点

1. 综合性。动植物防疫检疫是一项综合性很强的行政管理活动，主要表现在：①从目的上看，动植物防疫检疫是为了防止人为地传播（传入和传出）动物疫病和植物危险性有害生物，保护农业生产和农业生态系统的安全、保护人体健康和生命安全，促进动植物及其产品的流通和交换，为发展农业生产和商品流通服务，并履行有关国际义务。②从其维护的利益上看，动植物防疫检疫保护的是一个国家或地区、乃至若干个国家的农业生产和农业生态系统的安全，并且融经济效益、社会效益、生态效益于一体。③从法律依据上看，动植物防疫检疫涉及动植物防疫检疫的专门立法、与动植物防疫检疫有关的其他立法（如农业法、渔业法、森林法、邮政法、铁路法等）、国务院有关行政部门关于动植物防疫检疫的重要规定以及我国政府与外国政府签订的动植物防疫检疫协定、协议和条款等。④从范围上看，动植物防疫检疫涉及动植物及其产品以及其他检疫物，装载动植物、动植物产品和其他检疫物的容器和包装物，来自动植物疫区的运输工具等。⑤从防疫检疫对象上看，包括动物疫病和植物病、虫、杂草等有害生物种类。⑥从措施上看，动植物防疫检疫不是一个单项措施，而是由一系列包括法制管理、行政管理、技术管理在内的措施所构成的"综合管理体系"。⑦从环节上看，动植物防疫检疫是在流通前、中、后（入境前、中、后）采取一系列旨在预防动物疫病和植物危险性病、虫、杂草传播的全过程控制措施。

2. 强制性。动植物防疫检疫以国家颁布的法律、法规为依据，任何组织和个人都必须按照法律的规定行使权利、履行义务，否则将承担不利的法律后果。动植物防疫检疫机构作为执法机关，是以国家的强制力为后盾，通过执法活动来制止危险性有害生物的传播、蔓延的，对违法行为，动植物防疫检疫监督机构应当严格依法查处。

3. 预防性。动植物防疫检疫主要针对的就是那些外来危害严重、在国内尚未发生（或分布未广）而可能人为传播的疫情，通过采取各种方法和手段来防止其随着动植物、动植物产品及其他检疫物和有关的装载容器、包装物、运输工具等在国家或地区之间调运而传播的一项防范性工作。其目的在于及时发现、快速反应、严格处理、减少损失，御疫于非疫区之外，御疫于国门之外。多年来的历史教训证明，病虫害传入容易消灭难，而且后患无穷，加强动植物防疫检疫，防止外来病虫害的传入是保护农业生产安全和人体健康的重要措施。因此，动植物防疫检疫工作需要有预见性，通过对疫情进行监测、预警、防治，对有害生物的危险性进行风险评估和分析，以做到防患于未然。

4. 科学技术性。一般来说，各类重大动植物疫情都有其发生、发展和消亡的规律，必须以科学的态度和方法来应对。例如，一般动物疫病的发生都具备传染源、传播途径和易感动物这三个要素，要控制和扑灭动物疫情，就必须采用科学的程序和方法来消灭传染源、切断传播途径、隔离和保护易感动物。但究其原因，很多重大动植物疫情的发生很大程度上是由于疫情监测、预防、应急处置等方面的有关技术手段落后。近几年来，虽然国家加大了对动植物防疫检疫工作的资金投入，加强了动植物防疫检疫体系建设，加大了疫苗的研究开发力度，增强了对重大动植物疫情的应急处置能力，但在许多防控技术方面还不能适应各种动植物疫情监测、预防和应急处理的需要。从现代技术与动植物防疫检疫的关系来看，现代生物技术特别是免疫学技术和分子生物技术以及现代信息技术的飞速发展和广泛应用，给动植物防疫检疫带来了深刻的影响，为管制性动物疫病和植物有害生物的诊断、检测、监测、处理等提供了更为快速、准确和高效的技术与方法。因此，只有开展科学研究，提高技术手段才能有效地发挥动植物防疫检疫体系建设的作用。同时，各种动植物疫情的发生及其对经济社会的影响，已经超越国界、成为世界公害，各国必须加强合作，共同应对，开展技术交流并一起研究、解决防控中的技术难题。

二、动植物防疫、检疫的种类、范围、对象和程序

（一）动植物防疫、检疫的种类

1. 按防疫、检疫物的不同，可将其分为动物及其产品防疫、检疫；植物及其产品防疫、检疫；包装和其他物品防疫、检疫；运输工具防疫、检疫等。

2. 按检验的场所和方法不同可分为：①进出境口岸防疫、检疫。即对输出、输入的动植物或动植物产品，在到达进口港后进行检验或抽样检验。②原产地（田间）防疫检疫。即在产地动植物生产、加工、生长期间、存放时的预检，比出入境时检疫更能有效地制止动物疫病和植物危险性病、虫、杂草的传播，是检验病毒和其他休眠材料的重要方法。③入境后的隔离种植防疫检疫。主要用于检验进口的植物种质材料。方法是在严格隔离控制的条件下，对从种子萌发到再生产种子的全过程进行系统观察，从而检验不易发现的病、虫、杂草，并取得不带有害生物的种子。

3. 按其职责、任务不同，可分为"对外检疫"和"国内检疫"。前者主要负责国际间的动植物检疫事宜，包括进口检疫、出口检疫、旅客携带品检疫、国际

邮包检疫、过境检疫等。后者主要负责国内动植物检疫事宜，包括划分"疫区"和"保护区"，对"疫区"实行封锁、消灭措施，对"保护区"实时保护措施，产地检疫等。对外检疫和国内检疫虽有分工，但是二者的总目标是一致的。二者是相互支持、互相配合、不可分割的。

（二）动植物防疫、检疫的范围

动植物防疫、检疫物是指依法应予以实施动植物防疫、检疫的动物、植物和其它物品。其范围因涉及的区域和检疫对象的不同而有所不同。

进出境动植物防疫检疫物的范围包括：进境、出境、过境的动植物、动植物产品和其他防疫检疫物；装载动植物、动植物产品和其他检疫物的装载容器、包装物、铺垫材料；来自动植物疫区的运输工具；进境拆解的废旧船舶；有关法律、行政法规、国际条约规定或者贸易合同约定应当实施进出境动植物检疫的其他货物、物品。

国内应实施植物检疫的检疫物包括：列入应实施检疫名单的植物、植物产品运出发生疫情的县级行政区域的；运往外地的种子、苗木和其他繁殖材料；可能被植物检疫对象污染的包装材料、运载工具、场地、仓库等。应实施检疫的植物、植物产品名单，由国务院农业主管部门、林业主管部门制定；各省、自治区、直辖市农业主管部门、林业主管部门可以根据本地区的需要，制定本省、自治区、直辖市的植物检疫物补充名单，并报国务院农业主管部门、林业主管部门备案。

国内家畜家禽的检疫物包括：出售的家畜；运出县（市）境的家畜；屠宰厂、肉类联合加工厂生产的畜禽产品；其他单位、个人屠宰的家畜。

（三）动植物防疫、检疫的对象

动植物防疫、检疫对象是指通过动植物防疫、检疫所要发现的动物传染病、寄生虫病和植物危险性病、虫、杂草以及其他有害生物。为了加强对动植物防疫检疫对象传入、传出的法律控制，动植物防疫检疫法律、法规作出了如下规定：

1. 疫区的划定。局部发生动植物检疫对象的，应划为疫区，采取封锁、消灭措施，防止检疫对象传出；发生地区已比较普遍的，应将未发生地区划为保护区，防止检疫对象传入。其划定范围应根据检疫对象的传播情况、当地的地理环境、交通状况以及采取封锁、消灭措施的需要来决定。

2. 防止检疫对象传入的措施。

（1）禁止某些物品进境。我国动植物检疫法律法规规定禁止进境的物品包括：动植物病原体（包括菌种、毒种等）、害虫及其他有害生物；动植物疫情流行的国家和地区的有关动植物、动植物产品和其他检疫物；动物尸体；土壤。因科学研究等特殊需要引进禁止进境的物品的，必须事先提出申请，经国家动植物检疫机关批准。

（2）对可能传入的重大动植物疫情采取紧急预防措施。国外发生重大动植物疫情并可能传入中国时，国务院应当采取紧急预防措施，必要时可以下令禁止来自动植物疫区的运输工具进境或者封锁有关口岸；受动植物疫情威胁的地区的地方人民政府和有关口岸动植物检疫机关，应当立即采取紧急措施，同时向上级人民政府和国家动植物检疫机关报告。

（3）实行检疫审批制度。即是指将动物、动物产品、植物种子、种苗及其他繁殖材料输入进境的，必须报经有关主管部门审查批准的一整套管理措施。这是防止疫情传入的重要管理手段。为此，我国法律规定，输入动物、动物产品、植物种子、种苗及其他繁殖材料的，必须事先提出申请，办理检疫审批手续。携带、邮寄植物种子、种苗及其他繁殖材料进境，必须事先提出申请，办理检疫审批手续。因特殊情况无法事先办理审批手续的，携带人或邮寄人应当在口岸补办检疫审批手续。通过贸易、科技合作、交换、赠送、援助等方式输入动植物、动植物产品和其他检疫物的，应当在合同或者协议中订明中国法定的检疫要求，并订明必须附有输出国家或者地区政府动植物检疫机关出具的检疫证书。

（4）严格进境口岸检疫。输入动植物、动植物产品和其他检疫物，应当在进境口岸实施检疫；未经口岸动植物检疫机关同意，检疫物不得卸离运输工具；需隔离检疫的，应在口岸动植物检疫机关指定的隔离场所检疫；检疫合格的，方准予进境。

（5）实施过境检疫。要求运输动物过境的，必须事先取得中国国家动植物检疫机关同意，并按照指定的口岸和路线过境；过境的动物经检疫合格的，准予过境；发现有动物传染病、寄生虫病名录所列的动物传染病、寄生虫病的，全群动物不准过境；对过境植物、植物产品和其他检疫物，口岸动植物检疫机关检查运输工具或者包装，经检疫合格的，准予过境，发现有植物危险性病、虫、杂草名录所列病虫害的，作除害处理或者不准过境。

（6）对来自动植物疫区的运输工具实施检疫。为了防止疫情的传入，必须对来自于疫区的运输工具实施检疫。为此，法律规定，来自动植物疫区的船舶、飞机、火车抵达口岸时，由口岸动植物检疫机关实施检疫；发现有病虫害的，作不准带离运输工具、除害、封存或者销毁处理。

（7）对国内植物调运实行检疫证书制度。植物检疫证书是植物或植物产品经过检疫，对未发现检疫对象的，由检疫机构发放的证明文件。按照规定，凡在国内调运依法必须检疫的植物和植物产品，经检疫未发现植物检疫对象的，发给植物检疫证书；发现有植物检疫对象的，但能彻底消毒处理的，托运人应按植物检疫机构的要求，在指定地点作消毒处理，经检验合格的，发给植物检疫证书；对无法消毒处理的，应停止调运。

3. 对检疫不合格动植物的处理。对检疫不合格的动植物和其他检疫物，根据不同情况作相应处理。

输入动物经检疫不合格的，由口岸动植物检疫机关签发《检疫处理通知单》，通知货主或者其代理人处理。检出一类传染病、寄生虫病的动物，连同其同群动物全群退回或者扑杀并销毁尸体；检出二类传染病、寄生虫病的动物，退回或者扑杀，同群其他动物在隔离场所或者在指定地点隔离观察。

输入动物产品和其他检疫物经检疫不合格的，由口岸动植物检疫机关签发《检疫处理通知单》，通知货主或者其代理人作除害、退回或者销毁处理；经除害处理合格的，方准予进境。

输入植物、植物产品和其他检疫物经检疫发现有植物危险性病、虫、杂草的，由口岸动植物检疫机关签发《检疫处理通知单》，通知货主或者其代理人作除害、退回或者销毁处理；经除害处理合格的，方准予进境。

（四）动植物防疫、检疫的程序

动植物防疫检疫的程序，即是指实施动植物防疫检疫工作所应遵循的步骤和方法。按照动植物防疫检疫立法的规定，实施动植物防疫检疫的基本程序具体包括：检疫审批、报检、检疫、检疫处理、签证放行和检疫监督等。

1. 检疫审批。检疫审批是指输入检疫物或过境运输检疫物必须依法事先向检疫机关提出申请，办理检疫审批手续，检疫机关根据已掌握的输出国家和地区的疫情，决定是否同意输入或过境。检疫审批可以有效地预防病虫害传入我国，以减少不必要的损失。

2. 报检。输入、输出动植物、动植物产品和其他检疫物，由货主或者其代理人在办理海关手续前，向口岸动植物检疫机关报检，并根据要求填写报检单。输入检疫物，应当在检疫物进境前或者进境时向进境口岸动植物检疫机关报检。输出检疫物，应当在出境前或者出境时向口岸动植物检疫机关报检。出口濒危和野生动植物资源，口岸动植物检疫机关凭国家濒危办或其授权的办事机构核发的允许出口的证明文件接受报检和检疫。过境检疫的报检，由承运人或押运人持货单和输出国家和地区的检疫证书，在进境时办理报检手续。

3. 检疫。这里的检疫包括现场检疫、实验室检疫和隔离检疫。

（1）现场检疫。现场检疫是指输入、输出的动植物、动植物产品和其他检疫物在抵达口岸时，检疫人员可登临飞机、车船或者到货物停放场地实施检疫。

通过现场检疫，检疫人员可以核对货单、标志、数量和质量，对进出境动物作临床观察，检查有无烈性传染病的症状，监督对装载容器、饲料、废弃物和场地进行防疫消毒处理。对动植物和动植物产品，检查货物及包装物有无受病虫害侵染，并按规定采取代表样品供实验室检疫之用。

（2）实验室检疫。即根据双边协定、检疫条款、贸易合同、信用证、输入国家或我国的检疫要求，对动物疫病、植物病虫害的进出境检疫需要在实验室作进一步检疫的，均需作实验室检疫。

（3）隔离检疫。隔离检疫（isolation quarantine）是将进出境或国内调运的有关动植物，在检疫机关指定的场所内、于隔离条件下进行饲养或种植，并在其生长期间进行检验、检测和处理的一项措施。例如，从国外引进的活动物（如牛等）到达口岸后必须在指定的隔离场内进行隔离检疫，经过一定时间的饲养、检验、检测，证明该批动物健康、安全后才允许其进境。又如，从国外引进的植物种苗等也需要经过一定时间的隔离检疫后，才允许其进境并分散种植和使用。

4. 检疫处理。经过检疫不合格的检疫物，依照动植物防疫检疫法律、法规的规定，由口岸动植物检疫机关签发《检疫处理通知单》，通知货主或者其代理人分别作除害、退回或者销毁处理。

5. 签证放行。经检疫合格或者经除害处理后合格的进出境检疫物，准予进境或者出境。进境的，海关凭口岸动植物检疫机关签发的《检疫放行通知单》或者在报关单上加盖的印章验放；如需调离海关监管区检疫的，海关凭口岸动植物检疫机关签发的《检疫调离通知单》验放；出境的，海关凭口岸动植物检疫机关签发的检疫证书或者在报关单上加盖的印章验放。

6. 检疫监督。检疫监督（quarantine supervision）是指检疫机关对进出境或过境的动植物、动植物产品的生产、加工、存放等过程以及动物疫病、植物有害生物疫情实施的监督管理措施。

检疫工作不仅要在口岸进行，而且贯穿于检疫物的生产、加工和存放的全过程。进境动植物、动植物产品虽然经过口岸动植物检疫机关的检疫，但是还不能确保完全控制病虫害的传播蔓延。有些病虫害可能在进境时未被检出，而在生产、加工和存放等过程中出现病虫害的传播与蔓延，因此有必要对进境动植物、动植物产品的生产、加工和存放过程实行检疫监督。对出境的动植物、动植物产品同样不能仅靠口岸检疫控制病虫害，也必须对其生产、加工和存放过程实行检疫监督。

检疫监督的作用主要表现在：①促进经济贸易的发展。国际贸易的飞速发展使动植物检疫口岸待验货物的数量不断增加，这就要求检疫机关必须提高验放速度。采取检疫监督管理的措施，对部分应检物的部分检疫内容实行前置或后续检疫，能够避免货物因检疫程序要求而发生的滞留现象，在保证安全的同时促进经济贸易的发展。②进一步控制动物疫病和植物有害生物的传播。检疫监督管理措施能够进一步避免现场检验中的漏检疫问题，解决尚在潜伏期的动物疫病和植物有害生物的检验问题，从而保证检疫的质量，严防管制性疫病和有害生物的传播。

检疫监督的基本方法主要有：①实行注册登记制度。为了快速和全面地掌握生产厂商、营销商等的信息，更便捷地为其提供检疫服务和进行相关管理，动植物检疫部门对涉及动植物及其产品进出口业务的生产厂商、营销商实行注册登记制度，并建立相应的数据库进行管理。②进行防疫工作指导。动植物检疫部门派检疫专家定期为熏蒸队从业人员等进行技术培训和指导，以提高除害处理的效果。③建立监管库区。动植物检疫监管库区是经口岸动植物检疫机关同意并批准设立的存放进出境动植物、动植物产品的监督管理场所。近年来，监管库区在各口岸所属地区纷纷建立，推动了检疫监督管理措施的进一步发展。④进行疫情监测。对重要动植物疫情进行调查和监测是动植物检疫监督的一种基本方法。疫情调查和监测的主要目的是及时发现、了解危险性动物疫情和植物有害生物的定殖和传播情况，为严格管制这些疫病和有害生物提供基础信息。

三、动植物防疫、检疫法律制度的立法目的与任务

（一）保护农业生产安全、发展生产、促进农村经济

农业是国民经济发展和稳定的基础，动植物防疫检疫是直接为农业服务的部门，在农业生产中占有举足轻重的地位。农业要发展，除了需要政策、科技和增加投入外，还需要动植物防疫检疫。这是因为农业生产是生物性生产，其丰欠在很大程度上受自然灾害及病虫害的影响。人类在发展农业生产的过程中，始终在与病虫害作斗争，并因病虫害的传入、传出而付出了昂贵的代价。

我国是一个农业大国，拥有极其丰富的动植物品种资源，这既是发展农业生产的物质基础，又是改善自然环境、丰富人民物质文化生活的优越条件。目前，我国公布执行的对外植物检疫对象为84种（属），动物检疫对象为97种，这是绝对禁止传入的种类。因此，为保证农业生产安全，免受重大动植物疫情灾害影响，搞好动植物防疫检疫非常重要。

动物疫病是畜牧业生产的大敌，国内外的历史事实都业已表明动物疫病的流行无不严重地影响甚至摧毁着畜牧业的生产。近年来一些国家和地区动物疫病的蔓延对整个畜牧业带来的负面影响，再一次告诫人们：要保持畜牧业的持续发展就必须要防治动物疫病，也只有有效地防治动物疫病，才能在保护的基础上促进

畜牧业的健康发展。制定动物防疫法的重要意义就在于通过强化对动物疫病的防治，以发挥其对保护畜牧业生产、发展畜牧业生产的作用。

畜牧业对促进农村经济的发展也起着重要的作用。畜牧业的发展不仅能改善农民生活、增加农民收入，而且能为市场提供更多的畜产品，丰富市场供应。因此，加强动物疫病的防治，对保护和发展畜牧业、减少因动物疫病而造成的损失、稳定和增加农民收入、为市场提供合格的畜产品、为农村经济的繁荣都具有直接的意义。

植物检疫的主要目的同样是为了保护农业生产，其中心任务即是防止危害性大的植物危险性病、虫、杂草的传播蔓延，而用法律、法规的形式来禁止或限制植物和植物产品在一定区域的流通，则使其立法目的具有了更明确的指向性、强制性和可预期性。国务院 1992 年修订发布的《植物检疫条例》第 1 条开宗明义地提出了植物检疫工作的目的与任务，即："防止为害植物的危险性病、虫、杂草传播蔓延，保护农业、林业生产安全"；同年施行的《进出境动植物检疫法》第 1 条亦明确指出了进出境植物检疫的目的与任务是"防止植物危险性病、虫、杂草以及其他有害生物传入、传出国境，保护农、林、牧、渔业生产和人体健康，促进对外经济贸易的发展"。当今，在农业生产发展迅速，交通运输工具十分发达以及种子、苗木调运日趋频繁的情况下，更显示出植物检疫的重要。

植物检疫还蕴藏着可观的经济效益、社会效益和生态效益。直接的经济效益是对检疫对象的防治和除害处理，可挽回直接的经济损失。间接的经济效益主要体现在通过检疫消除了隐患，避免了不必要的损失。社会效益则体现在可以因此而节省大量的对植物检疫的人力、物力和财力的投入上。其生态效益则体现在防止有害物种的入侵和传播、维护生态平衡和保护生物的多样性上。在此，经济效益、社会效益和生态效益又是相互制约、相辅相成、相互促进、共同发展的。

（二）保护人体健康与生命安全

"民以食为天"，动植物是人类食物的来源，保障动植物免受病虫害的威胁是动植物防疫检疫的宗旨。因为动物疫病不仅给畜牧业生产造成经济损失，而且也会危害人体健康。如动物传染病和寄生虫病通过人与患病动物的直接接触或经由动物、受病原污染的空气、水和食品等载体传染给人，这不仅有害人体健康，而且会产生严重的后果。调查表明，我国现有的 200 多种动物疫病，70% 以上可以传染给人。2005 年发生在四川省的猪链球菌病疫情，波及 8 个地级市的 21 个县（市、区），有 206 人感染猪链球菌病，死亡 38 人。沈阳新民市发生炭疽疫情，人感染 12 例，死亡 1 例。近年来，动物血吸虫病、结核病、布鲁氏菌病、狂犬病等人畜共患病在局部地区时有发生，直接威胁着广大人民群众的身体健康和生命安全。因此，防治动物疫病是保护人体健康与生命安全，扑灭和控制人畜交叉感染、共患恶疾的必要措施，也是以人为本、构建和谐社会的需要。

因此，加强植物检疫、减少农业损失、保护人体健康也是植物检疫法律制度的重要目的和内容。例如，曾产于欧洲、并经由前苏联和阿尔巴尼亚等国传入我国的植物毒麦，不仅生命力、适应性很强繁殖力旺盛，侵入农田后与小麦争夺肥、水和阳光并造成减产，而且更为严重的是毒麦籽粒含有能麻痹中枢神经造成中毒的毒支碱。我国黑龙江省等很多地方，都曾发生过因食用毒麦而引起的人、畜中毒事件。因此，植物检疫也是保障农业安全，保护人体健康与生命安全的重要措施。

（三）保护环境、维护生态系统安全

动植物防疫检疫的重要性除体现在满足经济利益的需要外，对我国的环境保护和生态系统安全也发挥着重要作用。

众所周知，动植物病虫害的流行可以导致动植物的大量死亡，造成生物物种加速灭绝、动植物资源减少，直接影响生态环境。同时，为防治病虫害而大剂量、大范围地使用农药、兽药，其本身也会导致水、大气、土壤等环境要素的污染，使生态环境遭到破坏。另一方面，病虫害可以使森林、植被受到破坏，造成水土流失和土地沙漠化，从而加速生态环境恶化。因此，加强动植物防疫检疫，防止动植物病虫害的发生和流行，不仅可以减少动植物的死亡、维护生态平衡，而且可以大大减少农药、兽药的使用，全面达到保护生态环境的目的。

动植物防疫检疫还能够有效地抵御生物入侵，保护生物的多样性。生物入侵也称之为生物污染，是指外来物种给当地生物和环境造成的危害。生物入侵大都由引种所致，往往会对生物安全产生巨大的影响，今天地球上几乎所有的国家都品尝到了生物入侵的苦果。例如，在西欧，引进北美虾的同时也引进了北美虾病毒，由于病毒的侵袭曾使当地的虾从河流中逐渐消失；在北爱尔兰，人们对引种马铃薯时带进的疫病记忆犹新，马铃薯晚疫病曾导致马铃薯毁灭性减产；在东非，一种起源于南亚的草已静悄悄地侵入了数百万公顷的热带森林，使当地多种植物受到侵害；在新西兰，引进的澳洲袋鼠居然在这里食欲大开，一晚上可吃掉或毁坏20吨绿色植物。在我国，外来生物入侵的事例也不胜枚举。例如，20世纪80年代随木材贸易从美洲进来的害虫红松大小蠹，它们入境后便潜伏下来，伺机作祟。1999年突然在山西大面积暴发，导致大片油松林在数月内枯萎死亡，由油松林维系的生态系统也几近崩溃。外来生物威胁着本土物种，造成本土物种数量减少乃至灭绝，极大地危害着生物的多样性和整个生态系统的平衡。

最近，美国政府正在着手制定一项战略，以协调30多个联邦机构应对外来生物的入侵。西欧一些发达国家也在积极寻求应对措施，这些措施主要包括以下几个方面：完善国际植物保护公约等相关国际条约，减少漏洞；切断外来生物的侵入通道；建立国际生物监控体系和数据库，克服侵害物种信息的零散；结束自然资源管理者对外来物种的引进，如牧区外来饲料植物、用作土壤保护的外来草种；提高人口整体生态意识，使人们了解当地自然风景的价值，抵御外来生物的入侵。

为了保护生物多样性、维护生态安全，我国《农业法》第 64 条规定："国家建立与农业生产有关的生物物种资源保护制度，保护生物多样性，对稀有、濒危、珍贵生物资源及其原生地实行重点保护。从境外引进生物物种资源应当依法进行登记或者审批，并采取相应安全控制措施。农业转基因生物的研究、试验、生产、加工、经营及其他应用，必须依照国家规定严格实行各项安全控制措施"。从立法上看，我国在对引进外来物种方面不断加强检疫措施和制度的法律控制。

（四）实现动植物防疫、检疫活动规范化、法制化

以法律的形式来确立动植物防疫、检疫法律关系主体的行为规则，保障动植物防疫、检疫监督管理机关依法行使其享有的职权、履行其法定的职责，确保各有关的生产者、经营者依法承担其应尽的法律义务，对促进动植物防疫、检疫工作的规范化，将动植物防疫、检疫活动纳入法制的轨道，实现动植物防疫、检疫的立法目的具有重要的意义。以法律做后盾，才是推动动植物防疫、检疫的有力保证，才是强化动植物防疫、检疫工作的正确途径。

四、动植物防疫、检疫法律制度的发展

近年来，我国在动植物防疫、检疫制度建设方面不断发展，体系日益完善。如为了加强对外来物种入侵的法律控制，2002 年修订的《农业法》第 64 条第 1 款对从境外引进生物物种资源规定，必须依法登记或者审批并采取相应的安全控制措施。同样，2005 年 12 月 29 日全国人大常委会通过的《畜牧法》第 15 条第 2 款也规定：从境外引进的畜禽遗传资源被发现对境内畜禽遗传资源、生态环境有危害或者可能产生危害的，国务院畜牧兽医行政主管部门应当商有关主管部门，采取相应的安全控制措施。从立法上看，我国在对引进外来有害物种方面不断加强有关检疫措施和制度的法律控制，但与我国作为世界农业大国的地位相比，当前的动植物防疫、检疫工作还远远不能适应农业发展的需要，在很多方面还没有与国际接轨，需要进一步加快体制、制度和机制的创新，通过严格执法来解决动植物防疫、检疫工作中面临的问题。结合《农业法》的规定，今后我国动植物防疫、检疫制度的发展方向是：

1. 要进一步健全动植物防疫、检疫制度体系。健全的动植物防疫、检疫体

系是做好动植物防疫、检疫工作的基础，是使动植物防疫、检疫工作规范化，把动植物防疫、检疫活动纳入法制轨道，实现动植物防疫检疫立法目标的制度保障。要不断探索动植物防疫、检疫机构体制创新的新路径，加强人员的培训、重视防疫、检疫队伍素质的提高并不断促进基层动植物防疫、检疫体系的建设。要加大对动植物防疫、检疫基础设施的投入力度，改善动物疫病和植物病、虫、杂草、鼠害诊断、监控和检疫条件。

2. 要加强对动物疫病和植物病、虫、杂草、鼠害的监测、预警、防治，建立重大动物疫情和植物病虫害的快速扑灭机制。要健全、完善监测网络，加强对流通环节的监督检查，及时、准确地发现动物疫情和植物病、虫、杂草、鼠害的发生，并按照规定程序报告。要加强种植业、畜牧业、渔业生产中的疫病净化和环境消毒工作，充分发挥植保、兽医等基层技术队伍及各类农业技术协会的作用，加强对农牧民的技术培训，提高食用动植物病虫害的防治水平。要制定重大动物疫情和植物病虫害防治的应急预案，做好有关物资、设备、技术等的储备工作，确保在重大动物疫情和植物病虫害发生后，能够及时有效地予以扑灭。

3. 应当参照国际惯例，建设动物无规定疫病区。无规定疫病区的概念最早是由美国、加拿大、澳大利亚等农产品出口大国提出，现已为很多国家所接受。根据世贸组织《实施卫生与植物卫生措施协定》（SPS），无规定疫病区是指"由主管机关确认的未发生特定虫害或病害的地区，无论是一国的全部或部分地区，还是几个国家的全部或部分地区"。农业部于 2001 年 7 月 13 日下发了《无规定疫病区示范区项目建设方案》（农牧发〔2001〕27 号），对无规定疫病区在法规、行政、经济、技术等方面所应具备的基本条件作了详细规定，并着手建设动物疫病控制体系、动物防疫监督体系、动物疫情监测体系及动物防疫屏障体系，要求区域内的疫病防治、检疫、监督、疫病监测手段和水平达到国家规定标准，并基本达到世界动物卫生组织规定标准。2002 年 7 月 8 日，农业部还依据《方案》的规定和国际通行标准，发布了《国家无规定疫病区条件》，对无规定疫病区在疫病防治、兽医基础设施建设、兽医管理等方面提出了具体要求。

4. 实施植物保护工程。这是完善动植物防疫、检疫制度的重要内容。农业部实施的"植保工程"计划在全国建设相当规模的植物检疫实验室、危险病虫疫情监测站和其他大型检疫设施，形成一个以有害生物风险分析为基础的危险病虫防疫检疫体系。近两年，"植保工程"重点加强了植物检疫基础设施建设，如植物检疫实验室、危险病虫疫情监测站、植物检疫隔离场、有害生物风险分析中心，小麦矮腥黑穗病（TCK）疫情监测站以及葡萄无毒苗木繁育中心等设施的建设。植物保护工程的实施，将进一步增强对植物病、虫、杂草、鼠害的防疫、检疫能力，保障我国农业生产安全。

5. 与国际规则相协调，不断完善动植物防疫检疫法律制度。在当今世界农产品贸易中动植物防疫检疫是影响国际间农产品贸易极为重要的措施和手段。作为一般例外条款，动植物防疫检疫制度向来被视为合法的"非关税措施"。许多国家、特别是发达国家非常重视动植物防疫检疫工作，均把动植物防疫检疫作为技术性贸易壁垒加以利用。一方面极力将自己的农产品推向国外市场，另一方面却以例外条款保障措施为由，采取苛刻的动植物检疫技术标准，颁布严格的检疫法规和制定名目繁多的认证制度等使国内市场免受国外农产品的威胁，从而使动植物防疫检疫制度成为合理保护本国农产品市场的主要工具之一。

我国一些动植物防疫检疫措施、制度正在与国际惯例接轨，但与 WTO 有关协议的要求相比，动植物检疫方法、标准、手段等方面还有明显差距。面对这种形势，我们所采取的应对措施应考虑从以下几个方面入手：①利用 WTO 有关环境保护、生命安全和健康的相关规定，制定一些适应现代生物技术发展的制度，如转基因产品的开发与销售制度等，并相应地设立环保标准或"绿色"产品标准，以适应高新生物技术产品检疫的需要；②在具体检疫标准上，按照《进出境动植物检疫法》的协调原则，修改不合理的或与国际标准不符合的地方，促使国内动植物检疫制度国际化。③我国应加强国际联系，密切关注国际市场和生物技术领域的最新动态，不断更新我国出入境动植物检疫标准，以最终达到与国际协调、接轨的目的。

第二节 动植物防疫、检疫监督管理法律制度

一、有关动植物防疫、检疫监督管理体制的规定

一般而言，监督管理体制是指监督管理机构的设置以及这些机构间监督管理权限的划分及其职权的运作方式。在动植物防疫、检疫管理方面，我国实行的是统一管理、分级负责的管理体制。即国务院农业行政主管部门主管全国进出境动植物检疫工作；国务院设立的动植物检疫机关统一管理全国进出境动植物检疫工作，国家动植物检疫机关在对外开放的口岸和进出境动植物检疫业务集中的地点设立的口岸动植物检疫机关，依法实施进出境动植物检疫；贸易性动物产品检疫工作由国家商检部门承担。全国的植物检疫工作由国务院农业主管部门、林业主管部门主管；各省、自治区、直辖市农业主管部门、林业主管部门主管本地区的植物检疫工作；县级以上地方各级农业主管部门、林业主管部门所属的植物检

机构，负责执行国家的植物检疫任务。

二、各有关管理主体和协管主体的权责

（一）国务院和各级人民政府的权责

国务院和地方各级人民政府是动植物防疫、检疫的领导机关，其依法享有的职权或应当履行的职责是：

1. 国务院制定动植物检疫行政法规，省、自治区、直辖市人民政府制定有关地方规章。

2. 国（境）外发生重大动植物疫情并可能传入中国时，国务院可以对相关边境区域采取控制措施，必要时下令禁止来自动植物检疫区的运输工具进境或者封锁有关口岸；受动植物疫情威胁的地区的地方人民政府可以立即组织有关部门制定并实施紧急方案，同时向上级人民政府和国家动植物检疫局报告。

3. 局部发生动植物检疫对象的，应划为疫区，采取封锁、消灭措施，防止检疫对象传出；发生地区已比较普遍的，应将未发生地区划为保护区，防止检疫对象传入。疫区和保护区的划定，由省、自治区、直辖市人民政府批准。

4. 在动植物防疫检疫工作中作出显著成绩的单位和个人，由人民政府给予奖励。

（二）动植物检疫行政主管机关的权责

国务院农业行政主管部门是全国动植物检疫的行政主管机关，各省、自治区、直辖市以及各地、市、县农业主管部门、林业主管部门是本地区的动植物检疫主管机关。其权责是：

1. 农业、林业植物检疫对象和应施检疫的植物、植物产品名单，由国务院农业主管部门、林业主管部门制定。各省、自治区、直辖市农业主管部门、林业主管部门根据本地需要制定补充名单，并报国务院农业主管部门、林业主管部门备案。

2. 疫区、保护区的申请划定、撤销、改变，由省、自治区、直辖市农业主管部门、林业主管部门提出，报省、自治区、直辖市人民政府批准，并报国务院农业主管部门、林业主管部门备案。

3. 国务院农业主管部门、林业主管部门制定植物检疫证书的格式。

4. 对农林院校和试验研究单位在检疫对象的非疫区进行教学、科研需要的植物检疫对象的研究进行审批，属于国务院主管部门、林业主管部门规定的植物检疫对象的，须经国务院农业主管部门、林业主管部门批准，属于省、自治区、直辖市规定的植物检疫对象的，须经省、自治区、直辖市农业主管部门、林业主管部门批准。

5. 疫情由国务院农业主管部门、林业主管部门发布。

6. 国（境）外发生重大动植物疫情并可能传入中国时，国务院农业行政主管部门可以公布禁止从动植物疫情流行的国家和地区进境的动植物、动植物产品和其他检疫物的名单。

7. 国务院农业行政主管部门制定有关动植物检疫办法。如国家对向中国输出动植物产品的国外生产、加工、存放单位，实行注册登记制度，具体办法由国务院农业行政主管部门制定。

（三）动植物检疫机构的权责

动植物检疫机构是指负责执行国家动植物检疫任务的工作机构，其具体的权责包括：

1. 检疫审批权。我国《进出境动植物检疫法实施条例》第9条规定：输入动物、动物产品和《进出境动植物检疫法》第5条第1款所列禁止进境物的检疫审批，由国家动植物检疫局或者其授权的口岸动植物检疫机关负责。输入植物种子、种苗及其他繁殖材料的检疫审批，由植物检疫条例规定的机关负责。《植物检疫条例》第12条对省、自治区、直辖市植物检疫机构和国务院农业、林业主管部门所属植物检疫机构的审批权限作了具体规定。

2. 检疫实施权。口岸动植物检疫机关依据当事人的申请报检或依据职权对进境、出境、过境动植物、动植物产品和其他检疫物，携带、邮寄的动植物、动植物产品和其他检疫物，来自动植物疫区的运输工具等，依照《动物检疫法》、《动植物检疫法实施条例》等法律、法规实施检疫。国内动植物及其产品由县级以上农业、林业主管部门所属的植物检疫机构、畜禽防疫机构对其产地、调运调出、国外引种等实施检疫。

3. 检疫对象的处理权。动植物检疫机关在实施对动植物、动植物产品和其他检疫物的检疫中发现检疫对象和疫情的，要及时采取措施，立即作出退回、查封、销毁、除害处理等决定，并监督实施。植物检疫机构对本地区的植物检疫对象要定期调查、汇总上报有关资料，发现疫情要划定疫区和保护区，并采取封锁、消灭或保护措施。植物检疫机构发现新的检疫对象和其他危险性病、虫、杂草，必须及时查清并立即报告主管部门，采取措施，彻底消灭。

4. 检疫监督权。我国《进出境动植物检疫法实施条例》第8章专章规定了国家动植物检疫机关和口岸动植物检疫机关对进出境动植物、动植物产品的生产、加工、存放过程的检疫监督权。

5. 检疫处罚权。动植物检疫机构在动植物检疫过程中，发现违反动植物检疫法规的行为，有权对其进行处罚。

6. 检疫收费权。《植物检疫条例》规定，植物检疫机关在执行检疫任务时，可以收取检疫费。

（四）动植物检疫协作部门的权责

动植物检疫协作部门主要是指海关、邮电、交通运输等部门。这些部门和单位对动植物检疫负有协作职责：

1. 依法必须经过检疫的动植物、动植物产品，邮电、运输部门必须凭检疫合格证邮寄、承运，无检疫证书不得邮寄、运输。

2. 邮电、运输部门有优先传递重大疫情信息的义务。

3. 海关依法配合口岸动植物检疫机关，对进出境动植物、动植物产品和其他检疫物实行监管。

4. 口岸动植物检疫机关可以根据需要，在机场、港口、车站、仓库、加工厂、农场等生产、加工、存放进出境动植物、动植物产品和其他检疫物的场所实施动植物疫情监测，有关单位应当配合。未经口岸植物检疫机关许可，不得移动或损坏植物疫情检测器具。

三、受动植物检疫法律、法规约束的主体的义务

从事动植物调运、进出口、繁育等活动的单位和个人都负有遵守动植物检疫法律、法规，自觉接受动植物检疫的义务：

1. 申请报检的义务。输入动植物、动植物产品和其他检疫物进境，输出动植物、动植物产品和其他检疫物出境的货主或者其代理人，运输动植物、动植物产品和其他检疫物过境的承运人或押运人；携带、邮寄动植物种子、种苗及其他繁殖材料的携带人、寄件人；携带动植物、动植物产品和其他检疫物进境的携带人等都必须向口岸检疫机关申请报检，办理检疫审批手续。国内调运依法必须经过检验的植物和植物产品的当事人，必须申请当地植物检疫机构检疫。申请办理报检手续时，必须依法提交有关证件。

2. 配合检疫机构实施检疫的义务。在检疫实施过程中，有关当事人应积极提供有关情况和方便条件配合检疫机构作出检验。

3. 服从检疫机构作出的检疫处置的义务。在检疫过程中，检疫机构作出有关退回、销毁、封存、无害处理等处置的，有关当事人应当服从并在检疫机关的监督下实施。

4. 有关当事人在未获得检疫合格证书、检疫放行证书、检疫过境许可证、运输工具检疫证书等检疫许可以前，或未经检疫、或检疫不合格时，不得从事动植物、动植物产品的引进、出境、过境、调运等活动。从国外引进可能有潜伏危险性病、虫的种子、苗木和其他繁殖材料必须隔离试种，植物检疫机构进行调查、观察和检疫，证明确实不带危险性病、虫的，方可种植，否则不得种植。

5. 种子、苗木和其他繁殖材料的繁育单位，必须建立无植物检疫对象的种苗繁育基地、母树林基地，试验、推广的种子、苗木和其他繁殖材料，不得带有植物检疫对象。

6. 家畜出售、运出县境、屠宰必须有县级农牧部门或其委托单位出具的检疫证明；屠宰厂、肉联厂要做好本厂的畜禽防疫、检疫，其生产的畜禽产品必须有厂方的检疫证明，并受农牧部门的监督检查。

7. 缴纳检疫费和负担有关损失的义务。受检疫的单位或个人，应向检疫机构缴纳检疫费并负担有关损失。如因实施检疫需要的车船停留、货物搬运、开拆、取样、储存、消毒处理等费用。

四、违反动植物防疫检疫法律规定的责任

为保证动植物防疫检疫工作的顺利进行，维护法律的严肃性，动植物防疫检疫法律、法规对各种违法行为的处理作了相应的规定，农业部还为此发布了《进出境动植物检疫法行政处罚实施办法》。

所谓违反动植物防疫检疫法的责任是指违反我国进出境动植物检疫法有关规定和动植物检疫管理制度的单位和个人所应承担的不利法律后果。其责任形式主要有民事责任、行政责任和刑事责任三种。

对违反动植物检疫法律、法规规定的，可分别情况由动植物检疫机关处以罚款、吊销检疫单证[1]；对违反进出境动植物检疫法的规定，逃避动植物检疫，引起重大动植物疫情的，依照《刑法》第337条的规定追究刑事责任；动植物检疫机关的检疫人员徇私舞弊、伪造检疫结果的，或者严重不负责任对应当检疫的检疫物不检疫或延误检疫出证，致使国家利益遭受重大损失的，依照《刑法》第413条的规定追究刑事责任。

第三节　动物防疫法律制度

一、动物防疫概述

我国动物疫病种类多、范围广。改革开放以来，我国养殖业得到迅猛发展，随之饲养动物的种类、数量也在与日俱增，动物与人类生产、生活更加密切，疫

---

〔1〕 2008年5月30日国家质量监督检验检疫总局通过的《出入境检验检疫查封、扣押管理规定》强化了行政执法手段，赋予出入境检验检疫机构依法实施核查、封存或者留置等行政强制措施。

病传播机会不断增多。随着我国加入 WTO，动物、动物产品的对外贸易交流更加频繁，一旦发生重大动物疫情，不仅会造成我国的动物产品出口遭到封堵，影响国际贸易，在国内也会失去市场，给养殖业以重创，而且还会对公众健康造成危害、甚至危及生命安全并引发一系列社会问题。为了加强对动物防疫工作的管理，预防、控制和扑灭动物疫病，促进养殖业发展，保护人体健康，1997 年 7 月 3 日第八届全国人民代表大会常务委员会第二十六次会议通过了《动物防疫法》，并于 1998 年 1 月 1 日起实行。该法的颁布实施是我国动物防疫工作中的一件大事，也是推进依法行政、实现依法防疫的一件大事。标志着我国动物防疫工作进入到一个新阶段，也标志着我国动物防疫工作步入法制化轨道，从而使我国域内动物防疫活动有法可依，具有重要意义。2007 年 8 月 30 日第十届全国人民代表大会常务委员会第二十九次会议对该法的相关内容进行了较大幅度的修订。

根据新修订的法律规定，动物防疫包括动物疫病的预防、控制、扑灭和动物、动物产品的检疫。在这里动物是指家畜家禽和人工饲养、合法捕获的其他动物。动物产品是指动物的生皮、原毛、精液、胚胎、种蛋以及未经加工的胴体、脂、脏器、血液、绒、骨、角、头、蹄等。动物疫病是指动物传染病、寄生虫病，国家对动物疫病实行预防为主的方针。

动物防疫是政府行为，需要政府负总责来加强领导并通过建立一个各尽其职、各司其责、相互协调、密切配合的组织系统来优化监督管理。为此新修订的《动物防疫法》第 7 条规定："国务院兽医主管部门主管全国的动物防疫工作；县级以上地方人民政府兽医主管部门主管本行政区域内的动物防疫工作；县级以上人民政府其他部门在各自的职责范围内做好动物防疫工作；军队和武装警察部队动物卫生监督职能部门分别负责军队和武装警察部队现役动物及饲养自用动物的防疫工作。"，从而为动物防疫工作的顺利展开确立了统管与分部门管理相结合的动物防疫监督管理体制和组织保证。

动物防疫水平与科学技术密切相关。事实上，很多动物疫情的发生，究其原因很大程度上在于动物疫情监测、检测、预警、防治、应急处置等有关技术手段落后。目前，我国在许多防控技术方面还远不能适应动物疫情监测、预防和应急处置的需要，各级人民政府要充分认识这样一种事实：在落后的技术基础上无论怎样加强管理，都不能有效地预防、控制、扑灭动物疫情。相反，如果把先进的科学技术和有效的管理结合起来，就可以获得最佳的效益。因此，只有开展科学研究，提高技术手段才能有效地发挥动物防疫体系建设的作用。为此，新修订的《动物防疫法》第 10 条规定："国家支持和鼓励开展动物疫病的科学研究以及国际合作与交流，推广先进适用的科学研究成果，普及动物防疫科学知识，提高动物疫病防治的科学技术水平。"

重大动物疫情关乎国家政治声誉、关乎经济发展、关乎公众身体健康和生命安全，动物防疫涉及社会的方方面面，涉及许多行业、部门和单位，需要各有关行业、部门和单位相互配合、群策群力、群防群控。因此，搞好动物防疫工作需要在政府的统一领导下采取积极的促导和激励措施，动员社会公众广泛参与。关于奖励，新修订的《动物防疫法》第11条规定："对在动物防疫工作、动物防疫科学研究中做出成绩和贡献的单位和个人，各级人民政府及有关部门给予奖励。"因为法律不只是惩治动物防疫违法者，还应积极奖励对动物防疫有显著成绩和贡献者，特别是动物防疫关系到广大人民群众的切身利益，群众中蕴藏着无限智慧和创造精神，只要我们做到赏罚分明，奖励和惩罚相结合，就一定能动员广大群众做好动物防疫工作。

二、动物疫病的预防法律制度

（一）防治规划

动物卫生是公共卫生的有机组成部分，动物疫病的预防是各级政府的重要职责之一，必须贯彻"预防为主"的方针，树立防患于未然的意识。根据新修订的《动物防疫法》第6条的规定，县级以上人民政府依法负有制度并组织实施动物疫病防治规划的职责（权）。所谓动物疫病防治规划是指国家动物防疫管理机关根据国内外动物疫情和保护养殖业生产以及人体健康的需要，对动物疫病的防治、监测，控制、扑灭、应急处置等活动所作出的总体安排和部署。动物疫病防治规划的质量直接影响动物防疫工作实施的效果，一个科学、合理的动物疫病防治规划，能给动物防疫工作的发展指明方向，促进动物疫病防疫工作的健康发展。

动物疫病防治规划与动物防疫管制是两种重要的对动物防疫的国家干预手段，前者致力于动物防疫工作的宏观控制，后者则关注动物防疫工作的微观管理活动，建立动物疫病防治规划和动物防疫管制法律制度对完善我国动物防疫法体系、实现我国动物防疫的现代化具有重要意义。

（二）计划免疫

国家应当采取措施预防和扑灭严重危害养殖业生产和人体健康的动物疫病，对严重危害养殖业生产和人体健康的动物疫病实行计划免疫制度，实施强制免疫。实施强制免疫以外的动物疫病预防，由县级以上地方人民政府畜牧兽医行政管理部门制定计划，报同级人民政府批准后实施。

（三）防疫服务

动物防疫监督机构应当加强对动物疫病预防的宣传教育和技术指导、技术培训、咨询服务，并组织实施动物疫病免疫计划。乡、民族乡、镇的动物防疫组织应当在动物防疫监督机构的指导下，组织作好动物疫病预防工作。动物疫病预防是一项复杂的系统工程，涉及面广、难度大，必须得到全社会的理解和支持。广大人民群众如果对防疫工作的重要性认识不到位，就难以产生自觉参与防控动物疫病的积极性，离开了社会和群众的参与，单靠行政命令，动物疫病的预防只能是孤掌难鸣，很难达到预期的效果。有关动物疫病预防的知识比较专业，社会认知程度较低，群众还比较陌生。因此，动物防疫监督机构应当充分利用自己的专业优势，加强对动物疫病预防科普知识的宣传，加强对动物疫病预防的技术指导、技术培训和咨询服务，以增强全社会积极参与动物疫病预防的意识和能力，从而实现群防群控的目的。

（四）相对人的义务

饲养、经营动物和生产、经营动物产品的单位和个人，应当依照动物防疫法和国家有关规定做好动物疫病的计划免疫和预防工作，并接受动物防疫监督机构的监测、监督。具体而言：

（1）动物饲养场和隔离场所、动物屠宰加工场所，以及动物和动物无害化处理场所，应当符合法定的动物防疫条件。

（2）动物、动物产品的运载工具、垫料、包装物、容器等应当符合国务院兽医主管部门规定的动物防疫条件。染疫动物及其排泄物、染疫动物的产品、病死或者死因不明的动物尸体，运输过程中的动物排泄物以及垫料、包装物、容器等污染物必须按照国务院兽医主管部门的有关规定处理，不得随意处置。

（3）采集、保存、运输动物病料或者病原微生物以及从事病原微生物研究、教学、检测、诊断等活动，应当遵守国家有关病原微生物实验室管理的规定。

（4）禁止经营下列动物、动物产品：封锁疫区内与所发生动物疫病有关的；疫区内易感染的；依法应当检疫而未经检疫或者检疫不合格的；染疫或者疑似染疫的；病死或者死因不明的；其他不符合国家有关动物防疫规定的。

三、动物疫病的控制和扑灭法律制度

（一）疫情的公布与报告

新修订的《动物防疫法》第 29 条规定："国务院兽医主管部门负责向社会及时公布全国动物疫情，也可以根据需要授权省、自治区、直辖市人民政府兽医主管部门公布本行政区域内的动物疫情。其他单位和个人不得发布动物疫情。动物疫情知情权，是公民的一项重要权利，让公民知晓动物疫情是政府应尽的义务。该立法规定明确了动物疫情发生时疫情公布的责任主体，即人民政府的兽医主管部门，保证了疫情公布的权威性。动物疫病以预防为主，但预防不能解决所有的问题，一旦防不胜防、出现动物疫情，能确保众所周知就显得尤为重要。这样做，一来可以让社会公众及时了解动物疫情的发展变化，以避免因不知情引起社会恐慌而导致社会失序，二来可以让社会公众有充分的思想准备，积极参与疫病防治，避免事态的进一步恶化，减少不必要的损失。

为确保动物疫情信息的上下互通、以便及时采取必要的防控措施，控制和扑灭疫情，新修订的《动物防疫法》第26条规定："从事动物疫病监测、检验检疫、疫病研究与诊疗以及动物饲养、屠宰、经营、隔离、运输等活动的单位和个人，发现动物染疫或者疑似染疫的，应当立即向当地兽医主管部门、动物卫生监督机构或者动物疫病预防控制机构报告，并采取隔离等控制措施，防止动物疫情扩散，其他单位和个人发现动物染疫或者疑似染疫的，应当及时报告。接到动物疫情报告的单位，应当及时采取必要的控制处理措施，并按照国家规定的程序上报。"

（二）疫区的划定和防疫的措施

1. 发生一类动物疫病时，当地县级以上地方人民政府兽医主管部门应当立即派人到现场，划定疫点、疫区、受威胁区，采集病料，调查疫源，及时报请同级人民政府决定对疫区实行封锁。县级以上地方人民政府应当立即组织有关部门和单位采取隔离、扑杀、销毁、消毒、无害化处理、紧急免疫接种等强制性控制、扑灭措施，迅速扑灭疫病，并通报毗邻地区。在封锁期间，禁止染疫、疑似染疫和易感染的动物、动物产品流出疫区，禁止非疫区的易感染动物进入疫区，并根据扑灭动物疫病的需要对出入封锁区的人员、运输工具及有关物品采取消毒和其他限制性措施。疫区范围涉及两个以上行政区域的，由有关行政区域共同的上一级人民政府决定对疫区实行封锁，或者由各有关行政区域的上一级人民政府共同决定对疫区实行封锁。

2. 发生二类动物疫病时，当地县级以上地方人民政府兽医主管部门应当划定疫点、疫区、受威胁区。县级以上地方人民政府应当根据需要组织有关部门和单位采取隔离、扑杀、销毁、消毒、紧急免疫接种、限制易感染的动物、动物产品及有关物品出入等控制、扑灭措施。

3. 发生三类动物疫病时，县级、乡级人民政府应当按照国务院兽医主管部门的有关规定，组织防治和净化。

4. 发生人畜共患传染病时，卫生主管部门应当组织对疫区易感染的人群进行监测，并采取相应的预防、控制措施。

四、动物和动物产品的检疫法律制度

国家对动物检疫实行报检制度。屠宰、出售或者运输动物以及出售或者运输动物产品前，货主应当按照国务院兽医主管部门的规定向当地动物卫生监督机构申报检疫。动物卫生监督机构接到检疫申报后，应当及时指派官方兽医对动物、动物产品实施现场检疫，检疫合格的，出具检疫证明、加施检疫标志。屠宰、经营、运输以及参加展览、演出和比赛的动物，应当附有检疫证明；经营和运输的动物产品应当附有检疫证明、检疫标志。

人工捕获的可能传播动物疫病的野生动物，应当报经捕获地动物卫生监督机构检疫，经检疫合格的，方可饲养、经营和运输。

跨省、自治区、直辖区引进乳用动物、种用动物及其精液、胚胎、种蛋的，应当向输入地省、自治区、直辖市动物卫生监督机构申请办理审批手续。跨省、自治区、直辖区引进的乳用动物、种用动物到达输入地后，货主应当按照国务院兽医主管部门的规定对引进的乳用动物、种用动物进行隔离观察。

五、动物防疫监督法律制度

动物卫生监督机构依法对动物饲养、屠宰、经营、隔离、运输以及动物产品生产、经营、加工、贮藏、运输等活动中的动物防疫实施监督管理。动物卫生监督机构执行监督检查任务，可以采取下列措施，有关单位和个人不得拒绝或者阻碍：①对动物、动物产品按规定采样、留验抽检；②对染疫或者疑似染疫的动物、动物产品及相关物品进行隔离、查封、扣押和处理；③对依法应当检疫而未经检疫的动物实施补检；④对依法应当检疫而未经检疫的动物产品，具备补检条件的实施补检，不具备补检条件的予以没收销毁；⑤查验检疫证明、检疫标志和畜禽标识；⑥进入有关场所调查取证，查阅、复制与动物防疫有关的资料。

第四节　植物检疫法律制度

一、植物检疫立法概况

为了防止危害植物的危险性病、虫、杂草传播蔓延，保护农业、林业生产安全，国务院于 1983 年 1 月 3 日发布了《植物检疫条例》，并于 1992 年 5 月 13 日修订并发布施行。根据该条例规定，进出口植物的检疫，按照《中华人民共和国进出境动植物检疫法》的规定执行。

二、植物检疫法律制度的内容

（一）植物检疫体制

植物检疫工作的顺利进行，离不开科学合理的组织保障来加强对植物检疫工作的监督管理，为此《植物检疫条例》第 2 条规定："国务院农业主管部门、林业主管部门主管全国的植物检疫工作，各省、自治区、直辖市农业主管部门、林业主管部门主管本地区的植物防疫工作。"第3条规定："县级以上地方各级农业主管部门、林业主管部门所属的植物检疫机构，负责执行国家的植物检疫任务。"从而为植物检疫工作的开展确立了统管和分部门管理相结合的管理体制，奠定了植物检疫工作的组织基础。

（二）植物检疫对象

根据《植物检疫条例》第4条的规定，凡局部地区发生的危险性大、能随植物及其产品传播的病、虫、杂草，应定为植物检疫对象。农业、林业植物检疫对象和应施检疫的植物、植物产品名单，由国务院农业主管部门、林业主管部门制定。各省、自治区、直辖市农业主管部门、林业主管部门可以根据本地的需要，制定本省、自治区、直辖市的补充名单，并报国务院农业主管部门、林业主管部门备案。

（三）疫区和保护区的划定

根据《植物检疫条例》第5条的规定，局部地区发生植物检疫对象的，应划为疫区，采取封锁、消灭措施，防止植物检疫对象传出；发生地区已比较普遍的，则应将未发生地区划为保护区，防止植物检疫对象传入。疫区应根据植物检疫对象的传播情况、当地的地理环境、交通状况以及采取封锁、消灭措施的需要来划定，其范围应严格控制。

根据《植物检疫条例》第6条的规定，疫区和保护区的划定由省、自治区、直辖市农业主管部门、林业主管部门提出，报省、自治区、直辖市人民政府批准，并报国务院农业主管部门、林业主管部门备案。疫区和保护区的范围涉及两省、自治区、直辖市以上的，由有关省、自治区、直辖市农业主管部门、林业主管部门共同提出，报国务院农业主管部门、林业主管部门批准后划定。

（四）植物和植物产品的检疫

根据《植物检疫条例》第7条的规定，调运植物、植物产品，属于下列情况的，必须经过检疫：①列入应施检疫的植物、植物产品名单的，运出发生疫情的县级行政区域之前，必须经过检疫；②凡种子、苗木和其他繁殖材料，不论是否列入应施检疫的植物、植物产品名单和运往何地，在调运之前，都必须经过检疫。经检疫未发现植物检疫对象的，发给植物检疫证书。发现有植物检疫对象、但能彻底消毒处理的，托运人应按植物检疫机构的要求，在指定地点作消毒处理，经检查合格后发给植物检疫证书；无法消毒处理的，应停止调运。

为防止植物检疫对象的传播，对可能被植物检疫对象污染的包装材料、运输工具、场地、仓库等，也应实施检疫。如已被污染，托运人应按照植物检疫机构的要求处理。因实施检疫需要的车船停留、货物搬运、开拆、取样、储存、消毒处理等费用，由托运人负责。

根据《植物检疫条例》第 10 条的规定，省、自治区、直辖市间调运经过检疫的植物和植物产品的，调入单位必须事先征得所在地的省、自治区、直辖市植物检疫机构同意，并向调出单位提出检疫要求；调出单位必须根据该检疫要求向所在地的省、自治区、直辖市植物检疫机构申请检疫。对调入的植物和植物产品，调入单位所在地的省、自治区、直辖市的植物检疫机构应当查验检疫证书，必要时可以复检。

（五）关于植物保护的规定

《植物检疫条例》第 11 条规定，种子、苗木和其他繁殖材料的繁育单位，必须有计划地建立无植物检疫对象的种苗繁育基地、母树林基地。试验推广的种子、苗木和其他繁殖材料，不得带有植物检疫对象。植物检疫机构应实施产地检疫。

为保证国外引种的安全，《植物检疫条例》第 12 条规定，从国外引进种子、苗木，引进单位应当向所在地的省、自治区、直辖市植物检疫机构提出申请，办理检疫审批手续。但是，国务院有关部门所属的在京单位从国外引进种子、苗木，应当向国务院农业主管部门、林业主管部门所属的植物检疫机构提出申请，办理检疫审批手续。从国外引进可能潜伏有危险性病、虫的种子、苗木和其他繁殖材料，必须隔离试种，植物检疫机构应进行调查、观察和检疫，证明确实不带危险性病、虫的，方可分散种植。

（六）对植物检疫对象研究的管制

《植物检疫条例》第 13 条规定，农林院校和试验研究单位对植物检疫对象的研究，不得在检疫对象的非疫区进行。因教学、科研确需在非疫区进行时，属于国务院农业主管部门、林业主管部门规定的植物检疫对象须经国务院农业主管部门、林业主管部门批准，属于省、自治区、直辖市规定的植物检疫对象须经省、自治区、直辖市农业主管部门、林业主管部门批准，并采取严密措施防止扩散。

（七）疫情的报告与发布

《植物检疫条例》第 14 条规定，植物检疫机构对于新发现的检疫对象和其他危险性病、虫、杂草，必须及时查清情况，立即报告省、自治区、直辖市农业主管部门、林业主管部门，采取措施，彻底消灭，并报告国务院农业主管部门、林业主管部门。疫情由国务院农业主管部门、林业主管部门发布。

第五节　进出境动植物检疫法律制度

一、进出境动植物检疫法律制度概述

为防止动物传染病、寄生虫病和植物危险性病、虫、杂草以及其他有害生物传入、传出国境，保护农、林、牧、渔业生产和人体健康，促进对外经济贸易的发展，第七届全国人民代表大会常务委员会第二十二次会议于 1991 年 10 月 30 日通过了《进出境动植物检疫法》，并于 1992 年 4 月 1 日起实行。为了使该法得以有效贯彻实施，1996 年 12 月 2 日国务院又制定发布了《进出境动植物检疫法实施条例》，并于 1997 年 1 月 1 日起实行。

根据该法及《实施条例》的规定，需依法施检的范围包括：进境、出境、过境的动植物、动植物产品和其他检疫物；装载动植物、动植物产品和其他检疫物的装载容器、包装物、铺垫材料；来自动植物疫区的运输工具；进境拆解的废旧船舶以及有关法律、行政法规、国际条约规定或者贸易合同约定应当实施进出境动植物检疫的其他货物、物品。

为了加强对进出境动植物检疫工作的监督管理，《进出境动植物检疫法》第 3 条规定，由国务院设立的国家动植物检疫机关即国家动植物检疫局统一管理全国进出境动植物检疫工作，收集国内外重大动植物疫情，负责国际间进出境动植物检疫的合作与交流。并规定在对外开放的口岸和进出境动植物检疫业务集中的地点，国家动植物检疫机关可以设立口岸动植物检疫机关，对进出境动植物依法实施检疫。国务院农业行政主管部门主管全国进出境动植物检疫工作。

为了切实做到御疫于国门之外、防患于未然，《进出境动植物检疫法》还对国家禁止进境物作出了明确规定，如动植物病原体（包括菌种、毒种等）、害虫及其他有害生物；动植物疫情流行的国家和地区的有关动植物、动植物产品和其他检疫物；动物尸体；土壤等。口岸动植物检疫机关发现有以上禁止进境物的，作退回或销毁处理。

一旦有可能发生传入我国的重大动植物疫情，为了快速、有效地做出应急处置，《进出境动植物检疫法》第 6 条还规定：国外发生重大动植物疫情并可能传入我国时，国务院应当采取紧急预防措施，必要时可以下令禁止来自动植物疫区的运输工具进境，或者封锁有关口岸；受动植物疫情威胁地区的地方人民政府和有关口岸动植物检疫机关，应当立即采取紧急措施，如立即组织有关部门制定、实施应急方案等，同时向上级人民政府和国家动植物检疫机关报告。

二、检疫审批法律制度

（一）检疫审批的条件

为了保证检疫审批的有效性和针对性，《动植物检疫法实施条例》第 10 条规定了办理进境检疫审批手续的前置条件，即：输出国或者地区无重大动植物疫情；符合中国有关动植物检疫法律、法规、规章的规定；符合中国与输出国家或者地区签订的有关双边检疫协定（含检疫协议、备忘录等）。

（二）检疫申请

根据《进出境动植物检疫法实施条例》第 12 条的规定，携带、邮寄植物种子、种苗及其他繁殖材料进境的，必须事先提出申请，办理检疫审批手续；因特殊情况尤法事先办理的，携带人或者邮寄人应当在口岸补办检疫审批手续，经审批机关同意并经检疫合格后放准进境。第 13 条规定，要求运输动物过境的，货主或者其代理人必须事先向国家动植物检疫局提出书面申请，提交输出国家或者地区政府动植物检疫机关出具的检疫证明、输入国家或者地区政府动植物检疫机关出具的准许该动物进境的证件，并说明拟过境的路线，国家动植物检疫局审查同意后，签发《动物过境许可证》。

（三）特许检疫审批

特许检疫审批是指因科学研究等特殊需要，引进《进出境动植物检疫法》所规定禁止进境物的，需办理禁止进境物特许检疫审批手续。货主、物主或者其代理人在办理手续时必须提交书面申请，说明其数量、用途、引进方式、进境后的防疫措施，并附具有关口岸动植物检疫机关签署的意见。

（四）检疫审批手续的重新申请

虽然办理了进境检疫审批手续，但情事变更后如不重新履行检疫审批，可能会由于管理上的疏漏导致疫病传播。因此立法规定，在办理进境检疫审批手续后，有下列情况之一的，货主、物主或者其代理人应当重新申请办理检疫审批手续：变更进境物的品种或者数量的；变更输出国家或者地区的；变更进境口岸的；超过检疫审批有效期的。

三、进境检疫法律制度

（一）进境报检

报检即货主或者其代理人应当在动植物、动植物产品和其他检疫物进境前或者进境时持输出国家或者地区的检疫证书、贸易合同等单证，向进境口岸动植物检疫机关履行报检义务。

（二）现场预防措施

现场预防措施是指当装载动物的运输工具抵达口岸时，口岸动植物检疫机关应当对上下运输工具或者接近动物的人员、装载动物的运输工具和被污染的场地采取消毒处理的现场预防措施。

（三）口岸进境检疫

《进出境动植物检疫法》第14条规定，输入动植物、动植物产品和其他检疫物，应当在进境口岸实施检疫。未经口岸动植物检疫机关同意，不得卸离运输工具。输入动植物，需隔离检疫的，在口岸动植物检疫机关指定的隔离场所检疫。因口岸条件限制等原因，可以由国家动植物检疫机关决定将动植物、动植物产品和其他检疫物运往指定地点检疫。在运输、装卸过程中，货主或者其代理人应当采取防疫措施。

输入动植物、动植物产品和其他检疫物，经检疫合格的，准予进境；海关凭口岸动植物检疫机关签发的检疫单证或者在报关单上加盖的印章验放。

（四）检疫不合格动植物及其动植物产品的处理

根据《进出境动植物检疫法》第16条的规定，输入动物，经检疫不合格的，由口岸动植物检疫机关签发《检疫处理通知单》，通知货主或者其代理人作如下处理：①检出一类传染病、寄生虫病的动物，连同其同群动物全群退回或者全群扑杀并销毁尸体；②检出二类传染病、寄生虫病的动物，退回或者扑杀，同群其他动物在隔离场或者其他指定地点隔离观察。输入动物产品和其他检疫物经检疫不合格的，由口岸动植物检疫机关签发《检疫处理通知单》，通知货主或者其代理人作除害、退回或者销毁处理。经除害处理合格的，准予进境。

《进出境动植物检疫法》第17条规定，输入植物、植物产品和其他检疫物，经检疫发现有植物危险性病、虫、杂草的，由口岸动植物检疫机关签发《检疫处理通知单》，通知货主或者其代理人作除害、退回或者销毁处理。经除害处理合格的，准予进境。

四、出境检疫法律制度

（一）出境报检

出境报检即是指货主或者其代理人在动植物、动植物产品和其他检疫物出境前，需依法向口岸动植物检疫机关履行报检义务。根据《进出境动植物检疫法》第22条规定，经检疫合格的动植物、动植物产品和其他检疫物，有下列情形之一的，货主或者其代理人应当重新报检：更改输入国家或者地区，更改后的输入国家或者地区又有不同检疫要求的；改换包装或者原未拼装后来拼装的；超过检疫规定有效期限的。

（二）口岸出境检疫

出境前需经隔离检疫的动物，在口岸动植物检疫机关指定的隔离场所检疫。

输出动植物、动植物产品和其他检疫物，由口岸动植物检疫机关实施检疫，经检疫合格或者经除害处理合格的，准予出境；检疫不合格又无有效方法作除害处理的，不准出境。

五、过境检疫法律制度

（一）过境报检

根据《进出境动植物检疫法》第 24 条的规定，运输动植物、动植物产品和其他检疫物过境的，由承运人或者押运人持货运单和输出国家或者地区政府动植物检疫机关出具的检疫证书，在进境时向口岸动植物检疫机关报检。运输动物过境的，还应当同时提交国家动植物检疫局签发的《动物过境许可证》。

（二）口岸过境检疫

过境动物运达进境口岸时，由进境口岸动植物检疫机关对运输工具、容器的外表进行消毒并对动物进行临床检疫，经检疫合格的，准予过境。进境口岸动植物检疫机关可以派检疫人员监运至出境口岸，出境口岸动植物检疫机关不再检疫。发现有动物传染病、寄生虫病的，全群动物不准过境。

对过境植物、动植物产品和其他检疫物，口岸动植物检疫机关检查运输工具或者包装，经检疫合格的，准予过境；发现有病虫害的，作除害处理或者不准过境。

六、携带物、邮寄物检疫法律制度

（一）携带物检疫

携带动植物、动植物产品和其他检疫物进境的，进境时必须向海关申报并接受口岸动植物检疫机关检疫。海关应当将申报或者查获的动植物、动植物产品和其他检疫物及时交由口岸动植物检疫机关检疫。未经检疫的，不得携带进境。

携带动物进境的，必须持有输出动物的国家或者地区政府动植物检疫机关出具的检疫证书，经检疫合格后放行；携带犬、猫等宠物进境时，还必须持有疫苗接种证书。没有检疫证书、疫苗接种证书的，由口岸动植物检疫机关作限期退回或者没收销毁处理。作限期退回处理的，携带人必须在规定的时间内持口岸动植物检疫机关签发的截留凭证，领取并携带出境；逾期不领取的，作自动放弃处理。

携带植物、动植物产品和其他检疫物进境，经现场检疫合格的，当场放行；需要作实验室检疫或者隔离检疫的，由口岸动植物检疫机关签发截留凭证。截留检疫合格的，携带人持截留凭证向口岸动植物检疫机关领回；逾期不领回的，作自动放弃处理。

(二) 邮寄物检疫

邮寄进境的动植物、动植物产品和其他检疫物，由口岸动植物检疫机关在国际邮件互换局（含国际邮件快递公司及其他经营国际邮件的单位，以下简称邮局）实施检疫。邮局应当提供必要的工作条件。

经现场检疫合格的，由口岸动植物检疫机关加盖检疫放行章，交邮局运递。需要作实验室检疫或者隔离检疫的，口岸动植物检疫机关应当向邮局办理交接手续；检疫合格的，加盖检疫放行章，交邮局运递。

携带、邮寄进境的动植物、动植物产品和其他检疫物，经检疫不合格又无有效方法作除害处理的，作退回或者销毁处理，并签发《检疫处理通知单》交携带人、寄件人。

七、运输工具检疫法律制度

根据《进出境动植物检疫法》的有关规定，来自动植物疫区的船舶、飞机、火车抵达口岸时，由口岸动植物检疫机关实施检疫。进境的车辆，由口岸动植物检疫机关作防疫消毒处理。装载出境的动植物、动植物产品和其他检疫物的运输工具，应当符合动植物检疫和防疫的规定。

进境供拆船用的废旧船舶，由口岸动植物检疫机关实施检疫，发现有病虫害的，作除害处理。

八、检疫监督法律制度

《进出境动植物检疫法》第7条和《进出境动植物检疫法实施条例》第53条分别对检疫监督制度作出了相应的规定，即国家动植物检疫机关（国家动植物检疫局）和口岸动植物检疫机关对进出境动植物、动植物产品的生产、加工、存放过程，实行检疫监督制度。检疫监督是对动植物检疫系统严格把关、严加防范的重要措施之一，在进出境动植物检疫中被广泛应用。

根据《进出境动植物检疫法实施条例》第54条及有关规定，进出境动物和植物种子、苗木及其他繁殖材料，需要隔离饲养、隔离种植的，在隔离期间，应当接受口岸动植物检疫机关的检疫监督。

口岸动植物检疫机关可以根据需要，在机场、港口、车站、仓库、加工厂、农场等生产、加工、存放进出境动植物、动植物产品和其他检疫物的场所实施动植物疫情监测，有关单位应当配合。

进境动植物、动植物产品和其他检疫物，装载动植物、动植物产品和其他检疫物的装载容器、包装物，运往保税区（含保税工厂、保税仓库）的，在进境口岸依法实施检疫；口岸动植物检疫机关可以根据具体情况实施检疫监督。

第十一章

农产品质量安全法律制度

第一节　农产品质量安全法律制度概述

一、农产品和农产品质量安全的含义

（一）农产品的界定

农产品的界定决定了《农产品质量安全法》的调整范围。《中国大百科全书·农业》解释农产品为：广义的农产品包括农作物、畜产品、水产品和林产品；狭义的农产品仅指农作物和畜产品。联合国粮食组织（FAO）和世界卫生组织（WHO）及其联合成立的国际食品法典委员会（CAC）将农产品统称为"农产食品"。我国《农产品质量安全法》第2条明确规定：本法所称农产品，是指来源于农业的初级产品，即在农业活动中获得的植物、动物、微生物及其产品。这里讲的"农业活动"，既包括传统的种植、养殖、采摘、捕捞等农业活动，也包括设施农业、生物工程等现代农业活动。"植物、动物、微生物及其产品"，通常是指在农业活动中直接获得的以及经过分拣、去皮、剥壳、粉碎、清洗、切割、冷冻、打蜡、分级、包装等加工，但未改变其基本自然性状和化学性质的产品。同时《农产品质量安全法》第55条规定："生猪屠宰的管理按照国家有关规定执行。"这是考虑到国务院已制定了《生猪屠宰管理条例》。我国现行的《食品安全法》第2条第2款规定"供食用的源于农业的初级产品（以下称食用农产品）的质量安全管理，遵守《中华人民共和国农产品质量安全法》的规定。但是，制定有关食用农产品的质量安全标准、公布食用农产品安全有关信息，应当遵守本法的有关规定。"而《产品质量法》调整的对象则是经过加工、制作，用于销售的工业产品。其第2条明确规定《产品质量法》所称"产品"。是指经过加工、制作用于销售的产品。很显然不包括未经加工、制作的农产品。为了做好与这些法律的衔接，减少和防止农产品与食品的交叉，《农产品质量安全法》没有使用联合国粮食组织（FAO）和世界卫生组织（WHO）及其联合成立的国际食品法典委员会通用的农产品概念，而是根据我国农产品、食品的现行管理体制与《国务院关于进一步加强食品安全工作的决定》关于"农业部门负责初级

农产品生产环节的监管"，"按照一个监管环节由一个部门监管的原则，采取分段监管为主、品种监管为辅的方式，进一步理顺食品安全监管职能，明确责任"的规定，据此界定明确产品、食品与农产品的区分，同时注意法律之间的衔接规定，避免法律之间由于适用范围的交叉重复可能出现的打架现象，明确供食用的源于农业的初级产品的质量安全管理，遵守《农产品质量安全法》的规定；制定有关食用农产品的质量安全标准、公布食用农产品安全有关信息，遵守《食品安全法》的有关规定。这样的规定能够更好地保障食用农产品的质量安全，有利于实现"从农田到餐桌"的全程监管。

（二）农产品质量安全的含义

保障农产品的食用安全是《农产品质量安全法》的核心。通常说，农产品的质量既涉及人体健康、安全的质量要求，也包括涉及产品的营养成分、口感、色香味等非安全性的一般质量指标，而后者多涉及主观感受，需要由法律规范、实行强制监管保障的，主要应当是农产品质量中的安全性要求。因此，《农产品质量安全法》规定，农产品质量安全是指农产品质量符合保障人的健康、安全的要求。这也是考虑我国现实的国情而为农产品质量设定的最低标准。农产品质量安全标准是强制性的技术规范，市场上销售的农产品必须符合农产品质量安全标准，禁止生产、销售不符合国家规定的农产品质量安全标准的农产品。符合这种标准的农产品通常称为无公害农产品，生产者可以申请使用无公害农产品标志。无公害农产品是农产品市场的准入条件，以此确保消费的基本安全。

二、农产品质量安全法

（一）农产品质量安全法的概念

农产品质量安全法即规范农产品质量安全保障和农产品质量责任的法律规范的总称。就农产品质量安全法具体规范的行为主体而言，既包括农产品生产者和销售者，如农产品生产企业、农民专业合作经济组织，以及从事农产品流通的经济组织和个人，如农产品批发市场，也包括农产品质量安全管理者和相应的检测机构和人员等。由于农产品从田间到餐桌，要经过生产、流通、消费等诸多环节，因此，农产品质量安全法规范的过程，包括农产品的产地、农产品的生产和产后处理等一系列环节。

（二）国外农产品质量安全立法

目前，各国在农产品质量立法方面，通常采用两种体例[1]：①将农产品归入产品责任法的调整范围内，农产品和其他工业产品一律适用产品责任法的规

---

[1] 李玉文、胡钧："我国农产品质量立法探析"，载《法学》2003年第5期。

定，而不另行制定农产品质量基本法。其代表国家是美国、法国。1979 年美国《统一产品责任示范法》第 102 条 C 款将产品定义为："指具有真正价值的、为进入市场而生产的、能够作为组装整件或者作为部件、零售交付的物品；但人体组织、器官、血液组成成分除外"，显然该法的调整范围包括农产品。法国早在1985 年原欧共体《产品责任指令》颁布之前就已经将农产品纳入了产品责任法的规制范围。②将农产品排除在产品责任法调整对象之外，农产品不适用产品责任法的规定，而另行制定关于农产品质量方面的法律法规。其代表国家和地区是欧盟、德国和日本。欧盟在《产品责任指令》第 2 条规定："为本指令之目的，产品指除初级农产品和狩猎产品以外的所有动产，即使已被组合在另一动产或不动产之内"；德国《产品责任法》第 2 条规定："本法所称'产品'，是指任何动产，即使已被装配在另一动产或不动产之内，还包括电；但未经初步加工的包括种植业、畜牧业、养蜂业、渔业产品在内的农业产品（初级农产品）除外，狩猎产品亦然"；《日本制造物责任法》第 2 条第 1 款则规定："本法所称制造物，指经制造或加工的动产"。上述各国虽通过立法明确规定农产品不受产品责任法的调整，但对于农产品质量还是通过其他法律法规加以规范。例如欧盟已制定了各种有关食品、农产品的安全标准，并注重标准的系统化、法律化，对于标准的制定与实施尽量赋予法律的内涵和给予法律效力上的保证；日本以《农林物质标准化及质量标识管理法》为基础，建立起了包括食品卫生、农产品质量（包括品质）、投入品（农药、兽药、饲料添加剂等）、动物防疫、植物保护等 5 个方面的较为完善的农产品质量法律法规体系。韩国则有《农产物质量管理法》和《水产物质量管理法》；我国台湾地区涉及农产品质量安全方面的法律法规除"食品卫生管理法"外，主要还有"农产品批发市场管理办法"、"农产品市场交易法"、"农药使用管理办法"、"畜牧法"、"农药残留检测要点"（主要用于批发、拍卖市场农产品检测）、"蔬果安全管理办法"（主要是供军方农产品）等。上述国家和地区相对完善的法律法规，为其实施农产品安全管理提供了前提和基础。可见，制定和实施农产品质量法律法规，并将行之有效的经济、行政手段体现为法律，已成为各国进行农产品质量管理和确定农产品质量责任的基本取向。

（三）我国的农产品质量安全立法

在未通过《农产品质量安全法》之前，针对农产品质量问题的法律规范多为零散的规定，如《棉花质量监督管理条例》、《农药管理条例》、《兽药管理条例》、《饲料和饲料添加剂管理条例》以及《无公害农产品管理办法》、《肥料登记管理办法》、《水产苗种管理办法》、《农作物种子生产经营许可证管理办法》等。该系列的农产品质量安全的法规对具体农产品的质量监管以及农业生产的投入品方面予以规制，初步建立了农产品质量安全法律制度。但此类规范至少有两个方面的重大缺陷：①立法层次低，除少量的行政法规外，大部分为行政规章及其他规范性文件，甚至有些是政策性规定；②立法不系统，缺少一个统领各法规的农产品质量基本法律，势必导致执法冲突、稳定性差等弊病。因此，规制农产品质量安全的法律规范与农产品质量本身的重要性极不相称，我国需要一部统一的、能成为基本法律规范的《农产品质量法》。

2006 年 4 月 29 日，第十届全国人大常委会第二十一次会议通过了《农产品质量安全法》，自 2006 年 11 月 1 日起施行。该法的颁布实施，有利于保障农产品质量安全，保护公众健康，增强农产品竞争能力，促进农产品国际贸易，实现农民增收和农业可持续发展。与我国农产品质量安全相关的立法还有《农业法》、《环境保护法》、《清洁生产促进法》、《海洋环境保护法》、《动物防疫法》、《进出境动植物检疫法》、《畜牧法》、《渔业法》、《生猪屠宰管理条例》、《进出境动植物检疫法实施条例》、《农药管理条例》、《兽药管理条例》等。

第二节　农产品质量安全监管体制

一、农产品质量安全监管体制概述

所谓农产品质量安全监督体制，是指对监督农产品质量的机构设置和职责划分的总称，这一体制决定着农产品质量监督的效率。一般而言，设立一个独立的机构负责对产品质量的监督不失为一种理想的选择，然而在我国，由于现实的制约，产品质量监督体制从分散走向集约是逐步实现的。我国的《产品质量法》确定的是一种"统一领导、分工负责、分级管理"的体制，即由产品质量监督部门主管全国和地方的产品质量监督工作，而有关部门（工商、卫生、海关等）在各自的职责范围内负责产品质量监督工作。而对农产品质量的监督而言，在《农产品质量安全法》未通过之前，基本上是分散的，不统一的，如我国《棉花质量监督管理条例》规定由质量监督检验检疫部门主管棉花质量监督工作，《无公害农产品管理办法》规定由农业部门、质量监督检验检疫部门和国家认证认可监督委员会分工负责。农产品质量的检测体系、标准体系、认证体系基本上是由农业部负责，分散的监督体制容易造成职责重复、互相推诿等弊端，不利于监督的效率。

2004 年国务院发布了《国务院关于进一步加强食品安全监管工作的决定》，按照一个监管环节由一个部门监管的分工原则，采取分段监管为主、品种监管为辅的方式，进一步理顺了有关食品安全监管部门的职能，明确了责任。该决定将食品安全监管分为四个环节，分别由农业、质检、工商、卫生等四个部门实施。其中初级农产品生产环节的监管由农业部门负责，食品生产加工环节的质量监督和日常卫生监管由质检部门负责，食品流通环节的监管由工商部门负责，餐饮业和食堂等消费环节的监管由卫生部门负责，食品安全的综合监督、组织协调和依法组织查处重大事故由食品药品监管部门负责，进出口农产品和食品监管由质检部门负责。各食品安全监管部门分工明确、密切配合、相互衔接，形成了严密、完整的监管体系。

二、农产品质量安全监管部门

在《农产品质量安全法》未出台前，我国的农产品质量安全监管主体不清晰，处于多部门管而又不管的状态，甚至有严重推诿扯皮现象。鉴于农业行政机构是国家授权主管农业和农村经济工作的职能部门，对农产品质量安全担有重要的职责和任务，《农产品质量安全法》明确了农业行政主管部门负责农产品质量安全的监督管理工作、其他有关部门分工负责的农产品质量安全管理体制。县级以上人民政府农业行政主管部门负责农产品质量安全的监督管理工作，工商、质监、卫生、食药等有关部门按照国务院和地方政府的职责分工，各负其责，与农业行政主管部门密切配合，做好农产品质量的有关工作。

根据《农产品质量安全法》的规定，农业行政主管部门在农产品质量安全监管中的职责有：①设立农产品质量安全风险评估专家委员会；②发布农产品质量安全状况信息；③组织实施农产品质量安全标准；④禁止生产区域的划分和调整；⑤建设各类标准化示范区；⑥制定保障农产品质量的生产技术要求和操作规程；⑦农业投入品监督抽查和结果公布；⑧农业投入品使用管理和引导；⑨农产品包装和标识管理；⑩农产品质量安全监测和生产中、市场上销售农产品的监督抽查。

第三节　农产品质量安全保障制度

一、农产品质量安全标准制度

（一）农产品质量安全标准体系

农产品质量安全标准，是指规定农产品固有质量和安全要求的标准以及与农产品质量和安全有关的标准的统称，是依照有关法律、行政法规的规定制定和发布的农产品质量安全的强制性技术规范。农产品的固有质量要求，包括外观、内在品质，即农产品的使用价值、商品性能，如营养成分、色香味和口感、加工特性以及包装标识等方面的要求；农产品的安全要求，包括诸如农药残留、兽药残留、重金属污染等对人体健康、动植物安全和环境的危害与潜在危害因素方面的要求。农产品质量安全标准体系是农业标准体系中涉及农产品安全和质量中强制性的技术规范的有机系统。我国现行的农产品卫生标准、无公害食品系列标准等有关的强制性国家标准和行业标准都属于农产品质量安全标准。按照标准内容划分，目前的农产品质量安全标准包括安全卫生类标准、农业资源环境类标准、农业投入品类标准、动植物防疫检疫类标准、管理规范类标准、品质规格类标准、生产技术规程、分析测试方法类标准和名词术语类标准9大类，各类标准均形成了一定规模。

农产品质量安全标准是政府依法监管、依法行政的主要技术支撑，事关人体健康和生命安全，事关农业的发展。建立健全农产品质量安全标准体系是确立农产品标准在《农产品质量安全法》中重要地位的关键。因此，国家有法定职责建立农产品质量安全标准体系。

（二）农产品质量安全标准的性质

依据《标准化法》第7条规定，国家标准、行业标准按法律的约束性可以分为强制性标准和推荐性标准。强制性标准具有法律约束力，必须执行，推荐性标准则可自愿使用。其中，保障人体健康、人身、财产安全的标准和法律、行政法规规定强制执行的标准是强制性标准，其他标准是推荐性标准。《农产品质量安全法》草案将农产品质量安全标准分为强制性标准和推荐性标准，涉及人体健康安全、动植物安全、资源和环境保护的应当制定强制性标准，其他可以制定推荐性标准。这一规定从表面看似与《标准化法》一致，实则不然。农产品质量安全标准皆涉及人体健康和人身、财产安全，依《标准化法》第7条的规定应直接制定强制性标准，以强化其约束力。最后通过的《农产品质量安全法》第11条规定农产品质量安全标准是强制性的技术规范。农产品质量安全标准一旦发布就具有法律效力，对农产品生产者、销售者、农产品批发市场等主体具有约束力。不符合农产品质量安全标准的农产品将被禁止生产、销售。

（三）农产品质量安全标准的制定

目前我国初步形成了由国家标准、行业标准、地方标准、企业标准构成的农业技术标准体系框架。农业国家标准，由农业部提出建议，国家标准委下达计划，农业部负责组织起草、审查，国家标准委审批、发布和编号；农业行业标准，由相关单位提出建议，农业部下达计划，并组织起草、审查、审批、发布和编号；农业地方标准，由地方农业部门提出建议，技术监督部门下达计划，农业部门负责组织起草、审查，技术监督部门审批、发布和编号。兽药以药典的形式发布，兽药残留及部分分析方法以农业部规章的形式发布，部分残留分析方法以行业标准形式编号发布。农药残留方面的国家标准由卫生部商农业部制定发布，部分农药残留限量标准以农业行业标准形式发布。我国基本形成了以农业部门为主的管理格局，农产品质量安全标准初具规模[1]。

根据《农产品质量安全法》规定，农产品质量安全标准的制定必须依照法律、行政法规的规定执行。目前关于标准的制定和发布的法律和行政法规主要有《标准化法》、《标准化法实施条例》、《兽药管理条例》、《农业转基因生物安全管理条例》等。《标准化法》第 5 条授权国务院标准化行政主管部门统一管理全国标准化工作。国务院有关行政主管部门分工管理本部门、本行业的标准化工作。《标准化法实施条例》第 7 条对此条作了细化，并明确国务院有关行政主管部门的职责。据此，农产品质量安全标准国务院农业行政主管部门享有制定权。此外，根据《标准化法》第 6 条规定，已有国家标准或者行业标准的，国家鼓励企业制定严于国家标准或者行业标准的企业标准，在企业内部适用。《农产品质量安全法》草案曾规定国家鼓励农产生产企业和农民专业合作经济组织制定严于国家规定的农产品质量安全标准。但在审议过程中有委员提出农产品专业合作经济组织没有技术力量制定标准，现实中也没有一家农民专业合作经济组织制定标准。因此，建议删去此条[2]。从鼓励农产品生产者不断革新技术，保障农产品质量安全角度，以现有农产品生产企业和农民专业合作经济组织尚未有能力制定严于国家标准和行业标准的企业标准而否定此条，理由难以令人信服。不过，我们认为即使正式出台的《农产品质量安全法》未有此激励引导规范，并不影响农产生产企业和农民专业合作经济组织制定严于国家规定的农产品质量安全标准在企业内部适用，因为这完全可以直接援引《标准化法》第 6 条的规定作为法律依据。

制定农产品质量安全标准除遵守《标准化法》所规定的诸要求外，还需遵守《农产品质量安全法》以及《食品安全法》所规定的特别要求：首先，制定农产品质量安全标准应当充分考虑农产品质量安全风险评估结果。风险评估是在特定的条件下，对动植物和人类或环境暴露于某危险因素产生或将产生不良效应的可能性和严重性的科学评价。开展农产品质量安全风险评估是当今世界各国的普遍做法，也是 WTO《实施卫生与植物卫生措施协定》的基本要求。我国《农

---

〔1〕 《农产品质量安全法（草案）》相关问题及其解答（内部资料）。

〔2〕 参见第十届全国人大常委会第二十次会议分组审议农产品质量安全法（草案二次审议稿）的意见。

产品质量安全法》第6条也规定了农产品质量安全风险评估制度。风险评估的结果应作为农产品质量安全管理的科学基础，重要表现即是把农产品质量安全风险评估结果作为制定农产品质量安全标准的重要依据。其次，制定农产品质量安全标准应听取农产品生产者、销售者和消费者的意见。为保障消费的安全，协调诸方利益平衡，使广大农产品生产者、销售者和消费者参与到农产品质量安全标准的制定中，这是农产品质量安全标准制定民主化的要求，亦有利于标准的顺利执行。最后，制定有关食用农产品的质量安全标准、公布食用农产品安全有关信息，应当遵守《食品安全法》的有关规定。根据《食品安全法》第22条规定，国务院卫生行政部门应当整合现行标准为食品安全国家标准。食用农产品质量安全标准是由国务院农业行政部门制定的。国务院卫生行政部门应当将食用农产品质量安全标准以及食品卫生标准、食品质量标准中的强制性标准整理、合并，消除标准间的重复和冲突，形成统一的食品安全国家标准，并予以公布。

根据《标准化法》第13条规定"标准实施后，制定标准的部门应当根据科学技术的发展和经济建设的需要适时进行复审，以确认现行标准继续有效或者予以修订、废止。"《农产品质量安全法》亦将此规定具体化。农产品质量安全标准要适应科学技术水平的发展及农产品质量安全的需要，及时修订，使标准真正成为保障农产品质量安全的依据。依据《农产品质量安全法》，农业行政部门有法定职责建立起既符合我国农业生产实际和公众消费特点，又与国际食品法典基本接轨的农产品质量安全标准体系。

（四）农产品质量安全标准的实施

农产品质量安全标准具有法律约束力，其强制性表现在农产品质量安全标准是实施农产品质量安全管理的重要依据。从一般意义上讲，农业行政主管部门不仅熟悉农产品生产和农业科学技术，而且负责农产品质量安全管理，因此，农产品质量安全标准应由农业行政主管部门商有关部门组织实施。其实施的具体方式主要包括依据农产品质量安全标准监督、抽查农产品质量，禁止不符合农产品质量安全标准的农产品生产、销售和进口等。

二、农产品产地管理制度

（一）农产品产地管理概述

农产品产地是影响农产品质量安全的重要因素之一，大气、土壤或者水域中如果存在过量的有毒有害物质，会被动植物在生产过程中吸收，在体内积累富集，造成农产品中有毒有害物质的超标。因此，良好的产地环境是保证农产品质量安全的必备条件。依据2006年9月30日农业部通过的《农产品产地安全管理办法》规定，农产品产地是指植物、动物、微生物及其产品生产的相关区域。农产品产地安全，是指农产品产地的土壤、水体和大气环境质量等符合生产质量安全农产品要求。

基于农产品在自然环境下成长的特性，农产品产地环境状况攸关农产品质量安全。通过强化农产品产地管理，可从源头上控制污染物进入农产品生产过程，防止因农产品产地污染而危及农产品质量安全。农产品产地管理制度即规范农产品产地基本要求、农产品基地建设和农产品保护的法律制度，其目的在于改善产地条件，保障产地安全。

（二）产地监测与评价

依据《农产品产地安全管理办法》，县级以上人民政府农业行政主管部门应当建立健全农产品产地安全监测管理制度，加强农产品产地安全调查、监测和评价工作，编制农产品产地安全状况及发展趋势年度报告，并报上级农业行政主管部门备案。省级以上人民政府农业行政主管部门应当在下列地区分别设置国家和省级监测点，监控农产品产地安全变化动态，指导农产品产地安全管理和保护工作：①工矿企业周边的农产品生产区；②污水灌溉区；③大中城市郊区农产品生产区；④重要农产品生产区；⑤其他需要监测的区域。农产品产地安全调查、监测和评价应当执行国家有关标准等技术规范。监测点的设置、变更、撤销应当通过专家论证。县级以上人民政府农业行政主管部门应当加强农产品产地安全信息统计工作，健全农产品产地安全监测档案。监测档案应当准确记载产地安全变化状况，并长期保存。

（三）禁止生产区域划定与调整

我国对不同的农业生产地区按照农产品对产地要求的标准进行评价，依据评价结果和农产品品种特性，划分适宜、限制和禁止生产区域，实行分类管理，是保证农产品质量安全的重要措施。《农产品质量安全法》并未从也难以从正面规范农产品产地应符合的条件，而是对禁止生产区域的划分与调整作出法律规范。从反对解释来看，除限制、禁止生产区域外即为符合农产品产地的要求。但需要注意的是禁止生产食用农产品的区域可以生产非食用农产品。享有禁止生产区域划分权的主体是县级以上地方人民政府农业行政主管部门，但批准机关为本级人民政府。在具体实施禁止生产区域划分时主要根据农产品品种特性和生产区域大气、土壤、水体中有毒有害物质状况等因素。根据《农产品产地安全管理办法》，具体划定程序是县级以上地方人民政府农业行政主管部门提出划定禁止生产区的建议，报省级农业行政主管部门。省级农业行政主管部门组织专家论证，并附具下列材料报本级人民政府批准：①产地安全监测结果和农产品检测结果；②产地安全监测评价报告，包括产地污染原因分析、产地与农产品污染的相关性分析、评价方法与结论等；③专家论证报告；④农业生产结构调整及相关处理措施的建议。本级人民政府批准后应当公布。县级人民政府农业行政主管部门应当在禁止生产区设置标示牌，载明禁止生产区地点、四至范围、面积、禁止生产的农产品种类、主要污染物种类、批准单位、立牌日期等。任何单位和个人不得擅自移动和损毁标示牌。禁止生产区划定后，不得改变耕地、基本农田的性质，不得降低农用地征地补偿标准。

禁止生产区安全状况改善并符合相关标准的，县级以上地方人民政府农业行政主管部门应当及时提出调整建议。禁止生产区的调整依照划分的程序办理。禁止生产区调整的，应当变更标示牌内容或者撤除标示牌。县级以上地方人民政府农业行政主管部门应当及时将本行政区域内农产品禁止生产区划定与调整结果逐级上报农业部备案。

（四）农产品产地基地建设

农产品生产基地是为了满足特定需求，人为确定或形成的具有一定幅员和产量规模的农产品生产区域。农产品基地应当具备下列基本条件[1]：①属于生态环境优、专业化程度高、产业化经营基础好、社会化服务能力强、标准化生产基础实的优势区域，具有一定的生产规模；②具有较好的农田水利等基础设施；③具有良好的环境条件；④农技推广服务体系健全，有较好的推广服务能力；⑤生产、加工、销售的组织化程度较高；⑥产品有品牌、有包装，有一定的市场占有率和较高的知名度；⑦有健全的标准体系，产前、产中、产后全过程都有相应的标准和技术规程依托；⑧检测体系健全，有一定的检验检测手段。政府有职责制定农产品基地规划，通过加大财政收入、税收减免、金融政策、投资优惠、奖励补助、技术援助、政策引导、项目推动等途径，改善农产品基地的自然条件和经济条件，尤其是农产品基地的基础设施和服务体系。

此外，农业行政主管部门应当采取措施，推进保障农产品质量安全的标准化生产综合示范区、示范农场、养殖小区和无规定疫病区的建设。

（五）农产品产地保护

1. 禁止污染农产品产地。作为农产品生产环境的产地，为保障农产品质量安全，政府有职责采取措施，保护产地，禁止污染农产品产地。根据《农产品产地安全管理办法》，县级以上地方人民政府农业行政主管部门在农产品产地保护方面应尽以下职责：①推广清洁生产技术和方法，发展生态农业；②制定农产品产地污染防治与保护规划，并纳入本地农业和农村经济发展规划；③采取生物、

---

〔1〕 安建、张穹、牛盾主编：《〈农产品质量安全法〉释义》，法律出版社 2006 年版，第 41~42 页。

化学、工程等措施，对农产品禁止生产区和有毒有害物质不符合产地安全标准的其他农产品生产区域进行修复和治理；④加强产地污染修复和治理的科学研究、技术推广、宣传培训工作；⑤农业建设项目的环境影响评价文件应当经县级以上人民政府农业行政主管部门依法审核后，报有关部门审批。已经建成的企业或者项目污染农产品产地的，当地人民政府农业行政主管部门应当报请本级人民政府采取措施，减少或消除污染危害。

为保护产地，防止污染农产品产地，《农产品质量安全法》及《农产品产地安全管理办法》还作出以下禁止性规定：禁止任何单位和个人在生产区生产、捕捞、采集禁止的食用农产品和建立农产品生产基地。禁止任何单位和个人向农产品产地排放或者倾倒废气、废水、固体废物或者其他有毒有害物质。禁止在农产品产地堆放、贮存、处置工业固体废物。在农产品产地周围堆放、贮存、处置工业固体废物的，应当采取有效措施，防止对农产品产地安全造成危害。

根据《农业法》第66条规定，排放废水、废气和固体废弃物造成农业生态环境污染事故的，由环境保护行政主管部门或者农业行政主管部门依法调查处理；给农民和农业生产经营组织造成损失的，有关责任者应当依法赔偿。从此规定来看污染农产品产地的法律后果不但有行政责任的追究，而且给农民和农业生产经营组织造成损失的，还应承担民事责任。《农产品质量安全法》也规定援引环境保护法律、法规的规定处罚污染产地的行为。

2. 合理使用化工产品。在农业生产中，为提高农业生产产量，农业生产者使用化肥、农药、兽药、农用薄膜等化工产品日益增加，盲目滥用这类化工产品，给农产品产地带来极大的污染，甚至导致地力的破坏和衰退。因此，《农产品质量安全法》中规定农产品生产者有义务合理使用农用化工产品。但"合理使用"为不确定性概念，何谓"合理使用"，显然需要进一步的价值补充[1]。此为原则性规定，可结合《农药管理条例》、《兽药管理条例》等具体规定理解"合理使用"。例如《农药管理条例》第26、27、28条关于农药的使用的规定，指出按照规定的用药量、用药次数、用药方法和安全间隔期施药，防止污染农副产品。剧毒、高毒农药不得用于防治卫生害虫，不得用于蔬菜、瓜果、茶叶和中草药材。使用农药应当注意保护环境、有益生物和珍稀物种。从此，我们可以理解为，遵守以上规定使用农药，即意味着合理使用。

不过对于农产品生产者未合理使用化工类产品，该如何追究其法律责任以保障该义务的落实？依现有规范来看，对含有不符合农产品质量安全标准的农药、

---

〔1〕 杨仁寿：《法学方法论》，中国政法大学出版社1999年版，第135-141页。

兽药等化学物质残留的农产品，禁止进入市场销售。实际上，此仅为事后的消极解决之道，法律在规范此类行为方面，似无能为力。可参考的途径是实施正面激励机制，对合理使用化工类产品者给予一定奖励等措施，比如可将其纳入测土配方项目。

三、农产品生产管理制度

（一）农产品生产中的政府职责

1. 制定保障农产品质量安全的生产技术要求和操作规程。生产技术要求是规定产品、过程或服务应满足技术要求的文件，对农业活动的原则性要求。操作规程是对具体生产技术要求的落实，使农业生产的程序性规定，涉及农业资源与环境保护要求、病虫害测报、动植物疫病防治、种子种苗繁育、种植养殖过程的操作与管理等方面，与农产品的地域范围、品种特点、生产条件、生产方式有着密切关系。严格按照生产技术要求和操作规程进行农业生产，有利于农业生产的标准化，从而实现农产品质量安全。从责任主体来看，种植、养殖的行业特点鲜明，与农业生产和产业发展息息相关，作为农业生产环节的监管部门和行业管理部门，农业部门理应是此类标准的制定主体。国务院农业行政主管部门和省、自治区、直辖市人民政府农业行政主管部门应当制定保障农产品质量安全的生产技术要求和操作规程。

2. 农产品生产的指导。由于我国农业多为分散化经营，农业生产技术水平比较低，农业生产知识获得渠道相对狭窄。因此，农业行政主管部门应加强对农业生产的指导，强化技术推广和服务。具体的指导方式主要有良种推广使用、农业机械化水平提高、农业投入品合理使用等。这里虽为农业行政主管部门提供的生产指导，但不是一般意义上的行政指导，从本质上讲，应理解为农业行政主管部门提供的服务。

（二）农业投入品管理制度

1. 农业投入品许可和监督抽查。农业投入品是指在农产品生产过程中使用或添加的物质，包括农药、兽药、农作物种子、水产苗种、种畜禽、饲料添加剂、肥料、兽药器械、植保机械等农用生产资料产品。农业投入品的使用是影响农产品质量安全的重要因素。为规范农业投入品质量监管，《农产品质量安全法》第21条规定："对可能影响农产品质量安全的农药、兽药、饲料和饲料添加剂、肥料、兽医器械，依照有关法律、行政法规的规定实行许可制度。"《兽药管理条例》第11条和第22条规定兽药的生产和经营企业应申请许可。《农药管理条例》第14条规定国家实行农药生产许可制度，《饲料和饲料添加剂管理条例》第10条规定："生产饲料添加剂、添加剂预混合饲料的企业，经省、自治区、直辖市人民政府饲料管理部门审核后，由国务院农业行政主管部门颁发生产许可证。"

农业投入品许可申请人一般为从事农业投入品的生产企业、销售企业，许可主体一般为农业行政主管部门或相应行业行政主管部门。农业投入品许可为一种事前预防，而对农业投入品监督抽查则属于事后监管方式。有权监督抽查主体为国务院农业行政主管部门和省、自治区、直辖市人民政府农业行政主管部门，监督抽查的对象是对可能危及农产品质量安全的农药、兽药、饲料和饲料添加剂、肥料等农业投入品，对监督抽查的结果应当公布（《农产品质量安全法》第21条第2款规定）。

2. 农业投入品使用的管理和指导。我国《农产品质量安全法》第22条授权县级以上人民政府农业行政主管部门应当加强对农业投入品使用的管理和指导，建立健全农业投入品的安全使用制度。其主要职责是：[1] ①搞技术培训，使农民掌握并遵守安全生产技术规程，科学选用农作物和动物品种，合理施用农药、肥料、兽药、饲料和饲料添加剂，安全使用农产品播种、收获、捕捞、屠宰等农业活动器具，提倡科学交替、轮换使用农药和兽药；②做好法律法规和国家禁止、限用和淘汰的农业投入品目录和范围的宣传工作，确保广大农产品生产企业、农民专业合作经济组织和农民知晓国家的相关法律法规及相关禁令；③加强农产品质量安全标准制定、修订工作，按标准组织生产经营和实行规范化管理，从根本上杜绝无标准生产、无标准流通、无标准监管的现象；④加强科学研究，培育产量高、质量优、抗性强、效益高的农作物和动物新品种，加紧研发高效、低毒、低残留的农药、兽药，努力提高肥料、饲料和农业用水的利用率；⑤加强对农业投入品安全使用的监管，依法查处使用国家明令淘汰的和禁用的农业投入品和其他禁用产品（如"瘦肉精"）的违法行为。

3. 合理使用农业投入品义务。《农产品质量安全法》第25条规定了合理使用农业投入品义务。从义务主体看，合理使用农业投入品义务的主体是农产品生产者，既包括农产品生产企业、农业专业合作经济组织，也包括其他农产品生产组织和个人。该义务的具体依据是法律、行政法规和国务院农业行政主管部门的规定，如《农业法》、《农药管理条例》、《兽药管理条例》、《饲料和饲料添加剂管理条例》、《肥料登记管理办法》等。合理使用农业投入品义务的具体内容是严格执行农业投入品使用安全间隔期或者休药期的规定，防止危及农产品质量安全，不在农产品生产过程中使用国家明令禁止使用的农业投入品。违反该义务造

---

[1] 安建、张穹、牛盾主编：《〈农产品质量安全法〉释义》，法律出版社2006年版，第60~61页。

成中毒、环境污染等事故或其他损失的，责任主体应承担赔偿责任，构成犯罪的，还要追究刑事责任。

（三）农产品生产记录制度

农产品生产记录是指农产品生产者在生产过程中，对使用农业投入品，动物疫病，植物病、虫、草害的发生和防治、收获屠宰或捕捞的日期等情况进行记录并依法将记录进行保存的制度。根据《农产品质量安全法》第 24 条的规定，农产品生产记录义务主体是农产品生产企业和农民专业合作经济组织。没有将该义务的主体扩及全部的农产品生产者，这主要考虑我国农业生产的实际情况，农产品生产企业和农民专业合作经济组织一般具有一定的规模，拥有履行该义务的专业能力。同时国家鼓励其他农产品生产者建立农产品生产记录。生产记录义务的主要内容是：①使用农业投入品的名称、来源、用法、用量和使用、停用的日期；②动物疫病、植物病虫草害的发生和防治情况；③收获、屠宰或者捕捞的日期。农产品生产记录应当保存二年，禁止伪造农产品生产记录。农产品生产企业、农民专业合作经济组织违反该义务，未建立或者未按照规定保存农产品生产记录的，或者伪造农产品生产记录的，责令限期改正；逾期不改正的，可以处2000 元以下罚款（《农产品质量安全法》第 47 条）。

四、农产品包装和标识管理制度

（一）农产品包装和标识义务

1. 农产品包装义务。根据农业部通过的《农产品包装和标识管理办法》，农产品包装是指对农产品实施装箱、装盒、装袋、包裹、捆扎等。农产品包装可有效防止农产品在运输、销售或购买时被污染和损害，保障农产品质量安全。义务主体主要是农产品生产企业、农民专业合作经济组织以及从事农产品收购的单位或者个人，对于一家一户、农民自产自销的农产品，没有提出包装和标识要求[1]。在《农产品质量安全法》审议时，有人大代表提出大量的农产品销售的个体户难以做到。就我国农业生产实际情况而言，的确存在该义务难以履行的困境，该义务主体应施加于农产品生产企业、农民专业合作经济组织以及从事农产品收购的单位较为合适。农产品包装义务的主要内容是农产品生产企业、农民专业合作经济组织以及从事农产品收购的单位或者个人用于销售的下列农产品必须包装：①获得无公害农产品、绿色食品、有机农产品等认证的农产品，但鲜活畜、禽、水产品除外。②省级以上人民政府农业行政主管部门规定的其他需要包装销售的农产品。此外，《农产品包装和标识管理办法》还规定农产品包装应当

---

〔1〕 安建、张穹、牛盾主编：《〈农产品质量安全法〉释义》法律出版社 2006 年版，第 77 页。

符合农产品储藏、运输、销售及保障安全的要求，便于拆卸和搬运。包装农产品的材料和使用的保鲜剂、防腐剂、添加剂等物质必须符合国家强制性技术规范要求。包装农产品应当防止机械损伤和二次污染。但是符合规定包装的农产品拆包后直接向消费者销售的，可以不再另行包装。

2. 农产品标识义务。农产品标识是用来表达农产品生产信息、质量安全信息和消费信息的所有标示行为和结果的总称，可以用文字、符号、数字、图案及相关说明物进行表达和标示[1]。通过对农产品标识，有利于建立健全农产品可追溯制度，保障消费者的知情权和选择权。农业部通过的《农产品包装和标识管理办法》规定农产品生产企业、农民专业合作经济组织以及从事农产品收购的单位或者个人包装销售的农产品，应当在包装物上标注或者附加标识标明品名、产地、生产者或者销售者名称、生产日期。有分级标准或者使用添加剂的，还应当标明产品质量等级或者添加剂名称。未包装的农产品，应当采取附加标签、标识牌、标识带、说明书等形式标明农产品的品名、生产地、生产者或者销售者名称等内容。对于农产品标识所用文字应当使用规范的中文。标识标注的内容应当准确、清晰、显著。

3. 转基因农产品标识。根据《农业转基因生物安全管理条例》第3条，农业转基因生物是指利用基因工程技术改变基因组构成，用于农业生产或者农产品加工的动植物、微生物及其产品；第8条规定国家对农业转基因生物实行标识制度。农业部为加强农业转基因生物标识的管理，还于2002年发布《农业转基因生物标识管理办法》，对农业转基因生物标注方法作了具体规定。转基因农产品标识的义务主体是列入农业转基因生物标识目录的农业转基因生物生产、分装单位和个人，如果经营单位和个人拆开原包装进行销售的，应当重新标识。销售农业转基因生物的经营单位和个人在进货时，应当对货物和标识进行核对。从标注的方法来看：①转基因动植物（含种子、种畜禽、水产苗种）和微生物，转基因动植物、微生物产品，含有转基因动植物、微生物或者其产品成分的种子、种畜禽、水产苗种、农药、兽药、肥料和添加剂等产品，直接标注"转基因×
×"。②转基因农产品的直接加工品，标注为"转基因××加工品（制成品）"或者"加工原料为转基因××"。③用农业转基因生物或用含有农业转基因生物成分的产品加工制成的产品，但最终销售产品中已不再含有或检测不出转基因成分的产品，标注为"本产品为转基因××加工制成，但本产品中已不再含有转基因成分"或者标注为"本产品加工原料中有转基因××，但本产品中已不再含

〔1〕　安建、张穹、牛盾主编：《〈农产品质量安全法〉释义》，法律出版社2006年版，第77页。

有转基因成分"。农业转基因生物标识应当醒目,并和产品的包装、标签同时设计和印制。难以在原有包装、标签上标注农业转基因生物标识的,可采用在原有包装、标签的基础上附加转基因生物标识的办法进行标注,但附加标识应当牢固、持久。难以用包装物或标签对农业转基因生物进行标识时,可采用下列方式标注:①难以在每个销售产品上标识的快餐业和零售业中的农业转基因生物,可以在产品展销(示)柜(台)上进行标识,也可以在价签上进行标识或者设立标识板(牌)进行标识。②销售无包装和标签的农业转基因生物时,可以采取设立标识板(牌)的方式进行标识。③装在运输容器内的农业转基因生物不经包装直接销售时,销售现场可以在容器上进行标识,也可以设立标识板(牌)进行标识。④销售无包装和标签的农业转基因生物,难以用标识板(牌)进行标注时,销售者应当以适当的方式声明。⑤进口无包装和标签的农业转基因生物,难以用标识板(牌)进行标注时,应当在报检(关)单上注明。有特殊销售范围要求的农业转基因生物,还应当明确标注销售的范围,可标注为"仅限于××销售(生产、加工、使用)"。农业转基因生物标识应当使用规范的中文汉字进行标注。

(二)附具检疫合格标志、检疫合格证明

我国的《动物防疫法》、《进出境动植物检疫法》及其实施条例、《植物检疫条例》等法律规范,为保障动植物及其产品的消费安全,对检疫实施主体、检疫对象和检疫措施分别作了规定。2007年新修订的《动物防疫法》第43条规定屠宰、经营、运输动物,应当附有检疫证明;经营和运输的动物产品,应当附有检疫证明、检疫标志。动物卫生监督机构可以查验检疫证明、检疫标志,进行监督抽查。《进出境动植物检疫法》规定国家动植物检疫机关和口岸动植物检疫机关对进出境动植物、动植物产品实行检疫监督。《植物检疫条例》规定农业、林业部门所属的植物检疫机构根据应检疫对象名单,对植物及其产品实施检疫。对经过法定检疫合格的动植物及其产品,应加贴检疫合格标志或者附上检疫合格证明。

(三)农产品质量安全认证制度

1. 农产品质量标志界定。农产品质量标志是指由国家有关部门制定并发布,加施于获得特定质量认证的农产品的证明性标志。农产品质量标志是国家监督农产品质量安全的有效手段,有利规范农业生产者行为,也便于农产品消费者的识别和选择。我国现有的农产品质量标志主要涉及无公害农产品、绿色食品、有机农产品的标志。

2. 无公害农产品标志。

（1）无公害农产品标志的申请。无公害农产品标志是加施于获得无公害农产品认证的产品或者其包装上的证明性标记。无公害农产品执行的是强制性标准，符合标准的产品理应实施全加贴标志的管理制度，但考虑到我国的国情，农业生产方式以小规模农户分散经营为主，要求所有用于销售的农产品都实施加贴标志管理的时机还不成熟，而且这种情况要持续相当长的一段时期，所以在《农产品质量安全法》第 32 条规定对无公害农产品的标志管理实施非强制性加贴标志的管理制度，即达到无公害农产品质量安全标准的产品，可以申请加贴无公害农产品标志。这样规定，更符合我国国情，也更具可操作性[1]。根据《无公害农产品标志管理办法》第 7 条规定，凡获得无公害农产品认证证书的单位和个人，均可以向认证机构申请无公害农产品标志。从此可看出，要申请无公害农产品标志，须获得无公害农产品认证证书。而根据《无公害农产品标志管理办法》规定，无公害农产品是指产地环境、生产过程和产品质量符合国家有关标准和规范的要求，经认证合格获得认证证书并允许使用无公害农产品标志的未经加工或者初加工的食用农产品。申请无公害产品认证的单位或者个人，应当向认证机构提交书面申请。认证机构对材料审核、现场检查（限于需要对现场进行检查时）和产品检测结果符合要求的，应当在自收到现场检查报告和产品检测报告之日起 30 个工作日内颁发无公害农产品认证证书。

（2）无公害农产品标志的使用。根据《无公害农产品标志管理办法》的规定，无公害农产品认证证书的单位和个人，可以在证书规定的产品或者其包装上加施无公害农产品标志，用以证明产品符合无公害农产品标准。印制在包装、标签、广告、说明书上的无公害农产品标志图案，不能作为无公害农产品标志使用。使用无公害农产品标志的单位和个人，应当在无公害农产品认证证书规定的产品范围和有效期内使用，不得超范围和逾期使用，不得买卖和转让。使用无公害农产品标志的单位和个人，应当建立无公害农产品标志的使用管理制度，对无公害农产品标志的使用情况如实记录并存档。

（3）无公害农产品标志的监管。对无公害农产品标志的监管，从监管主体上看，《无公害农产品标志管理办法》规定农业部和国家认证认可监督管理委员会对全国统一的无公害农产品标志实行统一监督管理。县级以上地方人民政府农业行政主管部门和质量技术监督部门按照职责分工依法负责本行政区域内无公害农产品标志的监督检查工作。禁止伪造、变造、盗用、冒用、买卖和转让无公害农产品标志，否则可依法给予以行政处罚，构成犯罪的，追究其刑事责任。对违

<hr />

[1] 《农产品质量安全法（草案）》相关问题及其解答（内部资料）。

反《无公害农产品标志管理办法》规定的，任何单位和个人可以向认证机构投诉，也可以直接向农业部或者国家认监委投诉。

3. 绿色食品标志。根据农业部发布的《绿色食品标志管理办法》，绿色食品标志是经国家工商行政管理局注册的质量证明商标，用以标识、证明无污染的安全、优质、营养类食品及与此类食品相关的事物。根据《绿色食品标志管理办法》规定，使用绿色食品标志须按规定的程序提出申请，由农业部审核批准其使用权。未经农业部批准，任何单位和个人无权使用绿色食品标志。获得绿色食品标志使用权的产品，必须同时符合下列条件：①产品或产品原料的产地必须符合绿色食品的生态环境标准；②农作物种植、畜禽饲养、水产养殖及食品加工必须符合绿色食品的生产操作规程；③产品必须符合绿色食品的质量和卫生标准；④产品的标签必须符合《绿色食品标志设计标准手册》中的有关规定。使用绿色食品标志的单位和个人须严格履行"绿色食品标志使用协议"。绿色食品标志使用权自批准之日起三年有效。要求继续使用绿色食品标志的，须在有效期满前九十天内重新申报，未重新申报的，视为自动放弃其使用权。使用绿色食品标志的单位和个人，在有效的使用期限内，应接受中国绿色食品发展中心指定的环保、食品监测部门对其使用标志的产品及生态环境进行抽查，抽检不合格的，撤销标志使用权，在本使用期限内，不再受理其申请。绿色食品标志作为证明商标，对侵犯标志商标专用权的，被侵权人可以依据《商标法》向侵权人所在地的县级以上工商行政管理部门要求处理，也可以直接向人民法院起诉。

第四节　农产品质量监督检查制度

一、农产品质量监督检查制度概述

农产品质量监督检查制度是规定农产品质量安全监督机关依据农产品质量安全法规和农产品质量安全标准对农产品质量安全情况进行规范和查处的措施、方法和程序等的法律规范的总称。农产品质量监督检查的主体一般为农业行政主管部门，受监督检查的主体是农产品生产者和销售者。二者是行政主体和行政相对人之间的法律关系。

二、农产品质量监督检查制度主要内容

（一）市场禁入制度

农产品市场禁入制度即为保障农产品消费者的消费安全，通过所设置的农产品质量安全标准和技术规范，将不符合其要求的农产品阻挡于市场之外。《农产

品质量安全法》第33条规定有下列情形之一的农产品，不得销售：①含有国家禁止使用的农药、兽药或者其他化学物质的；②农药、兽药等化学物质残留或者含有的重金属等有毒有害物质不符合农产品质量安全标准的；③含有的致病性寄生虫、微生物或者生物毒素不符合农产品质量安全标准的；④使用的保鲜剂、防腐剂、添加剂等材料不符合国家有关强制性的技术规范的；⑤其他不符合农产品质量安全标准的。第26条规定农产品生产企业和农民专业合作经济组织，应当自行或者委托检测机构对农产品质量安全状况进行检测；经检测不符合农产品质量安全标准的农产品，不得销售。据此可以看出，判断能否上市销售的标准是农产品质量安全标准，这也是我国农产品质量安全标准具有强制性的具体体现。根据《农产品质量安全法》第50、51条规定，农产品生产企业、农民专业合作经济组织、农产品销售企业销售的农产品不符合农产品质量安全标准，违反农产品市场禁入制度的，责令停止销售，追回已经销售的农产品，对违法销售的农产品进行无害化处理或者予以监督销毁，同时没收违法所得，并处二千元以上二万元以下罚款。农产品批发市场中销售的农产品不符合农产品质量安全标准的，对违法销售的农产品依照前述规定处理，对农产品销售者依照前述规定处罚。农产品批发市场发现不符合农产品质量安全标准的，应当要求销售者立即停止销售，并向农业行政主管部门报告。

（二）农产品质量安全监测制度

1. 农产品质量安全监测计划的制定和实施。农产品质量安全监测是指由县级以上人民政府农业行政主管部门组织有关农产品质量安全管理机构和农产品质量安全检测机构，对生产中或者在批发市场、农贸市场、配送中心、超市等销售的农产品进行监督管理时所开展的抽样检测，并按规定对检测结果进行处理和信息公布的活动[1]。《农产品质量安全法》规定县级以上人民政府农业行政主管部门应当按照保障农产品质量安全的要求，遵循各自的职责分工，制定并组织实施农产品质量安全检测计划。农业部负责组织制定和实施国家农产品质量安全检测计划，并指导地方开展农产品质量安全检测工作。县级以上地方人民政府农业行政主管部门应当根据国家检测计划，结合当地农业生产和产业发展实际情况，组织制定和实施相应的本行政区域范围内的农产品质量安全检测计划。

2. 农产品质量监督抽查。

（1）农产品质量监督抽查工作的组织。县级以上人民政府农业行政主管部门应当对生产中或者在批发市场、农贸市场、配送中心、超市等销售的农产品依

---

〔1〕　安建、张穹、牛盾主编：《〈农产品质量安全法〉释义》，法律出版社2006年版，第92页。

法组织实施定期或不定期的质量安全监督抽查工作。农业部负责组织和实施农产品质量安全国家监督抽查工作；县级以上地方人民政府农业行政主管部门负责组织和实施本行政区域内农产品质量安全监督抽查工作。

（2）监督抽查的检测工作。根据《农产品质量安全法》第35条规定，从事农产品质量安全检测的机构必须具备相应的检测条件和能力，由省级以上人民政府农业行政主管部门或者其授权的部门考核合格。2007年10月30日农业部通过的《农产品质量安全检测机构考核办法》规定了农产品质量安全检测机构的基本条件与能力要求、申请考核与评审、审批等具体内容。

（3）农产品质量监督抽查要求。各级农业行政主管部门组织的监督抽查所需要的费用在各级财政安排的农产品质量安全经费中列支，不得向被抽查人收取费用。抽取的样品不得超过国务院农业行政主管部门规定的数量。农业部《农产品质量安全监督抽查实施细则》规定监督抽查的样品由抽样单位向被抽查人购买。同时，为减少重复监督抽查，《农产品质量安全法》规定上级农业行政主管部门监督抽查的农产品，下级农业行政主管部门不得另行重复抽查。

（4）农产品质量监督抽查结果的公布。根据《农产品质量安全法》规定，监督抽查结果由国务院农业行政主管部门或者省、自治区、直辖市人民政府农业行政主管部门按照权限予以公布。任何个人和其他部门不得对外公布农产品质量安全监督抽查结果。

（5）对农产品质量监督抽查结果的异议。农产品质量监督抽查是农业行政主管部门对农产品实施质量安全监督的一种具体行政行为。因此，对农产品质量监督抽查结果有异议者应有相应的救济途径。《农产品质量安全法》规定农产品生产者、销售者对监督抽查检测结果有异议的，可以自收到检测结果之日起5日内向组织实施农产品质量安全监督抽查的农业行政主管部门或者其上级农业行政主管部门申请复检。采用国务院农业行政主管部门会同有关部门认定的快速检测方法进行农产品质量安全监督抽查检测，被抽查人对检测结果有异议的，可以自收到检测结果时起四小时内申请复检。由于快速检测方法大都是定性或半定量的监测方法，结果准确度稍差，因此，监测机构在复检时不得采用快速检测方法。

农产品质量安全检测机构是在政府及相关部门的委托下从事农产品质量安全检测工作，因检测结果错误给当事人造成损害的，应依法承担赔偿责任。

（三）进货验收制度

根据《农产品质量安全法》的规定，农产品销售企业对其销售的农产品，应当建立健全进货检查验收制度；经查验不符合农产品质量安全标准的，不得销售。

（四）事故报告制度

发生农产品质量安全事故时，有关单位和个人应当采取控制措施，及时向所在地乡级人民政府和县级人民政府农业行政主管部门报告；收到报告的机关应当及时处理并报上一级人民政府和有关部门。发生重大农产品质量安全事故时，农业行政主管部门应当及时通报同级食品药品监督管理部门。

三、农产品质量安全监督检查的手段

县级以上人民政府农业行政主管部门在农产品质量安全监督检查中，可以对生产、销售的农产品进行现场检查，调查了解农产品质量安全的有关情况，查阅、复制与农产品质量安全有关的记录和其他资料；对经检测不符合农产品质量安全标准的农产品，有权查封、扣押。

四、处理方式

根据《农产品质量安全法》的规定，农业行政主管部门对违反《农产品质量安全法》的行为，可以采取责令改正、责令停止销售、没收违法所得、罚款、撤销检测资格、对被污染的农产品进行无害化处理、对不能进行无害化处理的予以监督销毁等手段进行矫正。

第 十 二 章

农产品流通法律制度

第一节 农产品流通法律制度概述

一、农产品流通法律制度的含义

农产品流通属于农产品生产、分配、交换、消费的重要环节之一，发挥着沟通生产者和消费者之间桥梁的重要作用。从一般意义言之，农产品流通既包含了农产品在国内市场上的流通，也包含了在国际市场上的流通。考虑农产品在国际市场的流通会受更为复杂的国际规则的影响，运用体系解释的方法，《农业法》将国内市场的流通与国际市场的流通分开加以规范。该法第 26、27、28 条规范农产品国内流通，在 30 条规定农产品的进出口贸易问题。

由于农产品具有鲜活性、生产区域性和季节性等特性，从而导致农产品流通具有异于非农产品流通的特征。国家也有必要对农产品流通进行适度规制。其间最为重要体现即为农产品流通政策及农产品流通法律制度。农产品流通法律制度即协调农产品流通诸主体基于参与农产品流通而形成的社会关系的法律规范。其主要为参与农产品流通法律的国家、农业企业、农业专业合作经济组织、农户等主体提供行为指引，规范其行为。

二、农产品流通体制改革和立法现状

我国农产品流通体制的改革是在 1978 年改革开放后逐步推行并不断地深入，其大致可以划分为四个阶段。第一阶段（1979 年至 1984 年），农产品流通体系的改革随着家庭联产承包责任改革全面推开，开始尝试性地进行农产品流通的市场化改革，在这一阶段恢复开放城乡农产品贸易市场，符合国家规定的农产品都可以在市场自由的交易，而且农产品的批发市场迅速发展；第二阶段（1985 年至 1990 年），这一阶段是计划与市场相结合的阶段，在宏观调控的层面上废除了农产品的统派统购制度，建立了国家调控下的农产品市场体制；第三阶段（1991 年至 1993 年）这一时期主要对传统的统销体制进行了改革，国家对粮食实行了平价销售政策，放开了粮食的流通彻底告别了统销统购制度；第四阶段（1994 年至今），农产品流通体制改革全面深化。在这一阶段全面引入了市场机制，逐

步建立了适应经济发展的宏观调控体系。

在立法方面，1993 年《农业法》第 4 章共 7 条分别对农产品流通的有关问题作出了具体的法律规定。2002 年修改后的《农业法》适应农产品市场发展的新形势和农产品购销体制改革的要求作出了一步修改和完善。现行《农业法》关于农产品流通的规定共有 3 条。除《农业法》的原则性规定，还有其他法律规范和规范性文件。如 2004 年通过的《粮食流通管理条例》、2002 年通过的《茧丝流通管理办法》等。

从我国农产品流通法律规范现状来看，效力层次较低的规范性文件较多。随着农产品流通体制改革的稳步深入，有必要总结成熟的经验和措施，加快出台《农产品流通条例》，商务部已将制定《农产品流通条例》列入立法规划。

三、国家对农产品购销的法律调控机制

（一）农产品购销调控机制改革

我国长期以来，政府对农产品流通实行了高度集中的"统购统销"体制，这在经济发展初期，对于动员集中有限的资源，以保证国家工业化所需的巨额资金，确曾起到了积极的作用。但是随着经济的发展，特别是改革开放以来农产品总量的迅速增长，人们的需求结构发生了重大变化，传统统购统销就逐渐暴露出了明显的弊端。因此，农产品购销调控体制必须进行市场化导向的改革。从实践情况来看，从改革开放之初，我国农产品购销政策都是根据农产品购销市场化，逐步扩大市场机制在农产品购销中的调节作用。目前，大部分农产品已经放开市场、放开价格；粮食、棉花、蚕茧等重要农产品的流通体制也正在按市场调节的方向改革。2001 年 7 月 31 日《国务院关于进一步深化粮食流通体制改革的意见》明确粮食流通体制改革的总体目标是在国家宏观调控下，充分发挥市场机制对粮食购销和价格形成的作用，完善粮食价格形成机制，建立完善国家粮食储备体系，逐步建立适应社会主义市场经济发展要求的粮食流通体制；2001 年 7 月 31 日《国务院关于进一步深化棉花流通体制改革的意见》也要求打破棉花经营垄断，鼓励公平竞争，建立适应社会主义市场经济要求的棉花企业经营机制和管理体制；同日《国务院办公厅转发国家经贸委关于深化蚕茧流通体制改革意见的通知》也强调要培育和发展茧丝绸市场，建立在政府调控下主要由市场形成蚕茧价格的机制，发挥市场在配制蚕丝资源和结构调整中的基础作用。

（二）农产品购销市场调节机制

农产品购销包括购销价格、购销组织和购销渠道等整个购销体系。农产品购销实行市场调节，就把农产品的生产、流通、消费通过市场有机地联系起来，使价格反映农产品的市场供求关系，引导生产者按照市场需求调整和优化生产结

构，提高农产品质量，提高农产品的国际竞争力；促使国有流通企业改善经营，降低成本，提高效益，改变这些企业长期经营亏损的状况。农产品购销市场调节其具体内容主要体现为：①农产品的购销价格由过去的政府计划定价转变为由市场定价，即由农产品的市场供求关系决定其价格，农产品的价格形成机制得到根本的转换。②农产品的购销由计划经济时的清一色国营商业企业转变为多种所有制形式的商业组织，由独家垄断经营的状态转变为多家在平等基础上有效竞争的格局。③农产品的购销渠道由统购统销的少渠道多环节转变为多渠道少环节，大大减少农产品流通的中间环节，降低流通费用。④地区的农产品奇缺调剂由过去的计划调拨转变为通过农产品批发市场来进行，从而形成灵活运转、高效率的农产品购销制度。

1993 年《农业法》考虑到农产品流通体制改革直接涉及到生产者、消费者、经营者、加工者和政府等各方面的利益关系调整，因而在推进市场取向的产品流通体制改革过程中，强调"逐步"的战略原则。而 2002 年修改后的《农业法》删去"逐步"二字，一方面表明经过近十年的农产品流通体制市场化改革，立法者对此目标坚定不移，另一方面也表明立法者对通过农产品流通体制市场化改革，我国大部分农产品已经放开市场、放开价格，粮食、棉花、蚕茧等重要农产品的流通体制也正在向市场调节的方向改革。

（三）国家对重要农产品购销实行宏观调控

《农业法》规定国家对关系国计民生的重要农产品的购销活动实行必要的宏观调控。一般认为"重要农产品"，是指与人民生活和国民经济发展有密切关系的农产品。其属于动态概念，在不同时期，经济发展水平不同，重要农产品的种类不同。新中国成立初期，农业生产水平较低，农产品供应比较紧张，国家为满足人民生活和工业发展对农产品的需求，对粮、棉、油、糖、烟叶、蚕茧等多种农产品实行统购统销制度，可以说，统购统销的农产品当时都是重要农产品。随着农业生产发展，农产品短缺状况有了根本改变，目前包括粮食在内的许多农产品已经放开经营，重要农产品的范围已经大大缩小了。但粮食、棉花、烟叶、蚕茧等仍属重要农产品，因为这些农产品的供求状况对人民生活和国民经济发展的影响很大。

国家在规范农产品购销行为时，对农产品购销实行市场调节，考虑到重要农产品对促进农业稳定发展保障农产品市场供应和价格稳定的特别意义时，尤其注重对重要农产品的购销活动实行必要的宏观调控。《农业法》第 26 条所称"必要的"宏观调控，一般指政府对农产品购销活动进行宏观调控的时机选择和调控力度而言的。就政府宏观调控的时机主要有两种情况：一是农业生产获得较好收成，主要农产品市场供应充足，市场价格出现连续下跌现象，如果不采取措施予以制止，就会谷贱伤农，严重损害农民利益。这时国家要采取措施增加储备，阻止农产品价格下跌。二是在农业遭受严重自然灾害、农产品欠收，供应紧张、市场价格不断上涨时，国家要动用储备，增加市场供给，平抑市场价格。当市场上农产品供求关系发生波动、农产品价格发生暴涨暴跌时，政府通过调节农产品供求关系，稳定市场价格，这样的调控力度是必要的。因此，可以说，凡是为调节农产品供求关系、稳定市场价格进行的国家农产品购销活动的宏观调控都是必须的。《农业法》第 26 条授权国家干预农产品流通，相机决策，同时又通过"必要"加以限制，界定国家干预的界线，以防止国家逾越其权限，不正当干预农产品流通。2002 年《农业法》取消有关国家委托有关经营组织收购关系国计民生的重要农产品制度，这表明对重要农产品购销宏观调控方式的进一步改革，同时，也可有效避免地方政府和部门利用权力不适当地委托收购，影响农产品正常的购销活动，阻碍农产品统一市场的形成。

国家对重要农产品购销的宏观调控，具体体现在对粮食、蚕丝等重要农产品流通的管理。如 2004 年国务院公布的《粮食流通管理条例》规定国家采取储备粮吞吐、委托收购、粮食进出口等多种经济手段和价格干预等必要的行政手段，加强对市场的调控，保持粮食供求总量基本平衡和价格基本稳定。国家通过建立粮食储备制度、粮食风险基金制度、粮食价格干预制度等实现对粮食流通的管理。

（四）农产品储备调节制度

农产品储备调节制度是政府从市场收购一部分农产品用于专项储备，通过对储备农产品的吞进与吐出调节农产品供求关系，稳定市场价格的制度。农产品储备调节制度是国家对重要农产品购销实行宏观调控的重要手段。国家对重要农产品的储备调节制度，主要分为中央和省级两级储备。中央储备用于全国范围的不同省份之间农产品供求关系的调节，保证重点城市、主要销区对重要农产品的消费需求。省级储备用于省内不同地区间农产品供求关系调节。发挥农产品储备制度对农产品购销活动的宏观调控作用，还需要建立一个运转灵活的农产品储备机构。为此，《农业法》规定要完善仓储运输体系。通过国家投资建设、健全仓储运输体系，保证农产品仓储能力、运输能力，可加强国家对农产品购销活动的宏观调控能力，对调节农产品供求关系、稳定市场价格同样具有重要的作用。

第二节　农产品市场法律制度

一、农产品市场法律制度的含义

农产品市场的含义有广义和狭义之分，狭义的农产品市场是指进行农产品交换的场所。广义的农产品市场是指农产品流通领域交换关系的总和。不仅包括各种具体的农产品市场，还包括农产品交换中的各种经济关系。一般言之，农产品市场同其他商品市场一样同受《反垄断法》、《反不正当竞争法》等市场秩序规制法的调整，同时农产品市场体系的完善，对促进农业和农村经济发展、保障和丰富城镇居民食品供应有重要作用。因此，国家应履行构建农产品市场体系之职责。农产品市场法律制度主要规范国家在构建农产品市场体系的权限和职责以及农产品市场交易关系的法律规范。即其一为规范国家构建农产品市场体系职责的法律规范，其二为农产品市场交易法。

二、国家构建农产品市场体系职责

（一）建立统一、开放、竞争、有序的农产品市场体系

《农业法》第 27 条确立了国家逐步建立统一、开放、竞争、有序的农产品市场体系的制度。从该制度的政策渊源来看，党的十五届三中全会指出："进一步搞活农产品流通，尽快形成开放、统一、竞争、有序的农产品市场体系，为农民提供良好的市场环境，是农业和农村经济持续稳定发展的迫切需要。"当然统一、开放、竞争、有序理应是现代市场体系的基本特征，缘何仍在此以法律规范申明此点？从农产品市场发展滞后的现实情况来看，此规范意在强化国家在构建农产品市场体系的职责，指明农产品市场体系建设的根本目标。政府及其相关职能部门应依此规范，通过行政立法，制定规范性文件和行政规划等措施，分步具体实施之。

这里有必要进一步解释何谓"统一、开放、竞争、有序"。根据全国人大常委会所出版的《〈农业法〉释义》来看，一般认为统一是指市场体系在全国范围内应该是统一的。统一的市场必须打破条块分割、地区封锁，农产品可以在行业、地区之间自由流动。开放和统一是相辅相成的。市场体系不仅要对内开放，也要对外开放，通过与国际市场广泛联系，积极参与国际分工与竞争，在更大范围内体现资源的优化配置。竞争是指市场体系必须在一个公平竞争的环境下运行。只有通过充分竞争、优胜劣汰，形成合理的价格信号，才能有效引导农产品流动，实现资源优化配置。有序是指有一定的规则来维持市场的正常秩序，保证

公平竞争和资源的合理流动。这种规则既包括法律、法规，也包括正式、非正式的行业规范、国际惯例和商业信用等。农业部出台的《关于加强农产品市场流通工作的意见》、财政部制定的《新农村现代流通服务网络工程专项资金管理暂行办法》等规范性文件即是在落实此规范。

三、国家制定农产品批发市场发展规划职责

为具体实施构建农产品市场体系职责，国家应履行重要职责之一就是制定农产品批发市场发展规划。农产品批发市场作为农产品市场体系的核心，具有商品集散、价格形成和信息传递三大基本功能。农产品批发市场一般从性质上定位为社会公益性事业。例如日本将农产品批发市场作为公益事业加以扶持，日本政府对新建的农产品批发市场给予总投资额40%的资金作为启动资金，以吸引其他资金参与农产品批发市场的建设。韩国《关于农水产品流通及其价格安定的法律》确定公营农产品批发市场的管理组织，是受政府委托的公共事业法人机构，或由地方政府派出机构组成，代表政府进行批发市场经营与管理，从而能够更多地从社会公益角度发挥市场各种功能。我国台湾地区也明确农产品批发市场是非营利机构。我国在农产品批发市场的定位上，游离于企业和非营利机构之间，模糊了农产品批发市场的功能。农业部发布的《农产品批发市场建设与管理指南（试行）》明确指出农产品批发市场是公共事业，以服务农业、农民和城乡消费者为宗旨。其设立及业务项目由各级政府规划确定，并提供支持。从此，可以看出农业行政主管部门对农产品批发市场定位和发展趋势趋于明确。

国家履行制定农产品批发市场发展规划职责，从性质上看，这属于一种行政规划。行政规划是行政主体在实施公共事业及其他活动之前，综合地提出有关行政目标，事前制定出规划蓝图，以作为具体的行政目标，并进一步制定为实现该综合性目标所必须的各项政策性大纲的活动[1]。农业部发布的《农产品批发市场建设与管理指南（试行）》具体规范了我国农产品批发市场发展规划。在该《指南》中指出农产品批发市场建设的指导思想是：农产品批发市场建设坚持基础设施公益性、经营管理企业化的方向；坚持新建与改建结合，产地与销地结合，硬件与软件结合，国家扶持与多渠道投资结合；统筹规划、合理布局、均衡发展，促进形成统一的全国性的农产品批发市场网络。同时规定省、地农业部门应制定本区域农产品批发市场建设发展规划，规划的主要内容包括：①农产品批发市场的数量、规模、布局；②市场建设和设施改造的要求；③主要交易商品种类；④市场同生产基地、同关联市场的联结关系。

---

〔1〕　〔日〕盐田宏：《行政法》，杨建顺译，法律出版社1999年版，第152~153页。

四、国家扶持农产品市场的建立

农产品市场是农产品交易的重要平台。一般分为初级层次的农产品集贸市场和较高层次的农产品批发市场，国家为培育一批面向国内外市场的大型农产品批发市场和流通企业，更好保障农产品流通安全、促进农民持续增收，有必要扶持农产品市场的建立。

从具体扶持对象来看，一般扶持的是大型农产品批发市场承担的标准化建设及改造项目。而《农业法》尤为强调对农村集体经济组织和农民专业合作经济组织建立农产品批发市场和农产品集贸市场的扶持，这与原1993年《农业法》笼统规定国家支持农产品集贸市场和农产品批发市场有所不同。选择农村集体经济组织和农民专业合作经济组织作为重点扶持对象的原因有三：一是有利于农业生产主体直接进入流通领域，实现产供销一体化经营，推动农产品流通体制改革；二是有利于农业生产主体掌握市场信息，及时调整农产品生产；三是有利于农业生产主体参与流通领域收益的分配，增加收入。考虑到农村集体经济组织和农民专业合作经济组织积累能力低，投资能力有限，而农产品批发市场和集贸市场建设又是一项公益性事业，各级政府应当予以扶持。

从国家扶持农产品市场的手段来看主要是资金支持方式，具体包括贴息和直补。此外，还有对市场运营收入实行减免税优惠政策。例如财政部规定国家对承担农产品现代流通体系建设项目的单位建设或改造配送中心、仓储、优质农产品常年展示交易中心等基础设施所取得的金融机构中长期固定资产贷款，予以利息补助；对建设或改造批发市场农产品消费安全（包括质量安全、检验检测、废弃物处理等）、独立全封闭式活禽交易屠宰区等项目，以及流通企业农产品冷链系统建设或改造项目等准公益性设施予以资金资助。

五、农产品批发市场交易与管理法律制度

(一) 农产品批发市场的设立

1. 设立农产品批发市场的原则：设立农产品批发市场应从当地的农产品商品货源及其流向、居民消费需要、经济发展和区位交通条件等实际情况出发，遵循统筹规划、合理布局、发挥优势、讲求实效的原则，防止盲目、重复建设市场。

2. 根据《农产品批发市场建设与管理指南（试行）》，设立农产品批发市场应考虑下列条件：①设立者主要是农民合作组织或涉农企事业单位、社会团体等法人组织。②符合国家和本地区农产品批发市场建设发展规划；③位于农产品的主要产地、销地或集散中心。④具备相应的场地、设施和资金。⑤具备企业登记注册的其他条件。

（二）农产品批发市场交易活动的基本规则

1. 农产品批发市场交易的商品必须符合国家法令和质量安全要求。下列物品禁止上市交易：①国家和地方明文规定重点保护的珍稀植物、动物及其制品；②未经检疫或检疫不合格的畜禽及其产品；③经检测不合格，有毒、有害健康的产品；④法律、法规禁止上市的其他物品。

2. 农产品批发市场应采取协商交易、合约交易、订单交易和拍卖交易方式。

3. 农产品批发市场的商品交易应逐步推行统一司磅，统一结算。

4. 农产品批发市场的商品价格由买卖双方议定，随行就市。属于政府对商品价格实施监控管理的，应当执行有关规定。

5. 农产品批发市场管理人员发现在市场买卖交易中有不正当行为，或出现不公正价格时，根据规定可以对交易商的交易活动进行限制。

6. 农产品批发市场禁止下列行为：①蓄意串通，捏造和散布虚假信息；②以操纵市场为目的，合伙抬价或压价买入或卖出同一种商品；③任何形式的欺行霸市，强买强卖行为；④以其他直接或间接方式操纵或扰乱市场交易秩序。

7. 农产品批发市场应加强对经纪人代理交易活动的监管，规范经纪行为。

8. 农产品批发市场交易的农产品应推行分级分类处理，逐步达到质量等级化、重量标准化、包装规格化。

9. 农产品批发市场交易的农产品应在包装物的指定位置标明名称、等级、产地、生产商、生产或采摘日期、重量、检验合格证明等需要说明的事项。

10. 农产品批发市场交易的农产品实行分区交易。蔬菜、水果、肉类、水产品、畜禽等应分区销售；鲜活与冷冻商品应分区销售。

（三）农产品批发市场的监管

加强农产品批发市场制度建设和管理，是建立农产品统一、开放、竞争、有序的农产品市场体系的根本保障。我国农产品批发市场从建设、开业到运行，涉及政府许多部门。因此，《农业法》规定政府各部门要按照各自职责，依照有关法律规定管理批发市场；同时，要规范交易秩序，防止地方保护和不正当竞争。

所谓"地方保护"是指地方政府及其所属部门滥用行政权力，限制外地商品进入本地市场，或者本地商品流向外地市场的行为，或者限定他人购买其指定商品、限制其他经营者正当经营活动的行为。所谓"不正当竞争"是指经营者违反规定，违反自愿、平等、公平、诚实信用原则和商业道德，损害其他经营者的合法权益，扰乱市场秩序的行为。1993年颁布的《反不正当竞争法》就不正当竞争的含义和表现方式作了界定。2001年4月27日《国务院关于整顿和规范市场经济秩序的决定》进一步强调打破地区封锁和部门、行业垄断，明确查处行政机关、事业单位、垄断性行业和公用企业妨碍公平竞争，阻挠外地产品进入本地市场的行为，以及其他各种限制企业竞争的做法。加强批发市场管理，维护市场秩序，一是要进一步理顺农产品批发市场管理体制，明确政府部门职能，规范政府行为。各级政府要把维护公平竞争、培育市场体系、创造良好的经济运行环境作为自己的重要责任，彻底清理并废除各地区、各部门制定的带有地方封锁和行业垄断内容的政策和措施，解决市场多头收费、重复收费问题。二是要建章立制，完善法规，健全制度。包括农产品批发市场审批制度、市场交易制度、农产品分级包装制度、农产品质量安全检测制度，保障市场交易安全和上市农产品质量安全。三是要加大市场执法力度，加强市场监管，维护市场秩序。

第三节　农产品流通组织法律制度

一、国家鼓励多种形式的农产品流通

《农业法》第 28 条规定国家鼓励和支持发展多种形式的农产品流通活动，这里的"多种形式"一方面确立农产品流通组织的多元化，另一方面亦强调农产品交易方式的多样化。这里我们重点论述农产品流通组织的多元化。

在我国农产品流通体制未改革前，国有商业组织和供销合作社是农产品流通计划的主要执行者，也拥有当时我国农产品流通组织结构中实力最庞大的组织资源。随着农产品流通体制的改革，我国农产品流通正在由国有商业主渠道演变成多主体的经营格局。1993 年《农业法》规定了国有商业组织、供销合作经济等集体商业组织在农产品流通的主渠道作用，同时引导农民及其他农业生产经营组织从事农产品流通活动，表明国家在发挥国有商业组织和集体组织的同时，已逐步鼓励农产品流通主体的多元化。而 2002 年《农业法》则进一步确立了农产品流通主体的多元化。

农产品流通主体包括个体运销商贩、经纪人队伍、多种形式的营销合作组织和农业产业化经营组织、国有商业组织和外资企业等。国家鼓励农产品流通主体的多元化，则意味着国家对诸流通主体公平对待，为其创造公平竞争的环境。

二、农产品流通组织的法律规制

1. 农产品流通主体资格的取得。农产品流通主体作为参与市场活动市场主体，其与一般的市场主体资格并无差异，除法律法规禁止的领域外，农村个体工商户和私营企业都可以进入。只要满足市场组织法所规定的条件，依程序即可取得市场主体资格。我国对农产品流通主体资格取得的法律规制主要是对关系到国

计民生的重要农产品流通主体必须取得行政主管部门的行政许可。在《粮食流通管理条例》中规定从事粮食收购活动应取得粮食行政管理部门粮食收购资格许可。

2. 国家支持农民和农民专业合作经济组织从事农产品营销活动。从国家支持农民和农民专业合作经济组织从事农产品营销活动的政策渊源来看，其与我国农产品流通体制改革进程密切相关。1978 年党的十一届三中全会明确农村集市贸易是社会主义经济的附属和补充，不能当作所谓资本主义尾巴去批判。1983年中央发布《当前农村经济政策的若干问题》（中发［1983］1 号），肯定农民个人或合伙进行长途贩运有利于扩大农副产品销售，有利于解决产销区的矛盾。1984 年国务院又出台《关于合作商业组织和个人贩运农副产品若干问题的规定》，鼓励并规范国有商业和供销合作社以外的其他合作商业组织和个人贩运农产品。1987 年中央发布《把农村改革引向深入》（中发［1987］5 号），首次提出"要支持农民组织起来进入流通"。到了 20 世纪 90 年代，农民参与农产品流通得到进一步肯定。如 1991 年《国务院关于进一步搞活农产品流通的通知》（国发［1991］60 号）规定，凡是放开经营的农产品，集体商业和个体工商户都可以经营，可以长途贩运，也可以从事批发业务。

支持农民和农民专业合作经济组织从事农产品营销活动具有重要意义。不仅有利于农民从事多种形式的农产品流通活动，搞活农产品流通，推进国有商业组织改革与发展，培育多元化的现代市场体系；而且直接架起市场与农业生产的桥梁，有利于改变农业产前、产中、产后分割的现象，逐步实现农业的一体化经营，有利于农民参与流通领域的利益分配，增加农民收入。在发达国家，农民普遍参与了合作组织，在购买、销售和市场开拓、加工等方面实行联合，已形成了一套比较健全的组织体系和有效的运行机制，对降低成本、减小风险和提高农业效益，起到了不可替代的重要作用。

国家对农民和农民专业合作经济组织从事农产品营销活动的支持主要体现在以下方面：一是在法律上明确农民和农民专业合作经济组织从事农产品营销活动的地位和合法性；二是在信贷等方面给予优惠和照顾；三是在工商登记和税费方面对农民从事农产品、农业生产资料及消费品等流通给予支持。鼓励农业生产大户、运销大户注册为法人，从事农产品运销。通过支持以使农民和农民专业合作经济组织在农产品流通方面发挥重要作用。

3. 国家鼓励农产品流通组织提供信息服务。农产品流通实行市场化调节，全面、准确、快捷的现代化农产品流通信息能为农产品流通主体，尤其是缺乏信息渠道的农民，提供有效的决策依据。因此，迫切需要抓紧建设农产品流通网络信息体系，整合已有的与农产品流通相关的信息网络资源，并与电子商务、连锁超市、物流配送等方面的建设结合起来，构建全国集中统一的农产品流通网络平台，全面、及时、科学地收集、加工、分析、处理和发布农产品流通信息，为农产品销售服务。

供销合作社和其他出事农产品购销的农业生产经营组织可以充分利用其独特的组织资源优势，提供市场信息，开拓农产品流通渠道，为农产品销售服务。

三、国家农产品运输保障职责

（一）督促有关部门保障农产品运输畅通

国家在保障农产品运输方面的职责主要体现在，督促有关部门保障农产品运输畅通，降低农产品流通成本。近年来国务院多次部署整顿交通运输秩序，2002年8月3日《国务院关于加强新阶段"菜篮子"工作的通知》明确要求地方各级人民政府坚决制止各种形式的地区封锁，撤销一切不合理的关卡，杜绝乱收费、乱罚款，严格执行行政事业性收费和执法罚没收入收支两条线，保证"菜篮子"产品正常流通。一些地方也采取积极措施，实施"道路畅通工程"，建立"农产品运输绿色通道"。2005年，根据国务院的要求，交通部、公安部、农业部、商务部、发展改革委、财政部、国务院纠风办联合制定《全国高效率鲜活农产品流通"绿色通道"建设实施方案》，要求积极支持鲜活农产品合法运输，以快捷、顺畅、低成本的流通促进农村经济发展和农民增收。建成全国鲜活农产品流通的"绿色通道"网络，提高鲜活农产品的运输效率。

（二）明确对鲜活农产品要简化手续，没有法律和行政法规依据的，任何单位和个人不得扣押运输工具

所谓"鲜活农产品"是指新鲜蔬菜、水果，鲜活水产品，活的畜禽，新鲜的肉、蛋、奶。鲜活农产品的易腐易变质等特点决定了农产品运输的时效性强，要求农产品运输保质保时间。因此，《农业法》明确对鲜活农产品要简化手续。

根据我国现行法律规定，扣押农产品运输工具主要有以下几种情况：一是类似《森林法》的规定，林业部门设立木材检查站，查验木材运输手续；二是类似《动物防疫法》、《进出境动植物检疫法》、《植物检疫条例》的规定，对农产品进行强制性检疫；三是依法采取其他强制性措施或保存证据的需要。除依据这些法律和行政法规外，任何单位和个人不得扣押运输工具。

第十三章
农业投资法律制度

第一节　农业投资法概述

一、农业投资的含义

投资一般是指为达到一定目的而投放资本的行为。投资行为属于一种增量投入，是为满足一定的增量利益需要进行的资金投入，其不仅包括货币资本投入，还包括基本资本投入；既包括有偿投入，也包括无偿投入；既包括固定资产的投入，也包括流动资产的投入。同时，根据投资领域的不同，还可将其分为工业投资、商业投资、农业投资等类型。

农业投资作为一种投资行为，它是满足农业这一弱势产业发展需求，促进农业现代化，确保农业经济健康发展的保障。作为重要的粮食大国，我国政府对农业发展一直十分重视，基于国家对农业的扶持政策，我国农业投资总量呈逐年增长趋势，从 1980 年的 26.17 亿元增加到 2003 年的 448.58 亿元，23 年间我国农业投资增长了 17 倍。

何为农业投资，目前我国《农业法》中并未明确界定，只有部分省市出台的农业投资法律规范中有相关界定，如《重庆市农业投资条例》（1998 年 1 月 21 日公布）规定：农业投资是指本行政区域内各级人民政府、农业金融机构、农业生产经营组织和农业承包者，直接对种植业、林业、畜牧业和渔业以及为其服务的水利、农机、气象、农业科技、农业教育等方面的资金投入；《湖北省农业投资条例》（2004 年 8 月 10 日公布）规定：农业投资是指各级人民政府及其有关部门用于农业的基本建设投资、支援农村生产支出和农业部门的事业费、科技三项经费用于农业的部分、农业综合开发支出，国有农业企业、农村合作经济组织的农业生产投资，以及省内外、境内外、国内外各方面对农业的投资和各种农业贷款。此外，有学者将农业投资称为"农业资金投入"，并将其界定为"国家、农村集体或农户等主体对种植业、林业（不包括森林工业）、养殖业、水利、气象、畜牧业、渔业、农垦、农机以及农村其他事业投入资金的活动的总称。"[1]

根据各国农业法及相关法的规定，结合我国农业投资立法与实践，我们可以将农业投资界定为：为了发展农业生产，由政府、社会组织、农村集体组织及个人以直接或间接方式，向农业生产经营活动投入资金的活动。

二、农业投资的特征

由于农业生产经营活动的特殊性，使农业投资与一般的工商业投资相比，也表现出一些明显的特征，主要有五个方面：

第一，农业投资主体的多元化。农业投资主体包括政府、社会组织、农村集体组织及个人。其中，政府主要是通过财政支农投资农业生产，这是各国农业投资的主要方式之一；社会组织主要包括国内外金融机构和其他经营者，他们通过支出农业性贷款以及直接或间接地向农业投资，满足农业生产经营的资金需求；农村集体组织和个人是最为基本的投资主体，他们是农业投资的直接承担者和执行者。

第二，农业投资范围的广泛化。农业投资的范围十分广泛，包括农业、林业、畜牧、渔业、水利、气象、农机等多个领域。目前我国财政投资的重点有三个：农业项目、林业项目和水利项目。农业项目主要包括动植物病虫害防治工程、种养业良种工程、旱作农业、农业示范基地、渔政渔港、农村沼气、农产品质量安全体系建设等项目；林业项目主要包括农村造林工程、种苗工程、森林病虫害防治工程等；水利项目主要包括饮水安全工程、节水灌溉工程、病险水库除险加固工程、水土保持工程、堤防及河道治理工程、骨干水利枢纽工程等。

第三，农业投资方式的多样化。农业投资方式具有灵活多样的特点。根据资金来源的不同，可以将农业投资方式划分为国家财政性农业投资和非政府部门农业投资，其中国家财政性农业投资主要指国家的财政支农，非政府部门农业投资主要包括社会组织投资、农村集体组织投资与个人投资。这些投资方式从不同的利益角度出发，满足不同利益主体的需要，同时又相互配合，互为补充。

第四，农业投资外部性强，非营利性项目较多。"外部性"主要是指一个经济主体的活动对旁观者福利的影响。农业投资具有很强的正外部性，农业投资者在向农业投放资金时，其本并不必然受益，但可能使不特定的多个人受益。如政府对农林投资保护时，农林周边的居民由于环境的改善而成为主要的获益者，政府却不一定因此获得直接收益。同时，农业投资中的非营利项目较多，许多农业投资项目的实施均不以营利为目的，如病险水库除险加固工程、水土保持工程、

---

[1] 参见李昌麒、吴越主编：《农业法教程》，法律出版社 2007 年版，第 183 页。

森林病虫害防治工程、农产品质量安全体系建设项目等等，均是国家出于社会整体利益的考虑实施的农业项目，属于非营利项目。

第五，农业投资的高风险性。由于农业生产受动植物生长发育的自然规律的限制，对土地、水、气候等自然资源的依赖性又较强，农业投资一般投资周期较长，相当一部分的农业投资需要较长时间的周期才能取得投资回报，自然风险高，投资存在较高风险，投资费用和效益预测难度大，不确定性较高。

三、各国农业投资立法概况

农业投资法是为促进农业发展，调整政府、社会组织、农村集体组织及个人在实施农业投资项目时所发生的各种农业投资关系的法律、法规的总称。农业投资法规范农业投资行为，为农业资金的有效投入提供法律保障。目前已有多个国家颁布了农业投资相关法律，支持农业发展。如美国自"罗斯福新政"时期就确立了政府对农业的财政支持制度，2002年颁布的《农业安全与农村投资法案》则对新农场贷款、实施鼓励农业开拓进入市场项目、农业部长对经营状况欠佳的家庭农场依法提供财政和贷款扶持等内容作了详细规定。法国1999年颁布《农业指导法》，规定国家应当以贷款和补贴等方式，优先向农民、农业公司、农业经营者团体提供财政资助。我国台湾地区1999年颁布的"农业发展条例"对农业发展基金投放制度、农业信用保证制度、农业人才培训制度等进行了具体规定。我国也在1993年7月2日颁布的《农业法》第五章"农业投入"中规定了相关内容。此外，世贸组织也针对世界农产品生产及贸易状况于1995年制定了《WTO农业规则》，规制各成员国农业投资及其他扶持方式，内容涉及扩大农产品市场准入、削减农产品生产补贴、削减农产品出口补贴和规范卫生与植物检疫措施等。各国的农业投资立法在立法宗旨、内容及投资方式等的规定均有不同：

（一）美国的农业投资立法

美国作为世界主要农产品出口国，是较早推行农业法的国家，自1933年美国颁布《农业调整法》至今，美国已形成以《农业法》及《食物和农业法》为核心，100多部相关立法相配套的较为完善的农业法律体系，为农业现代化提供了有力的法律保障。美国的农业投资法不仅包括《2002年农业安全与农村投资法案》，还包括多部农业法律法规中的相关内容，其中主要包括《农业调整法》、《农产品信贷公司特许法》、《农业法》、《食物、农业、资源保护和贸易法》、《联邦农业完善和改革法》中关于农业投资方面的法律规定。1933年的《农业调整法》规定了政府对农业的信贷和价格支持制度，休耕土地和实行限额销售的农产品的补贴制度，以及贷款帮助农产品正常贮备的制度。1935年《农业调整法修正案》出台著名的"第32条款"，规定用海关收入的30%来促进出口和国内消费，鼓励使用剩余农产品发展工业和其他用途，资助农产品的调整活动。在美国分别于 1948～1970 年制定的六部《农业法》中，对价格支持政策、农业配给政策、农产品信贷政策、农产品补贴政策等多个农业投资政策进行了规定。1996 年《联邦农业完善和改革法》内容涉及农业市场过渡法、农产品贸易法、营养援助法、农业发展法、农业信贷法、农村发展法、农业研究推广和教育法等多个领域。此外，1948 年的《农产品信贷公司特许法》规定了创办农产品信贷公司的目的；1990 年制定的《食物、农业、资源保护和贸易法》中有关于农业信贷的规定。2002 年，美国制定《2002 年农业安全与农村投资法案》。该法自 2002 年开始实施至 2007 年止，为期 6 年，包括十个方面：商品计划（即对产品的补贴）、生态保护、贸易（即出口补贴）、营养计划（即食品消费补贴）、信贷、农村发展、研究、森林、能源、杂项等。该法案的重点是扩大了受补贴农产品的范围，调整了补贴的标准，补贴金额达到历史最高水平。该法案规定，在今后 10 年内联邦政府用于农业的拨款将达到 1900 亿美元，至 2007 年为止财政拨款将比现有的农业法案所确定的拨款增加 67%。这与 20 世纪 80 年代以来各国农业法致力于削减农业预算，提倡自由贸易的目标大相径庭，是美国自由市场农业改革的后退。该法案背离了美国关于遵循 WTO 规则削减农业补贴的承诺，使美国农产品价格大大降低，导致其他国家特别是第三世界国家的农产品竞争力减弱，拉大了南北贫富差距，从而引发世界范围的抗议。

美国农业投资法的特点主要表现在五个方面：①农业投资法散见于多部农业相关法律法规之中。《2002 年农业安全与农村投资法案》主要对农业补贴制度进行了明确规定，与农业信贷有关的内容则散见于《农业法》、《农产品信贷公司特许法》等多部法律法规之中。②农业投资法从过去注重市场主体投资为主逐渐转变为政府主动投资为主。美国农业投资法既注重市场自发投资主体的支撑作用，尊重农业生产发展的内在规律，又强调政府在农业投资中的重要功能与作用。尤其近些年，随着农产品国际贸易的迅猛发展，美国农产品出口贸易受到较大冲击，美国政府一改过去孤立的农业保护立法，转而走向主动而全面的农业支持，对农业的投资也呈逐年递增趋势。③农业投资项目范围广。美国农业投资项目范围广泛，包括农产品项目、生态保护项目、出口贸易项目、农村研究与发展项目等多种项目。《2002 年农业安全与农村投资法案》进一步扩大了农业投资项目范围，在项目种类、贷款与补贴范围等方面较以前的农业法律法规增加了不少内容。④对农业支出项目加以明细规定，立法的可操作性强。如《2002 年农业安全与农村投资法案》中，明确规定对玉米、高粱、大麦、燕麦等商品计划项目实施直接收入补贴、保护性收购和差价补贴，湿地保护、草地保护、野生动物保护、水资源保护、小流域治理、沙漠湖保护等生态保护项目支出，出口信贷和信贷保证、食品援助，学生午餐、食品券和其他对贫困人口食物营养计划项目补贴，新农民购买和建设农场的信贷政策：边远地区的电视网、农村宽带网、农民生产者加工企业补贴、农村消防队培训、农村饮用水等农村发展建设补贴，农业研究和森林保护项目资助等内容，并规定了各种项目投资的比例，便于各类项目的贯彻执行。⑤政府对农业的投资主要采用农业补贴及信贷方式。美国对农业的投资除了实行市场自我供给外，政府还采用多种方式投资农业，主要的方式就是农业补贴和农业信贷。美国 1998～2000 年间的农业实际补贴达每年 205 亿美元，2002～2007 年的年均法定补贴则高达 190～210 亿美元，政府对农业投入巨大。同时，目前美国农业资本投入中约有 40% 依靠信贷来解决，70% 以上的农场每年需要借款来维持与扩大生产。[1]

美国农业投资政策涉及内容众多，主要包括以下 8 个方面的内容：

1. 农业补贴政策。美国的农业补贴方式主要有三种类型：①支持性收购，与我国的粮食保护价收购类似，只不过在具体操作方式上有一些变化。例如，农民在按支持性价格将粮食卖给国家后，如果市场价格发生了上升，农民还可以把粮食再要回来，拿到市场上去卖，而把原来支持价格的钱加上适当的利息还给国家。①差价补贴，原理是事先确定一个目标价格（名称可能不同），然后按照目标价格与实际的平均市场价格之差对农民进行补贴。②脱钩补贴，这是 1996 年以来新实行的办法。补贴数额只与基期（1991～1995 年）的产品种类、面积和单产有关，而与现在的种植产品种类、产量和价格均没有直接关系。[2]

2. 农业信贷政策。由于农业生产风险大、利润低、同期长，农业信贷多由政府承担。政府成立了专门的农业信贷机构，还为私人银行提供农业信贷保证，并由农产品信贷公司负责实施各类出口信贷担保项目。

3. 农业税收优惠政策。美国对农业投资实施了诸多税收减免政策，如法律规定农民用于购买机器设备、投资生产用房以及饲养一年以上的牲畜开支等资本支出可从当年的收入中全部扣除；出售农业固定资产的所得的 60% 予以免税，只需按收入的 40% 纳税。另外，还规定了延期纳税政策，如可以将一部分尚未出售或虽已出售但未收到现金的产品延至下一年度纳税。[3]

---

[1] 曹延明：“美国的农业政策对中国农业发展的启示”，载《东北农业大学学报》（社会科学版）2007年第 3 期。

[2] 黄非：“美国新农业法对我国的影响及对策”，载《中国农业资源与区划》2004 年第 6 期。

[3] 参见黄婵："美国的农业投资政策及建设项目管理"，载中国联合投资理财网，http://www.cuif.cn/News/660.html.

4. 农业科技发展政策。美国政府组织了一个完善的"农业科学、教育和推广体系",把教学、科研和推广三者融为一体。一方面,政府每年以巨额开支支持农学院和农业实验站,保证美国农业生产技术在世界上处于领先地位。另一方面,又重视加强对农业生产者的教育和培训。农业生产者不仅可以随时从推广站和农学院取得各种咨询服务,而且可以在附近的社区学院内听课,补充和更新知识;政府鼓励教学和科研人员从事技术推广和生产实践工作,通过把生产中存在的问题带回来作为新的研究,大大增加了理论与实践的密切结合,实践证明,这个体系在美国农业发展中起了极其重要的作用。[1]

5. 资源保护政策。美国农业资源保护的重点是土地和水资源的合理利用。其资源保护的目标是通过立法和各种行政措施,防治水土资源破坏。其资源保护措施主要包括两种:①通过有关立法制定各种污染源的治理标准,并通过有效的执法机制使这些立法和标准付诸实施;②把农产品保护和价格支持计划等其他政策结合起来,使资源保护成为各种农业政策中的一项重要内容。

6. 国内粮食援助政策。该政策的目的是减轻国内粮食过剩和消除国内的饥饿和贫困。主要措施包括食物分配计划、食品券计划、联邦儿童营养计划、食物分配计划等。

7. 农产品对外贸易政策。作为重要的农产品出口国,美国农业对世界市场存在较强依赖性。美国政府制定了"扩大出口计划"以扩大农产品出口,并采取了一系列措施:①用向农产品出口商提供出口补贴或对外赠与等办法,降低出口价格,增强其在国际市场上的竞争能力;②通过向进口国提供各种形式的贷款和贷款保证,或以易货等方式开拓海外市场;③通过双边或多边谈判和协议,促使贸易伙伴国降低关税和非关税壁垒,疏通扩大农产品出口的渠道。④利用进口配额、检疫制度等非关税壁垒直接限制进口,以保护本国的农业。[2]

8. 农业投资项目管理政策。美国的农业投资主要集中在资源的保护与开发利用方面,对于正常的生产经营性建设项目一般不会提供无偿投资,多采用贷款或优惠贷款的方式进行支持。在对农业投资进行管理时,规定了投资项目基本要求和申请评估制度。

(二) 日本的农业投资立法

日本由于土地稀缺,人均耕地少,不易发展规模农业,农业生产成本较高,

---

〔1〕 马晓芳:"浅析美国的农业支出及其对我国农业发展的启示",载《现代经济》(现代物业下半月刊) 2007 年第 6 期。

〔2〕 曹延明:"美国的农业政策对中国农业发展的启示",载《东北农业大学学报》(社会科学版) 2007 年第 3 期。

农业的竞争力弱，农产品大量依靠进口。为了提升农业的竞争力，实现粮食自给自足，日本对农业实施了较强的保护与支持措施，从而成为工业化国家中农业支持水平最高的国家之一。据经合组织统计，1986 年，世界各国发放的农产品价格补贴总额约为 1100 亿美元，其中日本高达 400 亿美元。1990 年，日本中央财政的农业预算支出 23 784.7 亿日元，其中用于各类农业补贴的支出占 70%。2000 年日本农业的补贴占 GDP 总额的 1.4%，而当年农业总产值占 GDP 的 1.1%，农业补贴超过了农业总产值。[1] 与高保护与高支持政策相适应，日本的农业投资立法较早。在 1949 年，日本建立新的价格支持和补贴制度，以保证农户的收入。1955 年后，日本加大了对农产品的价格支持力度，并扩大了补贴范围，补贴项目包括农产品价格补贴、农业机械与设施建设补贴、农业现代化改造贷款利息补贴、农业生产保险补贴等。1970 年，日本农林省制定农村综合发展政策，财政支持重点为发展多种经营、提高农村福利和改善村庄设施环境。同年，日本制定《过疏地域对策特别措施法》，对人口稀少的农村进行综合建设，包容涉及产业培育、道路交通、公共设施、卫生、娱乐、住房条件、环境改造等，并要求地方政府制定规划和推动实施，建设资金由中央财政补助、农林公库融资和发行地方公债来解决，对参与建设的企业给予课税优惠和融资便利。此后，日本在 1975 年修订《关于农业振兴地域的法律》，对有关地区农村的村庄环境和土地利用进行综合规划、建设；1987 年出台《村落地域建设法》，要求各地方制定村庄建设计划，使村庄具有现代农业生产和良好的居住环境这两大功能；1993 年制定《特定农村山区法》，对偏远山村进行综合建设。1999 年，日本国会通过《食物·农业·农村基本法》，取代了 1961 年制定的旧《农业基本法》，将保证食品安全、农业可持续发展和振兴农村作为新时期农业和农村政策的目标，并规定了对政府实施食物、农业和农村的相关政策在法制、财政、金融上应采取的必要措施等职权问题。该法成为农业投资基本法。此后，日本还制订了大量农业投资单行法规，主要有《农村中央金库法》、《农业改良资金补助法》、《农业现代化资金补助法》、《天灾融资法》、《农林渔业金融公库法》、《自耕农维持资金融通法》《农林渔业信用基金法》、《农林渔业者受灾等有关资金融通暂行措施法》、《农林水产业设施灾害重建事业费国库补助暂行措施法》、《农业灾害补偿法》等相关法律。由此，日本建立起了较为完善的农业投资法律体系。

日本农业投资法的内容主要涉及五项内容：①农业补贴制度。日本的农业补贴制度主要涉及两个方面，即农产品价格补贴与农业保险强制与优惠制度。在农

---

[1]　杨冬民、杨文选：“日本发展现代农业的经验及借鉴价值”，载《经济纵横》2007 年第 17 期。

产品上市季节，政府会根据农产品的生产成本加适当利润确定主要农产品的保证价格，在生产价格低于保证价格，政府或者将按保证价格直接收购农产品或补贴农民出售农产品的价格差额。此外，日本实行农业强制与优惠制度，如稻农交纳相当于正常年景 10% 的保险费，政府将以赔偿形式给予了大量补贴，补贴率最高的可达 80%，最低的也在 50% 以上。②农业信贷制度。日本经过长期的法制实践，建立了较为完善的农业信贷制度，国家对农业贷款金融机构提供资助和补贴。首先，贷款范围较广，包括综合农业设施、购买土地、土地改良、植树造林等。其次，日本政府对从事农业低息贷款的金融机构提供利息补贴，并补偿因农业贷款而造成的呆账损失。再次，日本政府对农协发放低利长期贷款，并负责补贴利息差额，并对因各种原因无法收回的贷款提供担保。为促进日本农业的发展，日本政府还采取了一些其他的优惠措施，包括：加快农业结构改革；鼓励城市居民到农村落户，培养农业专门人才；保护森林，简化森林所有权的转移和登记手续，减免所需费用；促进水产合作组织的合并等。例如，并购亏损的农协或渔业协会，可以减免企业事业税和法人所得税以及财产的登记注册税等。日本还通过提供税收优惠来加强食品安全工作。例如，日本有关方面根据《疯牛病对策特别措施法》制定的《饲料安全法》规定，按照饲料生产安全标准购进新设备，可以加大、加快设备的折旧。③农业税收优惠政策。为鼓励农业生产，日本对农业团体或农民个人实施特殊优惠政策，在出现农业问题时，从事农业的企业或个人可以在法人事业税、法人所得税、个人事业税、个人所得税、继承税和赠与税等方面得到优惠。例如，对林业、矿产采掘业和农业合作法人从事的农业，不征收法人事业税；继承农业用地并继续将土地用于农业生产的继承人，如果遗产税总额超过土地的交易价格，超过部分可以延期交纳；如果该继承人死亡或者连续从事农业 20 年以后，未交纳的税款可以免交。④社会组织与农户投资制度。农户的资本投入在农业投入中占据重要地位。为了诱导农户投资农业，日本规定了农业固定资产投资项目专项补贴制度，对属于农业固定资产范围的农业基础建设事业，按事业种类与主体的不同，依据相应标准明确规定了各方投资费用的负担比例。如对灌溉排水事业，政府规定属于国家负责经营的，中央财政负担 60%，地方财政负担 25%，农产负担 25%；属于团体负责经营的，中央负担 45%，地方财政负担 10%，农产负担 45%。[1] 此外，日本政府积极鼓励公司和团体投资农业生产，并对由农户成立的公司、组合、农协等团体提供支持。以农协为例，日本的农协分为三个层次：一是全国性组织，其按照业务不同，各立门户；二是

---

[1] 张迎春："农业投入方式的国际比较与借鉴"，载《世界农业》2003 年第 7 期。

都道府县建立的地方农协，称作"县联"；处于最基层的是市町村，又称单位农协。农协的业务主要生产指导、组织流通、信用服务和开展互助共济四项。其在扶持农业产生，扶助农户方面发挥了重要的作用。⑤农业投资管理制度。为了保障农业资金投入，规范投资主体的投资行为，1952年日本政府颁布了《农林渔业金融公库法》、《农林渔业信用基金法》、《农林渔业者受灾等有关资金融通暂行措施法》、《自耕农维持资金融通法》等单行法，保证农业资金来源的稳定性，并在财政、金融等方面制定并采取了一系列的政府法令予以支持。

（三）WTO农产品规则中的农业投资制度

发达国家对农业实施特别保护的历史由来已久，为了获得在世界农业贸易中有利的竞争优势，各国纷纷出台多项法律与政策对农业进行支持与促进。但这种行为扭曲了国内农业供给态势，增加了政府负担，其溢出效应也对国际农产品贸易产生了深远影响，使南北贫富差距进一步拉大。为协调各国在农产品贸易中的冲突，在GATT体制下，各成员国通过一系列谈判（特别是乌拉圭回合农业谈判），各国在相互妥协的基础上逐渐形成并确立了WTO农产品规则，该规则对各成员国的农业产生与发展具有重要的指导意义。

WTO农产品贸易规则主要由三部分构成：一是《1994年关税与贸易总协定》（GATT1994）对货物贸易基本规则的规定。《1994年关税与贸易总协定》的宗旨是为货物贸易确定贸易自由化的规则，达成互惠互利的协议，以求大幅度地削减关税，取消贸易壁垒，消除国际贸易上的歧视待遇，并设定货物贸易基本规则。农产品贸易作为货物贸易的一部分，应当遵守货物贸易协定确定的基本法律规则。二是有关农产品贸易的协议。其由多个协议组成，主要包括《WTO农业协议》、《实施动植物卫生检疫措施协议》、《技术性贸易壁垒协议》、《关于改革计划对最不发达国家和粮食净进口发展中国家可能产生消极影响的措施的决定》和《马拉喀什议定书》所附国别减让表关于农产品的承诺等，其中最重要的是《WTO农业协议》。三是《乌拉圭回合议定书》后所附各成员国减让表。减让表是成员国之间通过双边或多边谈判，将谈判成果综合汇总而成的表格，它是各成员国允许外国产品提供者进入其市场的官方承诺。各国减让表有关农产品的市场准入、国内支持和出口补贴的具体承诺，是各成员在农产品贸易方面必须履行的法定义务。

在WTO农产品贸易规则中，有关农业投资的内容主要包括两个：

1. GATT规则中有关农产品贸易投资的规定。1947年签订的《关税与贸易总协定》（GATT1947）对农产品贸易规定了例外条款，其中涉及农业投资问题的主要有三个条款：一是GATT第6条第7款有关初级产品的例外规定，该规定对各缔约方在基于稳定初级产品国内价格或初级产品生产者的收入时实施的农业补贴措施及其他保护措施给予合法性认定。二是 GATT 第 16 条第 3 款有关补贴的规定，该规定虽然表面上要求缔约方力求避免对初级产品的出口实施补贴，但仅限于缔约方的该产品在世界出口贸易中占有不合理的份额。由于这种"力求避免"与"不合理的份额"的界定过于模糊，导致出口补贴泛滥。三是 GATT 第 25 条第 5 款的"解除义务条款"，该款规定："在本协定其他部分未作规定的特殊情况下，缔约方全体可豁免本协定对一缔约方规定的义务"。1955 年缔约方全体被迫按该条款给予美国农产品以无限期的"解除义务"，此后欧共体和日本也适用了该义务规定，使农产品贸易脱离了 GATT 规则的约束，各缔约方纷纷出台政策对农产品贸易实施进口配额和出口补贴等非关税措施，从而加剧了农产品贸易摩擦。

2.《WTO 农业协议》中有关农业投资的规定。《WTO 农业协议》是在 1986 年美、欧、日等国发起关贸总协定（GATT）第八轮谈判——乌拉圭谈判中所达成的《农业协议》。该协议主张以国内保护政策为主、国境保护政策为辅，限制对农业流通领域的支持，并关注公平，对发展中国家提供多种优惠待遇。该协议第一次明确了世界农产品贸易的纪律和准则，农产品适用范围几乎包括了所有主要农产品，并确立了以下与农业投资相关的制度：

（1）市场准入（Market Access）。协议第 4 条和第 5 条规定了市场准入制度，主要包括六个方面内容：一是非关税措施关税化。各成员国必须将非关税堡垒（包括所有进口数量限制、进口差价税、最低进口价格、任意性进口许可证、浮动关税以及各类限制性协议）关税化，并消减现有关税水平。二是关税减让。协议要求承诺在实施期限内，将减让基期的关税（包括新量化成的"税率"）削减到一定水平。主要规定包括：①减让基期：1986～1988 年；②实施期限：从 1995 年开始，发达国家为 6 年，发展中国家为 10 年；③减让承诺，协议规定从 1995 年开始，分年度执行减让承诺。三是最低市场准入承诺。协议规定一些进口国可以规定最低市场准入机会，以扩大农产品的进口量，促进农产品贸易自由化。四是关税配额管理。关税化一揽子方案要求各国维持现行市场准入机会，至少要等同于现有的准入机会。如果目前的准入机会不到有关产品在基期国内消费量的 5%，那么这些国家就要在最惠国基础上，以低税率或最低税率实行关税配额，以提供最低准入机会，但超过配额准入量的进口则按高税率（配额外税率）征税。五是特殊保障条款。协议对需要进行关税化的农产品建立了一个特殊保障机制，即当某种农产品进口量或价格发生巨大波动达到一定限度时，允许进口国对该产品征收一定的附加税。六是实行特殊和差别待遇。协议放宽了对发展中国家市场准入的要求，表现在：①发展中国家的平均关税减让承诺为 24%（发达国家为 36%），每项产品的最低减让为 10%（发达国家为 15%），实施期限为 10 年（发达国家为 6 年）；②发展中国家可以灵活地建立关税上限约束；③最不发达国家虽然也进行关税化及关税约束，但可免于减让承诺。

（2）出口补贴（Export Subsidy）。协议第 9 条和第 10 条规定了出口补贴制度。根据协议的规定，各成员国应按承诺消减其补贴农产品出口的数量与预算开支，并规定下列出口补贴受制于削减承诺：①政府或其代理机构视出口实绩向企业、行业、农产品生产者、此类生产者的合作社或其他协会或销售局提供的直接补贴，包括实物支付；②政府或其代理机构为出口而销售或处理非商业性农产品库存，价格低于对国内市场中同类产品购买者收取的可比价格；③靠政府措施供资的对一农产品出口的支付，无论是否包含自公共帐户的支出，包括自对有关农产品或对派生该出口产品的农产品征税的收入供资的支付；④为减少出口农产品的营销成本而提供的补贴（可普遍获得的出口促进和咨询服务除外），包括处理、升级和其他加工成本，以及国际运输成本和运费；⑤政府提供或授权的出口装运货物的国内运费，其条件优于国内装运货物；⑥视出口产品所含农产品的情况而对该农产品提供的补贴。

（3）国内支持（Domestic Support）。协议第 6 条与第 7 条规定了不同国家的国内支持政策。人们出于简便，将这些不同类别的国内支持政策形象地称为"绿箱"政策和"黄箱"政策。"绿箱"政策是指那些对生产和贸易没有影响或者影响非常微弱的政策，农业协议既不要求削减这些政策，也不限制将来扩大和强化使用这些政策。"黄箱"政策是指对生产和贸易有直接扭曲作用的那些政策，农业协议要求各方用综合支持量（aggregate measurement of support，简称 ams）来计算其措施的货币价值，并以此为尺度，逐步予以削减。

2001 年 11 月，第四次部长级会议上启动在卡塔尔多哈举行，并于 2002 年 2 月正确启动多哈回合谈判。多哈回合确立了谈判目标，即实质性改善市场准入条件；削减所有形式的出口补贴，直至逐步取消；实质性削减扭曲贸易的国内支持。本回合谈判还确定了一系列中期农业改革期限，如计划于 2003 年 3 月 31 日前建立农业谈判模式及各成员方进一步承诺事项，然而由于各成员存在分歧，该期限内未能实现目标。2003 年 9 月 10 日，WTO 第五次部长会议在墨西哥坎昆举行，会议起草了一个有关农业谈判承诺程式的新框架。该框架规定，对发达国家实施更为严格的农业关税限制，并为发展中国家设立了农产品特别保障机制；削减国内支持的适用范围与支持量；成员方应在一定期限内取消对发展中国家具有特殊利益之产品的出口补贴，同时削减其他养痈遗患的出口补贴，直到逐步取消；等等。坎昆会议虽然制定了农业谈判承诺程式新框架，但由于各国在农业问题上分歧较大，会议以失败告终。坎昆会议后，部分成员在农业改革实质问题上的立场有了明显调整，从而为农业谈判注入了新的积极因素。如美国放弃了《欧美联合文本》的框架，主张取消出口补贴，大幅削减国内支持，并要求所有成员方实质性地开放农产品市场；欧共体表示愿意大幅削减"黄箱"支持及限制"蓝箱"支持的总量，主要最不发达国家应从农业谈判中无偿受益，并建议所有发达国家和经济发展水平较高的发展中国家均应向最不发达国家提供优惠的市场准入条件。2004 年 8 月，WTO 全体成员方终于在日内瓦就多哈回合若干主要谈判议题达成了框架协议。该框架协议主要涵盖农业、非农产品市场准入、发展问题、服务贸易及贸易便利化等 5 项内容。作为农业领域的突破性进展，发达国家在框架协议下承诺最终取消出口补贴，大幅削减国内支持，以及实质性扩大农产品市场准入。作为交换，发展中国家也在农产品市场准入和其他议题上做了必要的让步。[1]

第二节　我国农业投资立法现状评析

一、我国农业投资现状分析

（一）我国农业投资现状

作为一个拥有 13 亿人口，农村人口占 56% 的农业大国，农业是我国国民经济的基础，农业生产在我国整个国民经济结构中一直占据着举足轻重的地位。随着市场经济的建立和发展，农业建设对资金的需求日益扩大，农业资金的投入也成为我国发展农业生产的重要环节。

我国原有的农业资金投入主体主要是政府、农村集体组织和农户。随着市场经济的发展，农业市场逐步开放，农业投资主体开始向多元化发展，一些国内外金融机构、合作组织及外商成为新的投资主体，但农户投资仍是最基本的农业投资主体。以"八五"前四年的农业投资来源构成为例，财政投入为 1789 亿元，信贷投入为 6792.6 亿元，农户投入为 9963.6 亿元，分别占农业投资总额的9.4%、35.7% 和 52.1%，[2] 由此可见，农户投资仍占据主导地位，而政府的农业投入则明显偏低。

---

〔1〕　参见龚宇：《WTO 农产品贸易法律制度研究》，厦门大学出版社 2005 年版，第 296 ~ 317 页。

〔2〕　参见毕宝德："我国农业投资的现状、问题与对策"，载《农业经济问题》1997 年第 1 期。

　　随着现代化建设的推进和我国加入 WTO 后世界经济对我国经济影响范围的不断扩大，为满足国内人口对农产品的需求，发展现代农业，增强农业国际竞争力，我国政府逐步加大了对农业的支持力度，农业投资总量呈逐年上升趋势。据统计，我国农业投资总量从 1980 年 26. 17 亿元增加到 2003 年 448. 58 亿元，23 年间我国农业投资共增长了 17 倍；[1] 2006 年全年中央财政用于"三农"的支出达到 3397 亿元，比 2005 年增加 422 亿元；2007 年中央财政在继续保持去年 120 亿元农资综合直补资金不变的基础上，新增 156 亿元农资综合直补资金，同比增长 130%。加上已安排的从粮食风险基金列支的 151 亿元粮食直补资金，2007 年国家对种粮农民两项直接补贴总额达到 427 亿元。[2]

　　农业投资政策的实施为农业生产经营活动注入了新的活力，并取得了显著成效。来自农业部的统计数据显示，2003 年我国大米净出口 233. 2 万吨，同比增长 34. 9%；玉米净出口 1638. 9 万吨，同比增长 40. 5%；小麦净出口 181. 3 万吨，同比增长 20. 8 倍；蔬菜出口 552. 7 万吨，同比增长 18. 7%；水海产品出口额 54. 9 亿美元，同比增长 17. 0%；水果出口 266. 8 万吨，同比增长 33. 8%；我国对欧洲出口同比增长 28. 9%，对包括美国在内的北美洲出口同比增长 25. 4%。2006 年，全年粮食再获丰收，总产量达到 49 746 万吨，比上年增加 1344 万吨；农业结构调整稳步推进，农产品优质率、生产集中度和产区加工度进一步提高，优质小麦和优质水稻比重分别达到 55% 和 69%，比上年各提高 6 个和 4 个百分点；农民人均纯收入达到 4140 元，比上年增加 553 元。2007 年全国粮食总产达 1 万亿斤以上，比上年增产 100 多亿斤，这是自 1985 年以来首次连续 4 年增产，扭转了 1999～2003 年我国粮食生产连续下滑的局面。在农副产品稳定增产的同时，农业基础设施建设也成绩斐然：1998 年 6 月以后，国家实施了两期大规模农村电网建设与改造，累计投资达 3800 亿元，超过建国 50 年农网投资的总和，使我国形成了世界上最大的农村电网，乡、村、户通电率分别达到 98. 56%、98. 53% 和 98. 40%；在推行农村沼气建设计划后，截止 2006 年底，全国农村使用沼气的农户达到 2200 多万户，受益人口约 7500 万；2007 年交通部车购税投入 300 亿元以上，比上年增加 32%，当年全国新改建农村公路 423 万公里，使乡镇通公路率达 98. 54%，建制村通公路率达 88. 15%。在建设农村市场方面，2007 年商务部继续实施"万村千乡工程"、"双百工程"、"东桑西移工程"、"信福工程"，分别涉及农村零售网点建设、农村批发市场建设、农村流通企业扶持、桑

---

〔1〕　参见李健："我国农业投资研究"，载《农业经济问题》2005 年第 9 期。
〔2〕　参见安蓓："今年新增 156 亿元农资综合直补资金"，载《农村百事通》2007 年第 14 期。

蚕基地建设以及农村商品流通信息网络建设等领域。此外，农村社会保障事业、新型合作医疗制度、教育事业、文化事业也发展迅速。以农村新型合作医疗事业为例，2007 年，我国农村新型合作医疗覆盖范围已达到 80% 以上，国家近年投入了 200 多亿元加强了县、乡两级医疗卫生机构和村级卫生室的建设，提高了农村医疗水平。国家还实施了农村计划生育服务体系建设项目（服务站建设、流动服务车配备）、服务项目免费计划、计划生育家庭奖励扶助制度、西部"少生快富"工程、"十一五"独生子女伤残死亡家庭扶助项目等[1]

（二）我国农业投资中存在的问题

我国农业投资虽然在农业生产经营中发挥了重要的作用，并取得了较多成效，但一些内含于农业投资体系中的问题阻碍了农业综合实力的发展，减缓了我国农业现代化的步伐。如何正确认识并解决这些问题，将成为我国今后农业投资体制改革的重点。目前我国农业投资中主要存在以下问题：

1. 国家资金投入政策不合理。改革开放以来，由于我国工业优先发展战略的推行，投资政策向城市与工业的倾斜使得我国的国民经济发展带着明显的重工轻农特征。从整个国民经济的投资比重来看，政府对农业的投资比重明显低于工业，且十分不稳定。改革开放以来，我国财政总支出中农业支出所占份额下降幅度较大，1976 年为 13.71%，"六五"期间大幅度下降到 8.8%，"七五"时期和"八五"时期有所提高，分别为 9.08% 和 9.32%，而"九五"时期则下降到不足 6.5%，其后略有提升，但总体趋势是不断下降，2000 年以后基本上是在 8%以下，2005 年更是降低到 7% 左右[2]。同时，农业支出占财政总支出的比例波动也较大，1978～1985 年期间，农业支出比例基本上呈逐年下降的趋势；1985～1991 年期间，又呈逐年上升的势头；此后农业支出比例又逐年下降，直到 1997年才有较大幅度地提高，但仍未超过 1991 年的水平。

此外，财政无偿投资农业的政策导致农业投资陷入"投入少——效益低——少投入"的恶性循环，政府与农户之间的投资博弈使双方的利益受损，农业投资效益低下的矛盾日益突显，政府为减少因农业投资外部性给其利益造成的损失，遂简单地减少农业投资，这又导致农业发展因资金不足而停滞不前。

2. 政府对农业的投入不足。要发展农业和推进农业进步，必须重视和解决农业投资问题，特别是在我国农业人口收入低，农户投资不能满足农业发展需要

---

[1] 参见迟福林主编：《2008 新阶段改革的起点与趋势——2008' 中国改革评估报告》，中国经济出版社 2008 年版。

[2] 参见柯炳生："财政支农资金比重下降现象不容忽视"，载《农民日报》2008 年 7 月 16 日。

的情形下，政府财政对农业的投入尤为重要。但从目前来看，与其他国家相比，我国政府对农业的投资过低，无力保证农业稳定、高速的发展。目前我国政府农业投资占农业 GDP 比重平均在 5% ~6% 左右，但在美国、加拿大、英国、澳大利亚等农业发达国家中，政府对农业提供的财政支持相当于农业本身 GDP 的 25% 以上，日本、以色列等国甚至更高（45% ~95%），即使在印度这样的发展中国家，国家财政支农支出占农业 GDP 的比重也达到了 10%。[1] 我国农业投资的相对不足和不稳定性业已构成农业发展的"瓶颈"约束，并对整个国民经济的持续协调发展产生负面影响，2007 年末至 2008 年我国居民消费指数持续走高，通货膨胀率不断攀升与此不无关系。

3. 政府农业投资结构不合理。我国农业投资结构不合理现象严重，主要表现在以下六个方面：①财政对农业投资主要用于支援农村生产支出和主要用于农林水利气象部门事业费，而用于农业基本建设、农业科技和农村基础设施的投入比重低。②在财政对农业基本建设投资中，用于大中型带有社会性的水利建设比重较大，农民可以直接受益、与农业生产直接相关的中小型基础设施建设的比重较小，从而对农业经济增长贡献弱。③财政对农业投资的地区投向不平衡。由于财政对农业投资中地方政府所占比重在 80% 以上，地方政府财力差异直接影响财政农业投资的地区结构。从而使东西部地区农业发展的差距越拉越大。④财政对农业发展的间接支持多于直接支持，农户等农业投资主体的直接收入补贴比较少，从而影响农户的农业投资积极性，财政农业投资的效率也比较低。[2] ⑤农业投资中用于非农生产的多，用于农业生产的少，非农生产投资耗费了近 70% 的农业资金，使资金利用率下降。⑥农业一般性项目投入多，农业高科技产业项目少，放缓了农业现代化进程。由于现行财政支农政策与投资结构效应方面出现了较大的偏差，致使农业基础设施落后，农业生产效率低，效应与投资出现倒挂现象。

4. 农业信贷体制不合理。农业信贷投入近些年来在农业投资中的比例日益攀升，统计数据显示，现阶段信贷资金对农业的投入已超过农户个人对农业的投入而成为最大的投资主体，在推动农业发展，发挥投资优势方面取得一定成效。但农业信贷体制存在诸多不合理之处，导致农业信贷政策不能很好地发挥其投资优势。①农村信贷总量少，资金缺口巨大。近年来农业信贷规模逐步增加，截至 2006 年 6 月末，金融机构涉农贷款余额达 43 300 亿元，比 2003 年末增长 15 922

〔1〕　李芝兰："转型期中国政府农业投资的规模与结构分析"，载《开发研究》2006 年第 3 期。
〔2〕　参见韩东林："当前农业投资存在的主要问题及对策"，载《宏观经济管理》2008 年第 5 期。

亿元，但这些贷款仍无法满足农业投资需求。据人行杭州中心支行 2006 年的调查，由于部分粮田改种经济作物，浙江农民的非粮农贷款快速增加，农业贷款缺口大约在 125 亿元左右；宁波今年春耕前搞的万户农户问卷调查显示：有 59% 的农户反映缺少资金。②农业贷款难度大。据中国人民银行提供的数据，目前我国有 2.3 亿个农户，其中 1.2 亿个农户有贷款需求，但多数农户反映从银行和信用社得到贷款的难度较大，农户不得不通过民间借贷满足需要，这无疑加重了农民的负担。③农业信贷多为短期信贷，主要用于农业流动资金项目，固定资产项目投入较少，不能满足农业长周期、高风险性的需求。

5. 农业投资环境较差。从硬件来看，我国目前农业基础设施薄弱，交通、通信、供水、供电条件差，农业生态条件有恶化的趋势，农业科技含量低。从软件来看，我国农业投资的法制建设不完善，还未形成合理的农业投资法律体系，投资缺乏有效的监管，在农业执法方面也存在乱检查、乱收费、乱罚款等现象。农业投资环境存在的诸多问题使农业投资回报率降低，直接影响了农业投资者对农业的后续投资。

6. 农业利用外资规模小，分布不平衡。我国广袤的土地、低廉劳动力价格和国家各项引进外资的政策近些年来吸引了大量外资投入我国农业领域，从而在一定程度缓解了我国农业资金投入短缺问题。但目前存在的主要问题：①我国农业利用外资的规模还很小，效率还比较低；②农业利用外资在我国利用外资总额中所占比例还不高，仅为 3% 左右，这与一般发展中国家约占 20% 的比重相差甚远；③我国农业利用外资的分布不均衡，农业领域中的外商投资项目大都集中在东部地区，占 90%。[1]

二、我国农业投资立法现状评析

（一）我国农业投资立法现状

1993 年 7 月 2 日，《农业法》颁布并实施，在第 5 章"农业投入"一章中规定了我国农业投资基本制度。《农业法》提出一系列农业投资基本制度，并成为我国其后农业投资相关立法的依据。该法首先规定了国家对农业投入的总体幅度，该法第 42 条规定：国家将逐步提高农业投入的总体水平，国家财政每年对农业总投入的增长幅度应当高于国家财政经常性收入的增长幅度。同时，规定了农业专项基金的主要投放项目和投放方式，并原则性规定了农业资金使用管理制度。2002 年 12 月 28 日，第九届全国人民代表大会常务委员会第三十一次会议对《农业法》进行了修订，新修订的《农业法》将农业投资的内容放置在第 6 章

---

[1] 参见李健："我国农业投资研究"，载《农业经济问题》2005 年第 9 期。

"农业投入与支持保护"中。相比旧法，修订后的《农业法》的可操作性有所增强，规定相对细化。

其后，我国相继出台了大量与农业投资相关的法律法规，如《农业推广法》、《种子法》、《土地法》、《草原法》、《渔业法》等，其中均有关于农业投资的规定。农业部及其下属司局一直以来也出台了大量的涉及农业投资具体项目内容的部门规章和其他规范性文件，如《农业基本建设项目管理办法》、《农业基本建设项目申报审批管理规定》、《农业基本建设项目招标投标管理规定》、《国家农业综合开发项目评估暂行办法》、《农业机械购置补贴专项资金使用管理暂行办法》、《粮食收购条例》、《基本农田保护条例》、《关于完善粮食风险基金管理办法的通知》、《关于进一步做好农村税费改革试点工作的通知》、《粮棉油政策性收购资金供应和管理规定》、《关于免征粮食、棉花等大宗农产品铁路建设基金的通知》等。除此以外，我国还参加了《关于建立国际农业发展基金会的协定》及一些双边协定，为我国农业境外融资开辟了市场。

同时，许多地方政府根据《农业法》的原则性规定和本地实情，制定了大量地方性法规，很多都直接以《农业投资条例》或《农业投资保障条例》命名，农业投资立法开始在各地试行。如辽宁省人大常委会1997年制定的《辽宁省农业投资条例》，福建省人大常委会1997年制定、2002年修改的《福建省农业投资条例》，湖北省人大常委会1996年制定的《湖北省农业投资条例》，湖南省人大常委会2000年制定的《湖南省农业投资条例》，郑州市人大常委会1999年制定的《郑州市农业投资保障条例》，武汉市人大常委会1997年制定的《武汉市农业投资保障条例》，太原市人大常委会1997年制定、2005年修改的《太原市农业投资条例》，重庆市人大常委会1998年制定的《重庆市农业投资条例》等，为我国今后制定专门的《农业投资法》提供了制度基础和实践效应分析。

（二）我国农业投资立法中存在的问题

我国虽然在农业投资立法方面做了很多工作，相关立法也很多，但仍存在一系列问题，阻碍了农业投资在我国农业发展中的功能实现，需要我们引起注意。

1. 我国在《农业法》中对农业投资的规定主要是原则性规定，实践操作性不强，且规定涉及的内容不全面，没有覆盖农业投资各个方面，如缺少有关农业投资结构、农业信贷机构管理、农业投资基金管理等方面的规定。《农业法》在农业投资方面规定的不足，导致其无法有效指导农业投资行为。

2. 我国现在没有专门的农业投资立法，现有的立法中只是零散地规定了一些相关内容，且多是原则性规定，规定也较笼统，导向性、提倡性语言较多，实际可操作性规范少。而所属部委制定的法规仅规定了部分农业投资法的内容，存在诸多立法空白，一些基本的法律制度和措施也未完全建立，无法形成完整、统一的立法体系，且立法层次偏低，在法律实践中不能得到有效适用。

3. 地方政府虽然出台了一些地方性农业投资法规，但其适用范围仅限于其管辖范围之内，各地方的农业投资法规规定也存在较大差异，且其内容不全面，对一些具体问题的规定也较模糊，带来执行上的不便。如《湖北省农业投资条例》第 4 条规定，各级人民政府及其有关部门，必须采取多种形式筹集资金，逐年增加农业投资。但对筹集资金的形式、增加农业投资的具体比例等都未明确规定。

4. 由于国家的农业投资政策缺乏强有力的法律和制度约束，各级政府在利益博弈过程中，为满足自身利益最大化的需要，将一些投资少、收益快、利润率高的工商业项目作为重点投资项目，减少甚至挤占农业投资资金，使本已十分拮据的农业投资款变得更加匮乏，无法满足农业生产经营的需要，农业发展受阻，农业生产率低下，而这种情形又挫伤了人们对农业投资的积极性，导致农业投资的再度缩水，形成了农业投资的恶性循环，农业生产需求与资金供给上的缺口日益拉大。

因此，有必要尽早出台专门的《农业投资法》，细化农业投资政策，强化农业投资执法，使农业投资能够真正落到实处，充分发挥其扶持农业的功效。

第三节　我国农业投资法制建设的基本构想

一、农业投资法的基本原则

设立一种法律制度，首先要明确其立法基本原则。要建立农业投资法律制度，首要的任务就是确定农业投资法的基本原则。根据各国的立法与司法实践，结合我国现有农业投资相关立法的规定及已实际绩效分析，展望我国未来农业发展的趋势，我们可以将农业投资法的基本原则设定为以下四方面内容：

1. 农业投资充足原则。农业的稳定发展离不开充足的农业投资，伴随着农业现代化进程的推进，农业对资金投入的需求量将逐年加大，如何满足农业资金需求，推进农业发展，将成为农业投资法首先应遵循的原则。我国目前与许多国家相比，存在很大的农业投资投资缺口，因此，该原则一方面要求农业投资应满足每一年度农业生产发展的需求，另一方面也要求农业投资应伴随着农业对资金需求的不断扩大而逐步增加。

2. 农业投资稳定原则。由于农业生产是一个周期长、起效慢的过程，投入的资金很难立刻见到成效，易于导致投资者投资信心与耐性的丧失。因此，应采取措施保证农业投资的稳定供给与稳定增长。

3. 农业投资多元化原则。目前我国的农业投资呈现主体多元化与投资方式多元化的特点。在主体方面，主要包括政府、社会组织、农村集体经济组织和个人，其中人们主要关注的是政府的投资。我们认为，由于政府投资较其他主体投资明显偏少，今后应加大政府农业投资力度。同时，应出台一些鼓励社会组织进行农业投资的制度与政策，鼓励国内金融机构与企业以及外商对我国农业的投入。在投资方式上，我国目前主要采用政府财政补贴、农业信贷、农业专项基金、农村集体经济组织投资、农户投资、其他投资，以及农业税收优惠、农业保险、农业价格调控等方式，今后我国仍应保持这种多元投资模式，并引入国外经验，制定各种投资方式的适用范围与投资比例。

4. 农业投资促进生产原则。制定农业投资法的根本目的是"以资促建"，即通过保证农业投资的稳定增长和合理使用，满足农业资金投入的需求，以提高农业综合生产能力，促进农业持续、稳定、协调发展。

二、农业投资基本框架的建立

我们可以按照农业投资主体的不同，将农业投资划分为政府农业投资、社会组织农业投资、农村集体经济组织与农户农业投资三种，并依此建立农业投资基本框架。

（一）政府农业投资

政府的农业投资主要是以各种财政支农政策的方式进行的，其是由国家确定支农项目后，通过政府支农渠道，向支农资金的承接者及受益者进行的投资。其主要应规定以下四个方面的内容：

1. 政府投资的主要方式。财政支农一直是我国农业投入的重要方式，主要包括财政拨款、税收、价格补贴、财政贴息四种形式。具体而言，财政拨款包括国家对农业基本建设的财政拨款，国家对农业事业费的财政拨款，国家对国有农业企业的流动资金拨款（1983 年后改为银行贷款），对贫困地区的财政补助等。通过税收调节农村产业结构和农民收入分配是实现财政支农职能的重要手段。税收政策包括对农业实行轻税或免税政策，调动农民生产积极性，促进农业生产；以不同农产品征收不同的税收以限制某些作物或产品的生产，同时鼓励其他作物或产品的生产，从而达到调整和优化生产结构的目的；对特定地区如贫困地区和发生灾害地区实行税收减免。价格补贴主要运用于农产品收购和农用工业品销售等方面。财政贴息则是针对银行发放的农业贷款而实行的财政支农政策。[1]

2. 主要财政支农项目。根据《农业法》第38条的规定，各级人民政府在财政预算内安排的各项用于农业的资金应当主要用于：加强农业基础设施建设；支持农业结构调整，促进农业产业化经营；保护粮食综合生产能力，保障国家粮食安全；健全动植物检疫、防疫体系，加强动物疫病和植物病、虫、杂草、鼠害防治；建立健全农产品质量标准和检验检测监督体系、农产品市场及信息服务体系；支持农业科研教育、农业技术推广和农民培训；加强农业生态环境保护建设；扶持贫困地区发展；保障农民收入水平等。今后我国还应在农畜产品储藏、保鲜、深加工及综合利用项目，禽类饲养及深精加工项目，农作物优良品种、优质林木、花卉种苗的培育、引进及示范推广项目，节水灌溉技术、立体种植技术的开发与推广项目，草原生态建设项目，生态型经济林、防护林建设项目等项目上加大财政支农力度。

3. 财政支农中的责任划分。在财政支农过程中，各级政府部门应明确自身的责任，将财政支农款真正落到实处。根据《农业法》第39条的规定，县级以上人民政府每年财政预算内安排的各项用于农业的资金应当及时足额拨付。各级人民政府应当加强对国家各项农业资金分配、使用过程的监督管理，保证资金安全，提高资金的使用效率。任何单位和个人不得截留、挪用用于农业的财政资金和信贷资金。今后，地方财政在农业投资中的比例将逐步加大，其职责集中于贯彻执行国家有关农业的支持、保护政策，拨发财政支农款，大力发展区域内农业科技与教育，投资地方农业基础设施建设等。中央的职责集中于制定农业财税政策、拨付财政支农总款项、协调地区间农业利益、支持大型农业基础设施建设、促进农业科技进步、保持农业生态环境等。

4. 财政支农项目的管理。政府支农投资既要坚持因地制宜、分类指导，又要加强管理，集中用于重点地区、重点项目，确保农民真正得到实惠。①要充分尊重农民意愿，在基础设施建设中广泛听取民意，围绕农民需求进行谋划，采取自下而上的方式，确定政府支农投资建设重点和优先序，确保农民的知情权、参与决策权和监督权，切实保障农民权益。②要搞好农业投资规划。基层政府特别是县一级政府应编制以农村基础设施建设为重点的新农村建设综合性规划，整合县域内各种资源，促进县域经济发展。③要把国家支持与广大农民群众投工投劳有机结合起来。要针对东、中、西部不同情况，合理确定国家补助标准，通过以奖代补、项目补助等有效方式，充分发挥政府投资的带动作用，引导农民对直接

---

[1] 参见李昌麒、吴越主编：《农业法教程》，法律出版社2007年版，第186~187页。

受益的基础设施建设投工投劳。④要强化管理。财政支农项目的管理包括支农项目建设的事中监督和事后验收等制度。依据各部门职责分工，切实加强对政府支农投资项目的监管，保证政府支农投资合理使用。

（二）社会组织农业投资

社会组织农业投资主要包括金融机构农业信贷和其他社会组织的农业投资。

中国农业金融组织体系主要是由中国农业发展银行、中国农业银行、农村信用合作社三大金融机构组成的，作为主要面向中国农业、农村和农民的金融机构，它们共同形成了一种政策金融、商业金融与合作金融分工协作的农村金融格局。政府对农业的资金供给和信贷支持政策，主要是通过这三个金融机构实施的。其中，中国农业银行是中国最大的涉农商业银行，农业信贷业务一直是农业银行的业务重点。农业银行涉农贷款主要包括专项农业（扶贫、农业综合开发及粮棉油附营）贷款、常规农业（农林水牧渔及农产品加工）贷款、乡镇企业贷款、农村供销社贷款、农副产品收购贷款和农业、农村基础设施贷款。中国农业发展银行作为政策性银行，主要承担办理国家规定农业政策性金融业务。资金来源除国家财政核拨注册资本金外，主要靠向中央银行借款，并发行一定数量的金融债券筹措信贷资金。农业发展银行承担政策性收购资金供应与管理工作，90%以上的贷款是粮棉油等国家重要农副产品的收购、储备、调销等流动资金贷款，负责粮棉油收购资金的供应和管理，实现收购资金的封闭运行。农村信用合作社作为中国农村金融组织体系在农村最基层的组织机构，它直接面对农户和农村各种不同的金融需求主体，在支持农业和农村经济发展中始终占据举足轻重的地位，已经成为中国农业贷款的主要金融机构。发放农业贷款对象以农户为主，重点支持农户的种植业、养殖业、农副产品加工和运销业以及农户子女教育和消费支出等，同时支持部分农村集体经济组织。据统计，农村信用社农业贷款的60%以上是农户贷款。全国农户贷款面高达25%以上。[1]

其他社会组织的农业投资包括除金融机构以外的各种社会组织对农业的直接投资和间接投资，其不仅包括国内组织的投资，也包括外商的投资。对这类农业投资主体，我们主要应该规定：农业投资的社会组织的类型、组织形式及资质认定条件；允许和鼓励社会组织农业投资的领域、项目类型和具体投资方式；社会组织农业投资管理等方面的规定。

（三）农村集体组织与农户农业投资

《农业法》第40条第2款规定：国家鼓励和支持农民和农业生产经营组织在

---

〔1〕 张广利："中外农业金融制度比较研究"，载政策金融网，访问时间：2007年5月18日。

自愿的基础上依法采取多种形式，筹集农业资金。目前农村集体经济组织与农户的农业投资仍是最为主要的农业投资。为了更好地规范农村集体经济组织与农户的农业投资行为，充分调动其农业投资积极性，在今后的农业投资法中，应规定以下内容：①国家鼓励和促进农村集体经济组织与农户投资农业的基本政策与具体措施；②允许、支持与鼓励农村集体经济组织与农户投资的领域和项目类型；③农村集体经济组织与农户投资的具体方式和操作程序；④农村集体经济组织与农户投资的管理机关与管理方式；⑤国家对农民集体经济组织与农户投资农业的扶持制度，包括执行扶持政策的机关，扶持领域和具体项目，扶持措施，农村集体经济组织与农户获得扶持的条件与参加具体扶持项目类型的条件、标准和程序。

第 十 四 章

农业补贴法律制度

第一节　农业补贴政策概述

一、农业补贴的含义

农业补贴作为农业投资的一种主要方式，为世界许多国家与地区尤其是发达国家和地区所普遍采用。作为一项重要的宏观调控政策，农业补贴是一国政府对本国农业保护与支持政策体系中最常用、也是最主要的政策工具之一。农业补贴的目的主要是保护和促进本国农业发展，维护和保障本国粮食安全。但是，事物都存在其两面性，农业补贴作为保护一国农业的重要政策，对于保障本国农业生产，维护农业资源和生态环境，促进农村建设与发展等方面发挥着难以替代的积极作用；但另一方面，高保护、高补贴的农业政策措施又难免会带来生产效率损失、农产品市场机制紊乱、农产品贸易扭曲等问题，尤其是当发达国家无节制地实施这一政策时，对发展中国家的农业贸易经常会造成巨大的冲击。因此，慎用农业补贴政策已成为目前人们的共识。

简单地说，农业补贴是指一国政府为保护和支持本国农业生产、流通和贸易，对农业进行的转移支付。在《WTO 农业协议》框架下，农业补贴具有两层含义：一种是广义补贴，即政府对农业部门的所有投资或支持，其中较大部分如对科技、水利、环保等方面投资，包括农产品价格支持、贸易支持与保护措施，农业基础设施投入，建立农业保险制度，农民收入保障计划，保护农业资源环境，对农村科技教育、市场信息等服务支持，对农村低收入者的扶助等等。由于其一般不会对产出结构和农产品市场发生直接显著的扭曲性作用，一般被称为"绿箱"政策。"绿箱"政策是指那些对生产和贸易没有影响或者影响非常微弱的政策。农业协议既不要求削减这些政策，也不限制将来扩大和强化使用这些政策。"绿箱"政策措施主要包括：一般农业服务，如农业科研、病虫害控制、培训、推广和咨询服务、检验服务、农产品市场促销服务、农业基础设施建设等；粮食安全储备补贴；粮食援助补贴；与生产不挂钩的收入补贴；收入保险计划；自然灾害救济补贴；农业生产者退休或转业补贴；农业资源储备补贴；农业结构调整投资补贴；农业环境保护补贴；地区援助补贴。另一种是狭义补贴，这类补贴又被称为保护性补贴，通常又被称为"黄箱"政策。"黄箱"政策是指对生产和贸易有直接扭曲作用的那些政策。农业协议要求各方用综合支持量（简称ams）来计算其措施的货币价值，并以此为尺度，按计划逐步予以削减。"黄箱"政策措施主要包括：农业投资补贴；对低收入或资源贫乏地区生产者提供的农业投入品补贴；为鼓励生产者不生产违禁麻醉作物而提供的支持。

二、主要发达国家的农业补贴政策概述

1995 年 1 月 1 日《WTO 农业协议》生效，该规则对一些主要发达国家的农业保护政策造成一定影响，各国先后调整本国农业保护政策，以避免世贸组织的制裁及其他国家的强烈抵制。其中美国、欧盟及日本的农业补贴政策备受关注。

（一）美国的农业补贴政策

美国的农业补贴政策可以追溯到 20 世纪 30 年代，其农业补贴政策大致可分为三个阶段：一是价格补贴主导阶段（1933 ~ 1995 年），主要特征是政府补贴直接与市场价格挂钩；二是收入补贴主导阶段（1996 ~ 2001 年），主要特征是政府补贴直接计入农民收入构成中；三是收入补贴与价格补贴并存阶段（2002 年至今），主要特征是政府补贴的种类和方式主要根据当年实际情况确定。美国的农业补贴政策相关法案主要包括 1985 年的《农业安全法案》、1990 年的《食品与农业贸易保护法案》、1995 年的《联邦农业促进与改革法案》和 2002 年的《农业安全与农村投资法案》。目前美国农业补贴政策主要是以 2002 年《农业安全与农村投资法案》为基本框架，其在农产品补贴、资源保护、农产品贸易促进、农业信贷、农村发展、科研和技术推广、作物保护等方面出台了一揽子支持政策。考察美国现阶段的农业政策，其主要呈现以下特征：

1. 补贴数额达历史最高水平。根据 1995 年的《联邦农业促进与改革法案》，法定农业补贴年均为 133 亿美元；而根据 2002 年《农业安全与农村投资法案》提出的六年计划，美国在 2002 ~ 2007 年六年间，年均农业补贴支出大致为 190 ~ 210 亿美元，比 1995 年农业法案多 57 ~ 77 亿美元，其中以主要农产品为补贴对象的商品计划补贴占补贴总量的 50%，生态保护补贴占 30%。与此同时，由于近两年美国经济持续低迷，为保护农产品贸易不受打击，美国还可能在今后较长一段时间保持高补贴政策。

2. 由原则的"绿箱"政策为主转为"黄箱"政策为主。2002 年农业法案规定有关生态保护、营养计划、农村发展、森林保护、能源计划等项目属于不受WTO 农业规则限制的"绿箱"政策；而商品计划、贸易支持、信贷支持、农场保护等项目则属于受 WTO 农业规则限制的"黄箱"政策，其补贴比重超过总贴补额的 55%。"黄箱"政策主要通过销售贷款补贴、固定直接补贴、反周期补贴三种政策工具，为种植小麦、玉米、大米、棉花、油料等项目提供补贴。

3. 补贴范围覆盖几乎所有主要农产品。除了继续对传统的大米、小麦、玉米、棉花、高粱等主要农产品进行补贴外，2002 年农业法案把大豆、油料、花生等产品也纳入固定直接补贴和反周期补贴的范围，把羊毛、蜂蜜、杂豆等农副产品纳入销售贷款补贴的范围，并把原来不享受补贴的水果、蔬菜、乳制品、食糖等产品纳入补贴和保护的范围。同时，从受益主体来看，由于各种补贴与农产品的生产面积和产量直接挂钩，巨额的农业补贴主要流向少数大规模农场。据美国农业部初步估计，按照 2002 年农业法案的补贴方式，占美国农场总数 30% 左右的较大规模农场将获得政府补贴总量的 75%。

2002 年的农业法案，实际上是自 1985 年农业法案以来，特别是 1996 年农业法案的大踏步后退。其使美国逆世界潮流而行之，从自由贸易退回到传统的贸易保护政策，并对世界农产品贸易产生巨大的负面影响，不仅会给法国和德国等欧盟农业出口大国带来巨大的潜在损失，更使贫困国家的农业经济倍受重创，从而引起世界各国的强烈不满和抗议。同时，由于其倾向保护大农场主的利益，对小农场主缺乏有效扶持，因此不利于农业经济的均衡发展。

（二）欧盟的农业补贴政策

农业补贴尤其是价格补贴是欧盟共同农业政策的重要内容。欧盟农业补贴政策自 1962 年开始实施以来，在实施初期将以内部市场为主导支持农民收入作为目标，对农业实行高额补贴。该政策极大地刺激了农业生产，欧盟农业生产率迅速提高，迅速从粮食净进口地区转变成小麦、糖、肉类和奶制品的主要出口地区之一。经过第一轮改革后，欧盟农业补贴有所减少，但总体补贴水平仍居世界前列。在内部财政限制和国际农业贸易谈判等外部压力，特别是来自美国等国家的压力干预之下，1992 年欧盟不得不对共同农业政策进行重大改革，通过了《欧盟 2000 年议程》，调低了对农产品的支持价格，并且向生产者提供直接补贴。2003 年 6 月，欧盟又一次对其农业政策实施重大改革，目的是减少农产品剩余，确保农业财政平衡，以直接补贴替代支持价格作为主要的农业支持工具，从而增强欧盟农业的市场主导作用。

欧盟现行的农业补贴政策主要包括三项内容，一是收入支持计划，二是价格支持计划，三是其他支持计划。收入支持计划的内容包括：①补偿性补贴，根据1992 年改革方案，在降低支持价格的同时，给农作物生产者提供补偿。补贴率以每公顷种植面积和历史上地区平均单产为计算基础。②其他直接补贴，主要是指"牲畜饲养按头数补贴"，用于支持牛肉、羊肉以及奶制品生产者的收入。

③单个农场补贴。单个农场补贴属于脱钩补贴，目的是促使农民以市场信息而不是以干预政策作为生产导向。根据 2003 年 6 月通过的《共同农业政策全面改革方案》，欧盟决定建立以单个农场补贴为主要形式的直接补贴体系，以替代上述 2 项收入支持计划，并且要求各成员国在 2005~2007 年间加以实施。单个农场补贴涉及可耕作物、大米、牛羊肉以及奶制品等农产品。价格支持计划的内容包括：①干预采购，即当市场价格低于最低支持价格之时，政府采购特定的过剩农产品，并将其进行临时性储存或者出口。②产品回收，即当价格低落之时，生产者组织从市场回收产品。该计划只局限于少数几种新鲜水果和蔬菜。③生产和销售配额，主要应用于糖和牛奶，其目的是限制过度生产，支撑价格。④进口保护，欧盟农产品进口关税率平均为 30%。⑤出口补贴，欧盟绝大多数得到价格支持的农产品都可以享受出口补贴。此外，欧盟还实施一些补充性价格支持计划，例如"过剩农产品临时储存补贴"，以及旨在鼓励农产品消费的"消费补贴"。其他支持计划主要包括土地闲置计划，欧盟对可耕作物种植面积具有总体限制，凡是作物产量超过 92 吨的农民，必须至少闲置 10% 的土地，才能享受补偿性补贴。

2007 年 11 月，欧盟委员会公布了一项关于共同农业政策的改革计划，旨在使欧盟每年支出的数百亿欧元农业补贴能够更好地发挥作用，以满足新形势的需要。根据欧盟委员会的这项改革计划，除少数情况外，今后欧盟的农业补贴将进一步与农产品产量脱钩，即不再根据产量的多少来决定农场主领取的补贴数额，而是综合考虑环境保护和食品安全等方面的因素。

（三）日本的农业补贴政策

由于地少人多，日本一直是农产品进口大国。为了支持本国农业生产，减弱对外国农产品的依赖性，日本长期通过超高的价格支持和严格的边界措施来维持农民的收入，成为少数对本国农业保护程度最深、保护时间最长的国家之一。为适应《WTO 农业协议》的要求，日本从 1995 年开始大幅度修改本国的农业政策，1995 年实行新的《粮食法》，1999 年出台《大米流通法》，并且颁布新的《农业基本法》及农业改革方案。2000 年，日本政府提出了下一轮 WTO 农业谈判的方案，该方案在逐步减少对粮食的直接价格补贴的同时，加大对养护农业资源环境、培养农业人才、农民对基础设施投入、农民调整种植结构的财政支持力度。

2005 年 10 月，日本农林水产省宣布将从 2007 财年开始实施一种直接补贴新机制，该机制规定实施以下三种补贴：①生产直接补贴，补贴对象是生产小麦、大麦、大豆、甜菜和土豆的种植面积超过 4 公顷（北海道地区为 10 公顷）的

"核心农民"。补贴数额为小麦 40 200 日元/10 公亩，大麦 40 200 日元/10 公亩，大豆 30 200 日元/10 公亩，甜菜 42 800 日元/10 公亩，土豆 53 300 日元/10 公亩。②收入差额补贴。除包括生产直接补贴涉及的对象外，补贴对象还包括生产水稻的种植面积超过 4 公顷（北海道地区为 10 公顷）的"核心农民"。补贴数额为规定项目农产品过去 5 年中的收入在去除最高和最低年份之后进行平均计算得出的平均水平；如果年收入低于平均水平，年收入与平均水平之间差额的 90% 将得到补贴。③农田、水和环境保护补贴，补贴对象是农民组织。补贴数额为北海道地区之外水稻田 2200 日元/10 公亩，北海道地区水稻田 1700 日元/10 公亩；北海道地区之外耕地 1400 日元/10 公亩，北海道地区耕地 600 日元/10 公亩；北海道地区之外牧草地 200 日元/10 公亩，北海道地区牧草地 100 日元/10 公亩。如果实施可持续性农业生产方法，并且导致对环境的负面影响大幅减少，相关的农村组织还可以获得先进农业管理支持补贴。日本新的直接补贴机制意味着日本农业补贴费用将由纳税人承担，而不再主要由消费者以农产品高价格形式间接承担。[1]

　　日本政府虽然对其农业补贴政策进行了一系列的调整，但其补贴数额之多仍十分惊人。据世贸组织公布的调查报告，日本对农业的补贴已经超过了其农业的收入，补贴水平堪称世界最高水平。根据 WTO 调查报告公布的数据，20 世纪 80 年代以来，日本政府每年的农业补贴总额都在 4 万亿日元以上。根据经合组织的调查，2000 年日本对农业的补贴已达国内生产总值的 1.4%，而同期的农业产值只占 1.1%；按照衡量农业保护程度的指标 PSE 的总额来看，2003 年日本为 447 亿美元，虽然低于欧盟的 1214 亿美元，但却高于美国的 389 亿美元；如果按人均水平比较，则日本人均 PSE 为 344 美元，超过欧盟的 303 美元，为世界最高；如果按 PSE 占 GDP 的比例比较，则日本是 1%，略低于欧盟的 1.2%，大大高于美国的 0.4%；如果按 PSE 占农业生产额的比例比较，则日本为 58%，不仅明显高于美国的 18% 和欧盟的 37%，而且远远超出了 OECD 平均的 32%。近年来，日本这种对农业采取巨额补贴的政策不断受到世界贸易组织和一些国家的指责。[2]

---

〔1〕　参见李应春："日本农业政策调整及其原因分析"，载《农业经济问题》2006 年第 8 期。
〔2〕　参见刘苗苗："贸易自由化下的日本农业保护政策"，载《商场现代化》2007 年第 18 期。

第二节 我国农业补贴法律制度的构建

一、我国农业补贴政策的回顾

我国的农业补贴政策始于 20 世纪 50 年代末，最早以国营拖拉机站的"机耕定额亏损补贴"形式出现，之后逐渐扩展到农用生产资料的价格补贴、农业生产用电补贴、贷款贴息补贴等方面。改革开放以来，根据我国经济发展和农业政策的变迁过程，我国的农业补贴政策大体可以分为三个阶段：

第一阶段为我国农业补贴政策的形成时期（1978～1992 年）。1979 年，根据党的十一届三中全会的精神，国务院决定从当年夏粮上市起，粮食统购价格提高 20%，超购加价的幅度由原来按统购价加 30%，提高到按新统购价加 50%，全国 6 种粮食（小麦、稻谷、谷子、玉米、高粱、大豆）统购价格平均每 50 千克增加 10.64 元，增幅达 20.86%，从而结束了自 1966 年调价后粮食统购价格 12 年未变的局面。1987～1989 年连续三年调高了粮食和部分食用植物油收购价格；1989 年和 1990 年两次调高棉花收购价格；1981、1987、1990 年三次提高烟叶收购价格。这一时期，国家还采取了调减粮食定购指标、恢复粮食集贸市场、开展粮食议购议销、取消粮油统购、实行合同定购和按比例加价政策、提高粮油统销价格、推进农产品的市场化改革。1985 年实施粮改，确定了国家定购任务总量，但因执行过程存在一定困难，因此政府又制定了农业生产资料补贴政策。1987年，根据《关于粮食合同定购与供应化肥、柴油挂钩实施办法》，我国开始实施粮食合同定购与供应平价化肥、柴油和预发预购定金"三挂钩"政策，定购每 50 公斤粮食奖售 20 公斤化肥、5～7 公斤柴油。这是下盘第一次在原则上表达了对粮食实施价格保护的意向。1990 年，我国粮食产量达到历史最高水平，国务院发布的 44 号和 55 号文件要求各省、自治区、直辖市制定最低保护价和最高限价（国务院，1990 年）。在这一时期，我国初步形成了一些基本农业补贴政策。

第二阶段为我国农业补贴政策发展时期（1993～2001 年）。1993 年，《农业法》颁布，对粮食及其他有关国计民生的重要农产品进行价格保护的原则以法律形式被确定下来。农业补贴政策开始快速发展起来。1993 年国务院 12 号文件（国务院，1993 年）以及批转的财政部等六部委联合制定的《粮食风险基金管理办法》（国务院，1993 年），除了重申粮食价格保护原则，还对实施方式及资金来源作了规定。同时，1993 年，我国政府明确提出保护价收购政策。在 1993 年和 1994 年，我国对农产品与平价生产资料挂钩方式进行了改革，对合同定购部分的农产品实行价外补贴，即国家按定购合同收购农产品时，直接把平价农业生产资料的差价付给农民。但由于当时有关政策不配套，地方政府的价格保护积极性也并未调动起来，粮食保护价又低于市场价，所以粮食保护价在1996年以前并未得到真正实施。1994年和1996年，国家两次大幅度提高定购价水平，粮食定购价开始显著高于市场均衡价。1996年，我国开始实行"出厂价格政府定价、分级管理"的体制，同时，政府明确要求国有粮食部门用定购价无限制收购农民余粮，粮食保护价政策终于得以切实贯彻。1997年夏粮上市时，国务院再次明确在按定购价收购定购粮的同时，必须按保护价敞开收购农民余粮。1998年以来，为了实现农业可持续发展，我国确定了农业结构调整政策，开始推行新一轮粮改，其中包括粮食的品种品质调整。至此，按保护价收购农民余粮的政策得以真正实施。为了让农民改变过去追求低质量、高产量的生产行为，使其生产行为符合优质优价的市场价格要求，我国于1999年夏收起决定低质量退出国家定购，以缩小补贴的范围和总量。

第三阶段为我国农业补贴政策创新时期（2003年至今）。2002年，粮食直补改革试点工作启动，并在安徽省的天长市和来安县率先开始试点。从2003年起，13个粮食主产省（区）也开始了直补改革的试点工作。从2004年起，国家财政调整粮食风险基金使用结构，对种粮农民实行直接补贴，国家从粮食风险基金中拿出百亿资金，用于主产区种粮农民的直补，其他非主产区也逐渐对省内的（区、市）粮食主产县（市）的种粮农民实行直补，全国直补金额为119.91亿元，超过此前国家的对农民直补100亿元的承诺。在此期间中央财政还投入良种补贴资金28亿元，农机具购置补贴7000万元，带动地方各级财政投入补贴资金4.1亿元，共补贴购置各类农机具10万多台，极大地带动了农业生产。2005年，农业直补、良种补贴、农机具购置补贴规模进一步扩大，总量达178亿元。2006年，全国粮食直补资金达到142亿元，比2005年增加约10亿元，其中13个粮食主产省（区）补贴达126.8亿元，均占本省（区）粮食风险基金的50%以上；良种补贴资金40.7亿元，农机具购置补贴资金6亿元，分别比2005增加2亿元和3亿元。2007年中央财政在继续保持上一年120亿元农资综合直补资金不变的基础上，新增156亿元农资综合直补资金，同比增长130%，加上已安排的从粮食风险基金列支的151亿元粮食直补资金，2007年国家对种粮农民两项直接补贴总额达到427亿元。在继续加大粮食补贴力度的同时，国家开始构建中国农民补贴网、兑付资金"一卡通"、最低收购价政策运作机制、产粮大县奖励机制等一系列制度，提出并开始实施公共财政覆盖农村新政策，新增农村教育、卫生、文化等补贴项目。财政部统计显示，我国还将继续加大农业生产资料综合补贴力度，这是在综合考虑柴油、化肥、农药、农膜等农业生产资料价格变动因素的基础上，针对种粮农民农业生产资料增支而新增的综合直补。[1]

应该说，我国的农业补贴政策收效十分显著。几十年来，我国农产品供给量大幅提高，基本实现了预期目标，特别是粮食储备量大大增加。同时，以市场需求为导向扶助农业生产的理念也为多数人所认同，农产品市场化改革效果明显。但我们也应看到，在成绩的背后，也潜藏着一些危机：①由于我国农业补贴覆盖范围过广，几乎涉及农产品生产与流通的全过程，财政补贴支农总量偏小，补贴项目分散，均摊到各项目上的补贴数额很少，使财政补贴的作用难以集中发挥功效。②各地方补贴标准和和补贴方式不统一，补贴数额随意性大。如，江苏省补贴水平较高，水稻亩均补贴20元；山西省补贴水平较低，玉米亩均补贴5元。同时，省际间人均粮食直补金额也相差较大，如四川省农民人均补贴8元，辽宁省农民人均补贴25.66元。在补贴方式上，也分为与当期实际播种面积挂钩和不与当期播种面积和价格挂钩两种方式。③管理体制较混乱，农业补贴政策政出多门现象严重，所涉政策制定部门包括财政、农业、外经贸、粮食、民政和银行等多个部门，协调成本、运行成本及管理成本高，使农业补贴中的"跑、冒、滴、漏"现象层出不穷，降低了农业补贴的实际效率。④农业补贴重点不明确，某些项目补贴力度不够强。对农产品的补贴主要集中在粮棉产品，但对质量的要求没有明确化；对农业投入品的补贴几乎涉及化肥、农药、农膜和种子等农业生产资料的诸多方面，但很少分地区和人群；对农业结构调整补贴的力度有限；农业产业化的龙头企业同样面临金融支持乏力的难题，这些均反映出补贴重点不够合理、明确。从补贴力度来看，在一般政府服务中，对农民培训的支出比例很低，仅占一般政府服务的2.1%；农业技术推广补贴力度不大，进展迟缓；市场营销服务未明确给予补贴性支持，呈现短缺态势；检验服务因补贴资金缺口大，比较落后，难以满足加入WTO后农产品进出口及国内生产的需要。⑤农业出口贸易补贴不足，以粮食为主的农产品过剩问题开始显现，使财政、信贷和国有粮食购销企业面临较大难题。由于财政和银行信贷在粮食等主要农产品补贴中占用大量的资金，难以有充足资金用于补贴农产品的出口，使我国粮食等主要农产品的出口成本高，在国际市场上竞争力不强，出口量一直得不到有效放大。[2] 因此，有必要尽快建立相对稳定的农业补贴法律制度，将已有政策法律化、制度化，合

---

[1] 参见文小才：《当前我国财政农业补贴中存在的问题及对策》，载中国论文下载中心，2008年6月19日。

[2] 参见文小才："当前我国财政农业补贴中存在的问题及对策"，载中国论文下载中心，2008年6月19日。

理确定我国的农业补贴范围和补贴方式，加强对农业补贴的管理，以规范农业补贴行为，使其有效发挥扶助和保护农业发展的作用。

二、我国农业补贴法律制度的构建内容

（一）我国现行的农业补贴法律制度

我国现行的农业补贴法律制度散见于《农业法》、《农业技术推广法》、《草原法》、《渔业法》《防洪法》、《动物防疫法》和《气象法》等法律之中。如《农业法》第32条规定，国家在政策、资金、技术等方面对粮食主产区给予重点扶持，建设稳定的商品粮生产基地，改善粮食收贮及加工设施，提高粮食主产区的粮食生产、加工水平和经济效益；第33条规定，在粮食的市场价格过低时，国务院可以决定对部分粮食品种实行保护价制度。保护价应当根据有利于保护农民利益、稳定粮食生产的原则确定。农民按保护价制度出售粮食，国家委托的收购单位不得拒收。《植物检疫条例》第16条规定，进行疫情调查和采取消灭措施所需的紧急防治费和补助费，由省、自治区、直辖市在每年的植物保护费、森林保护费或者国营农场生产费中安排。特大疫情的防治费，国家酌情给予补助。《退耕还林条例》第35条规定，国家按照核定的退耕还林实际面积，向土地承包经营权人提供补助粮食、种苗造林补助费和生活补助费。具体补助标准和补助年限按照国务院有关规定执行。

此外，各部委及地方政府也制定了大量的行政法规和地方法规，内容涉及农产品市场促销、农业基础设施建设、粮食安全储备、粮食援助、农业科研教育和技术推广、病虫害防治、自然灾害救济、农业资源储备、农业环境保护、地区援助等多个方面的补贴制度。

但是，我国现行的农业补贴法律制度并不能完全适应我国现阶段农业生产与农业贸易发展的需要，其存在诸多不足之处，主要是以下几个方面：①现有农业补贴法律制度过于零散，还未形成完整的体系，且多为原则性的和笼统的规定，可操作性差。②相关农业补贴政策存在多处补贴空白，且重点不突出，补贴方式不规范，内容尚待完善。而且补贴结构不尽合理，我国现行的农业补贴政策中"黄箱"政策多，"绿箱"政策和"发展箱政策"少；补贴环节上流通环节和消费环节补贴多，生产环节补贴少；补贴方式上间接补贴多，直接补贴少。③农业补贴政策的随意性和变动性较大，缺乏必要的法律规范和法律依据，且因直接补贴少，农业补贴款在转付过程被大量消耗，不能充分利用。因此，有必要健全与完善我国现行农业补贴政策，以《WTO农业协议》为导向，建立完整的农业补贴法律制度体系，以充分发挥农业补贴政策保护农业、提高农民收入等方面的作用。

（二）在《WTO 农业协议》规则下建立我国农业补贴法律制度的基本框架

《WTO 农业协议》是我国农业补贴立法的根本依据。根据《WTO 农业协定》的规定，WTO 规则框架下的农业补贴，主要包括国内支持和出口补贴两部分。由于我国在谈判中已经对外承诺取消农产品非关税措施，即放弃农产品出口补贴政策，因此我国的农业补贴将主要涉及国内支持。国内支持包括"绿箱支持"和"黄箱支持"两个方面的内容，我们可以依此结构，建立我国农业补贴法律制度的基本框架。

1. 有关"绿箱"政策的立法。"绿箱"政策，又称"广义的农业补贴"或者"支持性农业补贴"，是指那些对生产和贸易没有影响或者影响非常微弱的政策，《WTO 农业协议》既不要求削减这些政策，也不限制将来扩大和强化使用这些政策。

"绿箱"政策涉及四个方面的内容："绿箱"措施（Green Box Measures）、"最低减让标准"（De Minimis）、"蓝箱"政策（Blue Box Policies）和"特殊和差别待遇"（Special and Differential Treatment，简称 SDT）。《WTO 农业协议》附件 2 指出"绿箱"措施是指政府在执行某项农业计划时，其费用应通过公共基金资助而不是从消费者身上转移而来、没有或仅有最微小的贸易扭曲作用、对生产的影响很小，以及不具有给生产者提供价格支持作用的补贴措施。其具体措施标准包括四个：①一般政府服务。其通过公共基金或财政开支提供，内容包括研究、病虫害控制、培训服务、技术推广和咨询服务、检验服务、市场营销和促销服务、基础设施建设服务 7 项，涉及到向农业或农村社区提供服务或补贴计划的有关支付，但不涉及对生产者或加工者的直接支付。②以粮食安全为目的的公共储备。为了保障国内粮食的安全供应，政府可直接以财政支出来维持粮食储备，或者为私人储备提供财政补贴。但这类支出或补贴均不得表现为高价收购储备粮食或低价销售储备粮食，且储备性补贴必须保持充分透明和符合储备需要（即粮食储备性补贴不得过度）。③国内粮食援助。其是为低收入居民保障粮食供给和赈济本国（地区）饥民而作出的财政开支或对非政府援助行动减免税收提供的补贴。粮食援助补贴只能向符合受援资格的居民提供粮食或以补贴价格供应粮食。④对生产者的直接支付。《WTO 农业协议》中允许对生产者直接支付的项目有 8 项，即不挂钩的收入支持、政府财政参与的收入保险和收入安全网计划、自然灾害救济支付、通过生产者退休计划提供的结构调整援助、通过资源轮休计划提供的结构调整援助、通过投资援助提供的结构调整援助、环境计划下的支付、区域援助计划下的支付。《WTO 农业协议》第 6 条第 4 款所规定的最低减让标准，是指在计算某一特定农产品综合支持量时，如果计算结果不超过该产品生产总值的 5%（发展中国家为 10%），则计算结果不必计入综合支持总量中，该特定农产品可免除减让。或者，在计算非特定农产品的综合支持量时，如果其计算结果不超过全部农业生产总值的 5%（发展中国家为 10%），也不必将其计入综合支持总量中，该非特定农产品也可免除减让。它构成了黄箱政策中对特定农产品或非特定农产品支持的"上限"。作为"绿箱"政策的特殊政策，《WTO 农业协议》第 6 条第 5 款规定了"蓝箱"政策，即对一些与限制生产计划相关，不计入综合支持量的补贴，成员方不须承担削减义务。其条件是必须满足下列要求之一：①按固定面积或者产量提供的补贴；②根据基期生产水平 85% 以下所提供的补贴；③按牲口的固定头数所提供的补贴。另外，WTO 承认在履行农业协议规则和纪律的义务时，各成员之间的能力有较大差异，因此降低了对发展中国家的纪律约束要求，给予了发展中国家更为灵活的特殊待遇，此被称为特殊和差别待遇。根据《WTO 农业协议》第 6 条第 2 款的规定，在政府为鼓励农业和农村发展所提供的直接或间接的援助措施中，将发展中国家的一些发展计划也列入免予减让的范围，如发展中国家成员可以普遍获得的投资补贴；发展中国家中低收入或资源贫乏的生产者可以普遍获得的农业投入补贴；鼓励发展中国家生产者不生产违禁麻醉作物而提供的支持。

　　我国农业基础脆弱，工业对农业的依赖性较高，这决定了我国更要给予农业以符合国际惯例的有效保护，在调整农业支持和保护政策时，应强化《WTO 农业协议》中的"绿箱"政策，并把它作为支持我国农业发展的主要手段。具体来说，我国主要应强化以下有关"绿箱"政策的立法：

　　（1）确立有关"绿箱"政策的基本法律体系的基本内容。具体来说，应将下列"绿箱"政策措施列入农业法律体系中：确立符合 WTO 规则的农业支持保护政策，按照"绿箱"政策，明确财政投入农业资金的使用方向；在与 WTO 规则相衔接的前提下，明确对农产品进口的保护措施和促进出口的扶持措施，对因农产品过量进口而受到损害的农业生产经营组织和农业劳动者给予补助；支持开展农业信息服务以及其他多种形式的农业产前、产中、产后的社会化服务；加速农业的信息化进程，降低农民的交易成本；通过农业的信息化，减少农业生产者获取价格和供求信息、搜寻交易对象的成本支出和时间耗费，加速农产品的跨国流通；建立和完善农业保险制度，鼓励开展扶持互助农业保险，逐步建立和完善农业政策性保险机构；对农民实施收入支持政策，减免粮、棉等农产品的税收；建立健全农村金融体系，采取措施鼓励金融机构向农民和农业生产经营组织的生产经营活动提供金融支持；加大信贷支持力度，通过贴息贷款，支持乡镇企业和小城镇发展；保障农村义务教育经费，包括中小学教师的工资和教学设施建设经费；积极发展农业职业教育，提高农民的文化技术素质。开发农民的人力资源，为处于相对弱势地位的农民阶层提供教育培训服务，帮助他们提高收入水平和择业能力；建立政府主导的农业科技创新体系，加强农业科学技术的基础研究和应用研究；加速科技成果转化与产业化；扶持农业技术推广机构，促使先进的农业技术尽快应用于农业生产；建立农业可持续发展体系，提供土地资源休耕补贴和改善农业生产环境的基础设施建设补贴；建立土地合理流转机制和开发机制；完善农业可持续发展的法律约束机制。[1]

（2）重点构建我国农业直接支付法律制度。我国在构建直接支付法律制度时应在《农业法》中表明该种补贴的目的，即在保障农业生产者一定收入水平的基础上激发其种植特定农产品的积极性，保证国家食品供应安全。这与美国和日本农业法上的直接支付不同，它们的主要目的在于构建农业生产者们的收入安全保证网，一般是与限产或退耕计划相配套的。实践中，我国以玉米、小麦、大豆等关键粮食作物为直接支付的补贴对象。我们认为应从广义理解"国家粮食安全"，即"国家粮食安全"不仅限于粮食品种的供应安全，还应包括其他根据国民生活习惯所必不可少的农产品供应安全，因此，《农业法》应将补贴农作物扩展到棉花特定油料作物、水稻等农产品上。现行对"种粮农民的直接支付"将补贴限制在"粮食主产区"的农民，这不符合《WTO农业协议》所要求的补贴必须具备"普遍性"的要求，而且也难以保证全国农民收入水平的提高，这将从根本上影响国家食品供应安全，因此《农业法》应将受补贴主体扩及全国的"法定农产品生产者"，该"生产者"类型多样，既包括最一般的"农户"，也包括具有法人资格的"农场"和"农业生产企业"。补贴对象申请补贴所应当符合的基本法定条件，应由《农业法》从权属与土地状况两方面加以限定：①要求法定农作物的生产者对种植法定农作物的土地享有法定的使用权；②要求申请补贴的土地是土地规划内的农用地；③要求所欲申请补贴的用地应符合一定的种植要求，应使正常条件下种植的农作物能获得可预期的收获量。直接支付额的计算方法应在《农业法》上规定为以法定的"直接支付率"与实际种植的面积和经法定方式确定的单产的乘积决定。为了将直接支付与其他诸如环保、农业科技推广等项目相结合，《农业法》应规定直接支付原则上采用自愿基础上的"补贴合同"方式。《农业法》还应规定补贴机关及其基本职权（责），补贴机关可分为补贴规划机关、补贴发放机关。补贴规划机关可确定为农业部及其分支机构，其

---

〔1〕 应瑞瑶："冲突与调整：中国加入 WTO 后农业法律制度的变革"，载《中国农村经济》2002 年第 11 期。

基本职权（责）在于：在编制部门预算时测算本财政年度直接支付补贴总额并上报财政部门，依法制定补贴规划方案并监督实施，与符合条件的农业生产经营者签订补贴合同并监督其履行；补贴发放机关应确定为各级财政部门，其基本职权（责）是：在编制本级预算时应体现补贴支出，以产生法律效力的预算、补贴规划及合同为依据拨付、发放补贴并监督财政款项的合规性运用。补贴的基本发放程序为：法定机关制定补贴发放执行计划并公告——农业生产经营者依法申请补贴——法定机关审查、批准申请——法定机关与农业生产经营者订立农业补贴合同——法定机关监督农业生产经营者履行农业补贴合同。[1]

（3）健全农业生产资料投入补贴法律制度。在我国农业法上构建的农业生产资料投入补贴应当是一个包含着多种分补贴项目的总补贴，其目的在于补助农业生产者的农业直接投入成本，主要包括以下几个补贴项目：良种补贴项目、农机购置补助、小型农业生产基础设施建设补贴。良种补贴以符合条件的农业生产者购入并种植规定种类的种子为基本的补贴条件，补贴数应以规定的补贴额与实际的补贴种购入量的乘积确定，补贴数应能补助大部分（60%以上）的购入与种植成本。农机购置补贴以符合条件的农业生产者购入规定的农业机械为基本的补贴条件，补贴数应以规定的补贴额与购入的农业机械数量的乘积确定，补贴额应能补助大部分（70%以上）的购入与运营启动成本。这两类补贴的具体运作程序主要有两种：第一种为由政府或其授权组织以政府采购方式确定集中购置补贴物品的供应商，对农业生产经营者的补贴金直接拨付给参加政府采购计划的供应商，受补贴农业生产经营者只需支付给供应商扣除补贴的余款；第二种为直接支付式的报账制，即受补贴农业生产经营者依补贴合同确定的生产资料品牌、型号等直接到经政府招标确定的供应商处自主选择物品并全款购置，购买后，凭补贴合同购置发票原件等证据向政府领取补贴资金。小型农业生产基础设施建设补贴以符合条件的农业生产者投资建设法定农业生产基础设施为补贴条件，补贴范围（即农业生产基础设施类型）与补贴数的确定均由《农业法》明确规定，补贴范围应限在能够直接增强农业生产能力的基础设施建设（如小型农田水利设施）上，补贴数应规定为补助农业生产者投入成本的一定比例，具体计算标准与方法授权行政法规分各种法定基础设施分别确定，补贴程序可按直接支付式的报账制程序设计。[2]

（4）实施环境保护补贴法律制度。我国环境保护补贴法律制度构建的目的

---

[1]　黄河：“论我国农业补贴法律制度的构建”，载《法律科学》2007年第1期。

[2]　黄河：“论我国农业补贴法律制度的构建”，载《法律科学》2007年第1期。

在于鼓励农业生产者可持续地使用对农业生产具有决定性影响的自然环境和资源，并保证这些环境和资源在质和量上的安全标准。环境保护补贴项目也是一个包含着若干分补贴项目的总项目，根据具体的补贴目的与补贴客体不同可分为以下三种补贴项目：土壤保护补贴、地力增进补贴和退耕还林（草）补贴。土壤保护补贴项目实施的目的在于通过财政转移支付鼓励或支持农业生产者保护耕地的土壤质量不下降。补偿的对象应由《农业法》限定为依法参加该补贴项目的土地权利人或者直接生产者。补贴的土地应符合法定条件，即达到规定的土壤质量标准，在正常条件下可用于种植农作物的农用地，具体的土壤质量标准应由《农业法》授权农业部在科学测定的基础上以规章形式予以规定。为了鼓励农业生产者保持土壤质量，可将有条件申请补贴的土地土壤质量标准定得低一些，以使大量的农用地都有可能享受法定补贴。为了保证土壤保护补贴的顺利实行，《农业法》应规定建立受补贴土地的土壤质量档案制度和监测制度，具体的制度内容应授权农业部以部门规章形式加以规定。这种补贴是通过合同义务的设定，要求受补贴者在合同期内保证土壤质量的不下降，因此，合同履行中法定机关对受补贴土地的土壤质量的定期测定职责须由《农业法》予以明确，再由部门规章具体化。《农业法》应规定：若经过测定认为土壤质量下降，则法定机关有权要求受补贴者采取相应措施，若受补贴者不听从，法定机关可依法终止补贴合同，受补贴者今后亦将无权申请其他环保补贴项目，除非已采取措施恢复土壤质量。补贴额的确定应由《农业法》明确为依不同土壤质量而有高低之分的固定额，具体的与各种土壤质量相对应的固定补贴额由农业部以规章加以具体规定。《农业法》应确定各级各类机关的基本法定职权（责）。农业部及其下级机关的职权（责）为：依法定期限及程序制定土壤保护补贴基本计划及执行计划并依法公布，审查申请者资格，制定土壤质量测定标准，与符合法定条件的申请者签订土壤保护补贴合同并监督其执行，依法定期监测受补贴土地土壤质量并采取相应措施。各级土地管理部门依法负有建立完善的受补贴土地土壤质量档案制度的职权（责）。各级环境保护部门依法负有配合土地土壤质量监测工作的职权（责）。地力增进补贴项目实施的目的是在保证土壤质量的基础上，对于地力增进等行为给予鼓励和补助，这是在土壤保护补贴实施基础上的一个补充性补贴项目，申请的前提是已经依法参加了土壤保护补贴并无违反补贴合同的任何行为发生，补贴的条件是申请人因各种行为促成了土壤质量的提高，其基本内容与土壤保护补贴项目内容相同。退耕还林补贴的内容已由《退耕还林条例》作了较具体的规定，但是还要在《农业法》中将其基础性规定加以明确以求法律体系的完整。

（5）确立不发达地区农业开发补贴法律制度。根据《WTO 农业协议》有关"区域发展援助下的补贴"的规定，获得此类支付的资格应限于条件不利区域的生产者。每一此类区域必须是一个明确指定的相毗邻的地理区域、拥有可确定的经济和行政特性，并根据法律或规章明确规定的中性和客观标准被视为条件不利区域，此种属性表示该区域的困难并非由于暂时的情况产生的。我国构建此类补贴的目的在于通过公共财政的转移支付，促进或提高不发达地区的农业生产能力，改善不发达地区的农业生产条件。该补贴是不发达地区农业开发项目的重要组成部分，它也是一个由不同分项目组成的总的补贴项目，其各分补贴项目的内容涵盖上述的直接支付、生产资料投入补贴环境保护补贴和农地使用权流转补贴诸内容，只不过是在补贴水平上有所提高，在补贴范围上有了地域限定而已，对该类补贴可在《农业法》中规定原则性内容，具体的补贴项目应规定在《不发达地区农业开发法》这一专门性农业法中，作为开发不发达地区农业的法定措施之一。[1]

2. 有关"黄箱"政策的立法。"黄箱"政策是指对生产和贸易有直接扭曲作用的那些政策，《WTO 农业协议》要求各方用综合支持量（Aggregate Measurement of Support，简称 AMS）来计算其措施的货币价值，并以此为尺度，逐步予以削减。

《WTO 农业协议》在附件 3 中界定了"黄箱"政策所包括的范围：价格支持，营销贷款，面积补贴，牲畜数量补贴、种子、肥料、灌溉等投入补贴和某些有补贴的贷款计划。协议要求各国用综合支持量（AMS）来衡量，并符合"微量允许标准"。根据协议附件 3 的规定，特定农产品综合支持量的计算包括政府通过市场价格支持、非免除直接支付等手段向具体农产品提供的货币支持；非特定农产品综合支持量的计算包括通过累计投入补贴（如肥料和运输补贴）、信贷以及其他财政上的援助等措施所提供的货币支持。协议要求自 1995 年开始，发达国家在 6 年内以每年相同的比例逐步削减 20% 的综合支持总量，发展中国家在 10 年内以每年相同的比例逐步削减 13% 的综合支持总量，最不发达国家无须减让承诺。

我国在 1996~1998 年期间实施的"黄箱"政策主要有两种：一是对粮食、棉花的政府定价收购及保护价收购，1998 年后政府已逐渐缩小了粮食收购补贴范围，如一些地区的小麦和玉米已经退出保护价范围；二是农业生产资料价差补贴。两项补贴合计为 290.43 亿元，仅占农产品总产值的 1.4%，按照我国争取到

---

[1]　黄河："论我国农业补贴法律制度的构建"，载《法律科学》2007 年第 1 期。

的"微量允许标准"——该产品总产值的 8.5% 来计算，我国被允许的"黄箱"补贴规模为 1741 亿元，还有 1451 亿元的补贴空间。目前我国特定农产品的 AMS 除玉米（1.6%~3.7%）外都为负值；各种农产品的总 AMS 在 1996~1998 年的三年平均为 314.5 亿元。因此加入 WTO 后，我国无需作减让承诺，相反，还有一定的支持空间，可以对一些敏感的农产品加强"黄箱"政策所允许的支持。因此，我国应调整目前的"黄箱"政策，如对扭曲农产品贸易价格的价格补贴措施应该减少，避免流通领域农产品价格的变形，采取直接补贴的方式，建立农产品质量标准体系，形成农产品生产、流通的规范，形成保护农产品生产和流通的国内技术性壁垒。具体来说，应主要从以下方面调整我国有关"黄箱"政策的立法：

（1）调整农产品保护价收购法律制度。我国目前的农产品保护价较低，且主要针对粮棉两种农作物，在保护范围和保护额度上均与 WTO 给予我国的补贴幅度相距甚远，因此在农产品保护价收购政策上还有较大调整空间。今后我国应强化这一方面的立法，在法律中细化农产品保护价收购制度覆盖的农产品范围和补贴比例，并对重点农产品予以重点保护。具体调整措施应包括：①制定和组织实施粮食最低收购价格。根据国务院的规定，一般情况下粮食收购价格由市场供求关系促成，但当粮食供求发生重大变化时，为保证市场供应、保护农民利益，必要时可由国务院决定对短缺的重点粮食品种，在粮食主产区实行最低收购价格；②加强粮食市场管理，维护正常流通秩序，强化粮食批发、零售市场的管理。从事粮食批发和零售的企业要承担保证市场供应、稳定市场粮价的义务，在市场粮价出现不合理上涨时，要采取控制批发企业的进销差率和零售企业的批零差率等措施，稳定粮食市场价格；③所有的粮食经营者都必须服从政府对市场的调控，不得囤积居奇、牟取暴利、哄抬物价、扰乱市场，也不得压级压价；④继续对农用生产资料给予价格支持和政策优惠，并借鉴国外做法对农用水、农用电、化肥、农药、农膜等实行优惠政策；⑤加大农业贷款贴息力度，特别是对农业生产、农产品流通和加工等贷款给予政策性优惠利率；⑥适当提高粮食收购价，对主要粮食品种玉米、小麦和水稻实行保护价收购政策，以保护粮农的利益；⑦补贴符合政府专门计划的农业投资，如对规模经营农户的投资补贴、对农民的经营销售补贴、对农业产业化龙头企业的补贴等。

（2）完善农产品质量标准体系法律制度。我国有关农产品质量标准制度起步较晚，科技支持力量比较薄弱，水平也不很高。但经过近几年的建设，我国已累计出台国家标准 800 余项、行业标准 2380 项、地方标准 8000 余项，已基本建立起以农业国家标准为龙头、农业行业标准为主体、地方农业标准为基础、企业标准为补充的全国农产品质量标准体系框架。同时，我国开展"农业标准化示范区"建设，到目前为止，全国共建立了 3527 个示范区，覆盖种植业、养殖业、加工业等农业生产的主要领域，包含了粮食、油料、水果、蔬菜、棉麻、畜禽、水产、食用菌、茶叶、花卉、中药材及其他经济作物等。另外，我国已出台《农业标准化示范区管理办法》（试行）和《农业标准化示范区考核验收办法》，使示范区建设的目标、组织措施和监督管理等各项工作从制度上得到了保障。今后我国还应在以下方面完善农产品质量标准体系法律制度：①加强农产品质量检验机构制度立法。目前农业部已在全国规划建设部级农产品质检中心 280 个，省级农产品（含投入品）质检中心 30 个，地（市）级农产品检验机构 439 个，县级农产品质检站 1122 个，已基本建立起部、省、县三级配套、互为补充、常规检验与快速检验相结合的农产品质量安全检验检测体系。我们应在法律上明确这些质量检验机构的设立条件、设立方式、职权与职责范围、检验标准与检验方式等。②建立农业投入品以及农产品的监测、销毁及召回制度体系，完善质量追溯和责任追究制度，建立健全监测预警、应急处置机制。对于不履行或者未及时履行监管职责或瞒报、漏报、谎报的人员追究相应责任。③针对农产品质量安全工作的特点、难点和重点，构建长效机制，提高监管能力，努力加强农业标准化生产能力、农业投入品监管能力、农产品质量安全例行监测能力、农产品质量安全追溯能力和农产品质量安全技术创新能力的立法建设，进一步提高我国农产品质量安全水平。④加快国家无规定疫病区建设，原产地域品牌建设，绿色食品、有机食品、无公害食品、安全食品等建设，并尽快出台《农产品质量安全法》。

第十五章

农业保险法律制度

第一节　农业保险法律制度概述

一、农业保险的含义

一般意义上农业保险指由保险机构经营，对农业产业在生产过程中因遭受约定的自然灾害、事故或者疫病所造成的经济损失承担赔偿保险金责任的保险。通常农业保险有广义和狭义之分。狭义的农业保险，包括种植业保险和养殖业保险两大类。种植业保险指以农作物及林木为保险标的，对在生产过程中发生约定的灾害事故造成的经济损失承担赔偿责任的保险。养殖业保险指以饲养的畜、禽和水生动物等为保险标的，对在养殖过程中发生约定的灾害事故造成的经济损失承担赔偿责任的保险。广义农业保险则作更广泛的解释，分为下列四大类：农业生产动植物保险（农作物、家禽）；农民财产保险（房屋、农具等）；农民人身保险（疾病、伤害、老年、死亡等）；农民责任保险（雇主责任，个人及公共责任)[1]。广义的农业保险实际上是农村保险，农村保险是一个地域性的概念，它包括农业保险、农民的家庭财产保险和人身保险，还包括乡镇企业的财产保险等。农业保险只是农村保险的一部分。本书从狭义来理解农业保险，即包括种植业保险和养殖业保险。

二、农业保险与政策性保险

政策性保险是为了实现特定的政策目标并在政府的干预下开展的一种保险业务。它是在一定时期、一定范围内，国家为促进有关产业的发展，运用政策支持或财政补贴等手段对该领域的危险保险给予保护或扶持的一类特殊形态的保险业务。[2] 一般来说，政策性保险的经营目标是为了实现国家特定的政策；经营手段是国家组织经营或财政补贴予以支持；经营原则不以营利为目的，乃为取得一定社会效益。但将何种保险业务列入政策性保险体系，或在什么时期将其列入政

---

〔1〕　袁宗蔚：《保险学——危险与保险》，首都经贸大学出版社 2000 年版，第 775 页。
〔2〕　张洪涛、郑功成主编：《保险学》，中国人民大学出版社 2002 年版，第 448～449 页。

策性保险享受国家的政策支持或财政补贴，是国家为实现其政策目标而进行的制度安排。从农业保险来看，国家尚无财力支持农业保险或国家对农业未引起足够重视时农业保险不可能列入政策性保险体系。只有一国经济发展到一定阶段，国家拥有足够财力扶持农业保险且国家对农业保险政策发生改变时，农业保险才有可能列入政策性保险体系。随着国家引导下农业保险市场逐步达到供需平衡，就不再需要将农业保险列为政策性保险。此外国家还可选择将何种农业保险列入政策性保险。一些发达国家如美国、加拿大逐步将稳定农场主收入的农业收入保险列入政策性保险，以获取农场主的政治支持和保证农场主收入的稳定。对某些可由商业性的保险公司经营的农业保险种类也可随着农业保险的发展，剥离出政策性保险体系，完全由市场化经营。总之，农业保险何时、何种业务被列入政策性保险是公共选择的结果，与一国经济发展的阶段存在密切联系。基于我国农业发展所处"工业反哺农业"阶段，我们认为我国推行的农业保险应主要以政策性农业保险为主导。因此，除特别指出外，本书所指的农业保险即政策性农业保险。

三、农业保险法的含义与特征

农业保险法是为了实现国家农业保险政策目标，在农业保险市场失灵的条件下，规范国家干预农业保险经济关系的法律规范的总称，它是农业法的重要组成部分。一般言之，农业保险法具有以下特征：①农业保险法具有国家主导性。农业保险法不同于一般商业保险法强调双方当事人以意思自治为指导，订立保险合同，国家在商业保险法中仅扮演监管者的角色。而在农业保险法中，国家却发挥着积极主导作用。这种主导作用主要体现在，国家制定农业保险法律制度，规划农业保险开展，采取财政、税收等政策扶持农业保险等。唯有在国家干预下，才能纠正农业保险市场失灵，农业保险才可能经营成功。因此，在农业保险法中，一般规定有国家支持农业保险的方式及其应有的职权（职责）。②农业保险法具有社会效益优先性。不同于一般商业保险法的价值取向在于经济效益最大化，农业保险法价值取向在于社会效益优先，兼顾经济效益。由于农业生产部门的特殊性和农业在整个国民经济的基础地位，大多数国家将农业保险作为支持和保护农业的手段，因此农业保险经营不以营利为宗旨。若以追求经济效益为优先，纯粹商业化经营，农业保险便难以开展。因此，农业保险法中应确立农业保险为政策性保险，不以营利为宗旨，以实现国家农业政策为目标，而确保其社会效益优先的价值取向。③农业保险法注重技术规范性。保险法本身是一技术性较强的法律制度，而农业保险法则更注重将法律规范与技术规范结合。农业保险的费率厘定、风险区划划分、损失测定及理赔等均与一般保险种类存在显著区别。因此，为保证农业保险法的可操作性，在农业保险法中势必存在许多技术性的条款，使农业保险法呈现注重技术规范性的特征。

四、我国农业保险立法的必要性

考察开展农业保险的国家农业保险立法背景及实践，可以发现农业保险立法有其必然性，实践迫切需要农业保险法律制度的规范与引导，以为参与农业保险的各主体行为建立稳定的预期，保障各主体利益最终实现。

(一) 农业保险法目的在于规范国家解决农业保险市场失灵问题

农业保险是市场化的分散农业风险的财务手段，它是市场经济，尤其是农村的市场经济发展到一定阶段的产物。但在经营农业保险时，由于农业风险的特殊性，使得农业保险存在严重信息不对称、正外部性、市场不均衡等问题。在农业保险的开展中，农户比保险人更了解其投保标的的风险，农户易利用其掌握的信息优势欺骗保险人，导致保险人承担过多风险。农业保险存在正外部性，农业保险的收益不仅仅惠及投保农业生产者，其最终收益者是全社会的消费者[1]，这主要源于农业部门的外部经济性影响，即农业部门在为其生产者带来产品和收益的同时，也为社会带来了好处[2]。此外，农业保险供给者无力承担高赔付，而需求者也无力承担高保费，导致农业保险市场供需严重不均衡。严重的信息不对称、正外部性和市场严重不均衡容易导致农业保险市场的失灵，而一般的商业保险法重点在于规范保险合同关系，无力解决此类问题，必须由具有国家干预属性的农业保险法才可规范国家解决农业保险市场失灵问题。

(二) 农业保险法是国家支持和保护农业保险政策的法制化

农业在国民经济中占据基础地位，为全社会提供食品和为工业提供原材料。同时农业与其他产业相比又属于弱质产业，需要国家财政、税收等政策的支持。即使在发达国家，农业在其整个国民经济占据越来越小的比重，国家每年仍花费巨资补贴农业，以使农产品具有国际竞争力，农场主收入稳定。农业保险是国家支持农业、分散农业风险的重要手段。国家对农业保险有比农户更强烈的需求，开展农业保险的国家，从农村社会稳定，农民收入增长，甚至国家政权稳固角度，更多是将农业保险视作实现农业政策的工具。农业保险是国家经济安全的重要保障机制，特别是在 WTO 框架下，通过农业保险制度可有效利用 WTO 规则中的"绿箱"政策，增加政府对农业的补贴。因此，农业保险成为国家支持和保护农业的有效工具，只是发达国家和发展中国家有不同的发展农业保险的目标。

---

〔1〕 庹国柱、王国军：《中国农业保险与农村社会保障制度研究》，首都经贸大学出版社 2002 年版，第 102～103 页。

〔2〕 黄河、李永宁："西部生态农业的外部性损害与国家补偿法律制度片论"，载《法律科学》2004 年第 1 期。

发达国家利用农业保险，确保农场主收入稳定，获得农场主政治支持，使本国农产品更具有国际竞争力。发展中国家则多从国家粮食安全、农村社会稳定、增强农民生产自救能力方面着手来发展农业保险。农业保险政策是一国农业政策的重要内容，为了保证农业保险政策的稳定性，确保农业保险经营成功，不少国家开始制定农业保险方面的法律法规。

（三）农业保险法具有不同于商业保险法的法理基础

从广义的保险法来说，在农业保险法产生以前就已经存在商业保险法，即我们一般意义上的保险法，但一般保险法并不适用于农业保险。首先，这源于农业保险的特殊性。农业保险虽然也是运用一般保险原理，积累资金，分散风险，"人人为我，我为人人"。但由于农业保险的高风险性以及农业保险费率计算、损失测定和理赔等方面与商业保险存在很大差异，这就需要国家的支持并运用不同的经营方法来开办农业保险，相应的法律规制也就不同。其次，农业保险法的核心内容不同于商业保险法。一般言之，保险是保险人和投保人依照保险法规定在自愿平等的基础上设立的合同关系，属民事法律关系范畴。国家只对保险合同是否合法进行效力评价，并不介入合同关系，国家对保险市场也仅是对市场主体准入、市场秩序、主体退出等方面进行监管。国家扮演的是外部监督者的角色，所依据的也只是一般的商业保险法。但在农业保险市场，却与商业保险市场存在很大的差异，这是由于农业生产的特殊性以及农业风险的独特性，使农业保险市场存在严重信息不对称和正外部性，这均易导致农业保险市场失灵，为国家干预提供了契机。我们亦可运用经济法中的国家干预理论[1]作为分析农业保险法的重要理论依据。国家干预农业保险市场主要有两种方法：[2]一种是公权介入的调整方法。即国家通过颁布农业保险规划，要求参与规划的农业生产者和农业保险经营机构必须服从。另一种是非权力介入的调整方法。主要体现为国家出资建立国有农业保险公司，向开展农业保险的经营机构和投保农业生产者提供补贴等方法。因此，商业保险法的核心内容在于保险合同，以规范保险合同当事人的权利义务关系，但农业保险法则不仅要规范农业保险合同，更重要的还要规范政府在农业保险中的行为以及支持农业保险的各种方式，这就使农业保险法与商业保险法相比具有明显区别。最后，从立法实践来看，制定农业保险法规的国家也是将农业保险法独立于商业保险法。例如，美国、加拿大、日本、菲律宾等国都有

---

〔1〕　参见李昌麒：《寻求经济法真谛之路》，法律出版社 2003 年版；李昌麒主编：《经济法学》，法律出版社 2007 年版。

〔2〕　李昌麒：《经济法—国家干预经济的基本法律形式》，四川人民出版社 1999 年版，第 236～240 页。

单行的农业保险法律、法规。我国虽尚未制定农业保险法，但在 1995 年颁布的《保险法》第 155 条明确指出农业保险法律、行政法规，另行具体规定。从此，也可看出我国立法机关已认识到农业保险法的特殊性，农业保险不适用《保险法》，要另行制定农业保险法律、行政法规。

五、我国农业保险立法现状评价

农业保险缺乏法律支持，这已成为影响我国农业保险发展的重要原因。1985年国务院颁布《保险企业管理暂行条例》第 5 条规定："国家鼓励保险企业发展农村业务，为农民提供保险服务，保险企业应支持农民在自愿的基础上集股设立农村互助保险合作社，其业务范围和管理办法另行制定。"但直到 1995 年《保险法》颁布实施，该条例废止，农业保险管理办法也没出台。《保险法》只是在第186 条[1]笼统地规定农业保险法律、行政法规另行具体规定。《农业法》第 46 条也只是规定国家逐步建立和完善政策性农业保险制度，鼓励和扶持相互合作保险组织，鼓励商业性保险公司开展农村保险业务。我国对农业保险的税收支持仅局限为依据《中华人民共和国营业税暂行条例规定》第 6 条规定减免营业税，事实上，对于风险高、利润薄的农业保险还相当有限。具体的农业保险立法的滞后，已严重制约了农业保险的发展。

针对我国农业保险所存在的问题，制定《农业保险法》以规范农业保险的发展已成为理论界和实务界共同的呼声。也有部分人大代表在全国人代会上提出制定《农业保险法》和成立政策性农业保险公司的建议案。近年来，党中央、国务院对农业保险发展非常重视，十六届三中全会作出的《中共中央关于完善社会主义市场经济体制若干问题的决定》和国务院出台的《国务院关于保险业改革发展的若干意见》都对农业保险发展提出了明确要求。国务院最近正加快制定《政策性农业保险条例》的步伐。

第二节　我国农业保险立法模式

一、可供选择的农业保险立法模式

农业保险法是规范国家干预农业保险经济关系的法律规范，其重要的内容即是在政府主导下选择的制度模式。从现代经济学来看，政府为了有效实现社会目

---

[1] 《保险法》第 186 条规定："国家支持发展为农业生产服务的保险事业。农业保险由法律、行政法规另行规定。强制保险，法律、行政法规另有规定的，适用其规定。"

标，可以有四种选择："它可以直接做某此事；它可以为私人部门做某些事提供动力；它也可以命令私人部门做某此事；或者它可以采取包括这三种方式的某种混合方式。"[1] 这为农业保险法选择何种制度模式打开了思路，我们可以借鉴经济学所研究的以下制度模式作为农业保险法选择制度模式时的基石。

（一）政府组织经营模式

政府组织经营模式是以政府组建的保险公司为主，经营是政策性的，农业保险机构与政府管理机构密切结合，并由中央实行再保险的发展模式。其主要内容是：[2] ①成立全国性的专业农业保险公司，该公司隶属于中央或其某部门。以该公司为主统一经营全国农业保险业务。各省、市、县建立分支机构。例如，美国的专业农业保险公司隶属于农业部。②由中央政府建立政策性的全国农业再保险公司，其职能主要有两个：通过再保险机制，使农业风险在全国范围内以最大限度的分散，以维持国家农业生产稳定；补贴各省、市、县农业保险的亏损。③根据农业保险法律、行政法规，建立农业保险专项基金，该基金可以通过多种渠道（政府、消费者、销售者、加工者和生产者）和方式（除收缴保费外，还可征收专项税费）筹集。④实行法定保险和自愿保险相结合的原则，对少数关系国计民生的农作物，应实行法定保险，其他产品则实行自愿保险。⑤农业保险的经营是政策性的，国家对保险公司及其分支机构全部或大部分管理费用进行拨付，并且对农业保险业务还给予税赋方面的优惠。除此以外，应允许农业保险公司经营农村财产险和人身保险的险种，以这些险种盈余补贴农业保险。

（二）政府支持下的合作社经营模式

农业保险合作社是农民按照自愿原则，采取入股方式筹集保险基金，实行自主经营、独立核算、民主管理、利益共享、风险共担、按股分红的合作组织。在农业保险合作社经营模式下，为提高合作社抵抗重大自然灾害能力和保证健康经营，政府必须进行大力支持。这种模式有以下特点：[3] ①各级政府帮助组织和建立以被保险农民为主体的民间农业保险合作组织。在省一级可建立联社，统一规划和协调全省的农业保险，并建立该系统内的再保险机制。②在省和中央一级通过一定方式筹资建立"巨灾风险准备基金"，保证农业保险合作社在发生重大灾害，无力支付赔款时，可从"巨灾风险准备基金"中得到低息或无息借款，

〔1〕［美］斯蒂格利茨：《经济学》，梁小民等译，中国人民大学出版社1997年版，第149页。

〔2〕庹国柱、王国军：《中国农业保险和农村社会保障制度研究》，首都经贸大学出版社2002年版，第226～229页。

〔3〕庹国柱、王国军：《中国农业保险和农村社会保障制度研究》，首都经贸大学出版社2002年版，第230～233页。

随后逐年从保费收入中归还。③国家建立农业再保险机构，为农业保险合作社提供再保险，对强制投保的作物和险种有必要实行法定再保险。④各级政府从技术和行政上支持和帮助农业保险合作社。由于农民中缺乏专业农业保险技术人员，需要政府帮助他们进行农业保险区划、科学合理厘定保险费率和设计保险条款。

（三）政府主导下的商业保险公司经营的模式

政府主导下的商业保险公司经营模式就是在政府统一制定政策性经营的总体框架下，由各商业性保险公司自愿申请经营农业保险和再保险。这种模式有以下特点：[1] ①政府间接参与农业保险经营，政府从总体上不参与农业保险的具体业务，但是通过政府设立的国家农业保险公司，适当给予农业保险以保费和经营管理费用的补贴，给予税收方面的优惠政策。国家农业保险公司统一规划和协调，制定统一的经营规范，设计农业保险险种，接受和审查有意参与政策性农业保险业务经营的商业保险公司。②国家农业保险公司对各商业保险公司实施必要的监管。依农业保险法律、行政法规和国家农业保险公司与商业保险公司签订的协议，国家农业保险公司可对商业性保险公司的农业保险业务进行监督和检查。③允许商业性保险公司自愿申请经营由政府提供补贴的政策性农业保险项目，政府的补贴可分为保险费补贴和经营管理费用补贴。④政府对商业保险公司所经营的政策性农业保险项目还应该给予财政和金融方面的支持和优惠政策。⑤国家农业保险公司为经营农业保险的商业保险公司提供农业保险再保险，其他国内外商业性再保险公司也可以向其提供再保险。

比较上述三种制度模式，可以说各有利弊，政府主办并由政府组织经营模式，有利于统一规划，借助行政权力推动农业保险有效运行，但效率往往不高，并可能给财政带来沉重负担；政府支持下的合作社经营模式，具自愿互助性质，易于为农民接受，保险人与被保险人利益融为一体，也减少了逆选择和道德风险，但也有保险合作社内分散风险功能有限和农民缺乏保险知识的缺陷；政府主导下的商业保险公司在政府支持下经营，充分竞争，有利于调动经营机构积极性，但也存在保险公司过分依赖补贴的弊端。中国保监会曾提出五个模式，供各地根据不同情况，进行探索：一是与地方政府签订协议，由商业保险公司代办农业保险；二是在经营农业险基础较好的地区（如上海、黑龙江等）设立专业性的农业保险公司；三是设立农业相互保险公司；四是在地方财力允许的情况下，尝试设立由地方财政兜底的政策性农业保险公司；五是引进像法国安盟保险这样

---

〔1〕 龙文军：《谁来拯救农业保险——农业保险行为主体互动研究》，中国农业出版社 2004 年版，第 192
　　～194 页。

具有农业险经营先进技术及管理经验的外资或合资保险公司。[1] 可以说这是监管层从实际出发，对开办农业保险而做出的新探索。我们认为，根据国外发展农业保险的所选定的制度模式和我国现实情况，在农业保险法中可建立政府诱导型的农业保险发展模式，这一模式是综合政府主导下政府经营和政府主导下商业保险公司经营的两种模式的优点，但决非二者简单的混合。这种模式，初期在政府主导下由政府组建的国有农业保险公司和商业保险公司共同参与经营，经过一段时间后，政府从农业保险经营主体中退出，让位于商业性保险公司，国有农业保险公司主要是进行宏观调控和监管，建立对商业性保险公司的诱导机制。选择这种模式简要说来，主要有以下原因：首先，由于农业保险的特殊性，纯粹市场化经营农业保险是难以成功的。到目前为止即使是市场经济最发达的国家，也主要是依靠政府直接或间接提供农业保险。因此，选择农业保险制度模式时，必须首先考虑政府在其中发挥作用，政府必须采取政策支持和财政补贴方式支持农业保险。其次，政府完全参与农业保险的经营也会带来很多弊端。农业保险完全由政府经营中，出现过高的赔付率和大量的管理费用，需要国家财政补贴，会给国家财政带来沉重负担，这对发展中国家而言是难以承受的。此外，农业保险本是一种市场化的分散风险方式，大量补贴，实际上使农业保险原有功能逐渐淡化。因此，在选择农业保险法的制度模式中，必须既注重政府在农业保险中的作用，又要发挥市场手段，建立政府诱导下新的农业保险发展模式。

二、农业保险制度模式法律关系分析

农业保险法律关系是指农业保险法调整因国家干预农业保险经济关系，所形成的各方主体之间的权利义务关系。由于农业保险法律关系的复杂性和农业保险法律的缺位，给深入认识农业保险法律关系带来困难。以下仅根据农业保险法的不同制度模式对此问题作一探讨，以深入从法律视角透视农业保险制度及各主体间的权利（权力）——义务（职责）关系。

（一）农业保险法律关系主体

农业保险法律关系主体，是农业保险法律关系的参加者即当事人，是权利（权力）的享有者和义务（职责）的承受者，参加农业保险法律关系的主体主要有以下三类：

1. 国家机关及其授权部门。即根据法律规定或者国家机关的授权，在农业保险法律关系中享有管理农业保险的职权，履行法定职责的行政机关或授权的部门。此类机构实施国家的农业保险政策，通过财政补贴、税收优惠、再保险等方

---

〔1〕　陈林、雷和平："关于建立我国农业保险体系的几个问题"，载《保险世界》2004 年 1、2 月号。

式，支持农业保险的发展，以达到农业保险供求平衡、农业稳定健康发展的调控目标。国外在其农业保险法中规定或授权相应机构代表国家参与农业保险法律关系。如美国的农业保险管理局和联邦农业保险公司。

2. 农业保险经营机构。即依照农业保险法的规定和国家的农业保险规划，在农业保险法律关系中具体参与农业保险经营的组织机构。在不同的农业保险法律制度模式下，农业保险经营组织类型不同，相应表现为不同的农业保险经营机构。在政府组织经营模式下，有政策性的国家农业保险公司作为农业保险经营机构，该机构由国家出资组建，在全国设立分支机构，开展农业保险。国家农业保险公司的经营管理费用由国家拨付，经营亏损由国家弥补。在政府支持下的合作社模式下由农民成立的农业保险合作社作为农业保险经营机构。在政府支持下的商业保险公司模式下，商业性的保险公司是具体的经营农业保险的机构。此类机构在国家农业保险规划内，通过国家机关或授权部门的各种支持，与投保农业生产者签订农业保险合同，依法开展农业保险经营，参与农业保险法律关系。农业保险经营机构与国家机关或授权部门发生补贴、税收优惠、再保险法律关系，是连接国家与投保农业生产者的枢纽，在农业保险开展中发挥着重要的作用。

3. 投保农业生产者。即依照农业保险法规及国家农业保险规划，与农业保险经营机构签订农业保险合同的农户、农场、养殖场等，投保农业生产者是农业保险合同的另一方当事人，与国家存在保费补贴的法律关系。

（二）农业保险法律关系的客体

法律关系的客体是法律关系主体的权利和义务所指向的共同对象。一般认为，法律关系的客体主要有物、行为、智力成果、人身利益等，那么农业保险的法律关系客体即农业保险法律关系各主体权利义务所直接指向的对象。它是联系各主体与农业保险法律关系内容的中介。我们认为农业保险法律关系的客体主要是各种行为。农作物、家畜、家禽等是农业保险合同的标的物，并不能成为农业保险法律关系的客体。根据农业保险法律关系主体的不同，能够成为农业保险法律关系客体的主要有以下行为：①国家干预农业保险的行为。此种行为主要基于农业保险市场失灵和农业保险对于国家实现农业政策的重要性，国家以公权力主体身份参与农业保险法律关系。国家干预农业保险行为的实施一般采取的手段主要有制定农业保险规划，组建国有农业保险公司，采取补贴、税收优惠、再保险方式支持农业保险。国家干预农业保险必须由法律规定的国家机关或授权部门依照农业保险法规定的程序和要求来实施。这是农业保险法律关系中最重要的一种行为，此种行为凸显了农业保险法律关系的特殊性。②农业保险经营机构服从干预和履行农业保险合同的行为。农业保险经营机构作为具体的经营主体，在农业保险市场具体参与农业保险经营，参与农业保险法律关系。具体言之，在政府组织经营模式下，国家农业保险公司由国家直接参与组建；政府支持的合作社模式下，农业保险合作社要在国家的扶持下成立。农业保险经营机构的经营行为应服从国家的农业保险规划。农业保险合同条款和费率确定应向国家机关或授权部门申请核准，业务经营要受有关部门的监督检查。农业保险经营机构与投保农业生产者发生农业保险合同法律关系，其应履行农业保险合同规定的义务并有权请求投保农业生产者履行合同规定的相应义务。③投保农业生产者履行农业保险合同和接受保费补贴的行为。投保农业生产者依据农业保险法及国家农业保险规划参与农业保险法律关系，应履行农业保险合同并有权请求农业保险经营机构履行相应义务。在国家农业保险规划内的投保行为，投保农业生产者有权请求国家给予农业保险法及国家农业保险规划规定的保费补贴。

（三）农业保险法律关系内容

法律关系内容即法律关系主体所享有的权利和应履行的义务。农业保险法律关系内容即国家机关或授权部门、农业保险经营机构、投保农业生产者所享有的权利（力）和应履行的义务（职责）。

1. 国家机关或授权部门的职权（责）。之所以在此将经济职权和经济职责一并论述，是因为"经济职权既是管理主体所享有的权力，也是其应承担的义务或职责；经济职责则同时当然包含着相应的职权和权力"[1]。二者实际是高度统一的。有学者赞成使用"经济权限"的概念将经济职权和经济职责、经济权利和经济义务全部概括起来[2]，实际上上述各主体职责、权利、义务并不具有同质性，很难说是有机统一的。特别是经济管理主体的职权、职责和被管理主体的权利、义务不可能全部纳入经济权限内。国家机关或授权部门主要享有以下职权（责）：①农业保险的规划权。即国家机关或授权部门依据农业保险法和其他法律，对农业保险的险种、保障范围、开展区域、国家支持方式等方面制定宏观政策，实质上是国家的农业发展政策的一部分，农业保险经营机构必须在国家农业保险规划内开展业务经营，否则便得不到国家支持。②农业保险审核权。农业保险合同的条款、费率、险种开发等必须报国家机关或授权部门审查核准。国家机关或授权部门应按法律规定的程序和要件对农业保险经营机构的申请予以审核。③监督检查权。国家机关或授权部门有权对农业保险经营机构的费率厘定、偿付能力等进行监督和检查，以规范农业保险经营机构的业务经营，降低经营风险。

〔1〕 史际春、邓峰：《经济法总论》，法律出版社1997年版，第208页。

〔2〕 李昌麒：《经济法——国家干预经济的基本法律形式》，四川人民出版社1999年版，第467页。

④国家对农业保险的支持。即国家采用补贴保费及管理费用、税收优惠、再保险等方式支持农业保险发展，其是国家的重要经济职责，也是农业保险法规范的重点内容。国家机关或授权部门的职权（责）获得是通过法律（主要是农业保险法）或授权获得的，职权的不履行或滥用应被追究法律责任。

2. 农业保险经营机构作为具体经营农业保险的主体，主要享有以下权利：①经营自主权，这实际可以称为一种"市场对策权"。在农业保险法和国家农业保险规划内，农业保险经营机构可自主决定其经营方针，采取各种营销方法，开展业务活动，在法定范围内不受任何干预。②获取国家支持权。农业保险经营机构按照国家农业保险规划开展业务活动，基于农业保险政策性和农业风险特殊性考虑，可从国家获取管理费补贴、税收优惠、再保险等支持。农业保险经营机构有权请求国家履行相应职责，在请求不得时，可以通过行政诉讼途径予以救济。农业保险经营机构主要应履行以下义务：①贯彻执行农业保险法律、法规和国家农业保险规划的义务。农业保险法律法规和国家农业保险规划是各主体行为的指南和规则，农业保险经营机构在开展业务活动时必须予以遵守。②服从国家合法干预义务。农业保险经营机构作为被管理活动主体应服从国家对农业保险经济关系依法而作的干预活动。③遵守与投保农业生产者所签订合同。农业保险经营机构应依照合同约定，履行自己的义务，这种义务主要包括告知义务、签发保险单证、危险承担、给付保险金等。

3. 投保农业生产者主要享有以下权利：①获取保费补贴权。为扩大农业保险范围，以在更广阔范围内分散农业风险，增强农业生产者投保能力，投保农业生产者依农业保险法和国家农业保险规划参与农业保险法律关系，从国家获得保费补贴，此权利享有主体是在农业保险规划内依法投保的农业生产者，该类主体可请求国家履行其补贴职责，请求不得时可通过诉讼途径救济。②农业保险合同所规定的各项权利，比如获取保险单证、给付保险金请求权等权利，这相应的是农业保险经营机构之义务。投保农业生产者主要应履行遵守农业保险法和履行农业保险合同的义务。

第三节　我国农业保险立法的框架构想

农业保险立法研究的最终归宿在于推动农业保险的立法实践，由于我国《政策性农业保险条例》尚未出台，本节立足于我国农业保险发展的实践，借鉴有代表性国家的农业保险立法，力图总结农业保险立法的一般理论，以对中国制定农业保险法律规范有所借鉴。

一、农业保险立法背景

一般说来，各国农业保险法出台前，国内皆经历了长期准备，试办农业保险以积累经验的过程。在美国《联邦农作物保险法》出台前，1922 年美国财政部就成立了农业灾害保险部，农业灾害保险被立案并组成专门委员会进行调查研究。1934～1936 年的大面积旱灾使美国农作物损失巨大，农作物保险被提上议事日程，罗斯福总统任命农作物保险执行委员会（ECCI）对农作物歉收的保险保障问题再次进行研究，认为农业保险可起到价格政策起不到的作用。同时，农业部也利用其管理农产品价格所积累的资料，对建立农作物保险公司的建议进行了研究。在这些长期论证的基础上，才有了《联邦农作物保险法》的出台。加拿大农作物保险立法也经历了 20 多年的研究和准备。从 20 世纪 30 年代起，政府就开始进行举办农作物保险的可行性研究。此外，加拿大虽有"平原地区农场援助法"（PFAA）、"紧急援助项目"等计划，但由于资金有限，补偿水平也很低，没有稳定保障，迫切需要通过立法建立农作物保险计划。菲律宾为了实现粮食自给，也自 1973 年实施水稻生产计划，同时还实行"全国农业保证计划"，根据这些计划，菲律宾组成多部门参加的研究小组，对在菲建立农作物保险补偿制度进行可行性研究。此外，各国国内对农业保险法的强烈需求，迫切需要农业保险法来规范和保障农业保险经营也是促使农业保险法出台的重要原因。

现阶段，我国加快农业保险法制建设，尽快制定农业保险法，既有必要性，又有可行性。首先，我国农业保险法的缺位已严重制约农业保险的健康发展。我国是一个自然灾害频繁的农业大国，每一次自然灾害或意外事故的发生，都给人民的生命及财产造成巨大损失，严重影响了农村经济的稳步增长和人民生活水平的提高。农业保险的需求十分迫切，而我国长达二十多年的农业保险一直在无法律规范情况下摸索，这不利于农业保险在更大范围内的推广，也难以取得长足的发展。其次，制定农业保险法有利于将国家对农业的支持和保护政策稳定下来。我国政府已意识到"三农"问题是中国现代化进程中的最大障碍，我国经济也已发展到了工业反哺农业的阶段。而农业保险作为国家支持农业的重要手段，是财政收入转移支付的政策工具。通过法律的形式，建立规范的农业保险法律制度，把农业保险纳入政策性保险的体系，将国家对农业保险的支持规定为国家的职责，将有助于国家对农业支持和保护政策的稳定化。此外，我国已有的长达二十多年农业保险开办的实践经验，国外农业保险的立法经验为我们制定农业保险法也创造了条件。我国上海、新疆、黑龙江等省、市、自治区农业保险的开办走到了全国前列，可总结地方有益做法，先行制定地方性法规，为全国的立法积累经验。

二、农业保险立法目的

立法目的是指导立法及各项制度设计时的重要标准。一般说来农业保险立法目的主要是为了建立农业生产者自然灾害补偿制度，在农业生产者从事种植业和养殖业生产和初加工过程中，遭受自然灾害或意外事故后能得到及时的补偿，减轻农民灾后的经济困难，增强其生产自救能力。但由于各国经济、政治情况的不同，在具体立法目的上也会有所不同，随着时代变迁也会发生变化。例如，加拿大立法时正处在国家社会福利"大厦"构建热潮中，为了反映该计划的福利性、普通性和公平性，立法具体目的就在于使农民收入稳定，从而增进农场主的社会福利水平；日本在农业保险立法之初，其目的主要是为了巩固土地改革成果和鼓励农民生产市场短缺的农产品。随着日本社会经济的发展，国内农产品的供给已不是主要问题后，他们又将农业保险一步步纳入农民福利的轨道。菲律宾等发展中国家的农业保险立法则主要着眼于促进农业稳定发展，保证粮食供给。从中可以发现，发达国家农业保险的立法目的既着眼于分散农业风险，恢复农场生产能力，更把农业保险看作稳定农场主收入，争取农场主政治支持的一项社会福利政策。而发展中国家的立法目的在于运用农业保险的经济补偿、分散风险的功能，来保护本国农业生产，稳定粮食供给，帮助农民生产自救。各国在进行农业保险立法时必须根据本国经济社会发展情况，恰当地选择立法目的。

根据我国社会经济发展情况，可将农业保险法目的规定为：规范农业保险健康发展，使农业生产者在从事种植业和养殖业生产和初加工过程中，遭受自然灾害或意外事故后能得到及时的补偿，促进农业持续、稳定、健康发展。

三、农业保险立法体例

由于农业保险法的特殊性，进行农业保险立法的国家为规范农业保险，一般是制定单行法。例如，1938 年，美国国会通过的《农业调整法》第五部分美国《联邦农作物保险法》，该法自颁布至 1980 年，一共修订了 12 次，1994 年和 1996 年，根据实施存在的问题，又再次进行了修订；加拿大于 1959 年颁布《联邦农作物保险法》（全称为《联邦政府对省政府经营农作物保险的分担和贷款法》），但由于加拿大政治体制的原因，该法只是简单规定联邦政府为举办农作物保险的省份分担直接保险的保险费和管理费，提供再保险和贷款。日本于 1929 年和 1938 年分别颁布了《家畜保险法》和《农业保险法》，并于 1947 年将二法合并加以修订补充，产生了《农业灾害补偿法》。菲律宾、墨西哥等发展中国家为了发展农业保险，也制定了单行的农业保险法。考虑到农业保险的特殊性和在促进农业发展的重要性，我们认为我国宜选择单行农业保险的立法体例。

四、农业保险具体法律制度构建

（一）农业保险组织结构法律制度

农业保险组织结构法律制度，是农业保险立法的重要主体制度，决定着农业保险法的制度框架。但在不同的制度模式下有不同的组织结构形式，呈现不同的特征。概括起来主要有以下三种组织结构体系类型：①国有保险公司或政府授权建立的专业公司。选择此种组织结构的国家主要是考虑到农业保险的政策性质，在农业保险法中确定由国有农业保险公司或政府授权建立的专业公司经营农业保险。美国《联邦农作物保险法》确定了联邦农作物保险公司（FCIC）的地位是作为农业部的一个机构，负责设计和维持《农作物保险法》所规定的农作物保险制度。该公司由政府出资，经营管理费用由政府补助，免除一切税赋。原则上农民投保自愿，但也有促使农民投保的强制条件，例如，保费补贴、农户信贷、生产调整、价格补贴等都与是否参加农业保险相联系。1994 年美国《农作物保险法修正案》明确规定，必须购买巨灾保险，然后才能追加其他的保险。此外，亚洲的印度、孟加拉国都是由该国的国有企业——普通保险公司经营，还有些国家由国家银行、信贷机构来办理，例如，伊朗是由伊朗银行，乌拉圭是由国家保险银行经营农业保险。国有保险公司或政府授权专业公司经营农业保险，能较好考虑农业保险的政策性，将社会效益作为其目标和任务，加之全国性经营获得规模经济效益，可较好矫正市场在这方面作用偏弱问题，收到较好的资源配置效果。当然由于农业保险很难赢利，达到财务收支平衡就很困难，国有保险公司或政府授权的专业公司经营往往会给财政带来沉重负担，也难以引导农业保险市场化经营。②农业保险合作社。这是政府主导下农业保险合作社模式所采用的组织结构类型，此种类型的最大好处在于社员具有保险人和被保险人集于一身的特点，其利益高度一致，对农业生产状况、农业技术、土地的地理位置和等级等情况，比较了解，可有效地防止农业保险中普通存在的道德风险和逆选择。比较成功而且能够系统提供的多种农业保险服务的要属日本《农业灾害补偿法》所规定的农业共济组合的三级体制：第一层是在市、町、村范围内，建立相互保险性质的保险组织——"农业共济组合"。凡在该区域内有住所并且经营种植业、养殖业达到一定规模的农户，都必须加入该组合；第二层是在都、道府、县设立农业共济组合联合会。各共济组合依《农业灾害补偿法》将本组合所负保险责任按一定比例向联合会分保；第三层是联合会向中央政府进行分保，但中央政府接受的分保仅限于法定保险，实际上这是第二级再保险。③商业性保险公司。在一些国家商业性保险公司也参与开展农业保险。但是，除少数国家外，在大部分开展一切险保险的国家里，商业性保险公司都不是主角，而主要充当代理人，由政府补贴管理费用。在这种组织形式下，可利用商业性保险公司完善的经营技术、配套的专业人才以及成熟的销售网络，节省财政额外开支，并且商业性保险公司通过经营农业保险，可进一步开拓农村的寿险和财险市场。但政府补贴的多少会影响商业性保险公司经营的积极性。

农业保险组织结构的选择是由农业保险法的制度模式决定的。由于各国政治、经济及社会条件的不同，在农业保险立法中，会有不同的农业保险组织结构，在农业保险市场上也具有不同的农业保险经营机构。我国在农业保险立法中，应根据所选的制度模式确定相应农业保险经营机构。

（二）国家支持农业保险法律制度

国家支持农业保险法律制度是指国家为了扶持农业保险发展，实现农业保险政策目标，而采取财政补贴、税收优惠等方式诱导和激励农业保险经营机构和农业生产者在国家农业保险规划下参与农业保险法律关系，这是国家干预农业保险的重要方式。正如前述，由于农业保险的系统性风险、信息不对称和正外部性易导致市场失灵，单纯的市场化经营农业保险很难取得成功，这就需要国家对农业保险的支持。此外，从政府制定农业保险法的目的来看，主要是将农业保险政策法律化，使农业保险不但成为风险管理工具，更重要的是成为国家对农业的收入转移支付工具。因此，多数国家在农业保险立法中就将国家支持农业保险法律制度列为首先要考虑的内容。这种支持主要体现为对农业保险的补贴和税收优惠。

1. 农业保险补贴法律制度。农业补贴是当今世界许多国家和地区，尤其是发展中国家和地区普遍采取的旨在保护和发展农业的重要政策。在《WTO 农业协议》框架下，农业补贴具有两层含义：一是广义的农业补贴，或叫做"支持性农业补贴"，即政府对农业部门的投资或支持，由于其中大部分是对科技、水利、环保等方面的投资，不会对农产品价格贸易产生显著性的扭曲，被称为"绿箱"补贴；另一种是狭义农业补贴，或叫做"保护性农业补贴"，如对粮食等农产品提供价格、出口或其他形式补贴，由于会对农产品价格和贸易产生明显扭曲，而被称为"黄箱"补贴措施。对农业保险的补贴属于"绿箱"补贴措施。农业保险补贴法律制度，即国家运用财政收入诱导和激励农业保险经营机构和投保农业生产者参与农业保险的支持制度。主要为对农业保险经营机构管理费用的补贴和对投保农业生产者保费的补贴。

从性质上看，国家对农业保险的补贴是一种导向性的财政支出[1]。政府通过补贴的方式诱导农业生产者和农业保险经营机构参与农业保险，从而达到支持

---

[1] 农业部财务司："农业补贴比较研究"，载《中国农业会计》2002 第 9 期。

和保护农业、稳定农业生产的政策目标。在缺少保费补贴的情况下，农业生产者对农业保险有潜在的需求，但无购买能力。而农业保险经营机构由于会亏本经营，而不愿涉足农业保险市场。只有在政府补贴的诱导下，农业保险市场才会供求平衡。从经济法的角度，这是"国家以非权力性和私法的手段介入经济"[1]。即国家作为公权力主体，运用财政收入，采取非权力手段，引导市场主体参与农业保险，实现国家农业经济政策之公益目标。若离开国家干预，农业保险往往偏离轨道，甚至难以为继，农业保险政策公益目标更难以实现。

参与农业保险补贴法律关系可分为国家对农业保险经营机构补贴管理费用法律关系和对投保农业生产者补贴保费法律关系。其主体有国家机关或授权部门、农业保险经营机构、投保农业生产者。其客体为补贴行为。对农业保险补贴系国家职责，应将其纳入年度财政预算，以保证补贴资金落实。补贴资金可通过农业保险经营机构予以拨付，并由审计机关对其进行审计监督。农业保险经营机构与投保农业生产者在国家农业保险规划内享有获取补贴请求权。

进行农业保险立法的国家皆确立了农业保险补贴制度。美国《农作物保险法》规定政府补贴保费的30%，日本《农业灾害补偿法》规定，无论是法定保险项目，还是自愿保险项目，政府都给予保费补贴。补贴依费率高低而不同，费率超高，补贴比例超高。水稻保险的保费补贴是70%（费率超过4%），旱稻保险费的最高补贴是80%（当费率为5%以上时），小麦保险费的最高补贴达80%，《农业灾害补偿法》上有详细的计算表。对管理费用，各国根据其不同制度模式，也有不同的补贴比例，以保证农业保险经营机构正常经营。

2. 农业保险税收优惠法律制度。税收优惠是一国政府通过法律，将一部分按标准税制规定应收的税款无偿让给纳税人，借助该种特定的税收的照顾和激励，实现其特定的社会经济目标的特殊调控工具。[2] 税收优惠以减轻税负承担为内容，"以将纳税义务者的经济活动朝一定方向进行导向为目的"[3]。通过税收优惠法律制度可适应复杂的经济情况，体现实质的税收公平。此外，还可促进生产发展，优化产业结构，达到调控经济的目标。由于农业保险的政策性的特征和发展农业保险对实现农业经济稳定的重要性，各国都建立了对农业保险的税收优惠法律制度。通过对农业保险经营机构的资本、存款、收入和财产等减征或免征赋税的税收优惠措施，减轻农业保险经营机构的税负，促进农业保险的发展，

---

〔1〕　[日]金泽良雄：《经济法概论》，满达人译，甘肃人民出版社1985年版，第58页。

〔2〕　钟大能：《税收优惠理论与实践探讨—兼论我国税收优惠政策的调整》，西南财经大学2002年硕士论文。

〔3〕　[日]金子宏：《日本税法》，战宪斌、郑林根等译，法律出版社2004年版，第69页。

实现政府的经济政策目标。我国对保险公司经营农业保险业务的营业收入免征营业税。这是国家对具有政策性的农业保险的扶持。

（三）农业保险合同法律制度

农业保险合同是以种植物、养殖物为保险标的财产保险合同。根据这两种标的可分为种植业保险合同和养殖业保险合同。农业保险合同从性质上讲，也是一种普通的民事合同，但与其他财产保险合同相比，由于其标的特殊性，使其具有以下特点：①农业保险合同的标的仅限于农业产品。农业产品主要包括种植物和养殖物，农业生产者根据其从事农业生产的实际需要，将具体农业产品投保相应的农业保险合同，这导致农业保险合同的种类繁多。但在法定农业保险中，其标的物是法律强制性规定的，仅限于关系国计民生的小麦、水稻等作物。②保险责任的高风险性和高赔付性。由于农业保险合同的标的均处于生长期内，并在很大程度上依赖外部环境。因此，造成农业保险合同的保险责任与一般财产保险相比具有高风险性和高赔付性。③农业保险合同的低保费。考虑到农业生产者对保费的承受能力，为扩大农业保险的覆盖范围，农业保险合同一般确定较低的保费，或者由国家对农业生产者的投保进行保费补贴。④农业保险合同的国家干预性较强。合同乃实现私法自治的工具，是双方当事人在意思表示一致基础上而订立。但由于农业保险与国家支持政策密切相关，农业保险合同多体现有国家的意志。例如农业保险合同的订立必须在国家农业保险规划内才可获得国家补贴和税收优惠，农业保险合同的条款也必须经国家机关或授权部门审核。

保险利益，也称可保利益，是指投保人或被保险人对保险标的的具有的法律上承认的利益，即在保险事故发生时可能遭受的损失或失去的利益。[1] 农业保险利益是指农业投保人或被保险人对投保农业产品所具有的法律上承认的利益，它是农业保险合同的效力要件。农业保险利益主要有以下特征：①农业保险利益为期待利益。保险利益应具备确定性，只有投保人对保险标的的具有利害关系，已经确定或者可以确定，才能构成具有保险利益。由于农业保险标的物处于生长之中，以投保之时至农作物收获期或养殖物成熟期尚有一定时日，只有到收获时才可以计算保险标的的价值，所以农业保险利益属于尚未确定但可以确定的利益，为期待利益，农业保险实际上是一种预期利益保险。②农业保险利益具有可计算性。农业保险保障的是可保风险，农业保险利益必须具备金钱价值并且可以计算，这是判断农业保险合同是否构成超额保险的重要标准。③农业保险利益确定方式的法定性。保险利益的确定可依市价双方约定或法定的方法确定。由于农业

---

〔1〕 详细论述见江朝国：《保险法基础论》，中国政法大学出版社 2002 年版，第 47～77 页。

保险危险的特殊性，保险利益主要依照法律规定的方式确定。

依照我国《保险法》第 18 条的规定，保险合同应当包括保险人名称和住所，投保人、被保险人名称和住所；人身保险的受益人名称和住所；保险标的；保险责任和责任免除；保险期间和保险责任开始时间；保险价值；保险金额；保险费以及支付办法；保险金赔偿或者给付办法；违约责任和争议处理；订立合同的年、月、日等基本条款。农业保险合同作为一种特殊保险合同，也应该包含以上内容。不过由于农业保险易发生逆选择和道德风险，在设计农业保险合同时应着重以下条款：①多档次的费率条款。针对不同农业生产者的风险偏好，设计多档次的费率条款，供投保农业生产者选择，可在一定程度上降低逆选择。风险较大的农场主可选择保障水平较高的合同，从而多交保费。例如，毛里求斯糖业保险基金会为防止逆选择将费率体系设计为 100 多个档次，激励投保人努力耕作，精心管理，以期改善自己的费率档次，达到少交保费的目的[1]。②确定免赔额和共保条款。在农业保险合同中规定保险人可以从损失中预先扣除固定金额，即免赔额，其余作为保险赔款，即只有在损失超过免赔额，保险人才承担超过部分赔偿责任。共保条款是指在保险事故发生后，对损失超过免赔额的部分，保险人只承担一部分赔偿责任，其余则由投保人自己承担。在农业保险合同中有了免赔额和共保条款，就提高了投保农业生产者疏于管理和实施道德危险行为的成本。此外，也可减少农业保险经营机构的理赔费用。③设计无赔款优待条款。即投保农业生产者在一定保险期间无索赔的经历，即可获得优惠的费率优待。例如，规定一年无索赔即可减少保费 10%，三年无索赔减少保费 15%，四年可减少保费25% 等优待条款。这些条款可提高风险较小、诚实的农业生产者参与农业保险的积极性，降低逆选择，也可激励投保农业生产者精心管理，减少道德风险。

（四）农业再保险法律制度

再保险是指保险人将其承担的一部分或全部保险责任分散和转嫁给其他保险人的一种分散风险机制。[2] 这种机制有利于分散保险人的承保危险，扩大原保险人和再保险接受人的承保能力，保证保险业的正常经营和稳健发展。再保险一般通过订立再保险合同的方式建立。这种再保险合同可以分为广义再保险合同和狭义再保险合同，广义再保险合同是指将原保险的全部或部分保险责任转移给再保险接受人而订立的保险合同；狭义再保险合同是指原保险人只能将原保险的部

---

〔1〕　冯文丽：《我国农业保险制度变迁》，厦门大学 2004 年博士论文。
〔2〕　温世扬主编：《保险法》，法律出版社 2003 年版，第 325 页。

分保险责任转移给再保险接受人而与之订立的保险合同。我国《保险法》的规定[1]表明我国再保险合同仅指狭义再保险合同，即保险人只能将其承保的保险责任的一部分转移给其他保险人。

建立再保险制度对农业保险非常必要，这是因为农业的自然风险多为巨灾风险，其危险单位很大，而且一般的农业保险经营机构其保险范围都很小（在一乡、一县之内），由于其经营受地域的限制，即便集合了本区域内全部同质风险，也很难通过空间有效地分散，特别经不起巨灾的风险打击，所以必须要在更大范围内寻求空间上的风险分散，即农业保险经营机构将其承保的农业保险业务进行再保险，"它已经成为农业保险人在更大空间范围内进行风险分散的有力手段"[2]。同时，农业再保险也是国家支持农业保险的一种重要方式。国家可通过组建国有农业再保险公司或直接提供再保险等方式，支持农业保险发展，实现国家经济政策的目标。

各国农业保险法一般都规定有再保险制度。例如，美国《农作物保险法》规定，联邦农作物保险公司依法为所有提供农作物保险的保险人、再保险人，州或地方政府机构提供可行的最大限度的再保险。菲律宾《农作物保险法》规定为使农作物保险公司免受超额损失，以巩固自有资本，公司须将其主业务——水稻作物保险投保再保险。日本《农业灾害补偿法》中确立农业共济组合体制，实际上建立了两级再保险制度，层层分保，以在更大范围内分散风险。

对农业再保险的安排方式，一般由国家出资组建专门的农业再保险公司，或者与再保险公司签订再保险合同[3]，由国家财政予以支持。此外，为了在更广大空间范围内分散风险，农业保险经营机构可向国际保险市场办理再保险。

---

〔1〕 我国《保险法》第28条规定："保险人将其承担的保险业务，以分保形式部分转移给其他保险人的，为再保险。应再保险接受人的要求，再保险分出人应当将其自负责任及原保险的有关情况书面告知再保险接受人。"

〔2〕 庹国柱、李军主编：《农业保险》，中国人民大学出版社2005年版，第437页。

〔3〕 2007年5月28日，中国人民财产保险股份有限公司、中华联合保险控股股份有限公司和安华农业保险股份有限公司共同与中国再保险集团公司以下简称"中再集团"签订了《政策性农业再保险框架协议》。本协议包含三部分内容：第一部分为政策性农险再保险的基本原则；第二部分为政策性农险再保险的基本框架结构，即政策性农险再保险是服务于中央财政给予保费补贴的政策性农险试点项目的巨灾风险保障手段，中再集团与三家农险试点公司通过这一合作平台，实现直保与再保相互支持、相互促进、共同发展；第三部分为政策性农险再保险的基本运作方法，即中再集团与三家农险试点公司建立超赔再保险业务合作关系，其超赔结构包括三层：第一层为赔付率100%以上的100%，第二层为赔付率200%以上的100%，第三层为赔付率300%以上的300%。

（五）农业保险配套法律制度

为了保证农业保险法诸制度正常运作，农业保险法一般规定以下配套制度：

1. 巨灾损失基金制度。巨灾损失是指在一次风险事故中，保险人所承受的超过一定标准的特大赔偿损失。巨灾损失基金即为分散农业遭遇巨大自然灾害或意外事故时给农业保险经营机构带来过高理赔风险，而由国家保险经营机构、社会捐助等多渠道筹集资金依法建立的具有完善运营机制的专门资金。如前所述，农业是高风险的产业，农业特大自然灾害和巨灾损失难以避免。巨灾风险的存在和损失的发生，往往吞噬农业保险经营机构所有的准备金和资本金，使农业保险经营机构陷入严重的财务危机。巨灾损失日益成为保险公司破产的重要原因[1]。普通的财产险和寿险公司应对巨灾风险损失的手段通常是建立巨灾损失准备金和实施再保险手段。由于农业风险高度相关的特殊性以及农业大型灾害性气候的经常性，使农业巨灾损失成为难以解决的难题，为此大多数国家农业保险法都确立了巨灾损失基金制度。

巨灾损失基金来源渠道主要是国家拨款，国家可将部分农业救济资金投入建立巨灾损失基金，制度化的巨灾损失基金较政府无偿的救济行为更有利于分散农业巨灾风险。巨灾损失基金具有支持农业保险经营机构稳健经营的功能，因此可从农业保险经营机构经营收入中提取部分资金。此外，巨灾损失基金可接受社会捐助以增强其抵抗巨灾能力。

2. 农业保险与农业信贷挂钩制度。农业信贷制度也是支持农业生产的重要措施。为扩大农业保险的覆盖面，同时也保证农民在受灾后有能力归还贷款，不少国家农业保险法规定将农业保险与农业信贷挂钩，要取得农业信贷的支持，必须参加农业保险。例如菲律宾《农作物保险法》规定，获得监督信贷计划贷款的所有农民都必须参加农业保险，其他农民则自愿参加保险。所有参加监督信贷计划的银行都是农作物保险计划的代理人；贷款农民的赔款通过贷款机构支付。这实质上使农业保险具有了担保的功能，在投保农户因自然灾害或意外事故无力履行还贷责任时，农业信贷机构可从农业保险经营机构处以投保户所得理赔款还贷。

---

[1]　谢家智、薄林昌："政府诱导型农业保险发展模式研究"，载《保险研究》2003 年第 11 期。

第十六章

农业金融法律制度

第一节　农业金融法律制度概述

一、农业金融概述

农业经济的发展需要大量持续的资金投入，从广义的角度，农业资金的融通，可分为资金的财政融通和资金的信用融通，前者主要体现为各项财政支农资金，后者一般体现为农业金融服务体系所提供的资金帮助，我们在此所指的农业金融是农业金融服务机构为促进农业和农村经济发展所提供的资金帮助。农业金融并不仅仅是一个地域性概念，它是在凸显农业特性基础上，如何满足农业生产经营对资金的需求，从而农业生产者能获取可得、方便、及时的金融服务的全局性概念。在农业金融的发展过程中，农业的弱质性和农户的分散性使以追求以营利为目的的商业性金融机构往往不愿将更多的资金投向农业生产。而面对高门槛的正规性金融机构，农村地区农民自发成立的民间金融机构及民间资本又难以企及取得正规性金融机构的资格。因此，农业金融的发展离不开国家的支持、规范和引导。

我国的农业金融在政府的推动和支持下，现在形成了以工商企业为主要服务对象的商业性金融机构、主要为农户服务的合作金融机构和支持整个农业开发和农业技术进步、保证国家农副产品收购的政策性金融机构农业金融服务体系。农业金融法律制度即规范为农民、农业和农村经济发展提供金融服务的金融机构的组织、业务及其监管的法律规范的总称。

二、国外农业金融立法

国外农业金融立法主要表现为在农村合作金融及农业保险等方面的立法。如美国现行农场信贷法规主要包括《农场和农村共同发展法》、1971 年《农场信贷法》、1936 年《农村电气化法》、1942 年《农业贷款的妥协、调整和取法》和《取消农村发展规定与 2002 年农场安全和农村投资法关联》，其中对美国农场信贷体系发展意义最大的是 1987 年《农业信贷法》和 1971 年《农场信贷法》，前者规定了美国农业金融的基本职能和组成，后者则对美国农场信贷体系与各机构的运作规则进行了严格规范[1]。日本于 1900 年颁布了《产业组合法》，到 1998 年已进行多次修改，现今的《农业协同组合法》、《农林中央金库法》是日本两部综合性的农村合作金融法律，规范着日本农村合作金融业的发展。泰国《农业和农业合作社银行法》于 1966 年立法，经过了 1976、1982、1999 年三次修改。依据该法案，泰国 1966 年在原合作社银行基础上建立了农业和农业合作社银行，并为其长期稳定发展奠定了良好的基础。印度 1981 年制定了《国家农业和农村发展银行法》，该法律对农村发展银行的外部制度安排和内部经营管理作了全面的规定，是农村政策性金融重要的制度保障。在农业保险立法方面，美国、加拿大、日本和菲律宾等开展农业保险较早的国家，都以专门的法律对其地位和运作规则进行了特别规定。如 1938 年，美国国会通过的《农业调整法》第五部分美国《联邦农作物保险法》，该法自颁布至 1980 年，一共修订了 12 次，1994 年和 1996 年，根据实施存在的问题，又再次进行了修订；加拿大于 1959 年颁布《联邦农作物保险法》（全称为《联邦政府对省政府经营农作物保险的分担和贷款法》），但由于加拿大政治体制的原因，该法只是简单规定联邦政府为举办农作物保险的省份分担直接保险的保险费和管理费，提供再保险和贷款。日本 1929 年和 1938 年分别颁布了《家畜保险法》和《农业保险法》，并于 1947 年将二法合并加以修订补充，产生了《农业灾害补偿法》。菲律宾、墨西哥等发展中国家为了发展农业保险，也制定了单行的农业保险法。

三、我国农业金融立法概况

在我国农业金融立法方面，《农业法》第 45 条对农业金融仅有原则性规定，规定国家建立健全农业金融体系，加强对农业信贷的支持，强调农村信用社的宗旨，采取贴息等措施，鼓励农业金融机构向农业生产者提供贷款。除农业基本法对农业金融的原则性规定外，长期以来，我国农业金融立法，围绕农村信用合作社的改革进行。如 1997 年中国人民银行发布的《农村信用合作社管理规定》、《农村信用合作社县级联合社管理规定》、《农村信用合作社资产负债比例管理暂行办法》等规章和规范性文件。此外，中国人民银行还出台了一系列规范性文件强调农业信贷投向，如 1998 年出台的《关于加大信贷投入、强化信贷管理、促进农业与农村经济发展的通知》。为有效解决农村地区银行业金融机构网点及覆盖率低、金融服务不充分等问题，更好地改进和加强农业金融服务，2006 年 12 月 22 日，中国银行业监督管理委员会（以下简称"银监会"）印发了《中国银

---

〔1〕　详细论述见李超民："美国农场合作金融法制化与我国农村金融体制建设"，载《环球法律评论》2006 年第 6 期。

行业监督管理委员会关于调整放宽农村地区银行业金融机构准入政策更好支持社会主义新农村建设的若干意见》（银监发〔2006〕90 号，以下简称《若干意见》），适度调整放宽农村地区银行业金融机构准入政策。鼓励和引导境内外金融机构和境内各类资本加大对农村地区的金融投资，增设网点，设立村镇银行、专营贷款业务子公司和农村信用合作组织等新型农业金融机构，进一步完善农业金融体系。2007 年 1 月 22 日，银监会印发了《村镇银行管理暂行规定》、《贷款公司管理暂行规定》以及《农村资金互助社管理暂行规定》等 3 个规范性文件。上述规范性文件对村镇银行、贷款公司、农村资金互助社的性质、法律地位、组织形式、公司治理、审慎经营和审慎监管等分别作出详细规定。因此，我国现行的农业金融法律制度主要包括农村信用合作社法律制度、农村资金互助社法律制度、农村合作银行法律制度、农村商业银行法律制度、村镇银行法律制度、贷款公司法律制度、小额贷款公司法律制度、农村政策性银行法律制度以及政策性农业保险法律制度。考虑到本书已将农业保险法律制度另立一章论述，本章不再论述农业金融法律制度中非常重要的农业保险法律制度。

第二节　农业合作金融法律制度

一、农村信用合作社法律制度

（一）制度变迁中农村信用合作社法律地位的摇摆

新中国的农村信用合作组织是在解决农村资金紧缺、打击高利贷、发展农业生产的背景下建立起来的。1951 年 5 月中国人民银行召开全国第一次农业金融工作会议，并相继颁布了《农村信用合作社章程准则（草案）》、《农村信用互助小组公约（草案）》，一方面确定建立区级银行机构——农村营业所，另一方面在广大群众中重点试办农村信用合作组织，农村信用社得到迅速发展。1977 年 11月颁布的《关于整顿和加强银行工作的几项规定》和 1979 年国务院《关于恢复中国农业银行的通知》中均指出，农村信用合作社是集体金融组织，又是国家银行（即农业银行）在农村的金融机构。这样，信用社在名义上是农村集体性质的合作金融组织，实质上变成了国家银行的基层机构，成了具有双重性的金融机构，混淆了国家银行和合作金融的本质区别，使信用合作社特有的组织上的群众性、管理上的民主性和业务上的灵活性逐渐消失[1]。1984 年，国务院 105 号文

---

〔1〕　王曙光、乔郁等：《农村金融学》，北京大学出版社 2008 年版，第 176 页。

件转发了《中国农业银行关于改革农村信用社管理体制的报告》，该文件于同年 8 月 6 日起施行，提出要把农村信用社办成真正的合作金融组织，恢复其合作性质。2003 年 6 月，国务院下发《国务院关于印发深化农村信用社改革试点方案的通知》。文件指出按照"明晰产权关系、强化约束机制、增强服务功能、国家适当支持、地方政府负责"的总体要求，加快农村信用社管理体制和产权制度改革，把农村信用社逐步办成由农民、农村工商户和各类经济组织入股，为农民、农业和农村经济发展服务的社区性地方金融机构，充分发挥农村信用社农业金融主力军和联系农民的金融纽带作用，更好地支持农村经济结构调整，促进城乡经济协调发展。

根据中国人民银行发布的《农村信用合作社管理规定》，农村信用社是指经中国人民银行批准设立、由社员入股组成、实行社员民主管理，主要为社员提供金融服务的农村合作金融机构。根据 2003 年通过的《银行业监督管理法》第 16 条的规定，原由中国人民银行履行的审查批准银行业金融机构的设立、变更、终止以及业务范围职责由国家银行业监督管理机构承担，因此；《农村信用合作社管理规定》中关于中国人民银行的职责应由银行业监督管理机构承担。农村信用社是独立的企业法人，以其全部资产对农村信用社的债务承担责任，依法享有民事权利，承担民事责任。农村信用社的社员，是指向农村信用社入股的农户以及农村各类具有法人资格的经济组织。农村信用社职工应当是农村信用社社员。社员以其出资额为限承担风险和民事责任。

（二）农村信用合作社体制改革

我国的农村信用合作社是在合作经济在农村普遍推广情况下作为为合作经济服务的金融组织而在农村大量建立起来的。但农村信用合作社在发展过程中，部分信用合作社丧失合作性质，沦为社区性金融机构。目前规范农村信用合作社的法规只有中国人民银行于 1997 年颁布的《农村信用社管理规定》，然而，在农村信用社的实践中并没有得到严格的遵循。尽管主管机关也先后颁布了一些行政规章，但其效力层次过低，也缺乏权威性与稳定性。法律没有对农村信用社组织进行规定，即使是行政法规层级，比如 2003 年国务院《深化农村信用社改革试点方案》和 2004 年国务院《关于进一步深化农村信用社试点改革意见》，也只是宽泛规定，没有细化明确的规定。《宪法》第 8 条规定了"农村中的生产、供销、信用、消费等各种形式的合作经济，是社会主义劳动群众集体所有制经济。……"1996 年，国务院发布的《关于农业金融体制改革的决定》，在关于农村信用合作社体制改革问题中，指出改革的核心是把农村信用社逐步改为由农民入股、由社员民主管理，主要为入股社员服务的合作性金融组织。改革的步骤是：

农村信用社与中国农业银行脱离行政隶属关系，对其业务管理和金融监管分别由农村信用社县联社和中国人民银行承担，然后按合作制原则加以规范。为保证农村信用社与中国农业银行脱离行政隶属关系后在管理上的连续性，要首先充实加强县联社和中国人民银行县支行。改革内容具体涉及以下问题：①加强农村信用社县联社的建设。②强化中国人民银行对农村信用社的监管。③中国农业银行不再领导管理农村信用社。④按合作制原则重新规范农村信用社。⑤县以上不再专设农村信用社的经营机构。在国务院《深化农村信用社改革试点方案》中具体规范深化信用社改革，要重点解决好两个问题：一是以法人为单位，改革信用社产权制度，明晰产权关系，完善法人治理结构，区别各类情况，确定不同的产权形式；二是改革信用社管理体制，将信用社的管理交由地方政府负责。2010 年 9月银监会发布《关于高风险农村信用社并购重组的指导意见》，通过并购重组推动高风险农村信用社发展，以提高农村信用社稳健经营能力，促进农业金融发展，提高支农水平。

（三）农村信用合作社的设立和变更

1. 农村信用合作社的设立。根据《农村信用合作社管理规定》的规定，农村信用社营业机构要按照方便社员、经济核算、便于管理、保证安全的原则设置。农村信用社可根据业务需要下设分社、储蓄所，由农村信用社统一核算。分社、储蓄所不具备法人资格，在农村信用社授权范围内依法、合规开展业务，其民事责任由农村信用社承担。

设立农村信用社应当具备下列条件：①有符合本规定的章程；②社员一般不少于 500 个；③注册资本金一般不少于 100 万元人民币；④有具备任职资格的管理人员和业务操作人员；⑤有符合要求的营业场所，安全防范措施和办理业务必需的设施。

设立农村信用合作社，分筹建和开业两个阶段。设立农村信用社，申请人应当向当地银监局提交下列文件资料：①申请书（应当载明拟设立的农村信用社的名称、所在地、注册资本、业务范围等）；②可行性分析报告；③银行业监督管理机构规定提交的其他文件、资料。设立农村信用社，申请人应当填写正式申请表，并提交下列资料：①章程草案；②拟任职的理事长、副理事长和主任、副主任的资格证明；③法定验资机构出具的验资证明；④发起社员名单及出资额；⑤符合要求的营业场所的产权或使用权的有效证明文件和安全防范措施、办理业务必需的设施的资料；⑥银行业监督管理机构规定提供的其他资料。农村信用社筹建完毕，应向银行业监督管理机构申请开业。经批准设立的农村信用社，由银行业监督管理机构颁发《金融机构法人许可证》，并凭该许可证向工商行政管理部门登记，领取营业执照。

2. 农村信用合作社的变更。农村信用社有下列变更事项之一的，需经银行业监督管理机构批准，其审批程序依据《农村信用合作社管理规定》第 12 条第 1 款规定：①变更名称；②变更注册资本；③变更营业场所；④调整业务范围；⑤变更理事长、副理事长和主任、副主任；⑥农村信用社的分立、合并。

（四）股权设置和组织机构

1. 股权设置。农村信用社的注册资本金是农村信用社社员缴纳的股本金和农村信用社公积金转增形成的资本总额。所有社员必须用货币资金入股，单个社员的最高持股比例不得超过该农村信用社股本金总额的 2%。农村信用社不得印制股票，只发记名式股金证书作为入股者所有权凭证和分红依据。股金证书应载明认缴股金数额及所享有的所有者权益份额。

农村信用社社员持有的股本金，经向本社办理登记手续后可以转让。社员经本社理事会同意后可以退股。年底财务决算之前退股的，不支付当年股息红利。

2. 组织机构。

（1）社员代表大会。农村信用社实行民主管理，其权力机构是社员代表大会。社员代表大会由本社社员代表组成。选举社员代表时每个社员一票。社员代表每届任期三年。社员代表大会由理事会召集，每年召开一次。理事会认为必要，可随时召开；经 1/2 以上的社员代表提议，或 2/3 以上的监事提议，也可临时召开。社员代表大会行使下列职权：制定或修改农村信用社章程；选举或更换理事会、监事会成员；审议批准理事会、监事会工作报告；审议批准农村信用社年度财务预算方案、决算方案、利润分配方案和弥补亏损方案；对农村信用社的分立、合并、解散和清盘事项作出决议；决定其他重大事项。章程的修改，农村信用社的分立、合并、解散和清盘，要经社员代表大会以全体代表的 2/3 以上多数通过；其他议案必须经社员代表大会以全体代表的 1/2 以上多数通过。

（2）理事会。理事会是社员代表大会的常设执行机构，由 5 名以上（奇数）理事组成。理事均由社员担任，由社员代表大会选举和更换。每届任期与社员代表大会相同。理事会会议由理事长召集和主持。每半年召开一次，必要时可随时召开。

理事会行使下列职权：召集社员代表大会，并向社员代表大会报告工作；执行社员代表大会决议；选举和更换理事长、副理事长；审定农村信用社的发展规划、经营方针、年度业务经营计划；聘任和解聘农村信用社主任、副主任；审议农村信用社主任的工作报告；批准农村信用社的内部管理制度；批准农村信用社内部职能部门和分支机构的设置方案；拟定农村信用社年度财务预、决算方案、利润分配方案和弥补亏损方案；拟定农村信用社合并、分立、解散等重大事项的计划和方案；章程规定和社员代表大会授予的其他职权。

理事长、副理事长的选举和更换，要经理事会全体理事的 2/3 以上多数通过，其他议案必须经理事会全体理事的 1/2 以上多数通过。理事会设理事长 1 人，主持理事会工作；副理事长 1 至 2 人，协助理事长工作。理事长、副理事长由县联社提名，经银监分局进行任职资格审查合格后由理事会选举产生。

（3）监事会。监事会是农村信用社的监督机构，由 3 名以上（奇数）监事组成。监事由社员代表大会选举和更换。每届任期同社员代表大会，行使职权到下届社员代表大会选出新的监事为止。监事应有社员代表、职工代表组成。理事、主任、副主任和财务负责人不得兼任监事。监事会会议由监事长召集和主持，每半年召开一次，必要时可随时召开。

监事会行使下列职权：派代表列席理事会会议；监督农村信用社执行国家法律、法规、政策；对理事会决议和主任的决定提出质询；监督农村信用社经营管理和财务管理；向社员代表大会报告工作；章程规定和社员代表大会授予的其他职权。

监事长的选举和更换要经监事会全体监事的 2/3 以上多数通过，其他议案须经监事会全体监事的 1/2 以上多数通过。监事会设监事长 1 名，主持监事会工作。监事长由监事会选举和更换。

（4）主任。农村信用社实行理事会领导下的主任负责制。农村信用社设主任 1 人，为法定代表人，副主任 1 至 2 人。农村信用社规模较小的，其主任、副主任可由理事长、副理事长兼任。农村信用社主任由县联社推荐并进行考核，银监分局进行任职资格初审，银监局批准其任职资格后，由理事会予以聘任。

农村信用社主任全面负责农村信用社的经营管理，行使下列职权：主持农村信用社的经营管理工作，组织实施社员代表大会和理事会的决议；提出农村信用社内部管理制度草案；提出农村信用社发展规划、经营方针和经营计划草案；提出农村信用社年度财务预算方案、决算方案和利润分配方案；拟定农村信用社内部机构设置；决定对工作人员的奖惩；征得理事会同意后，向县联社推荐副主任人选；章程规定和理事会授予的其他职权。

农村信用社的理事长、副理事长、主任、副主任及其他主要管理人员不得在党政机关任职，不得兼任其他企事业单位的高级管理人员，不得从事除本职工作以外的其他任何以营利为目的的经营活动。

（五）业务范围和业务规则

1. 业务范围。经银行业监督管理机构批准，农村信用社可经营下列人民币业务：①办理存款、贷款、票据贴现、国内结算业务；②办理个人储蓄业务；③代理其他银行的金融业务；④代理收付款项及受托代办保险业务；⑤买卖政府债券；⑥代理发行、代理兑付、承销政府债券；⑦提供保险箱业务；⑧由县联社统一办理资金融通调剂业务；⑨办理经银行业监督管理机构批准的其他业务。

2. 业务规则。农村信用社必须遵守国家法律、法规和金融方针政策，依照法规开展金融业务，其在开展业务时根据《农村信用合作社管理规定》必须遵守以下规则：①按规定缴纳存款准备金。②对本社社员的贷款不得低于贷款总额的50%。其贷款应优先满足种养业和农户生产资金需要，资金有余时再支持非社员和农村其他产业。③坚持多存多贷、自求平衡的原则，实行资产负债比例管理和资产风险管理：资本充足率不得低于8%；年末贷款余额与存款余额的比例不得超过80%；流动性资产余额与流动性负债余额的比例不得低于25%；对同一借款人的贷款余额不得超过本农村信用社资本总额的30%。④应按规定向银监分局、县联社报送信贷、现金计划及其执行情况，报送统计报表和银行业监督管理机构所需的其他统计资料。农村信用社对所报报表、资料的真实性、准确性负责。⑤执行国家统一制定的农村信用社财务会计制度，按照国家有关规定，真实记录并全面反映其业务活动和财务状况，编制年度财务会计报告，及时向银监分局报送会计报表。不得在法定的会计账册外另立会计账册。⑥应当按照国家有关规定，提取呆账准备金和坏账准备金。⑦按照中国人民银行的规定办理本地和异地结算业务。办理同城结算的，可参加中国人民银行组织的同城票据交换和多边结算，也可通过县联社办理；办理异地结算可自由选择开户银行办理。⑧应以县联社为单位，统一聘请银行业监督管理机构的会计师事务所对其财务报表及财务状况进行审查。⑨农村信用社应定期向本社理事会、监事会报告其财务状况。

（六）接管与终止

1. 接管。农村信用社在已经或可能出现信用危机、严重影响存款人利益时，国务院银行业监督管理机构可以按有关规定对该信用社实行接管，对其进行整顿，改善资产负债状况，恢复正常经营能力。接管期限不得超过12个月。接管期限届满，国务院银行业监督管理机构可视情况决定延期，但接管期限最长不超过两年。

2. 终止。农村信用社因解散、被撤销或被宣告破产而终止：

（1）解散。农村信用社因分立、合并或者出现章程规定的解散事由需要解散的，应当向国务院银行业监督管理机构提出申请，并附解散的理由和支付存款的本金和利息等债务清偿计划，经国务院银行业监督管理机构批准后解散。农村信用社解散的，应当依法成立清算组进行清算，按照清偿计划及时偿还存款本金和利息等债务。由国务院银行业监督管理机构监督清算过程。

（2）撤销。农村信用社因吊销许可证被撤销的，由中国人民银行组织成立清算组进行清算，按照清偿计划及时偿还存款本金和利息等债务。

（3）农村信用社资不抵债，不能支付到期债务，经国务院银行业监督管理机构同意后，由人民法院依法宣告其破产。

（七）农村信用合作社联合社

我国农村合作金融体系形成了以基层社员组成基层组织，以基层组织为社员组成上一级组织的垂直结构体系。在《深化农村信用社改革试点方案》中指出，地（市）级不再设立联社或其他形式的独立管理机构，因此，目前存在的是县联社和省联社。依据《农村信用合作社县级联合社管理规定》，县联社是指经中国人民银行批准设立、由所在县（市）农村信用合作社（以下简称农村信用社）入股组成、实行民主管理、主要为农村信用社服务的联合经济组织，是企业法人。依据《农村信用社省（自治区、直辖市）联合社管理暂行规定》规定，省联社是由所在省（自治区、直辖市）内的农村信用合作社市（地）联合社、县（市、区）联合社、县（市、区）农村信用合作联社、农村合作银行自愿入股组成，实行民主管理，主要履行行业自律管理和服务职能，具有独立企业法人资格的地方性金融机构。

二、农村资金互助社法律制度

（一）农村资金互助社的性质和法律地位

根据《农村资金互助社管理暂行规定》的规定，农村资金互助社是指经银行业监督管理机构批准，由乡（镇）、行政村农民和农村小企业自愿入股组成，为社员提供存款、贷款、结算等业务的社区互助性银行业金融机构。其实行社员民主管理，以服务社员为宗旨，谋求社员共同利益。农村资金互助社是独立的企业法人，对由社员股金、积累及合法取得的其他资产所形成的法人财产享有占有、使用、收益和处分的权利，并以上述财产为限对债务承担责任。农村资金互助社作为一种互助性的经济组织，在起草《农村资金互助社管理暂行规定》过程中的主要依据的是《银行业监督管理法》、《调整放宽农村地区银行业金融机构准入政策的若干意见》，并参考了《商业银行法》、《农民专业合作社法》以及以前农村信用社的有关规定[1]。并且在许多具体规定中都可以看到《农民专业合作社法》的条文，但实际上《农民专业合作社法》里所规范的并不包括提供

---

〔1〕 李占春："《农村资金互助社管理暂行规定》解读"，载《中国农村信用合作》2007 年第 2 期。

金融服务的合作社，在这部法律以及全国人大的解释中，都明确农民现在还没有组建自己的信用合作组织的权利。据此可表明《农村资金互助社管理暂行规定》出台为农民成立信用合作组织提供了规范依据，意义重大。

（二）农村资金互助社的设立

1. 设立条件。农村资金互助社应在农村地区的乡（镇）和行政村以发起方式设立，由于这类机构经营地域小，因此，不得设立分支机构。设立农村资金互助社应符合以下条件：①有符合本规定要求的章程；②有10名以上符合本规定社员条件要求的发起人；③有符合本规定要求的注册资本。在乡（镇）设立的，注册资本不低于30万元人民币，在行政村设立的，注册资本不低于10万元人民币，注册资本应为实缴资本；④有符合任职资格的理事、经理和具备从业条件的工作人员；⑤有符合要求的营业场所，安全防范设施和与业务有关的其他设施；⑥有符合规定的组织机构和管理制度；⑦银行业监督管理机构规定的其他条件。

2. 设立程序。设立农村资金互助社，应当经过筹建与开业两个阶段。农村资金互助社机构规模小、层级低、人员缺乏必要的金融从业经验，难以完成规范的准入文件起草工作，因此《农村资金互助社管理暂行规定》及《农村资金互助社管理组建审批工作指引》对申请材料和程序，除法律法规明确的，必须的材料和必备的程序外，予以简化。《农村资金互助社管理暂行规定》指出，申请筹建，应向银行业监督管理机构提交以下文件、资料：①筹建申请书；②筹建方案；③发起人协议书；④银行业监督管理机构要求的其他文件、资料。申请开业，应向银行业监督管理机构提交以下文件、资料：①开业申请；②验资报告；③章程（草案）；④主要管理制度；⑤拟任理事、经理的任职资格申请材料及资格证明；⑥营业场所、安全防范设施等相关资料；⑦银行业监督管理机构规定的其他文件、资料。

从审批程序上，筹建申请由银监分局受理并初步审查，银监局审查并决定；开业申请由银监分局受理、审查并决定。银监局所在城市的乡（镇）、行政村农村资金互助社的筹建、开业申请，由银监局受理、审查并决定。经批准设立的农村资金互助社，由银行业监督管理机构颁发金融许可证，并按工商行政管理部门规定办理注册登记，领取营业执照。

（三）社员和股权管理

1. 社员入股条件。农村资金互助社社员是指符合《农村资金互助社管理暂行规定》（以下简称"《暂行规定》"）要求的入股条件，承认并遵守章程，向农村资金互助社入股的农民及农村小企业。考虑到以经济组织成员为主体设立信用合作组织在国际上是一种普遍作法，有利于加强经济组织内部成员的经济联系，也有利于信用合作组织社员的稳定和提高信用基础，为此《暂行规定》允许农村资金互助社通过章程的规定将其社员限制在某一经济组织内部，以经济组织为依托设立农村资金互助社。《暂行规定》根据两类社员的实际情况，分别规定了入股条件。农民向农村资金互助社入股应符合以下条件：①具有完全民事行为能力；②户口所在地或经常居住地（本地有固定住所且居住满3年）在入股农村资金互助社所在乡（镇）或行政村内；③入股资金为自有资金且来源合法，达到章程规定的入股金额起点；④诚实守信，声誉良好；⑤银行业监督管理机构规定的其他条件。农村小企业向农村资金互助社入股应符合以下条件：①注册地或主要营业场所在入股农村资金互助社所在乡（镇）或行政村内；②具有良好的信用记录；③上一年度盈利；④年终分配后净资产达到全部资产的10%以上（合并会计报表口径）；⑤入股资金为自有资金且来源合法，达到章程规定的入股金额起点；⑥银行业监督管理机构规定的其他条件。单个农民或单个农村小企业向农村资金互助社入股，其持股比例不得超过农村资金互助社股金总额的10%，超过5%的应经银行业监督管理机构批准。入股的形式上，社员入股必须以货币出资，不得以实物、贷款或其他方式入股。

2. 社员的权利和义务。农村资金互助社的社员享有以下权利：①参加社员大会，并享有表决权、选举权和被选举权，按照章程规定参加该社的民主管理；②享受该社提供的各项服务；③按照章程规定或者社员大会（社员代表大会）决议分享盈余；④查阅该社的章程和社员大会（社员代表大会）、理事会、监事会的决议、财务会计报表及报告；⑤向有关监督管理机构投诉和举报；⑥章程规定的其他权利。农村资金互助社社员参加社员大会，享有一票基本表决权；出资额较大的社员按照章程规定，可以享有附加表决权。该社的附加表决权总票数，不得超过该社社员基本表决权总票数的20%。享有附加表决权的社员及其享有的附加表决权数，应当在每次社员大会召开时告知出席会议的社员。章程可以限制附加表决权行使的范围。社员代表参加社员代表大会，享有一票表决权。不能出席会议的社员（社员代表）可授权其他社员（社员代表）代为行使其表决权。授权应采取书面形式，并明确授权内容。

农村资金互助社社员承担下列义务：①执行社员大会（社员代表大会）的决议；②向该社入股；③按期足额偿还贷款本息；④按照章程规定承担亏损；⑤积极向本社反映情况，提供信息；⑥章程规定的其他义务。

3. 股权管理。农村资金互助社社员不得以所持本社股金为自己或他人担保。社员的股金和积累可以转让、继承和赠与，但理事、监事和经理持有的股金和积累在任职期限内不得转让。

根据《农民专业合作社法》规定的"入股自愿，退股自由"，社员可以办理退股，但必须同时满足以下条件：①社员提出全额退股申请；②农村资金互助社当年盈利；③退股后农村资金互助社资本充足率不低于8%；④在本社没有逾期未偿还的贷款本息。要求退股的，农民社员应提前3个月，农村小企业社员应提前6个月向理事会或经理提出，经批准后办理退股手续。退股社员的社员资格在完成退股手续后终止。社员在其资格终止前与农村资金互助社已订立的合同，应当继续履行；章程另有规定或者与该社另有约定的除外。社员资格终止的，农村资金互助社应当按照章程规定的方式、期限和程序，及时退还该社员的股金和积累份额。社员资格终止的当年不享受盈余分配。

（四）组织机构

1. 社员大会（社员代表大会）。

（1）社员大会（社员代表大会）的职权。农村资金互助社社员大会由全体社员组成，是该社的权力机构。社员超过100人的，可以由全体社员选举产生不少于31名的社员代表组成社员代表大会，社员代表大会按照章程规定行使社员大会职权。社员大会（社员代表大会）行使以下职权：制定或修改章程；选举、更换理事、监事以及不设理事会的经理；审议通过基本管理制度；审议批准年度工作报告；审议决定固定资产购置以及其他重要经营活动；审议批准年度财务预、决算方案和利润分配方案、弥补亏损方案；审议决定管理人员和工作人员薪酬；对合并、分立、解散和清算等做出决议；章程规定的其他职权。

（2）出席与表决。农村资金互助社召开社员大会（社员代表大会），出席人数应当达到社员（社员代表）总数2/3以上。社员大会（社员代表大会）选举或者做出决议，应当由该社社员（社员代表）表决权总数过半数通过；做出修改章程或者合并、分立、解散和清算的决议应当由该社社员表决权总数的2/3以上通过。章程对表决权数有较高规定的，从其规定。

（3）召开与召集。农村资金互助社社员大会（社员代表大会）每年至少召开一次，有以下情形之一的，应当在20日内召开临时社员大会（社员代表大会）：1/3以上的社员提议；理事会、监事会、经理提议；章程规定的其他情形。农村资金互助社社员大会（社员代表大会）由理事会召集，不设理事会的由经理召集，应于会议召开15日前将会议时间、地点及审议事项通知全体社员（社员代表），章程另有规定的除外。农村资金互助社召开社员大会（社员代表大会）、理事会应提前5个工作日通知属地银行业监督管理机构，银行业监督管理机构有权参加。社员大会（社员代表大会）、理事会决议应在会后10日内报送银行业监督管理机构备案。

2. 理事会与经理。农村资金互助社原则上不设理事会,设立理事会的,理事不少于 3 人,设理事长 1 人,理事长为法定代表人。理事会的职责及议事规则由章程规定。

农村资金互助社设经理 1 名(可由理事长兼任),未设理事会的,经理为法定代表人。经理按照章程规定和社员大会(社员代表大会)的授权,负责该社的经营管理。经理事会、监事会同意,经理可以聘任(解聘)财务、信贷等工作人员。

农村资金互助社理事、经理任职资格需经属地银行业监督管理机构核准。农村资金互助社理事长、经理应具备高中或中专及以上学历,上岗前应通过相应的从业资格考试。

3. 监事会。农村资金互助社应设立由社员、捐赠人以及向其提供融资的金融机构等利益相关者组成的监事会,其成员一般不少于 3 人,设监事长 1 人。监事会按照章程规定和社员大会(社员代表大会)授权,对农村资金互助社的经营活动进行监督。监事会的职责及议事规则由章程规定。农村资金互助社经理和工作人员不得兼任监事。

4. 理事、监事、经理和工作人员的义务。农村资金互助社的理事、监事、经理和工作人员不得有以下行为:①侵占、挪用或者私分本社资产;②将本社资金借贷给非社员或者以本社资产为他人提供担保;③从事损害本社利益的其他活动。违反规定所得的收入,应当归该社所有;造成损失的,应当承担赔偿责任。执行与农村资金互助社业务有关公务的人员不得担任农村资金互助社的理事长、经理和工作人员。

(五)经营管理

1. 资金来源。农村资金互助社以吸收社员存款、接受社会捐赠资金和向其他银行业金融机构融入资金作为资金来源。农村资金互助社接受社会捐赠资金,应由属地银行业监督管理机构对捐赠人身份和资金来源合法性进行审核;向其他银行业金融机构融入资金应符合本规定要求的审慎条件。

2. 业务范围。农村资金互助社的资金应主要用于发放社员贷款,满足社员贷款需求后确有富余的可存放其他银行业金融机构,也可购买国债和金融债券。农村资金互助社发放大额贷款、购买国债或金融债券、向其他银行业金融机构融入资金,应事先征求理事会、监事会意见。农村资金互助社可以办理结算业务,并按有关规定开办各类代理业务。农村资金互助社开办其他业务应经属地银行业监督管理机构及其他有关部门批准。

3. 业务规则。农村资金互助社从事经营活动,应遵守有关法律法规和国家金融方针政策，并遵守下列业务规则：①农村资金互助社不得向非社员吸收存款、发放贷款及办理其他金融业务，不得以该社资产为其他单位或个人提供担保。②农村资金互助社根据其业务经营需要，考虑安全因素，应按存款和股金总额一定比例合理核定库存现金限额。③农村资金互助社应审慎经营，严格进行风险管理：资本充足率不得低于8%；对单一社员的贷款总额不得超过资本净额的15%；对单一农村小企业社员及其关联企业社员、单一农民社员及其在同一户口簿上的其他社员贷款总额不得超过资本净额的20%；对前十大户贷款总额不得超过资本净额的50%；资产损失准备充足率不得低于100%；银行业监督管理机构规定的其他审慎要求。④农村资金互助社执行国家有关金融企业的财务制度和会计准则，设置会计科目和法定会计账册，进行会计核算。⑤农村资金互助社应按照财务会计制度规定提取呆账准备金，进行利润分配，在分配中应体现多积累和可持续的原则。农村资金互助社当年如有未分配利润（亏损）应全额计入社员积累，按照股金份额量化至每个社员。⑥农村资金互助社监事会负责对本社进行内部审计，并对理事长、经理进行专项审计、离任审计，审计结果应当向社员大会（社员代表大会）报告。社员大会（社员代表大会）也可以聘请中介机构对本社进行审计。⑦农村资金互助社应按照规定向社员披露社员股金和积累情况、财务会计报告、贷款及经营风险情况、投融资情况、盈利及其分配情况、案件和其他重大事项。⑧农村资金互助社应按规定向属地银行业监督管理机构报送业务和财务报表、报告及相关资料，并对所报报表、报告和相关资料的真实性、准确性、完整性负责。

（六）监督检查

《农村资金互助社管理暂行规定》在降低农村地区银行业金融机构准入门槛的同时，没有放松对金融机构的监管，并根据农资互助社分散性的实际情况和监督管理机构的力量分布，采取了统一性和差异性相结合，指令性和指导性相结合的监管方式。

1. 监管措施。《农村资金互助社管理暂行规定》中指出银行业监督管理机构按照审慎监管要求对农村资金互助社进行持续、动态监管。同时根据农村资金互助社的资本充足和资产风险状况，采取差别监管措施：①资本充足率大于8%、不良资产率在5%以下的，可向其他银行业金融机构融入资金，属地银行业监督管理部门有权依据其运营状况和信用程度提出相应的限制性措施。银行业监督管理机构可适当降低对其现场检查频率；②资本充足率低于8%大于2%的，银行业监督管理机构应禁止其向其他银行业金融机构融入资金，限制其发放贷款，并加大非现场监管及现场检查的力度；③资本充足率低于2%的，银行业监督管理机构应责令其限期增扩股金、清收不良贷款、降低资产规模，限期内未达到规定的，要求其自行解散或予以撤销。

2. 处理手段。农村资金互助社违反《农村资金互助社管理暂行规定》其他审慎性要求的，银行业监督管理机构应责令其限期整改，并采取相应监管措施。违反有关法律、法规，存在超业务范围经营、账外经营、设立分支机构、擅自变更法定变更事项等行为的，银行业监督管理机构应责令其改正，并按《银行业监督管理法》和《金融违法行为处罚办法》等法律法规进行处罚；对理事、经理、工作人员的违法违规行为，可责令农村资金互助社给予处分，并视不同情形，对理事、经理给予取消一定期限直至终身任职资格的处分；构成犯罪的，移交司法机关，依法追究刑事责任。

（七）合并、分立、解散和清算

1. 农村资金互助社合并和分立。农村资金互助社合并，应当自合并决议做出之日起10日内通知债权人。合并各方的债权、债务应当由合并后存续或者新设的机构承继。农村资金互助社分立，其财产作相应的分割，并应当自分立决议做出之日起10日内通知债权人。分立前的债务由分立后的机构承担连带责任，但在分立前与债权人就债务清偿达成书面协议另有约定的除外。

2. 农村资金互助社解散和清算。农村资金互助社因以下原因解散：①章程规定的解散事由出现；②社员大会决议解散；③因合并或者分立需要解散；④依法被吊销营业执照或者被撤销。农村资金互助社因这些原因解散不能办理社员退股。因第1、2、4项原因解散的，应当在解散事由出现之日起15日内由社员大会推举成员组成清算组，开始解散清算。逾期不能组成清算组的，社员、债权人可以向人民法院申请指定社员组成清算组进行清算。清算组自成立之日起接管农村资金互助社，负责处理与清算有关未了结业务，清理财产和债权、债务，分配清偿债务后的剩余财产，代表农村资金互助社参与诉讼、仲裁或者其他法律事宜。清算组负责制定包括清偿农村资金互助社员工的工资及社会保险费用，清偿所欠税款和其他各项债务，以及分配剩余财产在内的清算方案，经社员大会通过后实施。清算组成员应当忠于职守，依法履行清算义务，因故意或者重大过失给农村资金互助社社员及债权人造成损失的，应当承担赔偿责任。

三、农村合作银行法律制度

（一）农村合作银行的性质和法律地位

根据《农村合作银行管理暂行规定》，农村合作银行是由辖内农民、农村工商户、企业法人和其他经济组织入股组成的股份合作制社区性地方金融机构，主要任务是为农民、农业和农村经济发展提供金融服务，其主要以农村信用社和农村信用社县（市）联社为基础组建，为独立的企业法人，享有由股东入股投资形成的全部法人财产权，依法享有民事权利，并以全部法人资产独立承担民事责任。组建农村合作银行作为农业金融改革试点，是兼顾了东部沿海地区经济较为发达的实际，是一种积极、必要的探索。

（二）农村合作银行的设立

1. 设立条件。设立农村合作银行应当具备下列条件：①有符合本规定的章程；②发起人不少于1000人；③注册资本金不低于2000万元人民币，核心资本充足率达到4%；④不良贷款比率低于15%；⑤有具备任职专业知识和业务工作经验的高级管理人员；⑥有健全的组织机构和管理制度；⑦有符合要求的营业场所、安全防范措施和与业务有关的其他设施；⑧银行业监督管理机构规定的其他条件。

2. 设立程序。设立农村合作银行，应当经过筹建与开业两个阶段。筹建农村合作银行应向所在地银行业监督管理委员会地区（市、州）分局提出申请，由地区（市、州）分局及省、自治区、直辖市、计划单列市局逐级审核后，报银行业监督管理委员会审批。银行业监督管理委员会省、自治区、直辖市、计划单列市局受理并审核辖区内以省、地级城市为单位设立农村合作银行的筹建申请，报银行业监督管理委员会审批。银行业监督管理委员会应在接到筹建申请书之日起3个月内做出是否批准筹建的决定。申请筹建农村合作银行应提交以下文件资料：①筹建申请书。筹建申请书应当载明拟设立的农村合作银行名称、所在地、注册资本、业务范围等。②筹建可行性研究报告。③筹建方案。④筹建人员名单及简历。⑤最近三年资产负债表和损益表。⑥中国银行业监督管理委员会要求提交的其他资料。自银行业监督管理委员会批准筹建之日起满6个月，仍不具备申请开业条件的，自动取消筹建资格，且3个月内不得再次提出筹建申请。

农村合作银行筹建结束，应向银行业监督管理委员会提出开业申请，并提交以下资料：①开业申请书；②筹建工作报告；③章程草案；④验资报告；⑤拟任高级管理人员任职资格审查材料；⑥银行业监督管理委员会规定的其他资料。开业申请的审批程序同筹建的审批程序。

经批准设立的农村合作银行，由所在地银行业监督管理委员会省、自治区、直辖市、计划单列市局颁发金融许可证，并凭该许可证向工商行政管理部门办理登记，领取营业执照。

3. 分支机构的设立。农村合作银行可根据业务发展需要，在辖内设立支行、分理处、储蓄所等分支机构。设立分支机构应当按照规定拨付与其经营规模相适应的营运资金。拨付各分支机构营运资金额总和不得超过农村合作银行资本总额的 60%。设立分支机构由所在地银行业监督管理委员会地区（市、州）分局受理并审核，报银行业监督管理委员会省、自治区、直辖市、计划单列市局审批。经批准设立的农村合作银行分支机构，由所在地银行业监督管理委员会地（市、州）分局颁发金融许可证，并凭该许可证向工商行政管理部门办理登记，领取营业执照。

（三）股权设置

1. 股权种类。农村合作银行根据股本金来源和归属设置自然人股、法人股。自然人股和法人股分别设定资格股和投资股两种股权。资格股是取得股东资格必须交纳的基础股金。投资股是由股东在基础股金外投资形成的股份。股东应当符合向金融机构投资入股的条件。股东可获取农村合作银行优先、优惠服务。股东持有的投资股可凭投资份额大小取得相应的投资分红。资格股实行一人一票。自然人股东每增加 2000 元投资股增加一个投票权，法人股东每增加 20 000 元投资股增加一个投票权。每股金额为人民币 1 元，自然人股东资格股起点金额为人民币 1000 元（各地可根据本地实际进行调整），法人股东资格股起点金额为人民币 10 000 元。投资股金额由股东自行决定。

2. 股权比例。单个自然人股东（包括职工）持股比例（包括资格股和投资股）不得超过股本总额的 5‰。本行职工的持股总额不得超过股本总额的 25%，职工之外的自然人股东持股总额不得低于股本总额的 30%。单个法人及其关联企业持股总和不得超过总股本的 10%，持股比例超过 5% 的，应报当地银行监管机构审批。除原农村信用社社员可按照自愿原则将其清产核资、评估量化后的股金转为农村合作银行股本金外，农村合作银行发起人必须以货币资金认缴股本，并一次募足。

3. 股权转让。农村合作银行的投资股可转让，但不可退股。股东转让其全部投资股，同时资格股持满 3 年后可以退股。退股或转让股份的，需事先向董事会申报并征得董事会同意，办理相关登记手续。农村合作银行不得接受本行股份作为质押权标的。股东以本行股份为自己或他人担保的应当事先告知董事会，董事、监事、行长和副行长持有的股份，在任职期间内不得转让或质押。

（四）组织机构

1. 股东代表大会。农村合作银行实行民主管理，其权力机构是股东代表大会。股东代表由股东选举产生，每届任期 3 年。股东代表大会行使下列职权：①制订或修改章程；②审议通过股东代表大会议事规则；③选举和更换董事和由股东代表出任的监事，决定有关董事、监事的报酬事项；④审议、批准董事会、监事会工作报告；⑤审议、批准农村合作银行的发展规划，决定农村合作银行的经营方针和投资计划；⑥审议、批准农村合作银行年度财务预算、决算方案、利润分配方案和亏损弥补方案；⑦对增加或减少注册资本做出决议；⑧对农村合作银行的分立、合并、解散和清算等事项做出决议；⑨决定其他重大事项。

股东代表大会应当在每一会计年度结束后 6 个月内召开，由董事会负责召集。董事会认为必要，可随时召开。经 1/2 以上股东代表提议或者 2/3 监事提议也可临时召开。股东代表大会作出的决议，必须经过出席会议的股东代表所持投票权的半数通过。对修改章程、合并、分立或解散做出决议，必须经出席会议的股东代表所持投票权的 2/3 以上通过。股东代表大会应当实行律师见证制度，并由律师出具法律意见书。股东代表大会会议记录、股东代表大会决议等文件应当报送当地银行监管机构备案。

2. 董事会。股东代表大会选举产生董事会，其成员为 7～19 人。其中农户、农村工商户股东担任董事的人数不得少于董事人数的 1/3。本行职工股东担任董事的人数，不得超过董事人数的 1/3。董事每届任期 3 年，可连选连任。董事会应设立独立董事。独立董事与农村合作银行及其主要股东之间不应存在影响其独立判断的关系。独立董事履行职责时尤其要关注存款人和中小股东的利益。董事会设董事长 1 人，可设副董事长 1～2 人，董事长为法定代表人。董事长、副董事长每届任期 3 年，可连选连任，离任时须进行离任审计。

董事会对股东代表大会负责，行使下列职权：①负责召集股东代表大会，并向股东代表大会报告工作；②执行股东代表大会决议；③决定农村合作银行的经营计划和入股及投资方案；④制订农村合作银行的年度财务预算、决算方案、利润分配方案和亏损弥补方案；⑤制订农村合作银行增加或减少注册资本的方案；⑥决定农村合作银行的内部管理机构设置；⑦制订农村合作银行的基本管理制度；⑧聘任和解聘农村合作银行行长，根据行长的提名，聘任或者解聘副行长、财务和信贷负责人，并决定其报酬；⑨拟订农村合作银行的合并、分立和解散方案；⑩章程规定和股东代表大会授予的其他权利。

董事会例会每年至少应召开 4 次，由董事长召集和主持。董事会应当通知监事会派员列席董事会会议。董事（包括独立董事）每年应至少参加两次董事会。违反此规定的，经股东代表大会通过，可取消其董事资格。

董事会应当建立规范公开的董事选举程序，经股东代表大会批准后实施。在股东代表大会召开前 1 个月，董事会应向股东披露董事候选人的详细资料。董事会决议须经出席董事会会议的全体董事签字，并在会议结束后 10 日内报当地银行监管机构备案。董事会决议须经半数以上董事同意方能生效。董事会的决议违反法律、法规或章程，致使农村合作银行遭受严重损失的，参与决策且未表示异议的董事应负赔偿责任。董事会在聘任期限内解除行长职务，应及时告知监事会和银行监管机构，并作出书面说明。未经行长提名，董事会不得直接聘任或解聘副行长、财务和信贷负责人。

3. 行长。农村合作银行设行长1人，可设副行长2~3人。行长对董事会负责，行使以下职权：①提请董事会聘任或者解聘副行长、财务和信贷负责人等高级管理层成员；②聘任或者解聘应由董事会聘任或者解聘以外的农村合作银行内部各职能部门及分支机构负责人；③代表高级管理层向董事会提交经营计划和投资方案，经董事会批准后组织实施；④授权高级管理层成员、内部各职能部门及分支机构负责人从事经营活动；⑤在农村合作银行发生挤兑等重大突发事件时，采取紧急措施，并立即向银行监管机构和董事会、监事会报告；⑥其他依据法律、法规、规章和农村合作银行章程规定应由行长行使的职权。

行长人选由董事提名，董事会聘任。副行长由行长提名，董事会聘任。行长、副行长每届任期3年，可连聘连任。行长不得由董事长兼任。行长每年接受监事会的专项审计，审计结果应向董事会和股东代表大会报告。行长、副行长离任时，须进行离任审计。行长、副行长超出董事会授权范围或违反法律、法规或者章程作出经营决策，致使农村合作银行遭受严重损失的，参与决策的行长、副行长应承担相应责任。

4. 监事会。农村合作银行设监事会，人数为5~9人，监事会成员由职工代表和股东代表组成，其中，职工担任的监事不得超过监事总数的1/3。监事会中的职工监事由职工代表大会选举产生，非职工监事由股东代表大会选举产生。监事任期3年，可连选连任。董事会成员、行长、副行长及财务主管人员不得担任监事。

监事会行使以下职权：①监督董事会、高级管理人员履行职责情况；②要求董事、董事长及高级管理人员纠正其损害农村合作银行利益的行为；③对董事和高级管理人员进行专项审计和离任审计；④检查监督农村合作银行的财务活动；⑤对农村合作银行的经营决策、风险管理和内部控制等进行审计并指导农村合作银行内部稽核工作；⑥对董事、董事长及高级管理人员进行质询；⑦其他法律、法规、规章及农村合作银行章程规定应当由监事会行使的职权。

对监事会提出的纠正措施、整改建议等，董事会和高级管理层拒绝或者拖延执行的，监事会应当向当地银行监管机构和股东代表大会报告。

（五）经营管理

1. 业务范围及业务对象。经银行业监督管理委员会批准，农村合作银行可经营《商业银行法》规定的部分或全部业务。农村合作银行在辖区内开展存贷款及其他金融业务，要重点面向入股农民，为当地农业和农村经济发展提供金融服务，农村合作银行要将一定比例的贷款用于支持农民、农业和农村经济发展，具体比例由当地银行监管机构根据当地农村产业结构状况确定。

2. 经营管理。

（1）资产负债比例管理。农村合作银行实行资产负债比例管理：贷款余额与存款余额的比例不得超过80％；流动性资产余额与流动性负债余额的比例不得低于25％；对同一借款人贷款余额与农村合作银行资本余额的比例，不得超过20％，关联企业在计算比例时合并计算；银行业监督管理委员会规定的其他资产负债比例。

（2）内控机制。农村合作银行必须建立、健全本行对存款、贷款、结算等各项业务的内控制度，应当建立薪酬与农村合作银行效益和个人业绩相联系的激励机制和约束机制。

（3）关系人贷款规则。农村合作银行不得向股东（农民股东除外）及关系人发放信用贷款，发放担保贷款不得优于其他借款人同类贷款条件。关系人是指农村合作银行的董事（包括独立董事）、监事、管理人员、信贷业务人员及其近亲属；前项所列人员投资或者担任高级管理职务的公司、企业和其他经济组织。

（4）财务会计制度。农村合作银行执行国家统一的金融企业财务会计制度，按照国家有关规定，真实记录并全面反映其业务活动和财务状况，依法纳税。

（5）报送资料义务。农村合作银行应按规定向当地银行监管机构报送会计报表、统计报表及其他资料。银行对所报报表、资料的真实性、准确性、完整性负责。

（6）信息披露。农村合作银行应按规定披露财务会计报告、各类风险管理状况、公司治理、年度重大事项等信息。此外，应按照银行业监督管理委员会有关规定对向股东及关系人发放贷款情况进行披露。股东或关系人的借款在披露时应与其关联企业借款合并计算。

（7）审计报告。农村合作银行应当在每一会计年度终了时制作财务会计报告，由监事会聘请银行业监督管理委员会认可的会计师事务所进行审计。审计报告应由监事会通过，经股东代表大会年会审议后，报当地银行监管机构备案。

（六）农村合作银行变更与终止

1. 变更。农村合作银行有下列变更事项之一的，需经银行业监督管理委员会批准：①变更名称；②变更注册资本；③变更营业场所；④调整业务范围；⑤更换高级管理人员；⑥修改章程；⑦银行业监督管理委员会规定的其他变更事项。银行业监督管理委员会可视情况批准或授权省、自治区、直辖市、计划单列市银监局批准以上变更事项。

2. 终止。农村合作银行接管、解散、撤销和破产，执行《商业银行法》及有关行政法规的规定。农村合作银行因解散、撤销和宣告破产而终止的，应向所在地银行业监督管理委员会省、自治区、直辖市和计划单列市局缴回金融许可证，并持所在地银行业监督管理委员会省、自治区、直辖市和计划单列市局通知书向工商行政管理部门办理注销登记，并公告。

第三节　农业商业性金融法律制度

一、农村商业银行法律制度

（一）农村商业银行性质和法律地位

根据《农村商业银行管理暂行规定》，农村商业银行是由辖内农民、农村工商户、企业法人和其他经济组织共同发起成立的股份制地方性金融机构，主要任务是为当地农民、农业和农村经济发展提供金融服务，促进城乡经济协调发展。

农村商业银行主要以农村信用社和农村信用社县（市）联社为基础组建，是独立的企业法人，享有由股东投资形成的全部法人财产权，依法享有民事权利，并以全部法人资产独立承担民事责任。其以发起方式设立，实行股份有限公司形式，由发起人认购农村商业银行发行的全部股份。的发起人以原农村信用社的社员为基础，并吸收农民、农村工商户、企业法人和其他经济组织参加。

（二）农村商业银行的设立

1. 设立条件。设立农村商业银行应当具备下列条件：①有符合本规定的章程；②发起人不少于500人；③注册资本金不低于5000万元人民币，资本充足率达到8%；④设立前辖内农村信用社总资产10亿元以上，不良贷款比例15%以下；⑤有具备任职所需的专业知识和业务工作经验的高级管理人员；⑥有健全的组织机构和管理制度；⑦有符合要求的营业场所、安全防范措施和与业务有关的其他设施；⑧中国银行业监督管理委员会规定的其他条件。

2. 设立程序。设立农村商业银行，应当经过筹建与开业两个阶段。筹建农村商业银行应向所在地银行业监督管理委员会地区（市、州）分局提出申请，由地区（市、州）分局及省、自治区、直辖市、计划单列市局逐级审核后，报银行业监督管理委员会审批。银行业监督管理委员会省、自治区、直辖市和计划单列市局受理并审核辖区内以省、地级城市为单位设立农村商业银行的筹建申请，报银行业监督管理委员会审批。银行业监督管理委员会应在接到筹建申请书之日起 3 个月内做出是否批准筹建的决定。申请筹建农村商业银行应提交以下文件资料：①筹建申请书。筹建申请书应当载明拟设立的农村商业银行名称、所在地、注册资本、业务范围等。②筹建可行性研究报告。③筹建方案。④筹建人员名单及简历。⑤最近三年资产负债表和损益表。⑥中国银行业监督管理委员会要求提交的其他资料。自银行业监督管理委员会批准筹建之日起满 6 个月，仍不具备申请开业条件的，自动取消筹建资格，且 3 个月内不得再次提出筹建申请。

农村商业银行筹建结束，应向银行业监督管理委员会提出开业申请，并提交以下资料：①开业申请书；②筹建工作报告；③章程草案；④验资报告；⑤拟任高级管理人员任职资格审查材料；⑥银行业监督管理委员会规定的其他资料。开业申请的审批程序同筹建审批程序。经批准设立的农村商业银行，由所在地银行业监督管理委员会省、自治区、直辖市和计划单列市局颁发金融许可证，并凭该许可证向工商行政管理部门办理登记，领取营业执照。

3. 分支机构的设立。农村商业银行可根据业务发展需要，在辖内设立支行、分理处、储蓄所等分支机构。设立分支机构应当按照规定拨付与其经营规模相适应的营运资金。拨付各分支机构营运资金额的总和不得超过农村商业银行资本总额的 60%。农村商业银行设立分支机构由所在地银行业监督管理委员会地（市、州）分局受理并审核，报省、自治区、直辖市和计划单列市局审批。经批准设立的农村商业银行分支机构，由所在地银行业监督管理委员会地（市、州）分局颁发金融许可证，并凭该许可证向工商行政管理部门办理登记，领取营业执照。

（三）股权设置

1. 股权设置。农村商业银行根据股本金来源和归属设置自然人股、法人股。农村商业银行的股本划分为等额股份，每股金额为人民币 1 元。单个自然人股东持股比例不得超过总股本的 5‰，单个法人及其关联企业持股总和不得超过总股本的 10%，本行职工持股总额不得超过总股本的 25%。农村商业银行董事会应向当地银行监管机构及时报送持有银行股份前十名股东的名单。除原农村信用社社员可将其清产核资、评估量化后的股金按照自愿原则和农村商业银行股本结构的规定转为农村商业银行股本金外，农村商业银行发起人必须以货币资金认缴股本，并一次募足。

2. 股权转让。农村商业银行股东不得虚假出资或者抽逃出资，也不得抽回股本。农村商业银行不得接受本行股份作为质押权标的。发起人持有的股份自农村商业银行成立之日起 3 年内不得转让。股东以本行股份为自己或他人担保的，应当事先告知并征得董事会同意。董事、监事、行长和副行长持有的股份，在任职期间内不得转让或质押。

（四）组织机构

1. 股东大会。农村商业银行由股东组成股东大会，股东大会是农村商业银行的权力机构。股东大会行使下列职权：①制定或修改章程；②审议通过股东大会议事规则；③选举和更换董事和由股东代表出任的监事，决定有关董事、监事的报酬等事项；④审议、批准董事会、监事会工作报告；⑤审议、批准农村商业银行的发展规划，决定农村商业银行的经营方针和投资计划；⑥审议、批准农村商业银行年度财务预算、决算方案、利润分配方案和亏损弥补方案；⑦对增加或减少注册资本做出决议；⑧对农村商业银行的分立、合并、解散和清算等事项做出决议；⑨决定其他重大事项。

股东大会应当在每一会计年度结束后 6 个月内召开股东大会年会，由董事会负责召集。出现《公司法》规定的召开临时股东大会情形之一的（第 101 条规定），可以召开临时股东大会。股东大会由股东按持有股份的数额行使表决权，实行一股一票。股东可以委托代理人出席股东大会，代理人应当向农村商业银行提交股东授权委托书，并在授权范围内行使表决权。股东大会的决议，必须经过出席会议的股东代表所持表决权的过半数通过。股东大会对农村商业银行修改章程、合并、分立或解散做出决议，必须经出席会议的股东代表所持表决权的 2/3 以上通过。股东大会应当实行律师见证制度，并由律师出具法律意见书。股东大会会议记录、股东大会决议等文件应当报送当地银行监管机构备案。

2. 董事会。农村商业银行股东大会选举产生董事会，其成员为 7～19 人。其中本行职工担任董事的人数应不少于董事会成员总数的 1/4，但不应超过董事会成员的 1/3，除本行职工外的其他自然人股东担任董事的人数不得少于董事人数的 1/4。董事每届任期 3 年，可连选连任。董事会应设立独立董事。独立董事与农村商业银行及其主要股东之间不应存在影响其独立判断的关系。独立董事履行职责时尤其要关注存款人和中小股东的利益。董事会设董事长 1 人，可设副董事长 1～2 人，董事长为法定代表人。董事长、副董事长每届任期 3 年，可连选连任，离任时须进行离任审计。

董事会对股东大会负责，行使下列职权：①负责召集股东大会，并向股东大会报告工作；②执行股东大会决议；③决定农村商业银行的经营计划和投资方案；④制订农村商业银行的年度财务预算、决算、利润分配、亏损弥补方案；⑤制订农村商业银行增加或减少注册资本的方案；⑥决定农村商业银行的内部管理机构设置；⑦制订农村商业银行的基本管理制度；⑧聘任和解聘农村商业银行行长，根据行长的提名，聘任或者解聘副行长、财务和信贷负责人，并决定其报酬；⑨拟订农村商业银行的合并、分立和解散方案；⑩章程规定和股东大会授予的其他权利。

农村商业银行董事会例会每年至少应召开4次，由董事长召集和主持。董事会应当通知监事会派员列席董事会会议。农村商业银行董事（包括独立董事）每年应至少参加两次董事会会议。违反此规定的，经股东大会通过，可取消其董事资格。董事会应当建立规范公开的董事选举程序，经股东大会批准后实施。在股东大会召开前一个月，董事会应向股东披露董事候选人的详细资料。董事会决议须经出席董事会会议的董事签字，并在会议结束后10日内报当地银行监管机构备案。董事会决议须经半数以上董事同意方能生效。董事会的决议违反法律、法规和章程，致使农村商业银行遭受严重损失的，参与决策且未表示异议的董事应负赔偿责任。董事会在聘任期限内解除行长职务，应当及时告知监事会和银行监管机构，并作出书面说明。未经行长提名，董事会不得直接聘任或解聘副行长、财务和信贷负责人。

3. 行长。农村商业银行设行长1人，可设副行长2~3人，由董事会聘任和解聘。行长对董事会负责，行使以下职权：①提请董事会聘任或者解聘副行长、财务和信贷负责人等高级管理人员；②聘任或者解聘除应由董事会聘任或者解聘以外的农村商业银行内部各职能部门及分支机构负责人；③代表高级管理层向董事会提交经营计划和投资方案，经董事会批准后组织实施；④授权高级管理层成员、内部各职能部门及分支机构负责人从事经营活动；⑤在农村商业银行发生挤兑等重大突发事件时，采取紧急措施，并立即向银行监管机构和董事会、监事会报告；⑥其他依据法律、法规、规章及农村商业银行章程规定应由行长行使的职权。农村商业银行行长人选由董事提名，董事会聘任。副行长由行长提名，董事会聘任。行长、副行长每届任期3年，可连聘连任。行长不得由董事长兼任。行长每年接受监事会的专项审计，审计结果应向董事会和股东大会报告。行长、副行长离任时，须进行离任审计。行长、副行长违反法律、法规或超出董事会授权范围作出决策，致使农村商业银行遭受严重损失的，参与决策的行长、副行长应承担相应责任。

4. 监事会。农村商业银行设监事会，人数为5~9人，监事会成员由职工代表和股东代表组成，其中，职工担任的监事不得超过监事总数的1/3。监事会中的职工监事由职工代表大会选举产生，非职工监事由股东大会选举产生。监事任期3年，可连选连任。董事会成员、行长、副行长、财务及信贷负责人不得担任监事。

监事会行使以下职权：①监督董事会、高级管理人员履行职责情况；②要求董事、董事长及高级管理人员纠正其损害农村商业银行利益的行为；③对董事和高级管理人员进行专项审计和离任审计；④检查监督农村商业银行的财务活动；⑤对农村商业银行的经营决策、风险管理和内部控制等进行审计并指导农村商业银行内部稽核工作；⑥对董事、董事长及高级管理人员进行质询；⑦提议召开临时股东大会；⑧其他法律、法规、规章及农村商业银行章程规定应当由监事会行使的职权。

（五）经营管理

1. 业务范围及业务对象。经银行业监督管理委员会批准，农村商业银行可经营《商业银行法》规定的部分或全部业务。农村商业银行要将一定比例的贷款用于支持农民、农业和农村经济发展，具体比例由股东大会根据当地农村产业结构状况确定，并报当地省级银行监管机构备案。

2. 经营管理。

（1）资产负债比例管理。农村商业银行资产负债比例管理按照《商业银行法》规定执行。对同一借款人贷款余额与农村商业银行资本余额的比例，应与其关联企业的贷款合并计算。

（2）内控机制。农村商业银行必须建立、健全本行对存款、贷款、结算等各项业务的内部控制制度，建立薪酬与银行效益和个人业绩相联系的激励和约束机制。

（3）贷款发放。农村商业银行不得向股东发放信用贷款，发放担保贷款不得优于其他借款人同类贷款条件。向关系人发放贷款适用《商业银行法》规定。

（4）财务会计制度。农村商业银行执行国家统一的金融企业财务会计制度，按照国家有关规定，真实记录并全面反映其业务活动和财务状况，依法纳税。

（5）资料报送义务。农村商业银行应按规定向银行业监督管理委员会报送会计报表、统计报表及其他资料。农村商业银行对所报报表、资料的真实性、准确性、完整性负责。

（6）信息披露义务。农村商业银行应按规定披露财务会计报告、各类风险管理状况、公司治理、年度重大事项等信息。农村商业银行应按照中国银行业监督管理委员会有关规定对向股东及关系人发放贷款情况进行披露。股东或关系人的借款在披露时应与其关联企业借款合并计算。

（7）财务会计报告义务。农村商业银行应当在每一会计年度终了时制作财务会计报告，并由监事会聘请银行业监督管理委员会认可的会计师事务所进行审计。审计报告应由监事会通过，经股东大会年会审议后，报当地银行监管机构备案。

（六）机构变更与终止

1. 变更。农村商业银行有下列变更事项之一的，需经银行业监督管理委员会批准：①变更名称；②变更注册资本；③变更营业场所；④调整业务范围；⑤更换高级管理人员；⑥修改章程；⑦中国银行业监督管理委员会规定的其他变更事项。银行业监督管理委员会可视情况批准或授权省、自治区、直辖市、计划单列市局批准以上变更事项。

2. 终止。农村商业银行接管、解散、撤销和破产，执行《商业银行法》及有关法律、行政法规的规定。农村商业银行因解散、撤销和宣告破产而终止的，应向所在地银行业监督管理委员会省、自治区、直辖市和计划单列市局缴回金融许可证，并持所在地银行业监督管理委员会省、自治区、直辖市和计划单列市局通知书向工商行政管理部门办理注销登记，并公告。

二、村镇银行法律制度

（一）性质和法律地位

根据《村镇银行管理暂行规定》，村镇银行是指经中国银行业监督管理委员会依据有关法律、法规批准，由境内外金融机构、境内非金融机构企业法人、境内自然人出资，在农村地区设立的主要为当地农民、农业和农村经济发展提供金融服务的银行业金融机构，其是独立的企业法人，享有由股东投资形成的全部法人财产权，依法享有民事权利，并以全部法人财产独立承担民事责任。

（二）村镇银行的设立

1. 设立条件。设立村镇银行应当具备下列条件：①有符合规定的章程；②发起人或出资人应符合规定的条件，且发起人或出资人中应至少有 1 家银行业金融机构；③在县（市）设立的村镇银行，其注册资本不得低于 300 万元人民币；在乡（镇）设立的村镇银行，其注册资本不得低于 100 万元人民币；④注册资本为实收货币资本，且由发起人或出资人一次性缴足；⑤有符合任职资格条件的董事和高级管理人员；⑥有具备相应专业知识和从业经验的工作人员；⑦有必需的组织机构和管理制度；⑧有符合要求的营业场所、安全防范措施和与业务有关的其他设施；⑨银行业监督管理委员会规定的其他审慎性条件。

2. 设立程序。设立村镇银行应当经过筹建和开业两个阶段。筹建村镇银行，申请人应提交下列文件、材料：①筹建申请书；②可行性研究报告；③筹建工作方案；④筹建人员名单及简历；⑤发起人或出资人基本情况及除自然人以外的其他发起人或出资人最近 2 年经审计的会计报告；⑥发起人或出资人为境内外金融机构的，应提交其注册地监管机构出具的书面意见；⑦银行业监督管理委员会规定的其他材料。村镇银行的筹建由银监分局或所在城市银监局受理，银监局审查并决定。银监局自收到完整申请材料或自受理之日起 4 个月内作出批准或不批准的书面决定。

村镇银行的筹建期最长为自批准之日起 6 个月。

筹建期内达到开业条件的，申请人可提交开业申请。村镇银行申请开业，申请人应提交以下文件和材料：①开业申请书；②筹建工作报告；③章程草案；④拟任职董事、高级管理人员的任职资格申请书；⑤法定验资机构出具的验资证明；⑥营业场所所有权或使用权的证明材料；⑦公安、消防部门对营业场所出具的安全、消防设施合格证明；⑧银行业监督管理委员会规定的其他材料。村镇银行达到开业条件的，其开业申请由银监分局或所在城市银监局受理、审查并决定。银监分局或所在城市银监局自受理之日起 2 个月内作出核准或不予核准的决定。

3. 董事和高级管理人员任职资格。申请村镇银行董事和高级管理人员任职资格，拟任人除应符合银行业监督管理机构规定的基本条件外，还应符合下列条件：①村镇银行董事应具备与其履行职责相适应的知识、经验及能力；②村镇银行董事长和高级管理人员应具备从事银行业工作 5 年以上，或者从事相关经济工作 8 年以上（其中从事银行业工作 2 年以上）的工作经验，具备大专以上（含大专）学历。董事和高级管理人员的任职资格需经银监分局或所在城市银监局核准。银监分局或所在城市银监局自受理之日起 30 日内作出核准或不予核准的书面决定。

4. 分支机构的设立。村镇银行可根据农业金融服务和业务发展需要，在县域范围内设立分支机构。设立分支机构不受拨付营运资金额度及比例的限制。设立分支机构需经过筹建和开业两个阶段。村镇银行分支机构的筹建方案，应事前报监管办事处备案。未设监管办事处的，向银监分局或所在城市银监局备案。村镇银行在分支机构筹建方案备案后即可开展筹建工作。分支机构开业申请，由银监分局或所在城市银监局受理、审查并决定，银监分局或所在城市银监局自受理之日起 2 个月内作出核准或不予核准的决定。村镇银行分支机构的负责人应通过所在地银监局组织的从业资格考试，并在任职前报银监分局或所在城市银监局备案。

（三）股权设置和股东资格

1. 股东资格。根据股东身份的不同，投资入股村镇银行的条件是不同的。境内金融机构投资入股村镇银行，应符合以下条件：①商业银行未并表和并表后的资本充足率均不低于8%，且主要审慎监管指标符合监管要求，其他金融机构的主要合规和审慎监管指标符合监管要求；②财务状况良好，最近 2 个会计年度连续盈利；③入股资金来源真实合法；④公司治理良好，内部控制健全有效；⑤中国银行业监督管理委员会规定的其他审慎性条件。境内金融机构出资设立或入股村镇银行须事先报经银行业监督管理机构及有关部门批准。境外金融机构投资入股村镇银行，应符合以下条件：①最近 1 年年末总资产原则上不少于 10 亿美元；②财务稳健，资信良好，最近 2 个会计年度连续盈利；③银行业金融机构资本充足率应达到其注册地银行业资本充足率平均水平且不低于 8%，非银行金融机构资本总额不低于加权风险资产总额的 10%；④入股资金来源真实合法；⑤公司治理良好，内部控制健全有效；⑥注册地国家（地区）金融机构监督管理制度完善；⑦该项投资符合注册地国家（地区）法律、法规的规定以及监管要求；⑧注册地国家（地区）经济状况良好；⑨中国银行业监督管理委员会规定的其他审慎性条件。境内非金融机构企业法人投资入股村镇银行，应符合以下条件：①在工商行政管理部门登记注册，具有法人资格；②有良好的社会声誉、诚信记录和纳税记录；③财务状况良好，入股前上一年度盈利；④年终分配后，净资产达到全部资产的 10% 以上（合并会计报表口径）；⑤入股资金来源合法，不得以借贷资金入股，不得以他人委托资金入股；⑥有较强的经营管理能力和资金实力；⑦银行业监督管理委员会规定的其他审慎性条件。拟入股的企业法人属于原企业改制的，原企业经营业绩及经营年限可以延续作为新企业的经营业绩和经营年限计算。境内自然人投资入股村镇银行的，应符合以下条件：①有完全民事行为能力；②有良好的社会声誉和诚信记录；③入股资金来源合法，不得以借贷资金入股，不得以他人委托资金入股；④中国银行业监督管理委员会规定的其他审慎性条件。

为确保村镇银行一经设立即可借鉴现有银行业进入机构的成熟经营，《村镇银行管理暂行规定》明确规定村镇银行最大股东或惟一股东必须是银行业金融机构。最大银行业金融机构股东持股比例不得低于村镇银行股本总额的 20%，单个自然人股东及关联方持股比例不得超过村镇银行股本总额的 10%，单一非银行金融机构或单一非金融机构企业法人及其关联方持股比例不得超过村镇银行股本总额的 10%。任何单位或个人持有村镇银行股本总额 5% 以上的，应当事前报经银监分局或所在城市银监局审批。

2. 股权转让。村镇银行的股份可依法转让、继承和赠与。但发起人或出资人持有的股份自村镇银行成立之日起 3 年内不得转让或质押。村镇银行董事、行长和副行长持有的股份，在任职期间内不得转让或质押。

（四）公司治理

村镇银行的组织机构及其职责应按照《公司法》的相关规定执行，并在其章程中明确。考虑到村镇银行的规模和实际情况，村镇银行应根据其决策管理的复杂程度、业务规模和服务特点设置简洁、灵活的组织机构。村镇银行可只设立董事会，行使决策和监督职能；也可不设董事会，由执行董事行使董事会相关职责。

村镇银行应建立有效的监督制衡机制。不设董事会的，应由利益相关者组成的监督部门（岗位）或利益相关者派驻的专职人员行使监督检查职责。村镇银行设行长1名，根据需要设副行长1~3名。规模较小的村镇银行，可由董事长或执行董事兼任行长。董事会或监督管理部门（岗位）应对行长实施年度专项审计。审计结果应向董事会、股东会或股东大会报告，并报银监分局或所在城市银监局备案。行长、副行长离任时，须进行离任审计。村镇银行可设立独立董事。独立董事与村镇银行及其主要股东之间不应存在影响其独立判断的关系。独立董事履行职责时尤其要关注存款人和中小股东的利益。村镇银行董事和高级管理人员对村镇银行负有忠实义务和勤勉义务。董事违反法律、法规或村镇银行章程，致使村镇银行形成严重损失的，应当承担赔偿责任。行长、副行长违反法律、法规或超出董事会或执行董事授权范围作出决策，致使村镇银行遭受严重损失的，应承担相应赔偿责任。村镇银行董事会和经营管理层可根据需要设置不同的专业委员会，提高决策管理水平。规模较小的村镇银行，可不设专业委员会，并视决策复杂程度和风险高低程度，由相关的专业人员共同研究决策或直接由股东会或股东大会做出决策。此外，村镇银行要建立适合自身业务特点和规模的薪酬分配制度、正向激励约束机制，培育与当地农村经济发展相适应的企业文化。

（五）经营管理

1. 业务范围。经银监分局或所在城市银监局批准，村镇银行可经营下列业务：①吸收公众存款；②发放短期、中期和长期贷款；③办理国内结算；④办理票据承兑与贴现；⑤从事同业拆借；⑥从事银行卡业务；⑦代理发行、代理兑付、承销政府债券；⑧代理收付款项及代理保险业务；⑨经银行业监督管理机构批准的其他业务。同《商业银行法》规定的商业银行业务相比，村镇银行不能经营发行金融债券，买卖政府债券、金融债券，买卖、代理外汇，提供信用证服务及担保以及保险箱服务等业务，这是考虑村镇银行的规模和农村地区的实际情况而进行确定的。

村镇银行按照国家有关规定，可代理政策性银行、商业银行和保险公司、证券公司等金融机构的业务。有条件的村镇银行要在农村地区设置 ATM 机，并根据农户、农村经济组织的信用状况向其发行银行卡。对部分地域面积大、居住人口少的村、镇，村镇银行可通过采取流动服务等形式提供服务。

村镇银行在缴足存款准备金后，其可用资金应全部用于当地农村经济建设。村镇银行发放贷款应首先充分满足县域内农户、农业和农村经济发展的需要。确已满足当地农村资金需求的，其富余资金可投放当地其他产业、购买涉农债券或向其他金融机构融资。

2. 审慎经营规则。

（1）授信工作机制。村镇银行应建立适合自身业务发展的授信工作机制，合理确定不同借款人的授信额度。在授信额度以内，村镇银行可以采取一次授信、分次使用、循环放贷的方式发放贷款。

（2）贷款发放。村镇银行发放贷款应坚持小额、分散的原则，提高贷款覆盖面，防止贷款过度集中。村镇银行对同一借款人的贷款余额不得超过资本净额的5%；对单一集团企业客户的授信余额不得超过资本净额的10%。

（3）资产比例管理。村镇银行应按照国家有关规定，建立审慎、规范的资产分类制度和资本补充、约束机制，准确划分资产质量，充分计提呆账准备，及时冲销坏账，真实反映经营成果，确保资本充足率在任何时点不低于8%，资产损失准备金充足率不低于100%。

（4）内控机制。村镇银行应建立健全内部控制制度和内部审计机制，提高风险识别和防范能力，对内部控制执行情况进行检查、评价，并对内部控制的薄弱环节进行纠正和完善，确保依法合规经营。

（5）财务会计制度。村镇银行执行国家统一的金融企业财务会计制度以及银行业监督管理机构的有关规定，建立健全财务、会计制度。村镇银行应真实记录并全面反映其业务活动和财务状况，编制财务会计报告，并提交其权力机构审议。有条件的村镇银行，可引入外部审计制度。

（6）资料报告义务。村镇银行应按规定向银监分局或所在城市银监局报送会计报告、统计报表及其他资料，并对报告、资料的真实性、准确性、完整性负责。

（7）信息披露义务。村镇银行应建立信息披露制度，及时披露年度经营情况、重大事项等信息。

（六）监督检查

1. 监管措施。

（1）持续、动态监管。银行业监督管理机构依据国家有关法律、行政法规，制定村镇银行的审慎经营规则，并对村镇银行风险管理、内部控制、资本充足率、资产质量、资产损失准备充足率、风险集中、关联交易等方面实施持续、动态监管。

（2）差别监管。银行业监督管理机构按照《商业银行监管内部评级指引》的有关规定，制定对村镇银行的评级办法，并根据监管评级结果，实施差别监管。银行业监督管理机构根据村镇银行的资本充足状况和资产质量状况，适时采取下列监管措施：对资本充足率大于8%、不良资产率低于5%的，适当减少现场检查的频率和范围，支持其稳健发展；对资本充足率高于4%但低于8%的，要督促其制订切实可行的资本补充计划，限期提高资本充足率，并加大非现场监管及现场检查力度，适时采取限制其资产增长速度、固定资产购置、分配红利和其他收入、增设分支机构、开办新业务等措施；对限期内资本充足率降至4%、不良资产率高于15%的，可适时采取责令调整董事或高级管理人员、停办部分或所有业务、限期重组等措施进行纠正；对在规定期限内仍不能实现有效重组、资本充足率降至2%及2%以下的，应适时接管、撤销或破产。

2. 处理手段。村镇银行违反《村镇银行管理暂行规定》的，银行业监督管理机构有权采取风险提示、约见其董事或高级管理人员谈话、监管质询、责令停办业务等措施，督促其及时进行整改，防范风险。

（七）村镇银行变更与终止

1. 变更。村镇银行有下列变更事项之一的，需经银监分局或所在城市银监局批准：①变更名称；②变更注册资本；③变更住所；④调整业务范围；⑤变更持有资本总额或者股份总额5%以上的股东；⑥修改章程；⑦变更组织形式；⑧中国银行业监督管理委员会规定的其他变更事项。更换董事、高级管理人员时，应报经银行业监督管理机构核准其任职资格。

2. 终止。村镇银行的接管、解散、撤销和破产，执行《商业银行法》及有关法律、行政法规的规定。村镇银行因解散、被撤销和被宣告破产而终止的，应向发证机关缴回金融许可证，及时到工商行政管理部门办理注销登记，并予以公告。

三、贷款公司法律制度

（一）贷款公司性质和法律地位

根据《贷款公司管理暂行规定》，贷款公司是指经中国银行业监督管理委员会依据有关法律、法规批准，由境内商业银行或农村合作银行在农村地区设立的专门为县域农民、农业和农村经济发展提供贷款服务的非银行业金融机构。贷款公司是由境内商业银行或农村合作银行全额出资的有限责任公司。

（二）贷款公司的设立

1. 设立条件。设立贷款公司应当符合下列条件：①有符合规定的章程；②注册资本不低于50万元人民币，为实收货币资本，由投资人一次足额缴纳；

③有具备任职专业知识和业务工作经验的高级管理人员；④有具备相应专业知识和从业经验的工作人员；⑤有必需的组织机构和管理制度；⑥有符合要求的营业场所、安全防范措施和与业务有关的其他设施；⑦银行业监督管理委员会规定的其他条件。

2. 投资人的条件。设立贷款公司，其投资人应符合下列条件：①投资人为境内商业银行或农村合作银行；②资产规模不低于50亿元人民币；③公司治理良好，内部控制健全有效；④主要审慎监管指标符合监管要求；⑤银监会规定的其他审慎性条件。

3. 设立程序。设立贷款公司应当经筹建和开业两个阶段。

筹建贷款公司，申请人应提交下列文件、材料：①筹建申请书；②可行性研究报告；③筹建方案；④筹建人员名单及简历；⑤非贷款公司设立地的投资人应提供最近两年资产负债表和损益表以及该投资人注册地银行业监督管理机构的书面意见；⑥银行业监督管理委员会规定的其他材料。贷款公司的筹建期最长为自批准决定之日起6个月。贷款公司的筹建申请，由银监分局或所在城市银监局受理，银监局审查并决定。银监局自收到完整申请材料或自受理之日起4个月内作出批准或不予批准的书面决定

筹建期内达到开业条件的，申请人可提交开业申请。贷款公司申请开业，申请人应当提交下列文件、材料：①开业申请书；②筹建工作报告；③章程草案；④法定验资机构出具的验资报告；⑤拟任高级管理人员的备案材料；⑥营业场所所有权或使用权的证明材料；⑦公安、消防部门对营业场所出具的安全、消防设施合格证明；⑧银行业监督管理委员会规定的其他资料。贷款公司的开业申请，由银监分局或所在城市银监局受理、审查并决定。银监分局或所在城市银监局自受理之日起2个月内作出核准或不予核准的决定。

4. 分支机构设立。贷款公司可根据业务发展需要，在县域内设立分公司。分公司的设立需经筹建和开业两个阶段。贷款公司分公司的筹建方案，应事先报监管办事处备案。未设监管办事处的，向银监分局或所在城市银监局备案。贷款公司在分公司筹建方案备案后即可开展筹建工作。分公司的开业申请，由银监分局或所在城市银监局受理、审查并决定，银监分局或所在城市银监局自受理之日起2个月内作出核准或不予核准的决定。

（三）组织机构和经营管理

1. 组织机构。贷款公司可不设立董事会、监事会，但必须建立健全经营管理机制和监督机制。投资人可委派监督人员，也可聘请外部机构履行监督职能。贷款公司的经营管理层由投资人自行决定，报银监分局或所在城市银监局备案。

贷款公司章程由投资人制定和修改，报银监分局或所在城市银监局审查并核准。贷款公司董事会负责制订经营方针和业务发展计划，未设董事会的，由经营管理层制订，并经投资人决定后组织实施。

2. 业务范围。经银监分局或所在城市银监局批准，贷款公司可经营下列业务：①办理各项贷款；②办理票据贴现；③办理资产转让；④办理贷款项下的结算；⑤经银行业监督管理委员会批准的其他资产业务。贷款公司不得吸收公众存款。贷款公司开展业务，必须坚持为农民、农业和农村经济发展服务的经营宗旨，贷款的投向主要用于支持农民、农业和农村经济发展。

3. 审慎经营规则。

（1）贷款发放。贷款公司发放贷款应当坚持小额、分散的原则，提高贷款覆盖面，防止贷款过度集中。贷款公司对同一借款人的贷款余额不得超过资本净额的10%；对单一集团企业客户的授信余额不得超过资本净额的15%。

（2）风险管理。贷款公司应当加强贷款风险管理，建立科学的授权授信制度、信贷管理流程和内部控制体系，增强风险的识别和管理能力，提高贷款质量。

（3）资产负债比例管理贷款公司应按照国家有关规定，建立审慎、规范的资产分类制度和资本补充、约束机制，准确划分资产质量，充分计提呆账准备，真实反映经营成果，确保资本充足率在任何时点不低于8%，资产损失准备金充足率不低于100%。

（4）审计制度。贷款公司应建立健全内部审计制度，对内部控制执行情况进行检查、评价，并对内部控制的薄弱环节进行纠正和完善，确保依法合规经营。

（5）财务会计制度。贷款公司执行国家统一的金融企业财务会计制度，按照国家有关规定，建立健全贷款公司的财务、会计制度。

（6）审计制度。贷款公司应当真实记录并全面反映其业务活动和财务状况，编制年度财务会计报告，并由投资人聘请具有资质的会计师事务所进行审计。审计报告须报银监分局或所在城市银监局备案。

（7）资料报告义务。贷款公司应当按规定向银监分局或所在城市银监局报送会计报告、统计报表及其他资料，并对报告、资料的真实性、准确性、完整性负责。

（8）信息披露义务。贷款公司应当建立信息披露制度，及时披露年度经营情况、重大事项等信息。

（四）监督管理

1. 监管措施。

（1）持续、动态监管。银行业监督管理机构依据法律、法规对贷款公司的资本充足率、不良贷款率、风险管理、内部控制、风险集中、关联交易等实施持续、动态监管。

（2）差别监管。银行业监督管理机构根据贷款公司资本充足状况和资产质量状况，适时采取下列监管措施：对资本充足率大于8%，且不良贷款率在5%以下的，可适当减少检查频率，支持其稳健发展；对资本充足率低于8%、大于4%，或不良贷款率在5%以上的，要加大非现场监管和现场检查力度，并督促其限期补充资本、改善资产质量；对资本充足率降至4%以下，或不良贷款率高于15%的，适时采取责令其调整高级管理人员、停办所有业务、限期重组等措施；对限期内不能实现有效重组、资本充足率降至2%以下的，应责令投资人适时接管或由银行业监督管理机构予以撤销。

2. 处理手段。贷款公司违反《贷款公司管理暂行规定》的，银行业监督管理机构有权采取风险提示、约见谈话、监管质询、责令停办业务等措施，督促其及时进行整改，防范资产风险。

（五）机构变更与终止

1. 变更。贷款公司有下列变更事项之一的，需经银监分局或所在城市银监局批准：①变更名称；②变更注册资本；③变更住所；④修改章程；⑤银行业监督管理委员会规定的其他变更事项。

2. 终止。贷款公司有下列情形之一的，应当申请解散：①章程规定的营业期限届满或者章程规定的其他解散事由出现；②股东决定解散；③因分立、合并需要解散。贷款公司解散的，由其投资人按照《商业银行法》和《公司法》及有关行政法规的规定实施。贷款公司因解散、被撤销而终止的，应当向发证机关缴回金融许可证，并及时到工商行政管理部门办理注销登记，并予以公告。

四、小额贷款公司法律制度

（一）小额贷款公司的性质

根据中国银行业监督管理委员会和中国人民银行发布的《关于小额贷款公司试点的指导意见》（银监发〔2008〕23 号），小额贷款公司是由自然人、企业法人与其他社会组织投资设立，不吸收公众存款，经营小额贷款业务的有限责任公司或股份有限公司。小额贷款公司是企业法人，有独立的法人财产，享有法人财产权，以全部财产对其债务承担民事责任。小额贷款公司股东依法享有资产收益、参与重大决策和选择管理者等权利，以其认缴的出资额或认购的股份为限对公司承担责任。

（二）小额贷款公司的设立

1. 设立条件。设立小额贷款公司应满足下列条件：①股东需符合法定人数规定。有限责任公司应由 50 个以下股东出资设立；股份有限公司应有 2～200 名发起人，其中须有半数以上的发起人在中国境内有住所。②注册资本来源应真实合法，全部为实收货币资本，由出资人或发起人一次足额缴纳。有限责任公司的注册资本不得低于 500 万元，股份有限公司的注册资本不得低于 1000 万元。单一自然人、企业法人、其他社会组织及其关联方持有的股份，不得超过小额贷款公司注册资本总额的 10%。③应有符合规定的章程和管理制度。④应有必要的营业场所、组织机构、具备相应专业知识和从业经验的工作人员。

2. 设立程序。申请设立小额贷款公司，应向省级政府主管部门提出正式申请，经批准后，到当地工商行政管理部门申请办理注册登记手续并领取营业执照。此外，还应在 5 个工作日内向当地公安机关、中国银行业监督管理委员会派出机构和中国人民银行分支机构报送相关资料。

（三）小额贷款公司的资金来源

小额贷款公司的主要资金来源为股东缴纳的资本金、捐赠资金，以及来自不超过两个银行业金融机构的融入资金。在法律、法规规定的范围内，小额贷款公司从银行业金融机构获得融入资金的余额，不得超过资本净额的 50%。融入资金的利率、期限由小额贷款公司与相应银行业金融机构自主协商确定，利率以同期"上海银行间同业拆放利率"为基准加以确定。小额贷款公司应向注册地中国人民银行分支机构申领贷款卡。向小额贷款公司提供融资的银行业金融机构，应将融资信息及时报送所在地中国人民银行分支机构和中国银行业监督管理委员会派出机构，并应跟踪监督小额贷款公司融资的使用情况。

（四）小额贷款公司的资金运用

小额贷款公司在坚持为农民、农业和农村经济发展服务的原则下自主选择贷款对象。小额贷款公司发放贷款，应坚持"小额、分散"的原则，鼓励小额贷款公司面向农户和微型企业提供信贷服务，着力扩大客户数量和服务覆盖面。同一借款人的贷款余额不得超过小额贷款公司资本净额的 5%。在此标准内，可以参考小额贷款公司所在地经济状况和人均 GDP 水平，制定最高贷款额度限制。

小额贷款公司按照市场化原则进行经营，贷款利率上限放开，但不得超过司法部门规定的上限，下限为人民银行公布的贷款基准利率的 0.9 倍，具体浮动幅度按照市场原则自主确定。有关贷款期限和贷款偿还条款等合同内容，均由借贷双方在公平自愿的原则下依法协商确定。

（五）小额贷款公司的监督管理

1. 监管部门。省级政府相应主管部门（金融办或相关机构）负责对小额贷款公司的监督管理，并承担小额贷款公司的风险处置责任。

2. 发起人承诺制度。小额贷款公司应建立发起人承诺制度，公司股东应与小额贷款公司签订承诺书，承诺自觉遵守公司章程，参与管理并承担风险。

3. 公司治理。小额贷款公司应按照《公司法》要求建立健全公司治理结构，明确股东、董事、监事和经理之间的权责关系，制定稳健有效的议事规则、决策程序和内审制度，提高公司治理的有效性。

4. 贷款管理制度。小额贷款公司应建立健全贷款管理制度，明确贷前调查、贷时审查和贷后检查业务流程和操作规范，切实加强贷款管理。小额贷款公司应加强内部控制，按照国家有关规定建立健全企业财务会计制度，真实记录和全面反映其业务活动和财务活动。

5. 风险管理制度。小额贷款公司应按照有关规定，建立审慎规范的资产分类制度和拨备制度，准确进行资产分类，充分计提呆账准备金，确保资产损失准备金充足率始终保持在100%以上，全面覆盖风险。

6. 信息披露制度。小额贷款公司应建立信息披露制度，按要求向公司股东、主管部门、向其提供融资的银行业金融机构、有关捐赠机构披露经中介机构审计的财务报表和年度业务经营情况、融资情况、重大事项等信息，必要时应向社会披露。

7. 禁止非法集资。小额贷款公司应接受社会监督，不得进行任何形式的非法集资。从事非法集资活动的，按照国务院有关规定，由省级人民政府负责处置。对于跨省份非法集资活动的处置，需要由处置非法集资部际联席会议协调的，可由省级人民政府请求处置非法集资部际联席会议协调处置。其他违反国家法律法规的行为，由当地主管部门依据有关法律法规实施处罚；构成犯罪的，依法追究刑事责任。

8. 跟踪监测。中国人民银行对小额贷款公司的利率、资金流向进行跟踪监测，并将小额贷款公司纳入信贷征信系统。小额贷款公司应定期向信贷征信系统提供借款人、贷款金额、贷款担保和贷款偿还等业务信息。

（六）小额贷款公司的终止

1. 解散。小额贷款公司法人资格的终止包括解散和破产两种情况。小额贷款公司可因下列原因解散：①公司章程规定的解散事由出现；②股东大会决议解散；③因公司合并或者分立需要解散；④依法被吊销营业执照、责令关闭或者被撤销；⑤人民法院依法宣布公司解散。小额贷款公司解散，依照《公司法》进行清算和注销。

2. 破产。小额贷款公司被依法宣告破产的，依照有关企业破产的法律实施破产清算。

3. 小额贷款公司改造。小额贷款公司依法合规经营，没有不良信用记录的，可在股东自愿的基础上，按照《村镇银行组建审批指引》和《村镇银行管理暂行规定》规范改造为村镇银行。

第四节　农业政策性银行法律制度

一、农业政策性银行法律制度概述

所谓政策性银行，主要是指由政府创立或担保、以贯彻国家产业政策和区域发展政策为目的、具有特殊的融资原则、不以营利为目标的金融机构。在经济发展过程中，常常存在一些商业银行从营利角度考虑不愿意融资的领域，或者其资金实力难以达到的领域。这些领域通常包括那些对国民经济发展、社会稳定具有重要意义，投资规模大、周期长、经济效益见效慢、资金回收时间长的项目，如农业开发项目、重要基础设施建设项目等。为了扶持这些项目，政府往往实行各种鼓励措施。各国通常采用的办法是设立政策性银行，专门对这些项目融资。这样做，不仅是从财务角度考虑，而且有利于集中资金，支持重大项目的建设。

政策性银行与商业银行和其他非银行金融机构相比，有共性的一面，如要对贷款进行严格审查，贷款要还本付息、周转使用等。但作为政策性金融机构，也有其特征：①政策性银行的资本金多由政府财政拨付；②政策性银行经营时主要考虑国家的整体利益、社会效益，不以营利为目标，但政策性银行的资金并不是财政资金，政策性银行也必须考虑盈亏，坚持银行管理的基本原则，力争保本微利；③政策性银行有其特定的资金来源，主要依靠发行金融债券或向中央银行举债，一般不面向公众吸收存款；④政策性银行有特定的业务领域，不与商业银行竞争。

农业是国民经济的基础。我国农业基础薄弱，效益比较低，地区差异大。农业的发展，尤其是落后地区农业的发展，粮、棉、油等主要农产品的生产、收购、储备和销售，在相当程度上需要国家的支持。为了集中财力解决农业和农村经济发展的合理的政策性资金需要，促进主要农产品收购资金的封闭运行，促进农业和农村经济的发展，国务院于 1994 年 4 月 19 日发出《关于组建中国农业发展银行的通知》（国发［1994］25 号），批准了中国农业发展银行章程和组建方案。目前，中国农业发展银行已形成了粮棉油收购信贷以及农业产业化信贷、农业和农村中长期信贷业务格局。

但在中国农业发展银行的十余年发展过程中，其经营运转只是依据《中国农业发展银行章程》和一些部委规章，至今未出台《政策性银行法》或《政策性银行条例》。对农业政策性银行的法律定位存在多种看法，这与农业政策性银行的发展是极不相称的。尽快出台规范农业政策性银行的法律规范，从法律上规范农业发展银行的运作，成为金融界、法学界共同的呼声。有学者提出鉴于重构中国政策性支农金融体制的巨大成本，最现实的选择是在《农业法》上明确以"中国农业发展银行"为核心的政府政策性金融机构的具体设置、支农义务以及相应的支农措施和运行规程；"中国农业发展银行"的政策性支农措施应由《农业法》明确为针对不同项目的"低息贷款"、"无息贷款"、"对农业保险的再保险"以及其他法定支农措施的基本内容及其基本适用条件；应在《农业法》上明确"中国农业发展银行"的政策性支农义务及其基本的业务运作规则，如运营目标、风险管理、与政府的关系、对政府的义务等；对于"中国农业发展银行"的各类法定支农措施的具体适用内容、实现程序、具体的适用条件、运作监管、具体的法律责任等内容应由《农业法》授权农业金融方面的专门性行政法规、部门规章、甚或以项目行政计划加以规定[1]。

二、性质与任务

中国农业发展银行是根据国务院 1994 年 4 月 19 日发出的《关于组建中国农业发展银行的通知》（国发〔1994〕25 号）成立的国有农业政策性银行，直属国务院领导。中国农业发展银行的主要任务是按照国家的法律、法规和方针、政策，以国家信用为基础，筹集农业政策性信贷资金，承担国家规定的农业政策性和经批准开办的涉农商业性金融业务，代理财政性支农资金的拨付，为农业和农村经济发展服务。中国农业发展银行在业务上接受中国人民银行和中国银行业监督管理委员会的指导和监督。

三、业务范围

中国农业发展银行的业务范围，由国家根据国民经济发展和宏观调控的需要并考虑到其承办能力来界定。中国农业发展银行成立以来，国务院对其业务范围进行过多次调整。中国农业发展银行目前的主要业务是：①办理粮食、棉花、油料收购、储备、调销贷款。②办理肉类、食糖、烟叶、羊毛、化肥等专项储备贷款。③办理粮食、棉花、油料加工企业和农、林、牧、副、渔业的产业化龙头企

---

〔1〕 黄河、李军波："修改与完善《农业法》若干法律制度的思考"，载《河北法学》2007 年第 2 期。

业贷款。④办理粮食、棉花、油料种子贷款。⑤办理粮食仓储设施及棉花企业技术设备改造贷款。⑥办理农业小企业贷款和农业科技贷款。⑦办理农业基础设施建设贷款。支持范围限于农村路网、电网、水网（包括饮水工程）、信息网（邮政、电信）建设，农村能源和环境设施建设。⑧办理农业综合开发贷款。支持范围限于农田水利基本建设、农业技术服务体系和农村流通体系建设。⑨办理农业生产资料贷款。支持范围限于农业生产资料的流通和销售环节。⑩代理财政支农资金的拨付。⑪办理业务范围内企事业单位的存款及协议存款、同业存款等业务。⑫办理开户企事业单位结算。⑬发行金融债券。⑭资金交易业务。⑮办理代理保险、代理资金结算、代收代付等中间业务。⑯办理粮棉油政策性贷款企业进出口贸易项下的国际结算业务以及与国际业务相配套的外汇存款、外汇汇款、同业外汇拆借、代客外汇买卖和结汇、售汇业务。⑰办理经国务院或中国银行业监督管理委员会批准的其他业务。

四、组织机构

（一）机构设置

中国农业发展银行在机构设置上实行总行、一级分行、二级分行、支行制；在管理上实行总行一级法人制，总行行长为法定代表人；系统内实行垂直领导的管理体制，各分支机构在总行授权范围内依法依规开展业务经营活动。中国农业发展银行总行设在北京，其分支机构按照开展农业政策性金融业务的需要，并经银监会批准设置。

（二）行长

中国农业发展银行设行长1人，副行长若干人，由国务院任命。中国农业发展银行实行行长负责制。行长为法定代表人，负责全行工作，副行长协助行长工作。中国农业发展银行行长主持行长会议，研究决定以下重大事项：①本行的业务方针、计划和重要规章制度；②行长的工作报告；③国家重点农业政策性贷款项目；④本行年度决算报告；⑤有关本行的其他重大事项。

（三）监事会

中国农业发展银行设立监事会。监事会由中国人民银行、国家发改委、财政部、农业部、商务部等有关部门选派人员组成，报国务院批准。监事会设主席1人，由国务院任命。监事会的主要职责是：①监督中国农业发展银行执行国家方针政策的情况；②检查中国农业发展银行的业务经营和财务状况；③查阅、审核中国农业发展银行的财务会计报告和其他财务会计资料；④监督、评价中国农业发展银行行长的工作，提出任免、奖惩建议。监事会不干预中国农业发展银行的具体业务。

监事会每年举行两次会议，由监事会主席召集并主持。必要时可召开临时会议。监事会会议应有全部成员的 2/3 以上出席（包括委托代表出席）方可召开。决议事项须经全体监事会成员半数以上通过。

五、资金来源与运用

中国农业发展银行注册资本为 200 亿元人民币。中国农业发展银行运营资金的来源是：①业务范围内开户企事业单位的存款；②发行金融债券；③财政支农资金；④向中国人民银行申请再贷款；⑤同业存款；⑥协议存款；⑦境外筹资。中国农业发展银行的运营资金来源长期以来主要依靠中国人民银行的再贷款，从 2005 年开始加大了市场化筹资的力度，目前暂未开展境外筹资业务。中国农业发展银行的运营资金目前主要用于粮棉油收购等流动资金贷款。

第十七章

农业资源与农业环境保护法律制度

第一节 农业资源与农业环境保护法概述

一、农业资源与农业环境保护法的含义

（一）农业资源与农业资源保护法的含义

农业资源是指人们从事农业经济活动所利用或可利用的各种资源。农业经济活动过程中可利用的资源包括自然资源和社会资源。农业自然资源是农业生产活动的自然基础和前提，是自然界存在的可以作为农业生产原材料的物质和能量，如气候、水等；农业社会资源是由人按照一定的经济目的从自然再生产以外，引入的物质和能量，如技术资源、技术设备等。

农业生产离不开农业自然资源，也离不开农业社会资源，只有正确处理和协调各种资源之间的关系，实现资源之间的优化配置，才能使农业生产不断增长。

农业资源保护法是指调整人们在管理、保护、开发、利用农业资源的过程中所发生的社会关系的法律规范的总称。我国目前已有的相关法律有《土地管理法》、《森林法》、《草原法》、《渔业法》等。

（二）农业环境与农业环境保护法的含义

环境是指围绕某一中心事物的外部的条件、空间和状况，包括自然环境与社会环境。我国《环境保护法》上的环境仅指自然环境，即"影响人类生存和发展的各种天然和经人工改造的自然因素的总体，包括大气、水、海洋、土地、矿藏、森林、草原、野生生物、自然遗迹、人文遗迹、自然保护区、风景名胜区、城市和乡村等"。何谓"农业环境"，我国有的地方性法规对此作了界定，如我国第一部农业环境保护地方性法规——《山西省农业环境保护条例》中明确规定："农业环境是指影响农业生物生存发展的各种天然和经人工改造的自然因素的总体，包括农业用地、农业用水、大气和生物等。"

农业环境和农业资源是两个密切相关的概念，农业环境是从农业生产的外部条件这一角度讲的，农业资源是从人类对其加以利用、开发的角度讲的，在有些法律制度上，二者所指对象是相同的，在有些法律制度上，二者所指对象却可能

不同。农业是一个自然再生产和经济再生产交织的产业，对农业资源和农业环境的依赖性较强，因此，合理开发、利用和保护农业资源和农业环境，对农业生产和发展具有重要意义。

农业环境保护法是指调整人们在开发、利用、保护和改善农业环境过程中所发生的各种社会关系的法律规范的总称，如《森林法》、《草原法》等。

二、农业资源与农业环境保护法的原则

(一) 合理利用和保护自然资源的原则

合理利用自然资源是指对自然资源科学合理的开发和利用。如土地资源、水资源、森林资源、草原资源、野生动植物资源等的开发过程中，通过资源开发利用的规划、调查、科研等，最大限度地发挥自然资源的经济利用价值。保护自然资源是指在资源开发利用过程中对资源的保护，如矿山开采后的土地复垦、水土保持、水利工程建设、植树造林工程等，使资源在开发利用的同时也得到保护。全国人大常委会先后制定了《土地管理法》、《水法》、《森林法》、《草原法》、《野生动物保护法》等法律，使对自然资源的保护走上法制轨道。对自然资源的合理利用和保护是相辅相成的两个方面，只有合理利用资源才能达到保护资源的目的，同时，只有保护资源，才能更好地利用资源。

(二) 合理开发和利用可再生能源和清洁能源的原则

再生能源和清洁能源主要是指水能、沼气、太阳能、风能等。一方面，这些能源是可以再生的，取之不尽、用之不竭，是大自然的产物；另一方面，这些能源又是清洁的，使用后不会产生污染、不会破坏农业生态环境，而且最主要的一点，这些都是最经济的一种能源，是无偿使用的，当然这首先需要科技投入进行开发。合理开发和利用再生能源和清洁能源是发展农业和农村经济的一个重要方面。

(三) 发展生态农业、保护和改善生态环境的原则

农业是一种资源型产业，它对自然资源、生态环境的依赖程度比工业要大的多。土地、水、森林、草原、野生动植物等自然资源是相互关联的，生态平衡一旦被打破，它就会产生连锁反应，从而导致环境破坏和经济损失。保护和改善生态环境，就是保护生态系统的稳定和良性循环，调节生态系统中各因子的相互关系，为农业生产提供良好的环境，为国民经济发展提供物质保证。如果我们对农业自然资源的开发利用合乎生态规律，自然资源就能得到不断更新和正常的循环，达到永续利用的目的；如果我们盲目滥用自然资源，不能保护物种的合理结构，保持系统机制正常运行，就会使资源不可避免地趋向退化、枯竭。这些生态学的一般规律应该成为指导我们从事农业生产实践的基本原则。

三、农业资源与农业环境保护法的作用

（一）促进农业生态系统的良性循环

农业是一个生物性的再生产过程。长期以来，人们认为农业只是向大自然索取，因而造成农业生态系统的失衡。我们必须改变这样的观念，按生态规律的要求合理开发利用自然资源，并在开发利用过程中保护好农业自然资源和自然环境，是促进农业生态系统良性循环、实现资源永续利用的关键。

（二）保护农业生产持续、稳定、协调发展

农业是一种资源型产业。农业环境资源的质量状况，直接决定着农业生产的水平和状态。农业环境资源质量好，农业生物的生长繁殖也会好，相应地就可以实现农业生产的稳产高产，反之就会使农业生产减产甚至绝产。而且，农业环境资源受到的污染破坏往往是不可逆的，很难恢复。因此，保护农业环境资源是实现农业生产持续、稳定、协调发展的客观需要。

（三）保障农产品质量安全和城乡人民身体健康

环境污染不仅影响农、畜、水产品的质量，最终还会影响到城乡人民的身体健康。因此，保护农业环境资源是保证农产品质量安全，进而保障城乡人民身体健康的客观要求。

四、我国的农业资源与农业环境保护法的概况

从历史发展来看，我国农业环境资源保护立法大致可分为两个阶段：第一阶段是从新中国成立到 1978 年党的十一届三中全会召开；第二阶段是从 1978 年至今。第一阶段制定了一些与农业环境资源有关的法律法规，在保护土地、水、森林、野生动植物资源、防治水土流失以及农药安全管理等领域作了初步规定，但这一阶段的立法十分薄弱且存在种种缺陷。第二阶段是党的十一届三中全会以后至今，随着经济体制改革的不断深入，法制建设的蓬勃发展和国家对环境保护的日益重视，农业环境资源保护立法成为农业法律体系中发展最为迅速的部分。从目前中国立法现状看，农业环境资源保护的法律体系框架已经基本形成。

（一）《宪法》中关于农业资源与农业环境保护的规定

《宪法》规定："国家保护与改善生活环境与生态环境，防治污染和其他公害"（第 26 条）；"国家保障自然资源的合理利用，保护珍贵的动物和植物，禁止任何组织或个人用任何手段侵占或破坏自然资源"（第 9 条）；"一切使用土地的组织或个人必须合理利用土地"（第 10 条）；"国家组织和鼓励植树造林，保护林木"（第 26 条）。以上规定是制定农业法律法规的根本依据和指导原则。

（二）《农业法》中关于农业资源与农业环境保护的规定

《农业法》是我国的综合性农业基本法。在 2002 年修订的《农业法》第 8

章，用 10 个条款专门规定了"农业资源与农业环境保护"，具体提出了发展农业和农村经济必须合理利用和保护自然资源，合理开发和利用能源，发展生态农业，保护和改善生态环境的基本原则，并对耕地保护、水土保持、防沙治沙、全民义务植树、退耕、禁渔休渔等农业自然资源保护和合理利用以及生物物种资源保护的制度作了原则规定，对农业转基因生物的安全控制、农药兽药的安全使用、农业废弃物的综合利用和无害化处理以及废水、废气、固体废弃物的污染防治等作了基本要求。

（三）《环境保护法》中关于农业资源与农业环境保护的规定

《环境保护法》是环境保护领域的基本法。其第 20 条明确规定："各级人民政府应加强对农业环境的保护，防治土壤污染、土地沙化、盐渍化、贫瘠化、沼泽化、地面沉降和防治植被破坏、水土流失、水源枯竭、种源灭绝以及其他生态失调现象的发生与发展，推广植物病虫害的综合防治，合理使用化肥、农药及植物生长激素。"

（四）农业资源与农业环境保护单行法

这类立法是对农业环境资源保护的某一方面的问题所作的规定，是农业环境资源保护法律体系中数量最多的部分。从其法律效力看，有法律、行政法规、部门规章；从其内容看，有防治农业环境污染的、保护农业自然资源的、农业环境监督管理方面的，以及处理农业环境污染纠纷的；从其形式看，有法律、条例、规定、办法、实施细则、决定、决议、通知等。

（五）农业资源与农业环境保护地方性法规

这类立法是由省、自治区、直辖市及省级人民政府所在地的市和经国务院批准的较大的市的人民代表大会及其常务委员会按法定程序制定的具有地方特色的条例、规定、办法等。目前，我国已有山西、陕西、湖北、黑龙江、广东、内蒙古、天津等 20 余省、自治区、直辖市制定了专门的农业环境保护条例。

（六）农业环境标准

环境标准是具有法律性质的技术规范，是环境资源保护法律体系中独立、特殊、重要的组成部分。目前我国已制定了 300 多项环境标准。农业环境标准是农业环境资源保护法体系的重要组成部分。

（七）其他部门法的相关规定

我国《刑法》、《民法通则》等相关法律中都有对生态环境保护的规定。《刑法》中专章规定了"破坏环境资源保护罪"，明确规定对于造成严重环境污染和生态破坏的行为，将依法追究刑事责任。《民法通则》中也有不少涉及环境与资源保护的条款，如第 80、81 条关于自然资源所有权、使用权、经营权、收益权受法律保护以及使用单位或个人有管理、保护、合理利用的义务的规定。

（八）中国参加的生态环境保护的国际公约的相关规定

目前，我国已经加入了《保护大气臭氧层公约》、《联合国防治荒漠化公约》等一系列公约，对促进和积极改善全球生态环境作出国际承诺。

第二节　农业资源保护法律制度

一、保护耕地质量法律制度

耕地质量的好坏直接影响到耕地的生产能力。目前耕地数量减少、耕地质量下降、耕地环境恶化问题相当严重，例如占用肥沃的高产粮田或菜园田使耕地中的低产田比例上升、对耕地用多养少或只用不养造成基础地力下降、使用损耗土壤潜在肥力的物质剥夺土壤肥力、未经处理的城市垃圾和三废物质进入农田污染土壤和地下水等现象还是相当严重的。这种状况在很大程度上制约了农业生产的发展，必须引起各级政府的高度重视。因此，任何利用耕地从事农业生产的农民和农业生产经营组织应当采取措施，防止农用地的污染、破坏和地力衰退。为此，应当做到以下几点：①保养耕地。必须遵守国家法律、法规和有关政策，保养耕地，保持和培肥地力，努力做到养分投入产出平衡有余，不能采用只用不养、掠夺地力的经营方式，不得非法改变耕地的用途。②合理使用化肥、农药、农用薄膜。对化肥、农药和农用薄膜的使用，一定要从质和量两方面把关，达到合理使用的限度，既有利于农作物的生长，又不至于破坏耕地质量，禁止使用具有损耗土壤潜在肥力和破坏土壤结构的化学肥料及其他化学、生物物质。③增加使用有机肥料。有机肥料，是指来源于植物或动物，经发酵、腐熟后，施于土壤以提供植物养分为其主要功效的含碳物料。使用有机肥料，就是变有机废弃物为肥料还田，是变废为宝的做法，而且安全可靠，有利于农作物的生长，也有利于耕地的保养，更有利于人们的身体健康。④采用先进技术。科学技术是第一生产力，这是不争的事实，在保养耕地、提高地力的过程中也要采用先进的科学技术，不要因循于旧的模式和老一套做法，要不断创新，要进行科技投入提高农业科技水平，使对耕地的管理和利用上新的台阶。⑤保护和提高地力。要想使农业和农村经济不断发展，就必须保护和提高地力，这是基础，没有这个基础就谈不上农业发展的问题，因此农民和农业生产经营组织一定要采取措施保护和培肥地力。

二、水土保持和防沙治沙法律制度

（一）加强小流域综合治理，预防和治理水土流失

水土流失将导致耕地土层冲光或者变薄，同时加重洪涝灾害的危害程度，破坏农业的生态环境，因此各级政府应当采取积极的水土保持措施预防和治理水土流失。水土保持，就是预防和治理因自然因素和人为活动造成的水土流失，保护水土资源，维持和提高土壤生产力。在水土流失地区，针对水土流失的发生状况和特点，采用植物措施、工程措施和保土耕作措施，以控制水土流失；在尚未发生水土流失或水土流失轻微的地区，通过合理利用水土资源、植物资源，防止滥砍滥垦滥牧，预防水土流失的发生和发展。从事可能引起水土流失的生产建设活动的单位和个人，必须采取预防措施，并负责治理因生产建设活动造成的水土流失。无论是单位还是个人都有义务、有责任保护水土资源、防治水土流失，都应当遵守国家有关水土保持的法律法规和政策规定。

（二）预防土地沙化

土地沙化，是指天然沙漠扩张和沙质土壤上植被破坏、沙土裸露的过程，其原因包括气候变化和人类活动两个方面。这里讲的土地沙化指的是人类不合理活动（特别是不合理的开垦、过度的樵采和放牧等）所导致的天然沙漠扩张和沙质土壤上植被及覆盖物被破坏，形成流沙及沙土裸露的过程。预防土地沙化是"预防为主、防治结合、综合治理"中的一个重要环节，预防土地沙化包括对正在利用并具有沙化趋势的土地的预防和对还未利用但是具有沙化趋势的土地的预防。因此各级人民政府应针对这两种情况采取有效的预防措施：①对沙化土地进行监测。由县级以上人民政府林业或其他有关行政主管部门监测；监测过程中发现土地发生沙化或沙化程度加重的，应及时报告本级人民政府，政府收到报告后责成有关行政主管部门制止导致土地沙化的行为，并采取有效措施进行治理；国务院林业行政主管部门组织其他有关行政主管部门对全国沙化情况进行监测、统计和分析，并定期公布监测结果。②对气象进行监测和预报。各级气象部门应当组织对两类气象进行监测、预报，一类是气象干旱，另一类是沙尘暴天气。发现这两类气象征兆时，应当及时报告当地人民政府，人民政府应当采取预防措施，必要时公布灾情预报，并组织有关部门采取应急措施，避免或减轻风沙危害。③营造防风固沙林。沙化土地所在地区县级以上人民政府划出一定比例土地，营造防风固沙林网、林带，由林业行政主管部门负责确保完成；对防风固沙林带、林网严格保护，除了抚育更新性质的采伐外，不得批准采伐，进行抚育更新性质采伐前，必须预先在附近形成接替林网、林带，避免留下"真空地带"，更新困难地区不得砍伐林带、林网。④保护植被。禁止在沙化土地砍挖固沙植物，包括

灌木、药材等；制定植被管护制度，签订的土地承包合同应包括植被保护责任；加强草原管理和建设，实行以产草量规定载畜量的制度，保护草原植被，防止草原退化和沙化；限制开垦耕地，不得批准在沙漠边缘地带和林地、草原开垦耕地，已经开垦并对生态产生不良影响的，有计划地组织退耕还林还草；切实保护封禁区植被，禁止在沙化土地封禁保护区范围内一切破坏植被的活动，减轻该区域的人口压力，禁止在此范围内安置移民，对原有的农牧民应有计划地组织迁出，并妥善安置，在此保护范围中，未经国务院或者其指定部门同意，不得修建铁路公路。⑤管好水资源，防止水资源过度开发。沙化土地所在地区的县级以上人民政府水行政主管部门应当加强流域和区域水资源的统一调配和管理，在编制水资源开发利用规划和供水计划时，必须考虑植被用水的需求，要防止因水资源过度开发利用而导致植被破坏和土地沙化；节约用水，发展节水型牧业和其他产业，在处理开发水资源与节约用水的关系上，把节约放在首位，在沙化土地所在地区，任何非节水型产业都是不应允许存在的。⑥在沙化土地范围内搞好开发建设活动的环境影响评价工作。要尽可能对当地及相关地区生态产生的影响进行评价；环境影响报告应当包括有关防沙治沙的内容。

（三）治理沙化土地

沙化土地，包括已经沙化的土地和具有明显沙化趋势的土地，其具体范围，由国务院批准的全国防沙治沙规划确定。在治理沙化土地时，各级人民政府应当从以下几个方面入手：①沙化土地所在地区的各级政府应当做好治理组织工作。治理已经沙化的土地，主要采用人工或飞机播种造林种草、封沙育林育草、合理调配生态用水等措施。治理工作要注意两点：一是要按照防沙治沙规划，二是要因地制宜，不要一刀切。②鼓励开展公益性治沙活动。这种活动的前提是"自愿"，可采取捐资或其他形式。林业和其他有关行政主管部门要提供治理地点和技术指导。③国务院和沙化土地所在地区的县级以上地方人民政府应当按照法律规定制定防沙治沙规划，并组织实施。这里包含两方面内容：一是国务院制定全国的防沙治沙规划，二是沙化土地所在地区的县级以上地方人民政府制定本地区的防沙治沙规划。全国防沙治沙规划是对全国沙化土地的概况、治理的重点、采取的措施等方面内容进行的统筹安排，总体部署，是宏观指导全国防沙治沙工作的依据。因此，国务院在制定全国防沙治沙规划时，应由国务院林业行政主管部门会同国务院农业、水利、土地、环境保护等有关部门编制，并报国务院批准后实施。沙化土地所在地区的县级以上地方人民政府制定防沙治沙规划，是针对本地区的实际情况编制的，便于实施，可操作性强，同时也要严格依据上一级防沙治沙规划进行编制，以保证全国的防沙治沙规划切实能够得到落实。制定规划是一个方面，重要的还在于付诸实践，因此各级人民政府应当采取积极措施，将防沙治沙规划中确定的目标落到实处，从人力、物力、财力等几方面加大支持力度，确保土地沙化的预防和沙化土地的治理，保护农业的生态环境。

三、草原保护、建设和管理法律制度

（一）指导、组织农牧民和农牧业生产经营组织建设人工草场、饲草饲料基地和改良天然草原

根据《草原法》第27条规定，国家鼓励与支持人工草地建设、天然草原改良和饲草饲料基地建设，稳定和提高草原生产能力。因此，有关地方人民政府应给农民提供指导并组织农民搞好建设工作，如优良草品种的选育、引进和推广；草种质量的把关；技术上的辅导；资金上的投入等。这些对于农牧民都是非常需要的支持措施。

（二）以草定畜、控制载畜量

国家对草原实行以草定畜、草畜平衡制度是使草原得到休养生息的重要措施，就是要根据草原的具体状况决定载畜量的多少，而不是放任自流。县级以上地方人民政府草原行政主管部门应当按照国务院草原行政主管部门制定的草原载畜量标准，结合当地实际情况，定期核定草原载畜量。各级人民政府应当采取有效措施，防止超载过牧。

（三）推行划区轮牧、休牧和禁牧制度

轮牧，就是根据草原植被的状况在不同区域草原间进行轮流放牧，便于草场的新生。休牧，就是在一定时间范围内禁止在严重退化、沙化、盐碱化、石漠化的草原和生态脆弱区的草原上放牧。禁牧，就是禁止在严重退化、沙化、盐碱化、石漠化的草原和生态脆弱区的草原上放牧。推行划区轮牧、休牧和禁牧制度对草原的保护是非常必要的，因此有关地方人民政府应当大力推行。

（四）保护草原植被，防止草原退化沙化和盐渍化

禁止在荒漠、半荒漠草原和严重退化、沙化、盐碱化、石漠化、水土流失的草原以及生态脆弱区的草原上采挖植物和从事破坏草原植被的其他活动。加强在草原上从事采土、采砂、采石等作业活动的管理。建立草原防火责任制，规定草原防火期，制定草原防火扑救预案，切实做好草原火灾的预防和扑救工作。加强草原鼠害、病虫害和毒害草防治工作，组织研究和推广综合防治的办法。除特殊情况外；严格禁止机动车在草原上行驶。

四、渔业资源保护法律制度

国家保护渔业资源，实行捕捞限额、禁渔和休渔制度。国家根据捕捞量低于渔业资源增长量的原则，确定渔业资源的总可捕捞量，实行捕捞限额制度。国务

院渔业行政主管部门负责组织渔业资源的调查和评估，为实行捕捞限额制度提供科学依据。中华人民共和国内海、领海、专属经济区和其他管辖海域的捕捞限额总量由国务院渔业行政主管部门确定，报国务院批准后逐级分解下达；国家确定的重要江河、湖泊的捕捞限额总量由有关省、自治区、直辖市人民政府确定或者协商确定，逐级分解下达。捕捞限额总量的分配应当体现公平、公正的原则，分配办法和分配结果必须向社会公开，并接受监督。国务院渔业行政主管部门和省、自治区、直辖市人民政府渔业行政主管部门应当加强对捕捞限额制度实施情况的监督检查，对超过上级下达的捕捞限额指标的，应当在其次年捕捞限额指标中予以核减。禁渔和休渔制度是使渔业资源增殖和保护渔业资源的重要手段之一，各级人民政府渔业行政主管部门应严格执行，在禁止捕捞水域和休渔季节，一定要有专门人员进行检查，发现违反规定进行捕捞的人员，要依法予以处理。

五、与农业生产有关的生物物种资源保护法律制度

（一）保护与农业生产有关的生物物种资源

国务院于 2000 年 12 月 21 日颁布的《全国生态环境保护纲要》中明确指出：生物物种资源的开发应在保护物种多样性和确保生物安全的前提下进行。依法禁止一切形式的捕杀、采集濒危野生动植物的活动。严厉打击濒危野生动植物的非法贸易。严格限制捕杀、采集和销售益虫、益鸟、益兽。鼓励野生动植物的驯养、繁育。加强野生生物资源开发管理，逐步划定准采区，规范采挖方式，严禁乱采滥挖；严格禁止采集和销售发菜，取缔一切发菜贸易，坚决制止在干旱半干旱草原滥挖具有重要固沙作用的各类野生药用植物。切实搞好重要鱼类的产卵场、索饵场、越冬场、回游通道和重要水生生物及其生活环境的保护。《农业法》将此内容吸收进来，并作为一项制度予以明确，以确保农业经济的可持续发展。

（二）从境外引进生物物种应当采取安全控制措施

为保障从境外引进生物物种的安全性，对从境外引进的生物物种资源应当依法进行登记或者审批，未经登记或者审批的，不得引进，并采取相应的安全控制措施，对引进外来物种必须进行风险评估，加强进口检疫工作，防止国外有害物种进入国内，避免生物入侵事件的发生。因为，目前已发生的一些外来生物入侵事件，对我国生态环境的危害已局部显现出来，如果不严格加以控制的话，后果将不堪设想。

（三）农业转基因生物应用实行安全控制

农业转基因生物是指利用基因工程技术改变基因组构成，用于农业生产或者农产品加工的动植物、微生物及其产品主要包括：①转基因动植物（含种子、种畜禽、水产苗种）和微生物；②转基因动植物、微生物产品；③转基因农产品的直接加工品；④含有转基因动植物、微生物或者其产品成分的种子、种畜禽、水产苗种、农药、兽药、肥料和添加剂等产品。农业转基因生物安全，是指防范农业转基因生物对人类、动植物、微生物和生态环境构成的危险或者潜在风险。2001 年 5 月 23 日国务院颁布的《农业转基因生物安全管理条例》对农业转基因生物的研究、试验、生产、加工、经营及其他应用的安全控制措施作了明确规定。

农业转基因生物应用的安全控制措施：

1. 农业转基因生物的研究与试验的安全控制措施：①国务院农业行政主管部门负责农业转基因生物研究与试验的安全评价管理工作，并设立农业转基因生物安全委员会，负责农业转基因生物的安全评价工作。农业转基因生物安全委员会由从事农业转基因生物研究、生产、加工、检验检疫以及卫生、环境保护等方面的专家组成。国务院农业行政主管部门根据农业转基因生物安全评价工作的需要，可以委托具备检测条件和能力的技术检测机构对农业转基因生物进行检测。②从事农业转基因生物研究与试验的单位，应当具备与安全等级相适应的安全设施和措施，确保农业转基因生物研究与试验的安全，并成立农业转基因生物安全小组，负责本单位农业转基因生物研究与试验的安全工作。从事Ⅲ、Ⅳ级农业转基因生物研究的，应当在研究开始前向国务院农业行政主管部门报告。③农业转基因生物试验的各个阶段，包括实验室研究阶段、中间试验、环境释放和生产性试验阶段，要实行严格的报告、申请制度。从事农业转基因生物试验的单位在生产性试验结束后，可以向国务院农业行政主管部门申请领取农业转基因生物安全证书。国务院农业行政主管部门收到申请后，应当组织农业转基因生物安全委员会进行安全评价；安全评价合格的，方可颁发农业转基因生物安全证书。④转基因植物种子、种畜禽、水产苗种，利用农业转基因生物生产的或者含有农业转基因生物成份的种子、种畜禽、水产苗种、农药、兽药、肥料和添加剂等，在依照有关法律、行政法规的规定进行审定、登记或者评价、审批前，应当取得农业转基因生物安全证书。⑤中外合作、合资或者外方独资在中华人民共和国境内从事农业转基因生物研究与试验的，应当经国务院农业行政主管部门批准。

2. 农业转基因生物的生产与加工的安全措施：①生产转基因植物种子、种畜禽、水产苗种，应当取得国务院农业行政主管部门颁发的种子、种畜禽、水产苗种生产许可证。生产单位和个人申请转基因植物种子、种畜禽、水产苗种生产许可证，除应当符合有关法律、行政法规规定的条件外，还应当符合下列条件：取得农业转基因生物安全证书并通过品种审定；在指定的区域种植或者养殖；有相应的安全管理、防范措施；以及国务院农业行政主管部门规定的其他条件。生产单位和个人应当建立生产档案，载明生产地点、基因及其来源、转基因的方法以及种子、种畜禽、水产苗种流向等内容。农民养殖、种植转基因动植物的，由种子、种畜禽、水产苗种销售单位代办审批手续。审批部门和代办单位不得向农民收取审批、代办费用。②单位和个人从事农业转基因生物生产、加工的，应当由国务院农业行政主管部门或者省、自治区、直辖市人民政府农业行政主管部门批准，并应当按照批准的品种、范围、安全管理要求和相应的技术标准组织生产、加工，并定期向所在地县级人民政府农业行政主管部门提供生产、加工、安全管理情况和产品流向的报告。农业转基因生物在生产、加工过程中发生基因安全事故时，生产、加工单位和个人应当立即采取安全补救措施，并向所在地县级人民政府农业行政主管部门报告。③从事农业转基因生物运输、贮存的单位和个人，应当采取与农业转基因生物安全等级相适应的安全控制措施，确保农业转基因生物运输、贮存的安全。

3. 农业转基因生物的经营的安全措施：①经营转基因植物种子、种畜禽、水产苗种的单位和个人，应当取得国务院农业行政主管部门颁发的种子、种畜禽、水产苗种经营许可证。经营单位和个人申请转基因植物种子、种畜禽、水产苗种经营许可证，除应当符合有关法律、行政法规规定的条件外，还应当符合下列条件：有专门的管理人员和经营档案；有相应的安全管理、防范措施；国务院农业行政主管部门规定的其他条件。经营单位和个人应当建立经营档案，载明种子、种畜禽、水产苗种的来源、贮存、运输和销售去向等内容。②在中华人民共和国境内销售列入农业转基因生物目录的农业转基因生物，应当有明显的标识。列入农业转基因生物目录的农业转基因生物，由生产、分装单位和个人负责标识；未标识的，不得销售。经营单位和个人在进货时，应当对货物和标识进行核对。经营单位和个人拆开原包装进行销售的，应当重新标识。农业转基因生物标识应当载明产品中含有转基因成分的主要原料名称；有特殊销售范围要求的，还应当载明销售范围，并在指定范围内销售。③农业转基因生物的广告，应当经国务院农业行政主管部门审查批准后，方可刊登、播放、设置和张贴。

第三节　农业环境保护法律制度

一、义务植树法律制度

国家实行全民义务植树制度。我国通过大力开展植树造林和加强森林资源保护管理，全国森林面积和森林覆盖率均有了很大提高，但是同世界上其他国家相比，我国的排名还是比较靠后的。因此，党和国家、政府进一步加大力度发展森林资源，规定每年的 3 月 12 日为植树节，开展全民性的植树运动。义务植树，是公民的一项法定义务，男 11 ~ 60 岁，女 11 ~ 55 岁，除丧失劳动能力者外，均应承担义务植树任务，而且是没有报酬的、义务性的劳动。

二、退耕还林还草法律制度

（一）禁止毁林毁草开垦、烧山开垦以及开垦国家禁止开垦的陡坡地

农业生态环境的破坏，除了自然因素造成的以外，人为的破坏因素是不容忽视的，如原来的半固定、固定草灌丛沙地由于被大片开垦成耕地，又缺少防护林保护体系，使沙子裸露地表，促成了风沙和沙漠的南侵；再如戈壁地区开矿和挖土取沙等，也加剧了地表的破坏。因此，为预防和治理水土流失、防止生态环境进一步恶化，法律对严禁毁林毁草开垦、烧山开垦以及严禁开垦国家禁止开垦的陡坡地作出明确规定是非常必要的。《森林法》和《草原法》分别对禁止毁林毁草开垦作了明确规定。《草原法》规定：禁止开垦草原；禁止在荒漠、半荒漠和严重退化、沙化、盐碱化、石漠化、水土流失的草原以及生态脆弱区的草原上采挖植物和从事破坏草原植被的其他活动。烧山开垦和开垦国家禁止开垦的陡坡地，都在被禁止之列，因为同样对森林和草原资源造成破坏，特别是开垦国家明令禁止开垦的陡坡地，很容易造成山体滑坡等灾害，对农业经济和人民的生命财产构成极大的威胁。

（二）已经开垦的应当逐步退耕还林、还草

对于违法进行毁林毁草开垦、烧山开垦以及开垦国家禁止开垦的陡坡地的，应当由有关部门责令其停止违法行为，并逐步退耕还林、还草。《森林法》和《草原法》分别规定国家依法实行退耕还林还草，并对非法开垦的处罚措施作了相应规定。《森林法》规定，如果违法进行开垦致使森林、林木受到毁坏的，依法赔偿损失，由林业主管部门责令停止违法行为，补种毁坏株数 1 倍以上 3 倍以下的树木，可以处毁坏林木价值 1 倍以上 5 倍以下的罚款。《草原法》规定，已经开垦并造成草原沙化或者严重水土流失的，县级以上地方人民政府应当限期封闭，责令恢复植被，退耕还牧；如果违法开垦草原的，县级以上地方人民政府农牧业部门有权责令停止开垦，恢复植被，情节严重的，还可以处以罚款。

（三）禁止违法围垦造田

围垦造田包括围湖造田和围垦国家禁止围垦的湿地造田两种情形。所谓围湖造田，是指用堤坝等把湖滩地围起来种植或者开垦。盲目围湖造田降低了天然水域的调蓄和宣泄能力，人为地增加洪涝灾害，因此，必须予以禁止。湿地同样能对气候起到很好的调节作用，但是由于人们对湿地的生态作用没有充分认识，盲目围垦的现象较严重，甚至对国家明令禁止围垦的湿地也进行围垦，对生态环境造成很大的负面影响，因此，对这种形式的围垦也应同样予以制止。已经围垦的，应当逐步退耕还湖、还湿地。

（四）对退耕进行补助

法律规定，只有国务院批准的规划范围内实施退耕的农民才能按照有关规定给予补助。也就是说，如果退耕的土地不属于国务院规划范围内的土地，则不应当给予补助。例如，《草原法》第48条规定：对在国务院批准规划范围内实施退耕还草的农牧民，按照国家规定给予粮食、现金、草种费补助；退耕还草后，由县级以上人民政府草原行政主管部门核实登记，依法履行土地用途变更手续，发放草原权属证书。国务院于2002年4月11日颁布的《关于进一步完善退耕还林政策措施的若干意见》中明确规定：有关部门要加强对退耕还林补助资金拨付、使用情况的监督检查，特别是要充分发挥审计等监督部门的作用；退耕还林粮食、现金补助兑现情况，要纳入乡村政务公开的内容，张榜公布，接受群众监督，防止冒领，杜绝贪污；要建立退耕还林举报制度，公布举报电话、设立举报箱，接受社会监督；对违法违纪现象，一经核实，要按照有关规定对责任人做出处罚，并奖励举报有功人员。

三、合理使用农药、处理农业剩余物质制度

（一）合理使用农药

目前有些农民为提高产量，置人们的身体健康安全于不顾，大量使用高毒、高残留的农药，对此，法律作了如下规定：①采取生物措施防治动植物的病虫草鼠害。采取生物措施防治动植物的病虫草鼠害，就是不用农药、不施化肥，而是用生物技术方法来防治，如玉米螟采用高压汞灯或赤眼蜂等生物防治，可以建立无污染、无公害农副产品基地。②使用高效低毒低残留农药、兽药防治动植物病虫草鼠害。对农药、兽药的管理和使用要坚持安全、高效、经济的原则。其中安全是第一位的，不仅包括对人、畜安全无害，而且还应包括对有益生物、对农作物、对生态环境也是无害的。所谓低毒、低残留，是指对人、畜的毒性低，在环

境中能较快地降解为无毒的物质。过去在农业及卫生除害领域最广泛使用的DDT、六六六、氯丹等农药在土壤中都能存留 10～12 年之久，长期污染环境，这一类农药在我国已被禁止生产和使用。所谓高效，是指对病、虫、草、鼠害的防治效果好。但要注意的是，高效是针对病、虫、草、鼠害的高效，而不能同时对病虫草鼠害的"天敌"也高效。过去不少农药，如 1605、3911、1059 等广谱性农药，除害效果很好，但对害虫的天敌杀伤力也强，这类农药是不能继续提倡使用的。

（二）合理处理农业剩余物质

1. 综合利用农产品采收后的剩余物质。农产品采收后会形成秸秆等剩余物质，对此要进行综合利用，不能一烧了之，否则既是对资源的一种浪费，同时也造成环境污染和生态破坏。因此，对农产品采收后的秸秆及其他废弃物应当综合利用，即进行回收、加工、循环利用或其他利用等，使这些剩余物质经过综合利用后直接变为产品或转化为可利用的二次原料。

2. 从事畜禽等动物规模养殖的单位和个人应当对粪便、废水及其他废弃物进行无害化处理或者综合利用，防止造成环境污染和生态破坏。养殖畜禽等动物形成的粪便、废水及其他废弃物，如果处理得不好将对环境造成很大的污染进而破坏生态环境。因此，应当对这些废弃物进行无害化处理或者综合利用。所谓无害化处理，是指对已经产生又无法或暂时尚不能进行综合利用的废弃物，进行对环境无害或低危害的安全处理、处置，以防止、减少或减轻废弃物的危害。所谓综合利用，在上述解释中已经讲到，就是指对废弃物进行回收、加工、循环利用或其他利用等，使这些废弃物经过综合利用后直接变为产品或转化为可利用的二次原料。

3. 从事水产养殖的单位和个人应当合理投饵、施肥、使用药物，防止造成环境污染和生态破坏。这一规定对保护渔业的域生态环境具有重要作用。目前，在有些湖泊、水库过多地投放饵料、肥料、药物，造成了严重的水域污染，加速了水体的富营养化，对这种做法要严格管理和控制。

四、农业污染防治法律制度

（一）防治废水对农业生态环境的污染

随着现代工业的快速发展，大量的工业废水和生活污水以及农业生产所使用的化肥农药排入水体，不同程度地污染了地表水和地下水，造成了水环境质量的恶化，对农业生态环境造成污染。因此，县级以上人民政府必须采取措施，督促有关单位防治废水对农业生态环境的污染。工业废水造成污染的主要原因是工业企业选址不当，生产设备和工艺技术落后，因此各级人民政府应当合理规划工业布局，对造成水污染的企业进行整顿和技术改造，采取综合防治措施，提高水的重复利用率，合理利用资源，减少废水和污染物的排放量；对于城市污水，各级人民政府必须把防治水污染作为城市建设的重要任务之一，建设、完善排水管网，实行雨污分流，兴建足够多的污水处理厂，大幅度提高污水处理率，减少城市废水对农业生态环境的影响；对农业废水则主要是从使用农药的种类、数量等方面加以控制。总之，废水中含有的大量污染物是对农业生态环境造成污染的罪魁祸首，所以防治污染的最有力措施就是严格控制污染物的排放总量，各级人民政府应下大力气做好污染物排放总量控制工作。

（二）防治废气对农业生态环境的污染

废气，主要是指工业废气，重点是有毒的废气（如汞蒸汽、氟化物、氯气等）、放射性废气、含硫化物气体和可燃性气体。这些废气如果不加处理就排入大气，将造成严重的大气污染，对农业生态环境也是极大的污染，所以，各级人民政府必须采取措施，严格限制向大气排放含有毒物质的废气，要求回收利用工业生产中产生的可燃性气体，排放含硫化物气体应先采取脱硫措施，排放含放射性物质的气体不得超标等，以避免对农业生态环境的污染与破坏。

（三）防治固体废弃物对农业生态环境的污染

固体废弃物按来源可分为工业固体废弃物、城市生活垃圾和其他活动产生的固体废弃物，如农业废物等；按环境污染危害严重程度可分为一般固体废物和危险废物。危险废物，是指具有各种毒性、爆炸性、易燃性、化学反应性、腐蚀性或传染性的废物。这些固体废弃物被排放到环境中，对农业生态环境造成严重的污染和破坏，并对人体健康造成严重危害。因此，县级以上人民政府应当采取措施，督促有关单位防治固体废弃物对农业生态环境的污染。县级以上人民政府在防治固体废弃物污染环境方面的职能主要是：对固体废弃物污染环境的防治工作实施统一监督管理；对城市生活垃圾清扫、收集、贮存、运输和处置进行监督管理；组织研究、开发和推广减少工业固体废弃物的先进生产工艺、先进设备，等等。

（四）排放废水、废气和固体废弃物造成农业生态环境污染事故的，由环境保护行政主管部门或者农业行政主管部门依法调查处理

当发生农业生态环境污染事故时，应根据污染源的不同具体确定处理事故的主管部门，如果属于农业生产自身造成的，由县级以上人民政府农业行政主管部门依法调查处理；如果属于工业污染、城市生活污染和其他污染造成的，由环境保护行政主管部门或者由农业行政主管部门会同环境保护行政主管部门依法调查处理。要明确的是，一定要依法进行调查处理，要体现行政处罚与违法行为的事

实、性质、情节及社会危害程度相当的原则，切实起到惩罚的作用，最终达到纠正违法行为、避免环境污染的目的。

（五）排放废水、废气和固体废弃物给农民和农业生产经营组织造成损失的，有关责任者应当依法赔偿

有关损害赔偿责任，有关专门的污染防治法作了具体规定，如《大气污染防治法》第62条规定：造成大气污染危害的单位，有责任排除危害，并对直接受损失的单位或者个人赔偿损失；《固体废物污染环境防治法》第71条规定：受到固体废物污染损害的单位和个人，有权要求依法赔偿损失。

图书在版编目（CIP）数据

农业法教程 / 黄河主编. —北京：中国政法大学出版社，2010.12
"十一五"国家重点图书出版规划项目
ISBN 978-7-5620-3786-6

Ⅰ.农... Ⅱ.黄... Ⅲ.农业法－中国－教材　Ⅳ.D922.4

中国版本图书馆CIP数据核字(2010)第218269号

出版发行	中国政法大学出版社
出 版 人	李传敢
丛书编辑	张越 汤强 彭江 刘海光
经 销	全国各地新华书店
承 印	固安华明印刷厂

787×960　　16开本　　22.5印张　　410千字
2011年1月第1版　2011年1月第1次印刷
ISBN 978-7-5620-3786-6/D•3746
定 价: 32.00元

社 址	北京市海淀区西土城路25号
电 话	(010)58908435(教材编辑部)　58908325(发行部)　58908334(邮购部)
通信地址	北京100088信箱8034分箱　邮政编码 100088
电子信箱	fada.jc@sohu.com(教材编辑部)
网 址	http://www.cuplpress.com　(网络实名：中国政法大学出版社)